Yves Ternon

Der verbrecherische Staat

Völkermord im 20. Jahrhundert

Aus dem Französischen
von Cornelia Langendorf

Hamburger Edition

Hamburger Edition HIS Verlagsges. mbH
Mittelweg 36
20148 Hamburg

© der deutschen Ausgabe 1996 by Hamburger Edition
© der Originalausgabe 1995 by Éditions du Seuil
Titel der Originalausgabe: »L'État Criminel. Les génocides au XXe siècle«

Für die Unterstützung danken wir dem Centre National des Lettres.
Direction du Livre et de la Lecture, Ministère de la Culture et
de la Francophonie.

Umschlaggestaltung: Wilfried Gandras
Herstellung: Jan Enns
Satz: Garamond von Dörlemann Satz, Lemförde
Druck und Bindung: Clausen & Bosse, Leck
Printed in Germany
ISBN 3-930908-27-1
1. Auflage September 1996

Die Deutsche Bibliothek – CIP-Einheitsaufnahme

Ternon, Yves:
Der verbrecherische Staat: Völkermord im 20. Jahrhundert / Yves Ternon. Aus dem Franz.
von Cornelia Langendorf. – 1. Aufl. – Hamburg: Hamburger Ed., 1996
    Einheitssacht.: L'état criminel ⟨dt.⟩
    ISBN 3-930908-27-1

Inhalt

Danksagung

Im Verlauf eines Vierteljahrhunderts, in dem ich mich ständig mit den Problemen des Völkermords befaßte, habe ich viel Unterstützung erfahren. Mein Dank gilt zunächst meinen verstorbenen Freunden, Socrate Helman, mit dem zusammen ich meine ersten Seiten schrieb, und Manès Sperber, der mir den Weg wies und dessen Grenzen bezeichnete. Er richtet sich auch an die jüdische und die armenische Gemeinschaft, die mir den Respekt vor der Wahrheit und die Hochachtung des Gedächtnisses vermittelten; an all jene, die mich nicht oder kaum kennen, mir aber durch ihre Werke wohlbekannt sind. Für den Endspurt der letzten fünf Jahre, während deren ich diese Synthese unternahm in der Befürchtung, von den verbrecherischen Ereignissen vor dem Ende unseres Jahrhunderts, das ich als Rahmen setzte, überholt zu werden, danke ich besonders Gérard Chaliand, der mich zum Verfassen dieses Buches drängte und mich während der gesamten Niederschrift beriet, Pierre Vidal-Naquet, der mich auf Irrtümer, Schwächen und Übersehenes hinwies und eine gründliche Überarbeitung des ersten Manuskripts ermöglichte, Frank Chalk, Kurt Jonassohn, Vahakn Dadrian und Israel Charny, die bei der Dokumentation behilflich waren, Edouard Jakhian und Claire Ambroselli, welche die juristischen und philosophischen Teile überprüften. François Lebrun hat den Rückblick auf die Vendée durchgesehen, Arline Youngman schickte mir die amerikanischen Veröffentlichungen bei deren Erscheinen, und Michel Winock hat den gesamten Text sorgfältig durchgelesen. Schließlich danke ich Frédéric, Pierre, Yorgos und Gilles, die mich in die Textverarbeitung einführten und die technischen Probleme lösten. Nicht zuletzt gilt mein Dank meiner Frau, die mir in diesen arbeitsreichen Jahren ermutigend und liebevoll zur Seite stand.

Im Text verweisen die Zahlen in eckigen Klammern auf die im Literaturverzeichnis angeführten Werke, die hochgestellten Ziffern beziehen sich auf die Anmerkungen am Ende des Bandes.

9

Einleitung

Am Ende des Zweiten Weltkriegs wurde der Menschheit erstmals in ihrer Geschichte bewußt, daß sie sterblich war. Nicht nur hatte sie die Mittel zu ihrer Selbstzerstörung erworben, sie hatte auch die Toleranzschwelle der Unmenschlichkeit von Menschen gegen Menschen überschritten. Zur selben Zeit bereicherte sich der juristische Wortschatz mit einem neuen Begriff, der eine der schlimmsten Formen der Aggression bezeichnete und die vorsätzliche Zerstörung einer Gruppe bedeutete: »Völkermord«. Während die atomare Bedrohung die apokalyptische Perspektive einer Vernichtung allen Lebens auf dem Planeten eröffnete, beinhaltete dieses Verbrechen in anderer Form dieselbe Gefahr totaler Zerstörung, weil es die Grundsätze verletzte, auf denen jede Gesellschaft beruht. Deshalb – und im Hinblick auf die Ereignisse, die die Welt mit Entsetzen erfüllten – ruft Völkermord Empörung hervor und verurteilt den dafür verantwortlichen Staat zu universeller Ächtung. Diese Wirkung ist seither von den Medien gründlich ausgebeutet worden. Das Wort wurde zum Gemeinplatz, den schließlich jeder verwendete, der sich aufgrund seiner Zugehörigkeit zu irgendeiner Gruppe ungerecht behandelt oder verfolgt fühlte. Während es für das jüdische Gedächtnis das absolute Verbrechen bedeutet, dessen Einzigartigkeit nicht bezweifelt werden kann, stellt es für andere einen Universalbegriff dar, der ihnen erlauben soll, sich bei jeder Gelegenheit als Opfer hinzustellen oder sogar die Verantwortung umzukehren, indem sie behaupten, die von ihnen Verfolgten trachteten nach ihrer Vernichtung. Genozidbeschuldigungen häufen sich, oft sind sie unhaltbar und werden von Ignoranten oder Demagogen vorgebracht. Manchmal aber gehen sie von moralischen oder wissenschaftlichen Autoritäten aus, die ihre Behauptungen auf fundierte Argumente stützen. Dabei hat dieser Begriff eine präzise Bedeutung, und es wäre unnütz, ihn durch einen anderen zu ersetzen, der dieselben Manipulationen erleiden würde. Dagegen ist es unerläßlich, ihn abzugrenzen, um Unklarheiten zu beseitigen, die ihm seinen Sinn nehmen.

Die Aufgabe ist schwierig, aber zu bewältigen. Das erste Problem ist juristischer Art. Der Begriff wurde seit seiner Formulierung in eine UN-Konvention eingeschlossen, die jede Ausweitung über diesen juristischen Rahmen hinaus untersagte. Andererseits bestand die Organisation, welche diese Konvention schloß, um die Wiederholung einer Katastrophe wie der des Nationalsozialismus zu verhindern, aus Staaten, die dieser Begriff störte, weil sie auf lange Sicht ihre nationale Souveränität gefährdet sahen. Die zweite Schwierigkeit rührt von der Semantik her. Die Vernichtung der europäischen Juden durch den NS-Staat war ein so ungeheures Verbrechen, daß man keine Worte fand, um es zu definieren. Die Adjektive, die Abscheu und Grauen zum Ausdruck bringen, reichten nicht aus, und man mußte sich mit dem Präfix »un« behelfen: von unvorstellbar und undenkbar bis hin zu unverzeihlich, unsühnbar und unverjährbar. Dieses semantische Problem ist es jedoch gerade, das den Schlüssel zu einer Analyse des Phänomens liefert, denn das Herausarbeiten seiner Paradoxe, Zweideutigkeiten, Widersprüchlichkeiten oder sogar Sinnverdrehungen erlaubt, es in seiner Vielschichtigkeit auszuleuchten.

Die Verlegenheit bei der Bestimmung dieses Verbrechens erklärt sich zunächst aus dem Zeitraum, in dem es begangen wurde. Es trat in einem Jahrhundert auf, in dem die Ethik den Mörder zurückhalten müßte und die allgemeine Anerkennung der Menschenrechte es dem Urheber eines Massenmords verbietet, diesen zuzugeben. Aber wenn man sich mit Völkermord befaßt, muß man moralische Erwägungen verwerfen, wie man dies für den Krieg versuchen könnte. Völkermord ist wesensmäßig unmoralisch. Es gibt keinen guten, keinen gerechten Genozid. Er ist die Folge der Logik eines Staates, der an die Notwendigkeit oder Nützlichkeit dieses Mittels glaubt. Seit die UNO 1948 die Völkermordkonvention annahm, haben sich Historiker, meist Amerikaner jüdischer oder armenischer Abstammung, in Artikeln und Büchern oder auf Kongressen mit der Problematik des Völkermords beschäftigt, hauptsächlich mit dem Holocaust, wie sie den Völkermord an den Juden bezeichneten. Sie bemühten sich, davon und vom Genozid an den Armeniern ausgehend einen Begriff des Völkermords zu definieren, der nicht durch den Wortlaut der Konvention beschränkt wäre. Aufgrund dieser Arbeiten, die vor allem seit den siebziger Jahren erfolgten, ist Völkermord in den Vereinigten Staaten und in Kanada zu einem akademischen Fach geworden, das auch außerhalb der Universität gelehrt wird, während man in Frankreich noch über die Termini Genozid, Ausrottung, Holocaust, Massaker und Verbrechen gegen die Menschheit debattiert und es keine Universität für notwendig befunden hat, dieses Thema in ihr Programm aufzunehmen, das doch unentbehrlich ist für das Verständnis der Geschichte unserer Zeit. Diese Diskrepanz möchte ich verringern, wenn ich zunächst die rechtlichen Aspekte und dann den Begriff des Völkermords untersuche, um anschließend die zeitgenössischen Genozide darzustellen.

Kann die rechtliche Seite des Völkermords in ihrer historischen Entwicklung betrachtet werden, so ist das für die Analyse des Begriffs nicht der Fall. Die Wissenschaftler, die sich damit befaßten, wiesen bald auf die Gefahr einer

»Fachblindheit« hin, die die Spezialisten auf ihr jeweiliges Gebiet beschränkt und ihnen den Zugang zu Nachbargebieten versagt. In der Tat ist eine interdisziplinäre Vorgangsweise geboten, wenn man die Ursachen und Mechanismen des Völkermords entwirren und ihn in seinen Zusammenhang stellen will. Jedes Fach hat seine Besonderheit, jeder Forscher seine Methoden, sein Spezialgebiet, seine Sprache. Der Historiker trägt eine Dokumentation zu bestimmten Ereignissen zusammen, die er interpretiert, doch die Gesamtheit der Ursachen und Wirkungen ist manchmal zu umfangreich, um sie mit seinen Hilfsmitteln allein zu bewältigen. Der Soziologe untersucht Typen von Ereignissen und Gesellschaftsschemata, kümmert sich aber nicht um die emotionale Dimension, die den Psychologen interessiert. Psychologie und Psychoanalyse gehen den Strukturen der Ideologien auf den Grund, welche die Philosophie darlegte. Die Politikwissenschaft untersucht das Funktionieren der Staaten und ihrer Apparate, weiß aber nichts von den besonderen Merkmalen nationaler, religiöser oder ethnischer Gruppen, die Literatur oder bildende Kunst enthüllen. Die Juristen formulieren das Recht und befassen sich mit Philosophie und Geschichte nur dann, wenn sie seine ideengeschichtlichen Voraussetzungen ergründen wollen. Das Konzept des Völkermords läßt sich mit jenem Wachsstück der Philosophen vergleichen (Gide verglich es mit der Poesie), das bei der Untersuchung nach und nach alle seine Attribute verliert – Form, Farbe, Härte, Geruch –, die seine Bestimmung erlaubten. Es ist ein weites Gebiet, das diese Forscher seit über zwanzig Jahren gemeinsam erschlossen haben. Indem sie die Fragen behandelten, die sich jedem in seinem besonderen Fach stellten, siedelten sie den Völkermord auf der Skala der Verbrechen gegen die Menschheit zwischen dem Einfrieren der Moral und dem absoluten Nullpunkt der Unmenschlichkeit gegenüber Menschen an, was als unpassend erscheinen könnte, wüßte man nicht, daß sie dazu alle Formen der geistigen Entartung und der bewußten wie unbewußten Perversion menschlichen Verhaltens erforschen mußten. Von nun an stehen die Unterschiede zwischen Völkermord, Verbrechen gegen die Menschheit und anderen Massenmorden fest. Obwohl die Grenzen zwischen diesen Begriffen noch fließend sind, bietet die bessere Kenntnis dieser Phänomene dem mit einem bestimmten Geschehen befaßten Forscher die Möglichkeit, es begrifflich einzuordnen. Er sieht sich nichtsdestoweniger vor einem Dilemma, weil er zunächst der Einzigartigkeit jedes Falles von Massenmord Rechnung tragen muß und dabei nach Gemeinsamkeiten mit anderen Fällen zu suchen hat (eine elementare wissenschaftliche Vorgehensweise), ohne jedoch jene zu beleidigen, die jeden Vergleich mit der Tragödie ihrer Gemeinschaft als Verletzung ihres kollektiven Gedächtnisses empfinden. Er muß jedes Ereignis aus dem starren Rahmen der Theorien und Konzepte lösen und es in den Zusammenhang seines kulturellen Umfelds und des Zeitgeists stellen. Schließlich muß er, und das ist gewiß die heikelste Aufgabe, extreme Situationen bis in ihre Einzelheiten untersuchen, ohne dadurch seine Objektivität beeinträchtigen zu lassen.

Mit diesem Buch verfolge ich keinen anderen Zweck, als eine Bestandsaufnahme der Arbeiten der amerikanischen Wissenschaftler zu unternehmen und diese mit den Forschungsergebnissen der europäischen Philosophen und Soziologen zu verbinden, die sie häufig nicht berücksichtigt haben; nicht um eine Theorie des Völkermords aufzustellen (alle kommen zu dem Schluß, daß dies noch verfrüht sei, und ich bin nicht überzeugt von ihrer Notwendigkeit), sondern um eine Lücke zu schließen und Mißverständnisse auszuräumen. Die genaue Bestimmung des Völkermordbegriffs durch seine wichtigsten Merkmale liefert einen Entzifferungsschlüssel, der auf bestimmte Geschehnisse angewandt werden kann und die Feststellung ermöglicht, ob sie einen Völkermord darstellen oder nicht. Die Dimensionen des Forschungsobjekts sind so gewaltig, daß ein einzelner, selbst wenn er sich auf das 20. Jahrhundert beschränkte, nur Anhaltspunkte ermitteln und Vorschläge machen kann. Ich versage mir daher (und das ist keine Ausflucht) jede endgültige Beurteilung, außer in Fällen, die offenkundig Genozide sind, und in solchen, die es offenkundig nicht sind. Darum habe ich die strittigen Fälle in die Gruppe der »genozidären Massaker« eingeordnet. Wollte man den Angehörigen bestimmter verfolgter Gruppen »Mitgliedskarten« ausstellen, so würde das eine Debatte eröffnen, deren geringstes Übel nicht die Ausgrenzung wirklicher Opfer eines Genozids wäre. Dieser Vorbehalt ist übrigens nicht unwiderruflich. Es kann sich um mangelnde Informationen handeln, und weitere Nachforschungen könnten dazu führen, diesen Standpunkt zu revidieren. Schließlich ändert die Tatsache, daß ein Verbrechen nicht als Völkermord eingestuft wird, nichts an der Schuld des Täters und beeinträchtigt keineswegs das Recht der Opfer auf Gedächtnis und Wiedergutmachung.

Das vorliegende Buch befaßt sich nur mit Völkermord – und völkermordähnlichen Verbrechen – im 20. Jahrhundert, das heißt mit planmäßigem Massenmord, der von einem Staat begangen wurde. Es bietet nur kurze Rückblicke auf die Vergangenheit und beschäftigt sich kaum mit den Hekatomben, die die »Entdeckung der Welt« durch Europa nach sich zog, insbesondere die Ausrottung der Indianer, der größten von Menschen bewirkten Katastrophe. Es ist dies keine Auslassung, schon gar kein Versuch einer Kaschierung, sondern die Festlegung eines Themas. Diese Vorgänge, die die Geschichte der Menschheit auf immer beflecken, geschahen in einem völlig anderen Kontext als dem der zeitgenössischen Genozide. Wir werden sie nur erwähnen, um die »Modernität« gewisser Massenmorde zu zeigen oder umgekehrt, um die Schwierigkeit eines Vergleichs mit heutigen Verhältnissen zu beleuchten.

Was mein persönliches Engagement angeht, ist es einfach zu erklären. Mehr als zwanzig Jahre hindurch habe ich die Zeugnisse der Überlebenden zweier

Völkermorde gehört und gelesen, den Genoziden gegen die Juden und gegen die Armenier. Ich bin mit ihnen in die Gruft der Erinnerungen hinabgestiegen und habe die unüberwindliche Distanz empfunden zwischen dem Überlebenden und jenem, der seine Aussage entgegennimmt. Wer der Hölle entronnen ist, um Zeugnis abzulegen, hat einen Teil seiner selbst dort gelassen. Er stößt an die Mauer des Nichtmitteilbaren. Er ist zerrissen zwischen einem Gedächtnis, das ihn verpflichtet, und einer Zukunft, zu der er keinen wirklichen Zutritt hat, weil ihn das Erlebte daran hindert. Völkermord kann nicht Gegenstand einer nüchternen Untersuchung sein. Die Zeit hat meinen Schmerz und meinen Zorn nicht abgestumpft, und das Tagesgeschehen facht sie weiter an. Ich habe mich bemüht, sie im Zaum zu halten. Um die zum Verständnis dieses Verbrechens notwendige Objektivität zu wahren, habe ich mich von den Opfern abgewandt und mich mit den Tätern befaßt, mit deren Autopsie ich ersteren einen Dienst erweisen konnte. Mein Ziel ist nicht, Geschehnisse nachträglich zu kommentieren und begriffliche Haarspalterei zu betreiben, sondern diese nicht wiedergutzumachenden Tragödien bewußt werden zu lassen, um ihre Wiederholung möglichst zu verhindern. Auf diese Weise nützt der Tod dem Leben.

ERSTER TEIL

Aspekte des Völkerrechts

Ein gewisser Raphael Lemkin

Im Jahre 1944 veröffentlicht Raphael Lemkin, Professor für Völkerrecht an der Universität Yale, eine Abhandlung über die Besatzungspolitik der Achsenmächte in Europa. Kapitel IX steht unter dem Titel »Genozid«, einem neuen Wort, weil neue Vernichtungskonzepte aufgetreten sind, wie Lemkin erklärt:

Unter »Genozid« verstehen wir die Zerstörung eines Volkes oder einer ethnischen Gruppe ... Im allgemeinen bedeutet Genozid nicht notwendig die unmittelbare Vernichtung eines Volkes, außer wenn er durch Massenmord aller Mitglieder eines Volkes erfolgt, sondern die planmäßige Koordinierung verschiedener Aktionen, die darauf abzielen, die unentbehrlichen Lebensgrundlagen von Volksgruppen zu zerstören, um diese Gruppen selbst zu vernichten. Ziele eines solchen Plans wären die Zerschlagung der politischen und sozialen Institutionen, der Kultur, der Sprache, des Nationalgefühls, der Religion und des Wirtschaftslebens von Volksgruppen, die Vernichtung der persönlichen Sicherheit, Freiheit, Gesundheit und Würde bis hin zur Tötung der Angehörigen solcher Gruppen. Der Genozid richtet sich gegen die Volksgruppe als solche, und die aus ihm folgenden Handlungen gelten nicht Personen aufgrund ihrer individuellen Eigenschaften, sondern aufgrund ihrer Zugehörigkeit zu dieser Volksgruppe [35, S. 79].

Das Wort wurde geschaffen, führt Lemkin weiter aus, um die Kriegspraktiken des nationalsozialistischen Deutschlands zu definieren. Zur Durchsetzung ihrer neuen Ordnung hätten die Nazis einen totalen Krieg vorbereitet, begonnen und weitergeführt, nicht gegen Staaten und deren Armeen, sondern gegen Volksgruppen. Die Besetzung Europas biete Hitlerdeutschland die ideale Gelegenheit, seine Völkermordpolitik zu betreiben, um seine biologische Überlegenheit zu behaupten. Aus dieser Sicht stelle der Genozid eine neue Okkupationstechnik dar mit dem Zweck, günstige Voraussetzungen für die Behauptung dieser Überlegenheit nach dem Krieg zu schaffen, selbst wenn der Krieg verloren würde. Zur Erreichung dieses Ziels betreibe der Besatzer eine Vernichtungspolitik nach einem vorgefaßten Entvölkerungsplan, der schematisch acht Arten von Maßnahmen umfasse: politische, soziale, kulturelle, wirtschaftliche, biologische, physische, religiöse und moralische. Diese Techniken des Völkermords, faßt Lemkin nach deren Beschreibung zusammen, »stellen ein ausgefeiltes, fast wissenschaftliches System dar, dessen Perfektion noch von keinem anderen Volk erreicht wurde«. Die Entwicklung dieses Systems erfordere eine Revision des Völkerrechts, denn seine Praktiken gingen über den Begriff des Kriegsverbrechens hinaus, wie er in den Haager Konventionen festgelegt worden sei. Letztere gingen auf die Grenzen der staatlichen Souveränität ein, »schweigen aber zur Erhaltung der Unversehrtheit eines Volkes«. Andererseits habe sich das Völkerrecht seither eingehend mit den Volksgruppen befaßt und sie von den Staaten und Individuen unterschieden. Man müsse daher »die Stellung des Genozids im heutigen und zukünftigen Völkerrecht bestimmen« und die Haager Konventionen ergänzen, um Genozide in den Kriegen der Zukunft zu verhindern. Daneben, betont Lemkin, könne es auch in Friedenszeiten zu Völkermord kommen. Dies gelte vor allem für Europa, wo die nationale Vielschichtigkeit so ausgeprägt sei, daß trotz des Grundsatzes der politischen und territorialen Selbstbestimmung manche Volksgruppen gezwungen wären, als Minderheiten innerhalb der Grenzen anderer Staaten zu leben. Der rechtliche Schutz dieser Minderheiten, der bisher auf internationalen Verträgen und den Verfassungen der jeweiligen Länder beruhe, habe sich als unzureichend erwiesen, weil die Regierungen dieser Länder über wirksame Mittel verfügten, ihre Zivil- und Strafgesetzgebung auf Kosten der verfassungsmäßigen Garantien zu verschärfen. Völkermord könne nur dann verhindert und unterbunden werden, wenn der Schutz der Minderheiten sowohl durch das Völkerrecht als auch durch die Verfassung und das Strafrecht der einzelnen Staaten gewährleistet sei. Das beste Mittel zu diesem Zweck wäre ein internationales Strafrecht, dessen Unterzeichnerstaaten in ihre Verfassung wie in ihr Strafgesetzbuch Vorschriften zum Schutz der Minderheiten gegen ethnische, religiöse oder rassische Verfolgung aufzunehmen hätten. Im Strafrecht müßten Sanktionen für den Tatbestand des Völkermords verankert sein, der Vorwand, auf höheren Befehl gehandelt zu haben (Befehlsnotstand), müßte ausgeschlossen und die jeweilige Verantwortung des Befehlenden und des Ausführenden bestimmt werden. Wegen der besonderen Verwicklung des Völkermords mit zwischenstaatlichen Beziehungen müßten die Täter dem Prinzip der universellen Strafverfolgung unterworfen werden, in derselben Weise wie jene, die sich *delicta juris gentium* schuldig gemacht hätten. Unter diese Kategorie fielen etwa Sklaverei, Menschenhandel, Seeräuberei, Rauschgifthandel, pornographische Publikationen oder Fälschung. Und, fügt Lemkin hinzu, nachdem nicht alle Länder dem Prinzip der internationalen Strafverfolgung beigetreten seien (zum Beispiel die Vereinigten Staaten), müßte das künftige Völkermordabkommen eine Fakultativklausel für die Nichtunterzeichnerstaaten enthalten [35, S. 82–95].

In diesem grundlegenden Text ist alles gesagt: Der Begriff ist geschaffen, der Tatbestand wird analysiert, den Gesetzgebern werden Vorschläge unterbreitet. Das Buch wurde unter außergewöhnlichen Umständen von einem mit seltenem Scharfblick begabten Juristen verfaßt. Es siedelt sich in den Bemühungen weiter Kreise um eine Revision des Völkerstrafrechts an, die sich in der Zwischenkriegszeit abzeichneten und nach 1945 aufgrund der Erkenntnis der nationalsozialistischen Vernichtungsabsichten intensiviert wurden. Die Alliierten sahen die Notwendigkeit eines Zusammenschlusses der Völkergemeinschaft, um eine Wiederholung solcher Katastrophen unmöglich zu machen. Die Besonderheit der NS-Verbrechen erforderte einen neuen Tatbestand; Lemkin schlug »Genozid« vor, andere Juristen sollten von »Verbrechen gegen die Menschheit« sprechen. Beide Begriffe waren verwandt, letzterer schloß ersteren ein. Allerdings warfen sie zahlreiche komplexe juristische Probleme auf, deren geringstes nicht die Vereinbarkeit des internationalen Strafrechts mit dem Souveränitätsprinzip der Staaten war, da ja ein Souverän seinem Wesen nach keinem Zwang unterliegt.

Das internationale Strafrecht

Die Debatte über den Völkermord – und über das Verbrechen gegen die Menschheit – setzte die Bejahung einer Kollektivschuld der Staaten voraus, das heißt, der Staat mußte als Subjekt der Rechtsverletzung betrachtet werden. Die Feststellung einer Rechtsverletzung erfordert in der Tat die Kodifizierung ihrer Strafbarkeit und macht damit ein internationales Strafrecht notwendig, »mit dem Zweck der Ahndung gesetzwidriger Handlungen, die von Staaten in deren wechselseitigen Beziehungen begangen werden könnten« [40, S. 19]. Nun ist diese Feststellung einer Rechtsverletzung – wie jene des Delinquenten – unvereinbar mit dem Grundsatz der staatlichen Souveränität: Als Souverän ist der Staat niemandem untergeordnet, er hat keine Rechenschaft abzulegen. Andererseits kann der Staat vom Individuum nicht die Achtung von Gesetzen fordern, gegen die er selbst verstößt. Er kann sich nicht über die Regeln des Rechts, der Gerechtigkeit und der Moral hinwegsetzen, die er seinen Bürgern vorschreibt. Er kann nicht eine Person für eine einzige Gesetzesübertretung bestrafen und sich selbst das Recht anmaßen, denselben Verstoß auf kollektiver Ebene zu begehen. Hier besteht also ein Widerspruch zwischen dem innerstaatlichen Recht und dem Fehlen von Kontrollinstanzen für das Handeln des Staates, der nur durch die Erarbeitung eines Völkerstrafrechts aufgehoben werden könnte, welches wiederum die Souveränität des Staates beschränken würde.

Diese universelle Debatte, die Juristen, Historiker und Philosophen jahrhundertelang beschäftigte, führte schließlich zur Anerkennung des Naturrechts, das heißt eines Minimums, ohne das jegliche staatliche Legitimität erlischt. Vom 16. Jahrhundert an gab es zwei Schulen: die von der Praxis der Staaten konsolidierte Lehre Machiavellis und Jean Bodins, welche die Souveränität als einen Wert an sich behauptet, die keinen Zwecken untergeordnet und deren Ausübung keiner Kontrolle unterworfen werden darf, andererseits die Theorie vom Vorrang des Naturrechts, die davon ausgeht, daß die Macht den Herrschern nicht als Selbstzweck verliehen sei, sondern als Mittel im Dienste einer Ordnung der Gerechtigkeit und des Friedens, der sie selbst unterliegen. Unter Berufung auf das Werk Thomas von Aquins gründet die spanische Schule (Vitoria, Belarmino, Suárez) dieses Recht auf das göttliche Gesetz, Gentilis, Grotius, Pufendorf, Burlamaqui und Vattel dagegen leiten es aus der Solidarität zwischen den Staaten ab und unterscheiden zwischen dem »notwendigen Naturrecht« und dem »freiwilligen Recht der Völker«. Nach Grotius, dem anerkannten Vater des Völkerrechts, müssen sich die Staaten als Mitglieder einer Gemeinschaft verstehen, die untereinander durch ein universelles Gerechtigkeitsprinzip verbunden sind. Außerdem unterscheidet er den gerechten vom ungerechten Krieg: Gerecht ist ein Krieg zur Verteidigung der Untertanen eines fremden Staates gegen die Willkür ihres Herrschers. Die Gesetze sind für die Menschen gemacht, sie dürfen unerträgliche Situationen weder hervorrufen noch tolerieren. Vitoria, der sich zum Beschützer der Indianer macht, verbietet die Tötung Unschuldiger, selbst im Verlauf eines gerechten Krieges, und unschuldig ist ihm zufolge, wer keine Waffen trägt. Für Vattel soll das neue Völkerrecht nicht nur den Kriegsausbruch, sondern auch die Kriegführung in Erwägung ziehen, um festzustellen, ob ein Krieg gerecht ist oder nicht.

Später kam zur Frage der Priorität des Naturrechts gegenüber dem Gesetz des souveränen Staates das Problem des Individuums als Subjekt des Völkerrechts. Die Anerkennung der Menschenrechte impliziert die Anerkennung des gemeinsamen Interventionsprinzips, wenn diese Rechte in einem Ausmaß verletzt werden, das internationale Sanktionen rechtfertigt. Experten des Völkerrechts verwerfen den von Hobbes gepredigten Naturzustand ohne moralische Beschränkungen und vertreten die Meinung, die internationalen Beziehungen müßten wie die inneren Angelegenheiten des Staates geregelt werden, mit einer guten Dosis sozialer Gerechtigkeit.

Doch selbst wenn der Staat als Subjekt einer Rechtsverletzung angesehen wird, bleibt ein Problem: die Unmöglichkeit, den Schuldigen im Sinne des Strafrechts zu ermitteln. Schuldig ist derjenige, der dem Strafrecht unterworfen ist und ihm zuwiderhandelt. Theoretisch gibt es aber kein Subjekt des internationalen Strafrechts, weil allein der Staat Subjekt des Völkerrechts ist und das Strafrecht auf ihn nicht angewandt werden kann, nicht, weil er souverän ist, sondern weil man keine Strafe über all seine Bürger verhängen kann, die ja nicht alle schuldig sind.

Die Juristen sehen sich daher mit drei Problemen gleichzeitig konfrontiert, ohne deren Lösung das internationale Strafrecht nicht kodifizierbar erscheint: die Definition des Verstoßes gegen internationale Gesetze, die Feststellung individueller Verantwortlichkeit durch Ausschluß des Befehlsnotstands und die Identifizierung der Täter beim verbrecherischen Akt. Diese Fragen der Kollektivschuld brachten die Juristen der ganzen Welt zunächst zu den Themen der Friedenssicherung und zur Diskussion des Krieges als Verbrechen an sich. Erst in zweiter Linie kam man auf den Begriff des Verbrechens gegen die Menschheit und damit auf Verbrechen in Friedenszeiten. Freilich hatte diese Konzeption den anfänglichen Bemühungen zugrunde gelegen. Sie setzte die Achtung einer Reihe natürlicher Rechte voraus, ungeschriebener, aber unveräußerlicher Rechte. Diese Gesetze, »das unsterbliche Werk der Götter«, wie Antigone Kreon entgegenhielt, haben mehr Gewicht als die Dekrete von Sterblichen. So stellt die gemeinsame Überzeugung der Staaten eine Rechtsbasis dar, die durch innerstaatliche Gesetzgebung nicht außer Kraft gesetzt werden kann, und ein Staat, der gegen sie verstieße, wäre kein Rechtsstaat mehr.

Ende des 19. Jahrhunderts konnten sich Juristen und Politiker auf einen allgemein anerkannten ethischen Kodex berufen, um zu versuchen, die Kluft zwischen den aus den Menschenrechtserklärungen geborenen Hoffnungen und der Bedrohung durch jene Staaten zu überbrücken, die diese Rechte leugneten oder ignorierten. Die europäischen Nationen hatten ein internationales Schiedsgericht in Aussicht genommen, das zwischenstaatliche Streitigkeiten beilegen sollte, um bewaffneten Konflikten vorzubeugen. Die auf Initiative des Zaren Nikolaus II. 1899 in Den Haag einberufene Friedenskonferenz endete mit der Unterzeichnung von vier Abkommen über die friedliche Beilegung internationaler Streitfälle und von vier Abkommen bezüglich des Kriegsrechts. Diese definierten jedoch keine Rechtsverletzungen, sondern lediglich unzulässige Handlungen eines Staates. So wurde das Recht auf Kriegführung (*jus ad bellum*) nicht bestritten, sondern nur bestimmte Handlungen untersagt (*jus in bello*). Ein Ständiger Internationaler Schiedsgerichtshof wurde in Den Haag geschaffen, dessen Zuständigkeit aber nicht verbindlich war und dessen Urteil die Staaten nicht verpflichtete. 1907 regten die Vereinigten Staaten die zweite Haager Friedenskonferenz an, auf der die verbindliche Schiedsgerichtsbarkeit zwar anerkannt wurde, der Gerichtshof aber nicht die nötigen Mittel zu deren Durchsetzung erhielt. Die sogenannte Martens-Klausel in der Präambel der Haager Landkriegsordnung (1899 und 1907) fordert die Achtung der »Gesetze der Menschheit«:

Bis zu einer vollständigeren Kodifizierung der Gesetze des Krieges halten die Hohen Vertragschließenden Parteien die Feststellung für zweckmäßig, daß in Fällen, die in den von ihnen angenommenen Bestimmungen nicht vorgesehen sind, Zivilpersonen und Kombattanten unter dem Schutz und der Herrschaft der Grundsätze des Völkerrechts stehen, wie sie sich aus den unter Kulturvölkern feststehenden Gebräuchen, den *Gesetzen der Menschheit* und aus den Forderungen des öffentlichen Gewissens ergeben [9, S. 103].

Im selben Geiste einer »Definition des Unerlaubten ohne Behauptung seines verbrecherischen Charakters« schufen die Genfer Abkommen von 1864 und 1906 die Grundlagen zu einem humanitären Völkerrecht und nahmen eine Strafverfolgung der Verstöße gegen seine Normen in Aussicht. Tatsächlich dienten humanitäre Anliegen den europäischen Mächten häufig als Vorwand zu Interventionen im Osmanischen Reich. Sie hatten sich ein Überwachungsrecht über die Angelegenheiten der Pforte zugesprochen, um die Verfolgung von Minderheiten zu verhindern. So mischten sie sich im griechischen Unabhängigkeitskrieg ein, anläßlich der Verfolgung der Juden in Damaskus und auf Rhodos 1840, der Christen im Libanon 1860, der Armenier während des gesamten Jahrhunderts, insbesondere 1894 bis 1896. Präsident Theodore Roosevelt plädierte 1904 für die Intervention eines zivilisierten Staates, wenn ein anderer Staat sich Vergehen dieser Art zuschulden kommen lassen sollte. Die meisten Juristen vertraten damals die Ansicht, Gesetze über humanitäre Interventionen seien nicht nötig, sie gehörten mehr in den Bereich der Politik oder Moral als in den des Rechts.

Während des Ersten Weltkriegs wurden die Haager und Genfer Abkommen wie die internationalen Verträge mißachtet. Nachdem sie Kenntnis von einem osmanischen Vernichtungsprogramm gegen die Armenier erhalten hatten, unterzeichneten die Außenminister der Entente am 24. Mai 1915 eine gemeinsame Erklärung, in der ein neues Verbrechen – das »Verbrechen der Menschheitsverletzung« – verurteilt und die gemeinsame Verantwortung der Ausführenden und der anordnenden Regierung festgestellt wurde. In seiner Botschaft an den Kongreß vom 8. Januar 1918 legte Präsident Wilson vierzehn Punkte vor, die einen gerechten und dauerhaften Frieden sichern sollten. Punkt vierzehn forderte eine neue Weltordnung und die Bildung einer Organisation mit dem Zweck der gegenseitigen Garantie der politischen Unabhängigkeit und der territorialen Unverletzlichkeit großer wie kleiner Staaten. Wilson bemühte sich dann, die Völkerbundsatzung mit den Friedensverträgen zu koppeln. Während Artikel 10 der Satzung die Verpflichtung der Staaten enthielt, den vierzehnten Punkt zu respektieren, sah Artikel 14 die Schaffung eines Ständigen Internationalen Gerichtshofs vor und Artikel 16 Sanktionen gegen jeden Staat, der einen Krieg unter Verletzung der in der Charta eingegangenen Verpflichtungen führen würde.

Der am 28. Juni 1919 unterzeichnete Versailler Vertrag widmete der Ahndung von Verletzungen internationaler Verträge sowie von Zuwiderhandlungen gegen die Gesetze und Gebräuche des Krieges zwei Artikel (227 und 228). Immerhin machte er einen Unterschied zwischen dem ehemaligen deutschen Kaiser, Wilhelm II., dem die Schuld an der Eröffnung der Feindseligkeiten gegeben wurde, und den Kriegsverbrechern, die je nach der Staatsbürgerschaft der Opfer von Militärgerichten oder deutschen Gerichten abgeurteilt werden sollten. Der Vertrag von Sèvres, der am 10. August 1920 unterzeichnet wurde, sah auch die Bestrafung jener Personen vor, die in der Türkei während des Krieges die Vernichtung der Armenier betrieben hatten. Gemäß Artikel 230 sollte der Völkerbund ein zuständiges Gericht ernennen, dessen Gerichtsbarkeit von der Türkei anzuerkennen war. Doch dieser Vertrag wurde nicht ratifiziert, sondern durch den Vertrag von Lausanne vom 24. Juli 1923 ersetzt, der eine Amnestieklausel für alle zwischen 1914 und 1923 begangenen Delikte enthielt.

Die Juristen lernten aus diesen Versuchen, ein internationales Strafrecht zu begründen. Vier Organisationen führten die Diskussion auf neuen Grundlagen weiter: die International Law Association, die Union interparlementaire, die Internationale Gesellschaft für Strafrecht, das Bureau international pour l'unification du droit pénal. Sie untersuchten Projekte, bildeten Ausschüsse und hielten Konferenzen ab. Ihre Bemühungen gingen von dem Leitgedanken des rumänischen Juristen Vespasien Pella aus, der Angriffskrieg sei ein Verbrechen und ein internationaler Strafgerichtshof müsse eingerichtet werden, um dieses Verbrechen zu ahnden. Bedeutende Juristen, darunter Professor Donnedieu de Vabres, erarbeiteten die neue Doktrin, und 1925 erstattete Pella der Union interparlementaire einen Bericht über »die Kollektivschuld der Staaten und das Strafrecht der Zukunft«, in dem erstmals die Kriminalität des Staates analysiert und der Krieg als eine krankhafte Erscheinung im Leben der Völker dargestellt wird. Zur Bekämpfung dieses Verbrechens forderte Pella die Schaffung einer internationalen Strafgerichtsbarkeit. Die juristischen Verbände arbeiteten an einem Völkerstrafrecht, und 1927 beauftragte die Internationale Gesellschaft für Strafrecht Professor Pella mit dem Entwurf eines »Statuts zur Einrichtung einer Strafkammer beim Ständigen Internationalen Gerichtshof« [40, S. 129 bis 144]. Dieser Entwurf wurde 1928 gebilligt und dem Generalsekretariat des Völkerbunds unterbreitet.

Im folgenden Jahrzehnt verstärkte sich die Bewegung zur Ächtung des Krieges. International verankert wurde sie durch die Unterzeichnung des Briand-Kellogg-Pakts am 27. August 1928 in Paris, der den Krieg als Mittel zur Beilegung internationaler Streitigkeiten verurteilte, in Wirklichkeit aber nur eine moralische Erklärung darstellte, der jegliche Sanktionen fehlten. 1933 unternahm Pella einen neuen Anlauf mit der Veröffentlichung seines Memorandums über »Friedenssicherung durch das innerstaatliche Recht«. Er schlug den Staaten vor, die Völkergemeinschaft durch die Annahme verfassungsrechtlicher Bestimmungen zu stärken, nach denen die Gesamtheit der Normen des Völkerrechts integrierender Bestandteil des internen Rechts der Mitgliedsstaaten werden sollte. Dies würde es jedem Staat ermöglichen, sich selbst zu kontrollieren und internationale Streitfälle zu vermeiden, die aus der Nichterfüllung eingegangener Verpflichtungen erwachsen könnten. Nach dem Attentat in Marseille, bei dem König Alexander von Jugoslawien und Louis Barthou starben, regte die französische Regierung beim Völkerbundsrat eine internationale Konvention zur Verhütung und Bestrafung des Terrorismus und die Schaffung eines Internationalen Gerichtshofs an. Der mit der Formulierung dieser Konvention beauftragte Ausschuß stützte sich auf einen Vorentwurf Pellas und legte einen Text vor, der am 16. November 1937 in Genf angenommen wurde [40, S. 157–165]. Diese Konvention betraf zwar nur terroristische Akte, doch der Gerichtshof besaß die Befugnis, Verbrechen und Delikte zu ahnden, die die internationalen Beziehungen gefährdeten. Tatsächlich wurden diese Bestimmungen aber nie rechtskräftig, und der Zweite Weltkrieg brach aus, ohne daß die Völkergemeinschaft über Strafandrohungen für Rechtsverletzungen verfügte, die sie nicht einmal hatte definieren können. Die beharrlichen Bemühungen klarsehender und verantwortungsbewußter Juristen waren an den egoistischen Interessen der Staaten gescheitert, die ihre Inkonsequenz teuer bezahlen sollten.

Während dieser Zeit stellte Professor Lemkin Untersuchungen auf einem verwandten Gebiet an, dem der Aggressionen von Staaten gegen deren Minderheiten. Er hatte an den Studien zur Vereinheitlichung des Strafrechts mitgewirkt, die ab 1927 in Warschau durchgeführt wurden. In Brüssel hatte er 1931 und in Kopenhagen 1933 Vorschläge zur Unterdrückung des Terrorismus durch eine internationale Gerichtsbarkeit unterbreitet. Auf der fünften Konferenz zur Vereinheitlichung des Strafrechts, die 1934 in Madrid stattfand, definierte der polnische Jurist – er sollte später in die USA emigrieren – zwei neue Tatbestände und empfahl, sie ins innerstaatliche Strafrecht der 37 Teilnehmerstaaten an dieser Tagung aufzunehmen: die Barbarei, nämlich Unterdrückung oder Vernichtung von Angehörigen einer ethnischen, religiösen oder rassischen Gruppe, sowie Vandalismus, das heißt vorsätzliche Zerstörung künstlerischer und kultureller Werke, die spezifische, charakteristische Schöpfungen solcher Gruppen sind und ihr kulturelles Erbe darstellen [35, S. 91]. Sicher hätte die Annahme seines Projekts durch die Madrider Konferenz, wie Lemkin 1944 mit Bedauern feststellte, den Gerichten eine Rechtsgrundlage geliefert, welche die von den Achsenmächten während des Zweiten Weltkriegs begangenen Verbrechen umfaßt und damit hätte verhindern können, daß die Verbrecher in neutralen Ländern Zuflucht fanden.

Die Juristen nützten also die Gelegenheit, die sich den internationalen Organisationen am Ende des Ersten Weltkriegs bot. Sie schufen die Voraussetzungen für eine neue Generation des Völkerrechts. Der Verantwortliche wurde bezeichnet und seine Schuld durch zwei Tatbestände begründet: die Auslösung eines Krieges – und Vespasian Pella war unermüdlich im Einsatz, um den Krieg zum Verbrechen zu erklären und die Ahndung dieses Verbrechens zu erwirken – sowie die Verletzung des Völkerrechts in Kriegs- oder Friedenszeiten, die Raphael Lemkin anprangerte. Diese beiden Verbrechen waren noch nicht in einer Kategorie zusammengefaßt; die Geschehnisse zeigten die Notwendigkeit, sie zu vereinigen. Deshalb ist die Nürnberger Rechtsprechung nicht von der Konvention zur Verhütung und Bestrafung des Völkermords zu trennen.

Das Nürnberger Recht
und das Verbrechen gegen die Menschheit

Durch ihr Ausmaß und ihre Besonderheit, durch ihre Systematik, ihre Unmenschlichkeit und ihre Eigenart als staatliche Verbrechen, warfen die nationalsozialistischen Verbrechen »für die juristische Technik der Strafverfolgung Probleme von beispielloser Vielschichtigkeit auf« [39, S. 1]. Die mit der Ahndung dieser Verbrechen betrauten Gerichte, vom Internationalen Militärtribunal (IMT) bis zu den nationalen Gerichtshöfen, haben sich bemüht, Lösungen für die Probleme zu finden, die die Maßlosigkeit dieser Verbrechen aufwarf. Manche erforderten eine erstmalige Definition. Lemkin hatte vorgeschlagen, sie als Genozid zu bezeichnen, in Nürnberg wurde ein neuer Tatbestand definiert: das Verbrechen gegen die Menschheit.

Das Nürnberger Recht entstand aus einer Notwendigkeit. Angesichts der nationalsozialistischen Verbrechen wurden sich Politiker und Juristen bewußt, schnellstens die Gesetzeslücke bezüglich des Schutzes nationaler Minderheiten in Friedenszeiten schließen zu müssen. Bis dahin konnte ein Staat seine Bürger verfolgen und töten, ohne durch internationale Verpflichtungen daran gehindert zu werden, und es gab kein Gesetz, auf das sich ein anderer Staat hätte berufen können, um eine Intervention aus humanitären Gründen zu rechtfertigen. Vom Beginn des Krieges an erschien diese Straflosigkeit als empörend. Präsident Beneš enthüllte am 3. September 1939 dem britischen Premierminister, was er bis dahin hatte verschweigen müssen: die Ermordung tschechischer Staatsangehöriger durch die Nationalsozialisten seit dem 15. März. Er forderte die Bestrafung der Schuldigen. Am 2. Dezember protestierte der polnische Botschafter in London beim britischen Außenminister gegen das Terrorregime, das die deutsche Besatzung in seinem Land errichtet hatte. Am 17. April 1940 appellierten die englische, französische und polnische Regierung an das Weltgewissen wegen der in Polen begangenen Verbrechen, wobei sie auch auf die Untaten hinwiesen, die sich das Hitlerregime bereits in Friedenszeiten hatte zuschulden kommen lassen. Allerdings bezogen sie sich dabei auf flagrante Verstöße gegen das Kriegsrecht. Bis zur Erklärung vom 8. August 1945 wurden Verbrechen gegen die Menschheit als »Kriegsverbrechen« behandelt [5, S. 8]. Vom Oktober 1941 an vervielfachten sich die Proteste gegen solche Verbrechen. Am 25. Oktober brachten Präsident Roosevelt und Winston Churchill ihre Empörung über die Geiselerschießungen in den von Deutschland besetzten

Ländern zum Ausdruck. Churchill forderte, die Bestrafung dieser Verbrechen müsse von nun an zu den Hauptkriegszielen zählen. Auf einer Konferenz der Vertreter von achtzehn Regierungen im Saint-James Palace wurde am 13. Januar 1942 eine Erklärung abgegeben, die die Besatzungsverbrechen anprangerte und die früheren Proteste Roosevelts und Churchills protokollierte. Der Text verankerte zwei Grundprinzipien eines internationalen Strafrechts: Er unterschied das Kriegsverbrechen von der Kriegshandlung und forderte internationale Solidarität zu seiner Verfolgung. Die Interalliierte Kommission, welche die Erklärung vorbereitete, hatte den Regierungen die Frage nach der Zweckmäßigkeit eines neuen Tatbestands gestellt, um die Verbrechen der Nationalsozialisten gegen die deutschen Juden zu ahnden. Die Erklärung von Saint-James ging auf diese Frage nicht ein; war sie auch brisant, so hatte man doch noch keine Antwort darauf [39, S. 11].

Am 15. Juni 1942 verkündete Goebbels, Deutschland habe jede Beziehung zur restlichen Welt abgebrochen, und Hitler fügte wenig später hinzu: »Ich erwarte von den deutschen Richtern, daß sie begreifen, daß das deutsche Volk nicht für die Erfordernisse der Justiz geschaffen ist, sondern daß die Justiz dem Volk zu dienen hat« [5, S. 111]. Auf diese offizielle Zurschaustellung des verbrecherischen Charakters der deutschen Regierung hin übersandten die Unterzeichnerstaaten von Saint-James eine Note an die Großen Drei, in der sie diese aufforderten, entsprechende Maßnahmen zu ergreifen [5, S. 276–280]. Vor dem Oberhaus kündigte Justizminister Viscount Simon am 7. Oktober die Bildung einer Untersuchungskommission für Kriegsverbrechen an, die in Abstimmung mit Präsident Roosevelt zusammengestellt werden sollte. Die Antwort der sowjetischen Regierung erfolgte am 14. Oktober in einer Note Molotows, der die Haltung Roosevelts billigte und eine vorläufige Liste der zu bestrafenden Verbrecher gab. In dieser Note wurden erstmals die Hauptverantwortlichen für das verbrecherische NS-Regime genannt und die Absicht formuliert, die Organe dieses Staates vor Gericht zu stellen: die Regierung und das Oberkommando der Wehrmacht. Die Übereinstimmung der Großen Drei über die Notwendigkeit eines gemeinsamen Vorgehens im Dienste der Menschheit geht aus der Erklärung hervor, die am 17. Dezember 1942 gleichzeitig in London, Washington und Moskau veröffentlicht wurde. Aufgrund der ihnen zugegangenen Informationen über das Schicksal der Juden im besetzten Europa erklärten die Vereinten Nationen ihre »Entschlossenheit, dafür zu sorgen, daß die Verantwortlichen für diese Verbrechen ihrer Strafe nicht entgehen«. Das Programm der Vernichtung der europäischen Juden war der britischen und der amerikanischen Regierung seit Mai 1942 bekannt. Sie wußten von seiner Anwendung, kannten allerdings keine Einzelheiten. Sie behinderten alle Rettungsversuche und beschränkten ihre Interventionen auf formelle Proteste und Einzelaktionen. Der wirkliche Grund für die Preisgabe der europäischen

Juden war nicht die Überzeugung der alliierten Regierungen, die beste Hilfe sei ein schneller Sieg über einen Feind, mit dem zu verhandeln sie ablehnten, sondern die Furcht – wie sie in den Antworten des State Department und des Foreign Office zum Ausdruck kam – vor einer Masseneinwanderung in die Vereinigten Staaten und nach Palästina, während die schon sehr niedrig gehaltenen Quoten doch nur zur Hälfte in Anspruch genommen worden waren. Hier muß auch festgehalten werden, daß die zionistischen Organisationen in Amerika der Gründung eines jüdischen Staates nach dem Krieg Vorrang vor der Rettung der europäischen Juden einräumten [119 und 98].

Angesichts der Zunahme der nationalsozialistischen Verbrechen unterzeichneten die Großen Drei am 30. Oktober 1943 die Moskauer Erklärung, in der die Kompetenzen für die Strafverfolgung dieser Verbrechen endgültig festgelegt wurden. Die Schuldigen sollten in das Land gebracht werden, wo sie ihre Verbrechen begangen hatten, und durch die Gerichte des jeweiligen Staates an Ort und Stelle abgeurteilt werden [39, S. 474 f.]. Mit dieser Erklärung wurde die Nürnberger Doktrin geboren, die für die Zuständigkeit der Gerichte zwei bisher getrennte Rechtsquellen verschmolz: die Haager Landkriegsordnung über die Regeln und Gebräuche des Landkriegs und das jeweilige staatliche Strafrecht.

Diese Erklärungen warfen jedoch juristische Probleme grundsätzlicher Art auf, mit deren Lösung Ausschüsse beauftragt wurden. Die »International Commission for Penal Reconstruction and Development« definierte einen anderen Tatbestand als den des Kriegsverbrechens, nämlich Straftaten, die später in den Statuten des Internationalen Militärtribunals die Bezeichnung »Verbrechen gegen die Menschheit« erhalten sollten. Ähnlich empfahl der von der »London International Assembly« gebildete Ausschuß am 12. Oktober 1942, *crimes against mankind*»als solche zu stigmatisieren und kraft des Völkerrechts für strafbar zu erklären« [39, S. 13]. Derselbe Ausschuß beantragte später, daß unter den Tatbestand des Kriegsverbrechens auch die Vorbereitung und Führung eines Angriffskrieges fallen solle, ebenso wie die innerhalb oder außerhalb der Territorien der Achsenmächte begangenen Verbrechen zum Zweck rassischer oder politischer Vernichtung.

Die am 20. Oktober 1943 gebildete Kriegsverbrecherkommission der Vereinten Nationen versuchte, den Begriff des Kriegsverbrechens durch Aufnahme der Verbrechen gegen die Menschheit zu erweitern. Sie befand nämlich, daß die 1919 aufgestellte Liste der Kriegsverbrechen nicht hinreiche und daß die Nationalsozialisten Verbrechen begingen, die von den genannten Kategorien nicht erfaßt wurden. Im März 1944 schlug der amerikanische Delegierte in dieser Kommission vor, »Verbrechen gegen staatenlose oder andere Personen aufgrund deren Rasse oder Religion« als Verbrechen gegen die Menschheit zu ächten [39, S. 18]. Er fügte hinzu, er verwende diese Bezeichnung deshalb, weil sie Verbrechen gegen die Grundlagen der Zivilisation darstellten, unabhängig davon, wann und wo sie begangen würden und ob sie Verstöße gegen das Haager Landkriegsrecht darstellten oder nicht [ebd.]. Damit waren zwei neue Begriffe geschaffen: die Universalität dieser Verbrechen und ihre Unverjährbarkeit.

Es war Aufgabe der Kommission, ein internationales Strafgesetzbuch zu erarbeiten und die Kompetenzen eines internationalen Gerichtshofs zu bestimmen. Sie hatte daher festzustellen, wer schuldig war und ob man eine Person vor ein internationales Gericht stellen konnte, indem man sie ihres nationalen Rechtsschutzes entkleidete. Was die Verantwortlichkeit des Individuums in der Gruppe betraf, standen zwei Thesen einander gegenüber: die von Morgenthau und Cordell Hull, der zufolge die deutschen Hauptkriegsverbrecher nach ihrer Festnahme und Identifizierung ohne Verfahren hingerichtet werden sollten, und jene von Kriegsminister Henry Stimson, der diese Verbrecher vor ein internationales Gericht stellen wollte. Roosevelt beauftragte einen Juristenausschuß, sich mit der Frage zu befassen. Eines seiner Mitglieder war der Meinung, man könne das ganze totalitäre Kriegssystem der Nationalsozialisten in die Anklage mit einbeziehen. So entstand die Theorie der *conspiracy* (Verschwörungstheorie), der Eckstein der Anklage in Nürnberg.

Im Jaltaer Memorandum vom 22. Januar 1945, das auf Antrag Präsident Roosevelts abgefaßt wurde, sind die drei neuen Rechtsauffassungen dargelegt, die die Ergebnisse der Kommission zusammenfassen: 1) Die nationalsozialistischen Verbrechen gehen über den herkömmlichen Begriff der Kriegsverbrechen hinaus, es handelt sich um vorsätzliche, planmäßige Verbrechen. 2) Sie umfassen auch Verbrechen, die ab 1933 gegen deutsche Staatsbürger begangen wurden, was ebenfalls den Rahmen der herkömmlichen Kriegsverbrechen sprengt. 3) Schuldig sind nicht nur die Anführer, die diese Politik beschlossen und ihre Anwendung befohlen haben, sondern auch die verbrecherischen Organisationen, die sie ausführten [39, S. 31–33]. Aus diesen Definitionen ergibt sich die Strafverfolgung in zwei Etappen: Zuerst sollen die nationalsozialistischen Führer vor ein Internationales Militärtribunal gestellt werden, danach die anderen Delinquenten vor Besatzungsgerichte.

Auf der Konferenz von San Francisco, in deren Verlauf die UNO gegründet wurde, legte die amerikanische Regierung am 30. April 1945 den Außenministern der drei anderen Großmächte einen Entwurf vor, der die im Jaltaer Memorandum angesprochenen Verbrechen definierte. Die Sowjets akzeptierten den Entwurf, regten aber einige Änderungen zur Erweiterung des Rahmens der Kriegsverbrechen an. Am 2. Mai ernannte Präsident Truman den Richter Robert H. Jackson zum Repräsentanten der Vereinigten Staaten bei den Vorbereitungen der Prozesse gegen die Verantwortlichen der Achsenmächte. Jackson schlug den vier Mächten einen Aktionsplan vor. Von Juni bis

August tagten die Vertreter der vier Regierungen in London und bearbeiteten ein von den USA vorbereitetes Basisdokument im Geist des Entwurfs von San Francisco. Die Diskussionen drehten sich um die Definition der Tatbestände. Während die Verschwörung, der gemeinsame Plan als notwendig für den Tatbestand des Verbrechens gegen den Frieden angenommen wurde, beschloß man den Begriff »Verbrechen gegen die Menschheit« erst in der letzten Formulierungsphase. Das Londoner Abkommen, der Gründungsakt des Internationalen Militärtribunals (IMT), wurde am 8. August 1945 veröffentlicht. Es war das erste Dokument, das die Grundsätze des internationalen Strafrechts verankerte. Es vereinigte die seit 25 Jahren von den Juristen erörterten Konzepte und war in mehrerer Hinsicht Rechtsquelle: Es beseitigte die Hindernisse für die Schaffung eines internationalen Strafgerichtshofs und legte juristische Prinzipien fest. Dieses dem Statut des IMT zugrundeliegende Abkommen wies auf juristischer Ebene revolutionäre Aspekte auf. Es definierte drei Tatbestände, von denen nur einer – das Kriegsverbrechen – etabliert war, während ein weiterer – das Verbrechen gegen den Frieden – in den juristischen Debatten der Zwischenkriegszeit auftauchte, aber nicht im Strafrecht verankert wurde. Der dritte, das Verbrechen gegen die Menschheit, war ganz und gar neu.[1]

Artikel 6 (c) des Statuts definierte die Verbrechen gegen die Menschheit:

… nämlich Mord, Ausrottung, Versklavung, Deportation oder jede andere unmenschliche Handlung, die an Zivilbevölkerungen vor oder während des Krieges begangen wurden, Verfolgungen aus politischen, rassischen oder religiösen Gründen, in Ausführung eines Verbrechens oder in Verbindung mit einem Verbrechen, das unter die Zuständigkeit des Gerichtshofs fällt, und zwar unabhängig davon, ob diese Handlungen gegen das interne Recht des Landes verstießen, in dem sie begangen wurden.

Die Anführer, Organisatoren, Anstifter oder Mittäter, die am Entwurf oder der Ausführung eines gemeinsamen Plans oder einer Verschwörung zur Begehung eines der vorgenannten Verbrechen teilgenommen haben, sind für alle Handlungen verantwortlich, die von irgendeiner Person in Ausführung dieses Plans begangen worden sind [5, S. 314].

Durch die Erweiterung der Zuständigkeit des Tribunals auf die Ahndung von Verbrechen gegen die Menschheit, die vor oder während des Kriegs gegen Zivilpersonen begangen wurden, verstieß das Statut gegen das Dogma der staatlichen Souveränität und ebnete der Einmischung in innere Angelegenheiten den Weg. Außerdem beseitigte Artikel 7 die Strafausschließung für Staatsoberhäupter oder hohe Beamte aufgrund ihrer amtlichen Stellung, und Artikel 8 überließ es dem Gericht, Befehlsnotstand als Strafmilderungsgrund gelten zu lassen oder nicht. Diese drei Bestimmungen (Artikel 6, 7 und 8) sind das erste Beispiel einer strafrechtlichen Verfolgung von Menschheitsverbrechen, die durch eine Regierung oder deren Organe an den eigenen Staatsangehörigen begangen wurden. Sie stellen eine Verbindung zwischen der von den Alliierten beanspruchten richterlichen Kompetenz und dem Kriegszustand her, der in dem Gebiet herrschte, wo diese Verbrechen begangen wurden. Schließlich liefen Artikel 7 und 8 dem Prinzip zuwider, nach welchem nur Staaten Rechtssubjekte des Völkerrechts sein können, denn das Nürnberger Recht erklärte auch Individuen zu Subjekten dieses Rechts.

Das Hauptproblem für die Anklage bestand in der Legalität einer Strafverfolgung, die sich nicht an das Prinzip *nullum crimen, nulla poena sine lege praevia* hielt: Niemand darf verurteilt werden für eine Tat, deren Strafbarkeit nicht gesetzlich bestimmt war, bevor sie begangen wurde. Demgegenüber erklärten die Juristen in Nürnberg, daß das Völkerrecht über diesem Grundprinzip des nationalen Strafrechts stehe, weil es sich auf Sitten und Gebräuche gründe. Verstöße gegen das Völkerrecht könnten nicht im voraus festgelegt werden. Um zu definieren, welche Handlungen zu inkriminieren sind, müsse man vom Gewohnheitsrecht oder von den internationalen Übereinkommen ausgehen, die das Gewohnheitsrecht festschreiben. Die Beschuldigten könnten keine Unkenntnis der Rechtswidrigkeit ihrer Handlungen geltend machen. Selbst wenn das Gericht gegen das Prinzip der Nichtrückwirkung der Strafgesetze verstieße, wäre dies durch Notwendigkeit gerechtfertigt, das heißt, manche Verbrechen sind zu ungeheuer, um nicht bereits durch das Gewohnheitsrecht oder das Naturrecht inkriminiert zu sein, wenn sie es nicht expressis verbis durch das konventionelle Völkerrecht sind [26, S. 33–54; 9, S. 110–113]. Die Begründung der Anklage kann nur durch Analogie erfolgen, welches Argument Richter Jackson in seinem Bericht folgendermaßen zusammenfaßte: »Wir beantragen die Bestrafung von Handlungen, die seit der Zeit Kains als Verbrechen betrachtet und als solche in allen zivilisierten Gesetzbüchern bezeichnet werden.« Die Beschränkung des Legalitätsprinzips durch die Ethik bedeutete eine Anerkennung des Naturrechts als übergeordnetes Recht, als Recht der Vernunft.

Der Begriff des Verbrechens gegen die Menschheit, wie er mit dem Nürnberger Recht eingeführt wurde, ging davon aus, daß ein Staat verbrecherisch sein kann und daß seine Verbrechen oft im Zusammenhang mit seiner Fortschrittlichkeit stehen. Der britische Ankläger Shawcross erklärte: »Die Geschichte, und zwar eine sehr junge Geschichte, rechtfertigt nicht die Auffassung, daß ein Staat nicht verbrecherisch sein könne. Im Gegenteil, die unermeßliche Kraft des Bösen, die der Staat in diesem Zeitalter der Wissenschaft und der Organisation besitzt, müßte allem Anschein nach gebieterisch verlangen, daß gegen staatliche Verbrechen noch strengere und wirksamere Strafmaßnahmen ergriffen würden, als im Falle von Einzelpersonen« [5, S. 36]. Die Nationen hatten soeben ein Recht geschaffen, das die Strafbarkeit von Verbrechen des Staates gegen In- und Ausländer in Kriegs- wie in Friedenszeiten festlegte. Wie die Völkerrechtler seit langem gewünscht hatten, stellte ein Gesetz alle Menschen ohne Unterschied unter den Schutz der Völkergemeinschaft. Das Verbrechen gegen die Menschheit wurde als Verletzung der Freiheit, der Rechte, des Lebens einer Person oder einer Gruppe definiert, die nicht gegen die Gesetze verstoßen hatten, oder im Falle einer Verletzung zu schwer bestraft worden waren.

Man war zu der Überzeugung gelangt, daß dieses Verbrechen bestraft werden müsse. Am 13. Februar 1946 nahm die Vollversammlung der Vereinten Nationen die Resolution 3 (I) an, welche die Definition der neuen Tatbestände in den Statuten des Internationalen Militärtribunals billigte. Sie empfahl ihren Mitgliedstaaten, die notwendigen Maßnahmen zu ergreifen, um die Kriegsverbrecher festzunehmen und an jene Länder auszuliefern, in denen das Delikt begangen worden war. Nach dem Urteil des IMT wurden die von ihm angewandten Völkerrechtsprinzipien in der Resolution 95 (I) vom 11. Dezember 1946 bestätigt. Diese Resolution dehnte die Vereinbarung, die nur die 23 Signatarstaaten des Londoner Abkommens verpflichtete, auf alle Mitgliedsstaaten der UNO aus. Das am 19. Januar 1946 veröffentlichte Statut des Internationalen Militärgerichts in Tokio und das am 12. November 1948 gefällte Urteil bekräftigten und entwickelten das Nürnberger Recht. Die Vollversammlung der UNO richtete am 21. November 1947 eine Völkerrechtskommission ein mit dem Auftrag, die »fortschreitende Entwicklung des Völkerrechts und dessen Kodifizierung zu befördern« [Resolution 174 (II)]. Diese Kommission legte 1950 eine Reihe von Grundsätzen vor, die folgendes festschrieben: die Tatbestände von Nürnberg; das Prinzip der individuellen Verantwortlichkeit, als Täter oder Gehilfe, bei strafbaren Handlungen; die Ausschließung des Befehlsnotstands oder Berufung auf den offiziellen Status des Angeklagten; schließlich das Recht jedes Beschuldigten auf einen ordentlichen Prozeß [9, S. 118]. Außerdem bereitete die Kommission einen »Entwurf eines Strafgesetzbuches für Verbrechen gegen den Frieden und gegen die Sicherheit der Menschheit« vor, der sich auf die Nürnberger Prinzipien gründete. Von Jahr zu Jahr verschoben, war die endgültige Fassung dieses Entwurfs 1986 von der Kommission noch nicht angenommen worden. Die politischen Verhältnisse hatten sich geändert, und den Staaten war nicht daran gelegen, ihre Souveränität zu beschneiden. Die Hindernisse für die Schaffung eines internationalen Strafgerichtshofs schienen unüberwindlich, und ein Völkerstrafrecht wäre reine Formsache geblieben, solange kein Ständiger Gerichtshof existierte, um es anzuwenden. Mit der Zeit wurde das Nürnberger Tribunal als Ausnahmegerichtsbarkeit angesehen, das unter besonderen Umständen geschaffen worden war, um bestimmte Personen zu verurteilen, die in einem bestimmten Zeitraum verbrecherische Handlungen begangen hatten. Die Vereinten Nationen erkannten Nürnberg wohl als Rechtsquelle an, doch sie befürchteten die Entstehung eines Gewohnheitsrechts. Sie zogen es daher vor, sich an die Bekräftigung der Grundprinzipien der Menschenrechte zu halten, die sie weniger direkt verpflichteten. So bestimmte die Allgemeine Menschenrechtserklärung, die am 10. Dezember 1948 von der UNO angenommen wurde, die Prärogativen des Individuums im Staat und garantierte die Persönlichkeitsrechte. Im abschließenden Artikel 30 heißt es: »Keine Bestimmung dieser Erklärung darf dahin ausgelegt werden, daß sie für einen Staat, eine Gruppe oder eine Person das Recht begründet, eine Tätigkeit auszuüben oder eine Handlung zu begehen, die auf die Abschaffung der in der vorliegenden Erklärung festgelegten Rechte und Freiheiten hinzielt.«

Diese Erklärung verlieh dem Verbrechen gegen die Menschheit »das präzise normative Element, das ihm fehlte«.[2] Aber sie gewährte den Individuen keinen wirksamen Schutz, denn das Prinzip des Persönlichkeitsschutzes besaß keine Priorität vor dem der Nichteinmischung. Alles deutete also auf den einmütigen Willen der Staaten hin, ihre Souveränität nicht dadurch zu beschränken, daß sie sich die Verfolgung ihrer eigenen Staatsangehörigen untersagten. Das durch Nürnberg beeinträchtigte Dogma der nationalen Souveränität wurde also zwangsläufig wiederhergestellt. Da die Staaten, nachdem sie sich mit solcher Vehemenz über die ungeheuerlichen Verbrechen der Nationalsozialisten empört hatten, das Gesagte nicht widerrufen konnten, unternahmen sie – ohne Absprache, jedoch in stillschweigendem Einvernehmen – einen diskreten und vorsichtigen Rückzug, indem sie die Nürnberger Rechtsprechung als eine kurzlebige Schöpfung des Strafrechts erscheinen ließen. Nichtsdestoweniger bleibt »dieser Augenblick von Bedeutung, weil er den Einbruch der Ethik und des Strafrechts in die Domäne des Völkerrechts bezeichnet« (Dautricourt) [17, Nr. 14–15, S. 17].

Die Völkermordkonvention

Das Wort »Genozid« erscheint am 18. Oktober 1945 erstmals in einem offiziellen Dokument. In der Tat erklärte die Anklageschrift des Internationalen Militärtribunals, die Angeklagten hätten »vorsätzlich und systematisch Massenmord begangen, d. h. sie rotteten Gruppen einer bestimmten Rasse oder Nationalität unter der Zivilbevölkerung gewisser besetzter Gebiete aus, um bestimmte Rassen und Volksklassen und nationale, rassische oder religiöse Gruppen, insbesondere Juden, Polen, Zigeuner usw. zu vernichten« [42, Bd. 1, S. 47]. In weiterem Sinne findet es sich in der britischen Anklage von Sir Hartley Shawcross: »Der Völkermord beschränkte sich nicht auf die Ausrottung des jüdischen Volkes oder der Zigeuner. Er fand in verschiedenen Formen auch Anwendung in Jugoslawien, bei den nichtdeutschen Bewohnern von Elsaß-Lothringen, und bei den Völkern der Niederlande und von Norwegen. Die Methode wechselte von Nation zu Nation, von Volk zu Volk. Das langfristige Ziel war in allen Fällen das gleiche« [42, Bd. XIX, S. 556]. Der französische Ankläger Champetier de Ribes berief sich ebenfalls auf den Völkermord zur Definition dieses »so ungeheuerlichen, bis zur Entstehung des Hitlerismus in der Geschichte unbekannten Verbrechens, daß zu seiner Charakterisierung das neue Wort ›Genozid‹ geschaffen und zu seiner Glaubhaftmachung Dokumente und Aussagen angehäuft werden mußten« [42, Bd. XIX, S. 596]. Trotzdem kommt dieses Wort im Urteil des Internationalen Militärtribunals vom 1. Oktober 1946 nicht vor, dagegen findet man es in den Verfahren gegen NS-Kriegsverbrecher vor den nationalen alliierten Gerichten.

In ihrer ersten Sitzung am 11. Dezember 1946 setzte die Vollversammlung der Vereinten Nationen »die Verhütung und Bestrafung des Genozids« auf ihre Tagesordnung – am selben Tag billigte sie in der Resolution 95 (I) die Prinzipien des Nürnberger Rechts. In ihrer Resolution 96 (I), ebenfalls vom 11. Dezember, gab sie eine erste Definition des Völkermords:

Völkermord ist die Verweigerung des Rechts auf Leben ganzer Menschengruppen, ebenso wie Mord die Verweigerung des Rechts auf Leben gegenüber einem einzelnen ist. Eine solche Verweigerung empört das menschliche Gewissen, fügt der Menschheit große Verluste zu, die damit der kulturellen oder anderen Beiträge dieser Gruppen beraubt wird, und läuft dem

Gesetz der Moral wie dem Geist und den Zielen der Vereinten Nationen zuwider.

Es sind Völkermordverbrechen begangen worden, die rassische, religiöse, politische oder andere Gruppen ganz oder teilweise vernichtet haben.

Die Bestrafung des Völkermordverbrechens liegt im internationalen Interesse.

Die Vollversammlung beschließt daher, daß Völkermord ein Verbrechen gemäß dem Völkerrecht ist, das die zivilisierte Welt verurteilt und für das die Täter und Mittäter, gleichviel ob Privatpersonen, Beamte oder Politiker, zu bestrafen sind, ob sie nun aus rassischen, religiösen, politischen oder anderen Gründen gehandelt haben;

– fordert die Mitgliedsstaaten auf, gesetzgeberische Maßnahmen zur Verhütung und Bestrafung dieses Verbrechens zu ergreifen;

– empfiehlt internationale Zusammenarbeit, um rasch die notwendigen Vorkehrungen zur Verhütung des Völkermords und zur Erleichterung seiner Bestrafung zu treffen. Zu diesem Zweck beauftragt sie den Wirtschafts- und Sozialrat, die notwendigen Untersuchungen für den Entwurf einer Konvention über das Verbrechen des Völkermords anzustellen, welcher der Vollversammlung bei ihrer nächsten ordentlichen Sitzung vorzulegen ist [53, S. 14 f.].

Die Vollversammlung hatte Wert auf eine sehr weite Definition des Völkermords gelegt und einen Vorschlag der russischen Delegation abgelehnt, die den Genozid ausschließlich mit dem Nationalsozialismus in Verbindung bringen wollte. Ebensowenig hatte sie einen französischen Antrag angenommen, der ihn als Verbrechen gegen die Menschheit darstellte, mit der Begründung, das Nürnberger Recht habe diesen Tatbestand zu eng mit der Führung eines Angriffskriegs verbunden. Diese Definition war ganz im Geiste Lemkins gehalten, und es ist bedauerlich, daß sie durch weitere Bearbeitung im Wirtschafts- und Sozialrat entstellt wurde.

Nach mehrfacher Überarbeitung des Entwurfs nahm die UN-Vollversammlung in ihrer Resolution 260 A (III) vom 9. Dezember 1948 einstimmig die »Konvention zur Verhütung und Bestrafung des Genozids« an. Diese Konvention verschaffte dem Wort »Genozid« Eingang in die Rechtssprache, die sich gewöhnlich gegen Neologismen sträubt.

Doch die Mitwirkung von Vertretern der Mitgliedsstaaten an der Gestaltung der Konvention hatte den Geist der Resolution 96 (I) verändert und den Text der Konvention geprägt, der Gegenstand hitziger Debatten in den internationalen Juristenkreisen wurde. Man diskutierte und kommentierte jeden Artikel, jeden Absatz, jeden Satz, jedes Wort. Es zeigte sich, daß die Staaten, die doch einmütig ein globales Konzept verurteilt hatten, sich über die Risiken klargeworden waren, die sie eingingen, wenn sie der UNO das

Recht zusprachen, sie selbst für vergangene, gegenwärtige oder zukünftige Handlungen zu belangen. Da sie sich ihrer Verpflichtung zum Schutz der Menschenrechte nicht entziehen konnten, hatten sie sich bemüht, die Tragweite ihres Engagements zu begrenzen. Diese Haltung entsprach der allgemeinen Tendenz zur Verwerfung des Nürnberger Rechts als einem Fremdkörper im Völkerrecht.

Der UN-Unterausschuß zur Bekämpfung diskriminierender Maßnahmen und für Minderheitenschutz ersuchte den Wirtschafts- und Sozialrat 1969, eine neue Untersuchung der Verhütung und Verfolgung des Völkermords zu veranlassen. Der Rat erteilte ihm daraufhin den Auftrag, einen Sonderreferenten zu nominieren. Dieser, der Delegierte Ruandas, Nicodème Ruhashyankiko, erstattete mehrere Berichte, die Polemiken unter den Mitgliedern des Unterausschusses auslösten, weil sie unter den Genoziden der Vergangenheit den Völkermord an den Armeniern anführten. Die daraus folgenden Debatten zeigten die Schwierigkeiten bei der Interpretation eines Textes, der mehr ein Kompromiß als eine objektive juristische Untersuchung war, und außerdem die Unfähigkeit der Juristen, über ihr Fachgebiet hinaus die Dimension des Geschichtlichen zu erfassen. Die Erwähnung des Genozids an den Armeniern, der doch nicht zu leugnen ist, wurde aus dem am 4. Juli 1978 vorgelegten Bericht entfernt [45]. 1982 beantragte der Unterausschuß erneut einen Sonderreferenten, der dieselbe Frage revidieren und auf den neuesten Stand bringen sollte. Nach langwierigen Konsultationen legte Benjamin Whitaker am 26. August 1985 sein Gutachten vor: »Revidierter und aktualisierter Bericht über die Frage der Verhütung und Bestrafung des Völkermords« [53]. Diese beiden Texte, die einander mehr oder weniger ergänzten, dokumentierten die unüberwindlichen – und daher unüberwundenen – Probleme, mit denen die Verfasser der Konvention zu ringen hatten, nachdem sie in Verpflichtungen gegenüber ihren Regierungen eingebunden und somit gezwungen waren, ein von Anfang an paradoxes und zweideutiges Konzept auszuarbeiten. Die Konvention war toter Buchstabe geblieben, und seit sie am 12. Januar 1951 in Kraft getreten war, waren Völkermordverbrechen begangen worden, die sie weder verhüten noch bestrafen hatte können. Weil sie nicht im voraus die Grundlagen zu einer juristischen Durchsetzungsinstanz legte, hatte sich die UNO dazu verurteilt, mit den leeren Drohungen einer Konvention zu hantieren, die sie gar nicht zu verbessern suchte, denn die beiden Berichte verschwanden in den Archiven des Wirtschafts- und Sozialrats und wurden nicht einmal der Vollversammlung zur Kenntnis gebracht. Der Übergriff der Politik auf das Recht hatte die Konvention über Völkermord unwirksam gemacht und einen Begriff ausgehöhlt, der doch wesentlich für das Überleben der Menschheit ist.

Dennoch muß man versuchen zu begreifen, warum die schlimmste Form des Massenmords von den internationalen Instanzen weder verhindert noch bestraft werden kann. Dies gelingt, wenn man Artikel für Artikel der Konvention durchgeht und die Kommentare der Referenten und der internationalen Juristen heranzieht, die berufen waren, die rechtlichen Aspekte des Tatbestands »Völkermord« zu analysieren.

Präambel und Artikel I

Die Präambel verweist auf die Resolution 96 (I), und Artikel I erklärt:

Die Vertragschließenden Parteien bekräftigen, daß Völkermord in Friedens- oder Kriegszeiten ein Verbrechen im Sinne des Völkerrechts ist, zu dessen Verhütung und Bestrafung sie sich verpflichten.

Dieser Artikel bestätigt die ursprüngliche Stellungnahme der Vollversammlung und ist vielversprechend für die Fortsetzung. Schwierig wird es jedoch, wenn man sich auf den Sinn des Wortes »Völkermord« zu einigen hat.

Artikel II und III

Artikel II
In vorliegender Konvention bedeutet Völkermord eine der nachstehenden Handlungen, die in der Absicht begangen wird, eine nationale, ethnische, rassische oder religiöse Gruppe als solche ganz oder teilweise zu vernichten:
  a) Tötung von Mitgliedern der Gruppe;
  b) Verursachung schweren körperlichen oder seelischen Schadens bei Mitgliedern der Gruppe;
  c) vorsätzliche Auferlegung von Lebensbedingungen für die Gruppe, die ihre physische Vernichtung ganz oder teilweise bewirken sollen;
  d) Maßnahmen zur Verhinderung von Geburten innerhalb der Gruppe;
  e) zwangsweise Überführung von Kindern der Gruppe in eine andere Gruppe.

Artikel III
Folgende Handlungen sind zu bestrafen:
  a) Völkermord;
  b) Verschwörung zur Begehung von Völkermord;
  c) direkte und öffentliche Anstiftung zum Völkermord;
  d) versuchter Völkermord;
  e) Beihilfe zum Völkermord.

Die Lektüre des Berichts von 1978 [45] zeigt, daß diese beiden Artikel die wesentlichen, ungelösten Probleme der Konvention aufwerfen und daß es die Mitglieder der Sechsten Kommission waren, die sie erörtert, abgeändert und umformuliert haben. Diese Kommission bemühte sich um einen Kompromiß zwischen der Bedeutung des von Lemkin geschaffenen Begriffs und den Forderungen der Teilnehmerstaaten an der Konvention. Doch ihre Mitglieder, die zwischen restriktiver und extensiver Bedeutung hin und her schwankten, erwiesen sich als unfähig, die Schwierigkeiten zu meistern, so daß sie den Begriff des Genozids verzerrten. Der in Artikel I abgesteckte Rahmen und die zu Beginn des Artikels II festgelegten Charakteristika des Verbrechens – Vorsätzlichkeit und Auswahl – entsprachen dabei durchaus den Absichten der Vollversammlung. Doch als sie versuchten, den Genozid zu definieren und seine Opfer wie die Tatbestände abzugrenzen, gerieten die Verfasser auf unsicheren Boden, den die Juristen in Nürnberg besser gemeistert hatten. Tatsächlich wurde der Begriff »Verbrechen gegen die Menschheit« zu einer Zeit geboren, als die Sieger des Zweiten Weltkriegs willens waren zu bestrafen, während die Definition des Begriffs »Genozid« zu einem späteren Zeitpunkt erfolgte, als dieser Wille abflaute und die Staaten darauf aus waren, das Nürnberger Recht auf Eis zu legen.

Die Definition des Völkermords bestimmt zwei wesentliche Merkmale für den Tatbestand: die ausdrückliche Vorsätzlichkeit, eine Gruppe zu vernichten, und die Tatsache, daß Individuen als Mitglieder dieser Gruppe betroffen sind, »als solche« (as such). Außerdem grenzt sie den Genozid vom Verbrechen gegen die Menschheit ab. Zwar gibt es Analogien zwischen den beiden Tatbeständen, doch das Verbrechen gegen die Menschheit – wie es in Artikel 6 (c) der Satzung des Internationalen Militärtribunals definiert ist – impliziert nicht notwendig die Verfolgung von Gruppen, dagegen schließt es politische Verfolgung ein. Genozid bedeutet die Verfolgung der gesamten Gruppe. Bei der Ausarbeitung der Konvention hatte man den Vorschlag gemacht, beide Tatbestände zu verbinden und Artikel I zu beginnen mit: »Das Genozid genannte Verbrechen gegen die Menschheit«, aber dies wäre unklar gewesen, da das Internationale Militärtribunal seine Zuständigkeit auf während des Krieges begangene Verbrechen beschränkt hatte. Der wesentliche Unterschied ist daher subjektiver Art und betrifft das Tatmotiv: Tötet der Täter sein Opfer wegen dessen Rasse, Religion oder politischen Meinungen, ohne weitere Absichten, so handelt es sich um ein Verbrechen gegen die Menschheit. Hat er aber den Vorsatz, eine nationale, ethnische, rassische oder religiöse Gruppe zu vernichten, ganz oder teilweise, so ist Völkermord gegeben. Der Unterschied liegt in der Besonderheit des verbrecherischen Vorsatzes. Der Genozid ist also ein schwerer Fall des Verbrechens gegen die Menschheit, aufgrund der umfassenderen Absichten, die ihn kennzeichnen.

Völkermord heißt nicht notwendig die Vernichtung einer Gruppe insgesamt. Treibt man die Argumentation auf die Spitze, könnte man zwar keinen Genozid an einem einzelnen annehmen – Artikel II verwendet immer den Plural –, aber doch an einigen Mitgliedern der Gruppe. Vernünftigerweise sollte man aber den relativen Anteil der Opfer an der Gesamtzahl der Gruppe in Betracht ziehen und den Ausdruck »teilweise« dementsprechend interpretieren.

Bei der Benennung der geschützten Gruppen ist die Konvention unklar, denn sie begnügt sich damit, vier Gruppen anzuführen, ohne diese zu definieren. Besteht zum Beispiel eine nationale Gruppe aus Personen derselben Nationalität, was die Minderheiten in multinationalen Staaten einschließen würde, oder ist sie begrenzt auf die Mitglieder einer historischen und kulturellen Gemeinschaft, die man dann als ethnische Gruppe definieren könnte? Wie sind ethnische Gruppen von rassischen Gruppen zu unterscheiden? Man kann behaupten, das Adjektiv »ethnisch« beziehe sich auf biologische, kulturelle und historische Merkmale einer Gruppe, während das Adjektiv »rassisch« sich auf erbliche physische Charakteristika beziehe. Da jedoch Untersuchungen, die unter der Schirmherrschaft der UNESCO angestellt wurden, zu dem Ergebnis kamen, der Gebrauch des Wortes »Rasse« in der Umgangssprache sei durch irrationale Faktoren so stark belastet, daß man es nicht auf Menschen anwenden sollte, erscheint es wenig zweckmäßig, Gruppen als »rassisch« zu bezeichnen. Schließlich wird behauptet, die physische Vernichtung einer ethnischen Gruppe sei etwas anderes als ein »Ethnozid«, was ein semantisches Problem aufwirft. Nach den Regeln der Logik müßte der Ethnozid, die Vernichtung einer ethnischen Gruppe, eine Kategorie des Genozids sein, der wiederum eine Kategorie des Verbrechens gegen die Menschheit darstellt. Nun gehen aber die Erfinder dieses Begriffs von einer vorwiegend kulturellen Konnotation aus: Ethnozid seien Handlungen, die in der Absicht begangen würden, eine Kultur zu zerstören. Robert Jaulin sieht einen Ethnozid als gegeben an, wenn es die geographische Entfernung ermöglicht, Massenmorde im verborgenen und über mehrere Jahrhunderte zu begehen; die Assimilation wäre dann der einzige Ausweg, um der Vernichtung, das heißt dem Genozid, zu entgehen [16, S. 291–303]. Diese Unterscheidung erlaubt jedoch nicht, den Ethnozid mit einem kulturellen Genozid gleichzusetzen, denn diese Formulierung würde bedeuten, daß es zwei Arten von Genozid gebe, den physischen und den kulturellen, also auch Genozide ohne Mord und physische Gewalt. Doch gerade im *Mord* – den man »physischen Genozid« nennen will – kommt das Ungeheuerliche zum Ausdruck, das das Weltgewissen schockiert.

Werden die Mitglieder einer religiösen Gruppe nur wegen ihres Glaubens verfolgt, oder muß man die religiöse Gruppe als eine »durch dasselbe geistige Ideal vereinte Gemeinschaft« betrachten und die Diskussion auf den Ausschluß politischer Gruppen ausdehnen? Während die Resolution 96 (I) nämlich politische Gruppen anführte, nicht aber nationale – die in der Formel »oder andere« inbegriffen waren –, gab die Sechste Kommission nach einer sehr langen Debatte dem Druck der Sowjets nach und beschloß, politische Gruppen nicht unter den Schutz der Konvention zu stellen. Sie war der Meinung, ein Einschluß solcher Gruppen könne viele Staaten davon abhalten, dieser Konvention und anderen internationalen Abkommen beizutreten – womit man implizit die Verbrechen von Mitgliedsstaaten gegen politische Gruppen zugab. Dabei wäre es doch in unserem Jahrhundert der Ideologien sowohl logisch als auch gerecht, politische Gruppen mit religiösen gleichzustellen. Mit dem Ausschluß politischer, ökonomischer, kultureller, sozialer und sexueller Gruppen aus der Konvention bot die Sechste Kommission den Regierungen die Möglichkeit, Menschengruppen zu vernichten, wenn sie sie anders bezeichneten. Um die Gefahr dieses Ausschlusses zu betonen, schlug Pieter Drost eine erweiterte Definition des Genozids vor: »Die schwerste Form des Verbrechens des Genozids ist die vorsätzliche Vernichtung einzelner Menschen wegen ihrer Zugehörigkeit zu irgendeiner menschlichen Gemeinschaft als solcher« [19, Bd. II, S. 125].

Die Aufzählung der strafbaren Handlungen stellt ein unlösbares juristisches Problem dar. Jede Aufzählung ist mit Auslassungen verbunden, und eine allgemeine Definition leistet Interpretationen Vorschub. Eine zu ungenaue Definition des Völkermords läuft Gefahr, dem beabsichtigten Zweck zuwiderzulaufen und den Rahmen auf Taten auszudehnen, die nur in sehr entfernter Verbindung mit diesem Verbrechen stehen. Die Aufzählung beweist den Willen der Verfasser der Konvention, die Elemente des Tatbestands nicht auf Mord zu beschränken und die Wegnahme von Kindern aus der Gruppe oder ein Geburtenverbot als Tatbestände des Völkermords anzusehen. Indem sie Beeinträchtigungen der physischen und psychischen Unversehrtheit von Angehörigen der Gruppe anführten, ermöglichten sie es, im Fall von Verabreichung von Drogen, psychiatrischer Zwangsinternierung oder Folter von Völkermord zu sprechen. Dagegen bleibt Absatz c unbestimmt: Ist Deportation, Haft, Zwangsarbeit oder Aberkennung der Staatsbürgerschaft als Auferlegung von Lebensbedingungen anzusehen, die die physische Vernichtung der Gruppe zur Folge haben können? Die Frage stellte sich im Zusammenhang mit der Apartheid in Südafrika, Namibien und Rhodesien. Zahlreiche Experten meinten, die Anwendung der Apartheidpolitik erfülle den Tatbestand des Genozids. Im ersten Bericht über die Konvention wurde vorgeschlagen, die Apartheid nicht als Genozid, sondern als Verbrechen gegen die Menschheit zu werten [45]. Doch der zweite Bericht erinnerte daran, daß 1983 eine Expertengruppe zu dem Ergebnis gekommen sei, das Ausmaß des »psychischen Genozids« (*sic*) durch die Apartheid falle unter Artikel II, Absatz b und ihre Geburtenpolitik unter Absatz c und d desselben Artikels [53, S. 24–26].

Mit Artikel III beabsichtigt der Gesetzgeber die Ausweitung des Tatbestands auf Anstiftung, Planung und Beihilfe. Während die Unterscheidung zwischen Genozid und versuchtem Genozid (Absatz a und d) überflüssig ist, weil sie bereits in der Formulierung »ganz oder teilweise vernichten« in Artikel II zum Ausdruck kommt, zeigen die Absätze b, c und e den Willen der Gesetzgeber, jede Verbreitung von Ideen unter Strafe zu stellen, die auf Rassenhaß oder Rassenüberlegenheit gegründet sind, jede Anstiftung zu rassischer, religiöser oder sozialer Diskriminierung, außerdem jeden Versuch, bestimmte Gruppen für die Probleme eines Staates verantwortlich zu machen, um eine günstige Atmosphäre zur Ausführung des Verbrechens zu schaffen. Dagegen fehlen in der Liste vorsätzliche Unterlassungen wie, einer Gruppe die für sie lebensnotwendigen Bedingungen nicht zu gewähren, die Vorbereitungen zu einer verbrecherischen Handlung – womit sich die Frage nach der Definition jenes Moments stellt, in dem der Schritt zur Verwirklichung des Genozids getan ist – und die revisionistischen Versuche einer verfälschenden Geschichtsdarstellung, in der die Wahrheit über den Völkermord vertuscht oder dieses Verbrechen verharmlost wird. Die Debatte erscheint um so auswegloser, als in den angelsächsischen Ländern das *common law* die Vorbereitungen zu einem Verbrechen nicht strafrechtlich verfolgt. Ihr Rechtssystem erlaubt nur dann eine Verurteilung, wenn förmliche Beweise für den »materiellen Beginn des Verbrechens« beigebracht werden, das heißt, wenn ein Versuch vorliegt, so daß selbst offenkundige Vorbereitungen keinen rechtserheblichen Tatbestand darstellen.

Artikel II und III verurteilen jeden Aufbau einer Völkermordanklage auf der Basis des geltenden Rechts zum Scheitern. Sie gehen nicht genug ins Detail und holen zu weit aus. Die Definition der betroffenen Gruppen läßt Umgehungen zu, die Aufzählung der zu inkriminierenden Handlungen erlaubt den allein kompetenten Juristen Formulierungen, die nicht gegen den Text der Konvention verstoßen. Diese Diskrepanz zwischen dem Geist und dem Buchstaben des Gesetzes bewirkt eine Banalisierung des Völkermords, während der Entwurf zur Konvention doch eigentlich seine Ungeheuerlichkeit unterstreichen wollte.

Artikel IV und V

Artikel IV
Personen, die Völkermord oder irgendeine der in Artikel III angeführten Handlungen begangen haben, sind zu bestrafen, gleichviel ob sie Regierungsmitglieder, Beamte oder Privatpersonen sind.

Artikel V
Die Vertragschließenden Parteien verpflichten sich, in Übereinstimmung mit ihren jeweiligen Verfassungen die notwendigen gesetzgeberischen Maßnahmen zu treffen, um die Anwendung der Bestimmungen dieser Konvention sicherzustellen und insbesondere wirksame Strafen vorzusehen für Personen, die sich des Völkermords oder einer anderen der in Artikel III angeführten Handlungen schuldig gemacht haben.

Diese Artikel legen die strafrechtliche Verantwortung der natürlichen Personen fest und bestätigen die Rechtsprechung der anderen internationalen Instanzen, insbesondere das Urteil des Internationalen Militärtribunals, welches feststellt: »Verbrechen gegen das Völkerrecht werden von Menschen und nicht von abstrakten Wesen begangen, und nur durch Bestrafung jener Einzelpersonen, die solche Verbrechen begehen, kann den Bestimmungen des Völkerrechts Geltung verschafft werden« [42, Bd. I, S. 249]. Die 1950 formulierten »Grundsätze des Völkerrechts« beginnen mit folgender Erklärung: »Jeder Urheber einer Handlung, die ein Verbrechen im Sinne des Völkerrechts darstellt, ist für diese verantwortlich und strafbar« [53, S. 27]. Spätere Satzungsentwürfe für die Bildung eines Internationalen Strafgerichtshofs sind sich darüber einig, daß der Gerichtshof ausschließlich über natürliche Personen urteilt, vom Staatschef bis hin zum untersten Ausführenden oder zur Privatperson. Allerdings präzisiert die Konvention nicht ausdrücklich, daß die Berufung auf höheren Befehl kein Argument sei und daß Staatsbeamte nicht nur das Recht, sondern die gesetzliche Pflicht zur Gehorsamsverweigerung hätten, wenn man ihnen ein Verbrechen befiehlt, das die Menschenrechte verletzt, wie eben Völkermord.

Artikel IV verwirft daher die Doktrin von der staatlichen Handlung, derzufolge von Staatsorganen begangene Taten nur dem Staate selbst zur Last fallen, was einen Strafausschließungsgrund für die natürlichen Personen bedeutet, deren sich diese Organe bedienen. Er hat auch das Verdienst, der außerordentlichen Schwere des Verbrechens Rechnung zu tragen und jede Ausnahme abzulehnen, ob es sich nun um die Person des Staatschefs selbst handelt, der in manchen Ländern nicht Mitglied der Regierung ist, oder um bestimmte Personenkategorien, deren Immunität die interne Gesetzgebung des betroffenen Landes vorsieht.

Artikel VI

Artikel VI
Personen, die des Völkermords oder irgendeiner anderen in Artikel III angeführten Handlung beschuldigt werden, sind vor die zuständigen Gerichte des Staates zu stellen, auf dessen Gebiet die Handlung begangen worden ist, oder

vor den Internationalen Strafgerichtshof, der für jene Vertragschließenden Parteien zuständig ist, die seine Gerichtsbarkeit anerkannt haben.

Bei ihrem Versuch, die zuständige Gerichtsbarkeit zu ermitteln, gerieten die Verfasser der Konvention in Schwierigkeiten mit den Grundsätzen der nationalen Souveränität. In den meisten Fällen von Völkermord wird dieses Verbrechen auf dem Hoheitsgebiet des Täters selbst begangen. Aufgrund dieser Tatsache ist die Regierung, die den Völkermord befohlen hat, entweder noch an der Macht, und man darf an ihren guten Absichten zweifeln, sich selbst strafrechtlich zu belangen; oder aber das schuldige Regime ist durch ein anderes ersetzt worden, in dessen politischem Interesse es liegen muß, Strafverfolgungen zu betreiben, weshalb es nicht als objektiv gelten kann. Damit kommen wir zum Hauptproblem einer Ahndung des Völkermords zurück: zur Existenz eines Internationalen Strafgerichtshofs.

Die Völkerrechtskommission war von der Vollversammlung der Vereinten Nationen beauftragt worden zu untersuchen, ob die Schaffung eines solchen Organs wünschenswert und möglich sei. Nachdem die Kommission zu dem Schluß gekommen war, daß sie möglich sei, ernannte die Vollversammlung einen Sonderausschuß, der diesbezügliche Vorschläge unterbreiten sollte. Seit 1957 tritt dieser Ausschuß regelmäßig in Genf zusammen, ohne die Schwierigkeiten überwinden zu können, die sich auftun. Die Vertagung der Verhandlungen der Völkerrechtskommission bis 1990, zu welchem Zeitpunkt sie wiederaufgenommen wurden, ist bezeichnend für das Unvermögen der UNO, eine übernationale Strafgerichtsbarkeit ins Leben zu rufen.

Der Entwurf von Statuten für einen Internationalen Gerichtshof wurde zunächst der Erarbeitung eines internationalen Strafgesetzbuchs über Verstöße gegen den Frieden und die Sicherheit der Menschheit nachgeordnet, welches eine Definition des jeweiligen Aggressors voraussetzte. Als diese Definition 1974 feststand, wurde das Projekt eines Internationalen Strafgerichtshofs, der über Genozidanklagen befinden sollte, fallengelassen. Die Experten der Kommission waren in der Tat zu dem Schluß gelangt, eine internationale Gerichtsbarkeit, die für die Aburteilung und Bestrafung des Völkermords zuständig wäre, sei nicht in der Lage, die Vollstreckung ihrer Urteile zu erwirken, was den doppelten Nachteil habe, das Prinzip der strafrechtlichen Verfolgung des Genozids selbst zu diskreditieren und überdies zu internationalen Spannungen zu führen. Daher rieten sie, zunächst Verfahrensregeln zu etablieren, nach denen Völkermordfälle gerichtet werden könnten, und zuvor ein Organ zu schaffen, welches mit der Untersuchung von Fällen betraut würde, die einen beginnenden Genozid vermuten lassen, und das Beweise dafür erbringen müßte. Dieser Vorschlag entsprach jenem der Juristen, die sich auf dem Zweiten Kongreß über Verbrechensprophylaxe in Paris vom 10. bis 13. Juli 1967 mit der Verhütung von Völkermord befaßt hatten. Sie hatten empfohlen, ein Organ zur Überwachung, Information und Untersuchung in Völkermordfällen zu schaffen [17, Nr. 14–15, S. 78], und diese Idee war von der Menschenrechtskommission der UNO gutgeheißen worden, die zugesagt hatte, bei den ersten Anzeichen von Völkermord Nachforschungen anzustellen, wenn eine Regierung oder eine internationale Organisation dies beantragten. Dieses Alarmorgan, das ausschließlich Hinweise auf Völkermord zu prüfen hätte, würde das Schweigen brechen, das gewöhnlich solche Verbrechen umgibt, und durch seine »Wächterrolle« abschreckend wirken, sofern es von einem Internationalen Tribunal unterstützt würde, das den Grundsatz universeller Verfolgung von Völkermord zur Anwendung brächte. Solange es aber keine von den Staaten unabhängige Strafgerichtsbarkeit gibt, besitzen die Texte nur theoretischen Wert.

Artikel VII

Artikel VII
Völkermord und die sonstigen in Artikel III angeführten Verbrechen gelten hinsichtlich der Auslieferung nicht als politische Straftaten.
    Die Vertragschließenden Parteien verpflichten sich, in derartigen Fällen die Auslieferung gemäß ihren geltenden Gesetzen und Verträgen zu bewilligen.

Eine Anzahl internationaler Instrumentarien zur Verfolgung von Verbrechen derselben Kategorie wie Völkermord sehen eine Auslieferung vor: die Moskauer Erklärung von 1942; das Statut des Internationalen Militärtribunals; das Kontrollratsgesetz Nr. 10 des Alliierten Kontrollrats; die Konvention über die Unverjährbarkeit; die Resolutionen 2840 (XXVI) vom 18. Dezember 1971, 3020 (XXVII) vom 18. Dezember 1972 und 3074 (XXVIII) vom 3. Dezember 1973. Vorstehender Artikel VII jedoch läßt jedem Vertragschließenden Staat die Möglichkeit, seine internen Gesetze in Anwendung zu bringen, was dem Schuldigen erlaubt, im eigenen Land Zuflucht zu finden, wenn dieses die Auslieferung verweigert, oder in einem befreundeten Land Schutz zu suchen. Eine Auslieferung würde nur möglich, wenn die Staaten ihre interne Gesetzgebung in diesem Sinne abänderten. Artikel VII hätte jedoch angewandt werden können unter Berufung auf das von Grotius geforderte Prinzip universeller Strafverfolgung: *aut dedere aut punire*, wäre dieses Prinzip nicht von den meisten Staaten verworfen worden.

Artikel VIII und IX

Artikel VIII
Jede Vertragschließende Partei kann die zuständigen Organe der Vereinten Nationen damit befassen, gemäß der Charta der Vereinten Nationen Maßnahmen zu ergreifen, die sie zur Verhütung und Bestrafung von Völkermord oder eines sonstigen in Artikel III angeführten Verbrechens für geeignet erachten.

Artikel IX
Streitigkeiten zwischen den Vertragschließenden Parteien hinsichtlich der Auslegung, Anwendung oder Durchführung dieser Konvention einschließlich jener, die sich auf die Verantwortlichkeit eines Staates für Völkermord oder eine andere der in Artikel III angeführten Handlungen beziehen, sind auf Antrag einer beteiligten Partei dem Internationalen Gerichtshof zu unterbreiten.

Artikel VIII bezeichnet die zuständigen Organe nicht näher, weil er sich ja auf ein bereits existierendes Recht bezieht. Tatsächlich ist Völkermord ein internationales Verbrechen, eine humanitäre Frage und ein Verstoß gegen die Menschenrechte. Seine Untersuchung gehört in den Bereich der Kompetenzen, welche die UN-Charta der Vollversammlung und dem Sicherheitsrat übertragen hat. Dieser Artikel sagt jedoch nicht, ob ein Mitgliedsstaat, welcher der Konvention nicht beigetreten ist, sich aufgrund dessen einem Beschluß der UNO widersetzen könnte. Immerhin bezeichnet er die Vereinten Nationen als einzige internationale Instanz, die in Ermangelung einer besonderen Institution für die Anwendung der Konvention zuständig ist.

Artikel IX wirft das Problem der strafrechtlichen Qualifikation des Internationalen Gerichtshofs in Den Haag auf. Letzterer ist zuständig für die Feststellung der zivilrechtlichen Haftung von Staaten, die ihre internationalen Verpflichtungen verletzen, und für die Bestimmung von Art und Höhe des Schadenersatzes, hat aber keine Entscheidungsbefugnis in Strafsachen. Ein Satzungsentwurf für die Einrichtung einer Strafkammer beim Ständigen Internationalen Gerichtshof war bereits 1928 eingebracht und von Pella 1935 wiederaufgenommen worden, aber die UNO hat die Vorbereitungsarbeiten der internationalen Strafrechtsorganisationen kaum berücksichtigt.

Die übrigen Artikel der Konvention

Artikel X bis XIX behandeln hauptsächlich Ratifikation, Beitritt, Kündigung und Außerkrafttreten der Konvention. Diese wurde am 9. Dezember 1948 durch eine einstimmige Resolution von 56 Staaten angenommen. Im Oktober 1988 waren 97 Staaten der Konvention beigetreten, während sie die restlichen

Mitgliedsstaaten der UNO weder unterzeichnet noch ratifiziert hatten. Die Vereinigten Staaten ratifizierten die Konvention am 4. November 1988, das heißt erst nach 40 Jahren, weil die Senatoren befürchteten, daß sie die amerikanische Souveränität gefährde und daß sich die USA vor internationalen Gerichten verantworten müßten. Seit dem Inkrafttreten der Konvention am 12. Januar 1952 wurden der Vollversammlung tatsächlich mehrere Völkermordbeschuldigungen zur Kenntnis gebracht, und bei den Opfern handelte es sich fast immer um Minderheiten. Doch mangels unverzüglicher Nachforschungen durch ein unparteiisches Organ konnte die Begründetheit dieser Behauptungen vor der Vollversammlung nie bewiesen werden.

Unverjährbarkeit

1965 sahen sich mehrere Staaten mit dem Problem der Verjährung konfrontiert, die ihr internes Recht für Kriegsverbrechen und Verbrechen gegen die Menschheit vorsah. Der Ablauf dieser Frist machte eine Bekräftigung der Grundsätze erforderlich, auf denen die Konvention beruhte. Die Verjährung entstammt dem Privatrecht und bedeutet, daß das Gesetz die widerrechtliche Handlung als vergessen betrachtet. Ihr Prinzip wurde bei mehreren internationalen Kolloquien in Frage gestellt, die 1964 in Warschau und 1965 in Straßburg abgehalten wurden. Dabei argumentierte man, die Verjährung stehe im Widerspruch zum Naturrecht wie zum Völkerrecht, sie stelle keineswegs einen »von den zivilisierten Völkern allgemein anerkannten Rechtsgrundsatz« dar. Die Debatte zwischen den Verfechtern der Verjährung – vor allem den Skandinaviern – und deren Gegnern, die daran erinnerten, daß dieses Prinzip nicht im Strafrecht verankert sei, ging weiter. Viele Juristen beriefen sich auf Beccaria: »Handelt es sich um jene abscheulichen Verbrechen, die noch lange im Gedächtnis der Menschheit bleiben, so darf es, wenn sie bewiesen sind, keine Verjährung geben zugunsten des Frevlers, der sich der Bestrafung durch Flucht entzog« [38, S. 196]. Der in der Charta des IMT nicht vorgesehene Begriff der Unverjährbarkeit wurde in das Kontrollratsgesetz Nr. 10 aufgenommen. Nichts stand gegen die Abschaffung von Verjährungsfristen für Verbrechen gegen die Menschheit, solange diese Fristen nicht abliefen. Die Menschenrechtskommission suchte nun nach Verfahren, die diese Verbrechen von einer Verjährung ausschließen sollten. Am 26. November 1968 nahm die Vollversammlung der UNO in der Resolution 2391 (XXIII) die Konvention über die Unverjährbarkeit von Kriegs- und Menschheitsverbrechen an. In Artikel I, Absatz b wird das Verbrechen des Völkermords gemäß seiner Definition in der Konvention von 1948 individualisiert [53, S. 33–36]. Der Europarat verabschiedete erst am 25. Januar 1974 – während der Rat schon im Dezember 1964 mit der Angelegenheit befaßt worden war – eine ähnliche Konvention über Kriegs- und Menschheitsverbrechen, die aber jede Vertragschließende Partei ermächtigte, ihre Anwendung auf andere Verletzungen der internationalen Sitten und Bräuche auszudehnen. Doch im Gegensatz zur Konvention der Vereinten Nationen gilt dieses Abkommen nur für Verstöße, die nach seinem Inkrafttreten begangen wurden. Mit dem Gesetz vom 22. Juli 1992, das die strafrechtlichen Bestimmungen hinsichtlich der Verfolgung von Verbrechen und Delikten gegen Personen reformiert, hat Frankreich in das am 1. März 1994 in Kraft getretene Strafgesetzbuch die Ahndung von Völkermord aufgenommen. Artikel 211-1 definiert Genozid als »den Tatbestand, in Ausführung eines gemeinsamen Plans, der auf die vollständige oder teilweise Vernichtung einer nationalen, ethnischen, rassischen oder religiösen Gruppe oder jeder anderen, willkürlich bestimmten Gruppe abzielt, an Mitgliedern dieser Gruppe eine der folgenden Straftaten zu begehen oder begehen zu lassen ...« (es folgt eine ähnliche Liste wie in Artikel II der Konvention von 1948).[3] Hier wird also die Nürnberger Vorstellung von einem gemeinsamen Plan wiederaufgenommen und der Gruppenbegriff weiter gefaßt als in der Konvention.

In Ermangelung einer internationalen Gerichtsbarkeit und eines wirksamen Überwachungs- und Kontrollsystems ist die Konvention von 1948 offenkundig unfähig, Völkermord zu verhüten und zu bestrafen. Um sie anwendbar zu machen, müßten die Vertragschließenden Parteien zuvor ihr internes Recht an ihre internationalen Verpflichtungen angleichen, das heißt von der Hypothese tugendhafter Regierungen und verbrecherischer Individuen ausgehen. Aber diese Hypothese ist durch die Fakten keineswegs bestätigt worden. Wenn die Konvention nur eine theoretische Kompensation für eine verbrecherische Praxis darstellt, ist sie sowohl nutzlos als auch unanwendbar. Wir müssen also feststellen, daß heute kein internationales Übereinkommen in der Lage ist, Völkermord zu verhüten oder zu bestrafen, und daß Erklärungen und Konventionen reine Formsache bleiben, solange der Staat alleiniger Richter über seine Interessen bleibt und die UNO nicht über die Mittel verfügt, sich der Souveränität eines Staates zu widersetzen, wenn dieser die elementarsten Menschenrechte verletzt.

ZWEITER TEIL

Analyse des Völkermordbegriffs

Denken ohne Kategorien

Die Begriffe »Völkermord« und »Verbrechen gegen die Menschheit« entstanden zu einer Zeit, als sich die Völker bemühten, die Grundsätze einer strafrechtlichen Verantwortung der Staaten zu bestimmen und Mittel zur Verfolgung ihrer Verbrechen bereitzustellen. Die Unterscheidung zwischen diesen beiden Begriffen, die sich bereits auf dem Gebiet des Rechts als unscharf erwies, war dies in noch höherem Maße im gewöhnlichen Sprachgebrauch. Für die Philosophen ist es nicht die Unmenschlichkeit des Mordes, die das Verbrechen gegen die Menschheit charakterisiert, sondern die Tatsache, daß Menschen getötet werden aufgrund dessen, was sie sind oder vorgeblich sein sollen. Dieses Verbrechen leugnet, was das Wesen des Menschen ausmacht, nämlich seine Fähigkeit, sich über einen biologischen Determinismus zu erheben. Es erniedrigt ihn auf die Ebene des Tieres.[1] Mit der Prägung des Worts »Genozid« forderte Lemkin die Historiker heraus. In seiner grundlegenden Darstellung siedelte er die ersten Völkermorde in der Antike an, als ihr Ziel die nahezu völlige Vernichtung von Menschengruppen war. In der Neuzeit unterschied er einen neuen Typus, der auf die Zerstörung einer kulturellen Gruppe aus war. Zusammenfassend führte er aus, die von den Nationalsozialisten begangenen Völkermorde vereinigten diese beiden Formen in einem dritten Typus von Genozid. Jedoch hat Lemkin den spezifischen Charakter der Genozide des 20. Jahrhunderts nicht herausgearbeitet: die Vernichtung von Gruppen seiner eigenen Bürger durch den Staat. Doch er forderte stillschweigend die Historiker auf, Vergleiche zwischen den Genoziden anzustellen und sie damit zu klassifizieren.

Eher um der Inflation entgegenzuwirken, der durch die Popularisierung des Begriffs entstanden war, so daß man Verbrechen anderer Art als Völkermord bezeichnete, als um die begriffliche Herausforderung Lemkins anzunehmen, befaßten sich die Historiker mit dem Vergleich von Genoziden und versuchten demgemäß, sie in Kategorien einzuordnen, die sie vorläufig als Forschungskriterien betrachteten. Sie stießen notwendig auf die Schwierigkeit, welche dieser Vorgangsweise innewohnt: Nach welchen Grundsätzen sollte man Genozide klassifizieren, was war das spezifische Merkmal dieses Verbrechens? Der Versuch einer Unterscheidung war notwendig, denn eine historische Untersuchung des Völkermords konnte nur vergleichend sein. Allerdings beschränkte jede Typologisierung ihren Autor auf die verbrecherische Logik, die er definiert hatte.

Als erster machte sich ein Friedensforscher an diese Aufgabe. In seinem 1972 veröffentlichten Buch *Du cannibalisme au génocide* unterteilt Hervé Savon die Genozide in drei Gruppen: durch Substituierung – einfallende Völker merzen andere aus oder verdrängen sie; durch Verwüstung – es bleibt fast nichts; durch Austilgung einer teilweise fremd gebliebenen Gruppe innerhalb einer Bevölkerung [46]. Dieser erste Klassifizierungsversuch berücksichtigt weder die Ursachen noch die Motive des Verbrechens, sondern nur dessen Auswirkungen. In der Erwägung, daß die Absicht des Mörders den wichtigsten Bestandteil der Definition Lemkins darstellt, schlug Vahakn Dadrian 1975 eine Typologie vor, die den Völkermordbegriff der Konvention von 1948 erweitert. Er unterscheidet fünf Arten des Völkermords: den kulturellen mit dem Ziel, die betroffene Gruppe zu assimilieren; den latenten als Folge einer Epidemie oder eines Krieges; den Völkermord zur Bestrafung von Minderheiten, die einer Mehrheit widerstehen; den zweckbestimmten zur Erlangung wirtschaftlicher Kontrolle; schließlich den radikalen Völkermord, der die völlige Vernichtung einer Gruppe bezweckt [15]. In einer 1976 veröffentlichten Abhandlung, deren erweiterte Fassung 1980 unter dem Titel *Taking Lives: Genocide and State Power* erschien, definierte Irving Horowitz den Völkermord als das äußerste Mittel eines Staates, um seine Ideologie und sein Gesellschaftsmodell aufzuzwingen [29]. Er beschränkte sich dabei auf das 20. Jahrhundert und teilte die Staaten nach deren Achtung vor dem Leben und den Rechten ihrer Bürger ein – und damit nach ihrer größeren oder geringeren Neigung zum Völkermord. Im selben Sinne unterschied Helen Fein in einem kurzen Text, der 1979 in dem Sammelband *Accounting for Genocide* erschien, zwei Arten des Völkermords vor der Entwicklung des Nationalstaats – Vernichtung der Anhänger eines anderen Glaubens oder von Gruppen, die als nicht assimilierbar angesehen wurden – und drei neue Arten im modernen Staat, nämlich zur Behauptung des Führungsanspruches einer dominierenden Gruppe, zur Beseitigung Eingeborener, die der wirtschaftlichen Expansion im Wege stehen, und zur Vernichtung von Aufrührern [20]. 1984 änderte Helen Fein ihre Klassifikation und definierte vier Völkermordkategorien: in Verbindung mit der kulturellen Entwicklung, aus Despotismus, als Strafe und aus ideologischen Gründen [21, S. 3–31]. 1981 befaßte sich Leo Kuper in vergleichenden Untersuchungen mit der doppelten Thematik des Motivs und der Ausführung des Verbrechens [32]. Für die Vergangenheit benannte er drei Motive: zur Lösung religiöser, rassischer oder ethnischer Konflikte; um ein besiegtes Volk zu unterjochen; zur Durchsetzung einer Ideologie. Die Vervielfachung völkermordähnlicher Gewalttaten in der Moderne erklärte er aus der Entstehung neuer pluralistischer Gesellschaften und aus den aufeinanderfolgenden Phänomenen der Kolonialisierung und

Entkolonialisierung. Kuper machte kein Hehl aus seinem Wunsch nach einer Ausdehnung des Völkermordbegriffs auf Gewalttaten, die bisher als Massaker, Greueltaten oder Kriegsereignisse betrachtet wurden. Dieses Konzept müsse erweitert werden auf »genozidäre Massaker« und »dem Völkermord verwandte Greueltaten«, und die von der Konvention ausgesparten politischen und wirtschaftlichen Gruppen seien zu den Opfergruppen zu zählen. Sein Buch stellte den wichtigsten Beitrag zur Analyse des Völkermordbegriffs dar und eröffnete die Debatte über die Abgrenzung des Völkermords. 1982 kam Jack Porter auf die Definition des Völkermords zurück und isolierte drei Hauptmerkmale dieses Verbrechens – Ideologie, Technologie und bürokratische Organisation. Nach diesen Kriterien untersuchte er dann die wichtigsten Ereignissen der letzten beiden Jahrhunderte auf ihren Völkermordcharakter hin [41]. Frank Chalk und Kurt Jonassohn gründeten ihre Typologie auf das wesentliche Merkmal des Genozids, wie es die Konvention definierte: die Absicht. Als Hauptmotive nannten sie die Abwendung einer potentiellen Bedrohung, Bereicherung, Terror und die Durchsetzung eines Glaubens oder einer Ideologie. Je nachdem, ob die Bedrohung reell oder fiktiv ist, ob die Gruppe tatsächlich existiert oder von den Tätern fingiert wird, sind noch vier Untergruppen zu unterscheiden. Die Autoren erklärten, diese Klassifikation sei eine heuristische Hypothese, sie könne aufgrund neuer historischer Erkenntnisse abgewandelt werden [10].

Den Verfassern der genannten typologischen Abhandlungen kommt das Verdienst zu, den Begriff des Völkermords auszuloten, seine Bestandteile zu analysieren und seine Unklarheiten zu zeigen. Doch in dem Bemühen, ein Hauptmerkmal herauszuarbeiten, das den Schlüssel zur Einordnung der Verbrechen liefert, gelangen sie zur Vermischung historischer Zusammenhänge und zur Klassifizierung verschiedener Vorgänge in derselben Kategorie, ohne dem Zeitgeist, den Moralvorstellungen, dem Ort und der Kultur Rechnung zu tragen, anders gesagt, der Massenpsychologie, die zur Vernichtung einer Gruppe verleitet.

Es ist sinnlos, die Genozide auflisten zu wollen. Wie der Krieg stellt der Völkermord eines der Mittel dar, mit dem ein Staat Probleme von Gruppen zu lösen versucht, ob diese nun als Hindernis bei der Verwirklichung seiner Ziele angesehen oder als Sündenböcke hingestellt werden, um den Volkszorn abzulenken. Die Umstände, die zu einem Völkermord führen, müssen genauso in Betracht gezogen werden wie die verbrecherische Handlung. Sind Vergleiche geboten (der Historiker versucht naturgemäß, die Geschehnisse zu situieren und in Verbindung zu bringen), so sind sie relevanter im Anschluß an eine eingehende Untersuchung des Phänomens Völkermord, die dessen Komplexität und Widersprüchlichkeit an den Tag bringt. Philippe Burrin schreibt: »Die Historiker versuchen zu präzisieren, den Zusammenhang zu ermitteln, die

Dinge miteinander in Verbindung zu bringen, was in gewisser Weise auf eine Relativierung hinausläuft, auf jeden Fall aber auf eine Distanzierung und Objektivierung. Ihre Vorgehensweise will vernünftig, kritisch, erklärend sein; sie setzt das Urteil aus, läßt es beiseite, zumindest das Urteil in expliziter Form. Schließlich setzt sie einen gewissen Grad an Abstraktion voraus.«[2] Dieses Verfahren erfordert die Heranziehung anderer Wissensgebiete, von der Soziologie bis zur Psychoanalyse, ohne die eine präzise Beantwortung der Fragen, die dieses Verbrechen aufwirft, nicht möglich wäre und zu deren Formulierung die Klassifizierungsversuche beigetragen haben: Wer ist der Täter? Wer ist das Opfer? Was ist das Motiv? Was sind die wesentlichen Merkmale des Völkermords? Und schließlich eine allgemeinere, aber ebenso essentielle Frage: Wie können Menschen einen Völkermord begehen?

Der Eine gegen den anderen

Verantwortlich für Völkermord ist immer ein Staat. Vom Staat zu reden, sagt Nietzsche, heißt vom Tode der Völker zu reden. »Irgendwo giebt es noch Völker und Heerden, doch nicht bei uns, meine Brüder: da giebt es Staaten ... Staat heisst das kälteste aller kalten Ungeheuer. Kalt lügt es auch; und diese Lüge kriecht aus seinem Munde: ›Ich, der Staat, bin das Volk.‹ ... Staat, wo der langsame Selbstmord Aller ›das Leben‹ heisst.«[3] Der Völkermord ist ein Verbrechen des Staates, die Vollstreckung des Willens eines souveränen Staates, was ihn vom Massaker unterscheidet, das von Banden oder Truppen angerichtet werden kann, die keine Anweisung ihrer Regierung dazu haben. Es kann zwar vorkommen, daß eine Gruppe von Menschen an einem Ort zusammengetrieben wird und ein Kommandant aus eigener Initiative Befehl gibt, sie zu töten. Man kann dann nicht umhin, von Völkermord im strengen Sinn des Wortes zu sprechen. Dieser Fall bezeichnet die Grenze des Begriffs der Täterschaft. Die Gefahr des Völkermords ist mit dem Staat verbunden, denn die Eliminierung einer Gruppe erfordert in jeder Phase ihrer Ausführung die Unterstützung der herrschenden politischen Klasse und die Beteiligung der Staatsorgane, ihre Beihilfe, ihren Gehorsam, ihr Schweigen. Als Souverän wirft sich der Staat zur Rechtsquelle auf. Wenn die Umstände es zu erfordern scheinen, stellt er sich über Moral und Gewissen, um über das Leben der Unerwünschten nach Willkür zu bestimmen. Befiehlt er einen Völkermord, legt er die Spielregeln fest und überwacht die Ausführung. »Eine Nabelschnur verbindet die Praxis des Völkermords mit der Staatsgewalt« [29, S. 20].

Besitzt jeder Staat eine genozidäre Kraft? Ja, obwohl die meisten Abwehrschranken gegen eine Versuchung, die ebenso alltäglich ist wie die zu einem individuellen Mord, errichtet haben. »Die am höchsten entwickelten Völker sind der Barbarei so nahe wie das blankste Eisen dem Rost«, schreibt Rivarol. Man kann berechtigter Weise befürchten, daß jeder Staat dann zu diesem äußersten Mittel greift, wenn eine hinreichende Anzahl begünstigender Bedingungen zusammentrifft; und wenn in einer Konfliktsituation die Integrität seines Territoriums gefährdet ist – z. B. wenn eine Minderheit ihr Selbstbestimmungsrecht fordert –, überläßt sich ein Staat einem »überlegten Wahn«.

In der Völkermordkonvention findet der Staat keine Erwähnung, was einleuchtend ist, denn der Gesetzgeber hat die Identität jener nicht vorwegzubestimmen, die gegen das Gesetz verstoßen werden. In diesem besonderen Fall jedoch unterließen die Staaten die Feststellung, daß sie sich zu Richtern eines Verbrechens machten, das nur sie selbst begehen konnten, und gaben keine Gründe für diese Unterlassung an. Wie etwa Richter, die ein Urteil fällen sollen, Indiskretionen über ihre Vergangenheit befürchten könnten, die ihnen jede Autorität nähmen, so gehen die Staaten die Frage des Völkermords mit Masken und Schutzanzügen an. Sie vergewissern sich, bevor sie der Konvention beitreten, daß sie alle Risse wohl verstopft haben, durch die diskreditierende Informationen über ihre eigene Vergangenheit sickern könnten. Wenn sie bei der Abfassung der Konvention stillschweigend ihre Ohnmacht anerkennen, eine übernationale Strafgerichtsbarkeit zu schaffen, stellen sie über die fundamentalen Prinzipien ihrer Vereinigung – die Menschenrechte – das Prinzip der eigenen Souveränität, die ihnen das Recht verleiht, innerhalb ihrer Grenzen beliebig zu verfahren, sogar mit dem Leben ihrer Bürger. Der Völkermord ist das bezeichnendste Beispiel für die Widersprüche, die so viele Staaten seit der Verkündung der Menschenrechte hindern, diese unter allen Umständen zu achten. Überdies sind vielen Kulturen, besonders in Asien, diese Werte fremd, die der Westen der übrigen Welt aufzwang und die er selbst oft genug mit Füßen getreten hat. Sie lehnen sie auch deshalb ab, um sich gegen das Eindringen fremder Ideologien zu schützen.

Die Macht des Einen

Die Geschichte, meint Pierre Clastres, der sie vom Gesichtspunkt des Ethnologen betrachtet, hat nur zwei Gesellschaftstypen hervorgebracht, die miteinander unvereinbar sind: die primitiven Gesellschaften, ohne Staat und gegen den Staat, und die staatlich organisierten Gesellschaften. Der Staat ist das Unterscheidungsmerkmal zwischen Wilden und Zivilisierten, mit dem Staat wird die Zeit zur Geschichte. Im Stamm gibt es keine politische Macht, sondern einen Chef, der kein Staatschef ist. Diese primitiven Gesellschaften ahnten die tödliche Gefahr einer Transzendenz der Macht und erkannten die Bedrohung, die eine übergeordnete, ihre Legalität selbst begründende Autorität für ihre Kultur darstellen würde: »... denn die primitive Gesellschaft ist so beschaffen, *daß sie nicht zuläßt, den Wunsch nach Prestige durch den Willen zur Macht zu ersetzen*« [14, S. 201]. Die Grundbedingung für das Überleben solcher Gesellschaften war die geringe Zahl ihrer Mitglieder. Der Bruch – ihr Eintritt in die Geschichte – erfolgte durch das demographische Wachstum. Vor der Ankunft der Europäer traten bei den Tupí-Guaraní-Indianern Propheten auf, die die Ursache des künftigen Unglücks voraussagten: den Einen. Die Propheten, die *Karai*, suchten diese Gefahr zu bannen, indem sie den Einen, das Wesen des Staates ablehnten. Clastres stellt folgendes Paradox fest: »Das Denken der wilden Propheten und das der alten Griechen betrifft dasselbe, das Eine; doch der Guaraní-Indianer sagt, daß das Eine das Böse ist, während Heraklit sagt, daß es das Gute sei« [14, S. 208].

Marcel Gauchet bemühte sich, Gemeinsamkeiten zwischen den Gesellschaften ohne Staat und den vom Staat beherrschten Gesellschaften herauszufinden.[4] Der Staat folgte auf Gemeinschaften, die glaubten, ihre interne Ordnung sei durch eine äußere Quelle religiöser Art legitimiert. Dies ist nur eine Spätform einer ersten Erscheinung: das Auftreten eines Gesandten des Unsichtbaren unter den Menschen. Mit der Religion, die die Trennung zwischen dem Sichtbaren und dem Unsichtbaren vollzieht, entsteht die Möglichkeit einer Regierung der Menschen durch Menschen, »die Anerkennung einer Unterscheidung zwischen jenen, die als Wissende gelten, und den anderen, die sich dem beugen müssen, was diese in Kenntnis der Dinge beschließen«.[5] Mit der Geburt des Staates wird der religiöse Diskurs neu formuliert, denn der Staat zielt notwendig darauf ab, die Götter zu vertreiben und sich zur einzigen Grundlage der Gesellschaft zu machen.

Von Anfang an ist der Staat der Eine, eine neue Wesenheit, die nicht, wie die Urgesellschaft, identisch bleiben kann, da sie nicht mehr über den Schutz der Symbole verfügt. Er strebt seinem Wesen nach das Universelle an, das Ganze, doch diese Entwicklung erfolgt in Phasen. Nietzsche siedelt den Beginn dieser Genese des totalen Staats bei Plato an, der gegen die doppelte Tradition des Kriegers und des Rhetors eine neue Ordnung einführen wollte, in der die Herrschenden, nach ihrem Wissen ausgewählt, die Macht hätten und die anderen Bürger zum Wohle der Polis regierten. Das kälteste Ungeheuer war geboren. Es trat an die Stelle des formlosen Urstaats, gekennzeichnet durch den alleinigen Willen eines einzigen, sterblichen Tyrannen, der fortzubestehen nicht in der Lage war. Versehen mit dem Monopol legitimer Gewalt unter der Maske der Institution, entwickelte sich der Leviathan bis hin zum modernen Staat.

Die Gesellschaften sind wesensmäßig verschieden, gemeinsam ist ihnen aber, wie Max Weber ausführt, daß sie Kulturen sind. »Die Vorgänge in ihnen entwickeln sich auf einer komplexen Grundlage, wo sich nicht nur biologische Kausalität und Erfordernisse des Überlebens vermischen und zu hierarchischen, differenzierten Strukturen führen, die von Volk zu Volk verschieden sind, sondern auch die mannigfaltigen Vorstellungen und Symbole, die das Denken des Menschen über Zeit und Raum, seine Beziehung zu Natur und Mitmenschen, zu überirdischen und irdischen Mächten bestimmen.«[6] Die Definition von Tönnies aufgreifend, unterscheidet Weber zwei Arten der Gesellschaft: die Gemeinschaft, in der das Handeln ihrer Mitglieder durch Religion oder Tradition bestimmt ist, und die Gesellschaft im strengen Sinne des Wortes, die auf einem Vertrag basiert. Dieser Unterschied bildet den Hintergrund der politischen Ordnung. Die Herrschaft eines einzelnen oder einer Gruppe über andere einzelne oder Gruppen wird als freiwillige Knechtschaft akzeptiert oder nicht. Der Staat nimmt auf einem bestimmten Territorium das Monopol der Gewalt für sich in Anspruch, der Bürger anerkennt dieses Monopol, ob die Macht nun charismatisch, religiös, traditionell oder durch Vernunft begründet ist. Die Macht des Staates wird durch die Natur der Beziehungen bestimmt, die er zur Gesellschaft unterhält. Diese existiert unabhängig von ihm; Hegel nennt sie »Zivilgesellschaft«. In seinem *Discours de la servitude volontaire* (Abhandlung über die freiwillige Knechtschaft) warf Etienne de La Boétie eine Frage auf, die seither immer wieder gestellt wurde: »Wieso geschieht es immer wieder, daß so viele Menschen, daß so viele Städte und Dörfer, daß so viele Länder und Völker die Tyrannei eines einzelnen dulden? Der Tyrann hat doch nicht mehr Macht, als alle anderen ihm einräumen. Er kann der Allgemeinheit doch nicht mehr Schaden zufügen, als sie sich von ihm gefallen läßt. Er könnte allen übrigen doch nicht das geringste Böse zufügen, wenn alle übrigen es nicht vorzögen, lieber alles Böse von ihm hinzunehmen, als diesem einzelnen entgegenzutreten. Eine gewaltige Sache – sicherlich! – und doch so allgemein, daß man darüber weniger sich wundern als Schmerz empfinden sollte. Da sehen wir Millionen Menschen in elender Knechtschaft leben, den Hals im Joch. Aber durchaus nicht durch eine übermächtige Gewalt gezwungen, auch, scheint es, keineswegs begeistert und entzückt schon beim Namen des einzelnen. Warum sollten sie auch?! Sie brauchten weder seine Macht zu fürchten, da er allein ist, noch seinen Charakter zu lieben, da er unmenschlich und grausam zu ihnen ist.«[7] Damit der Wunsch nach Knechtschaft das Streben nach Freiheit verdrängte, bedurfte es eines »Unheils«, wie La Boétie sagt. Der Name des Einen, erklärt Claude Lefort, liefert den Schlüssel zu diesem unfaßbaren und widernatürlichen Geschehen. Alle sind sich einig, denn sie alle sind von diesem Namen fasziniert: »Das Geheimnis, die Möglichkeit der Herrschaft ist in dem Wunsch eines jeden zu suchen, welche Stufe der Hierarchie er auch einnehmen mag, sich mit dem Tyrannen zu identifizieren, indem er sich zum Herrn eines anderen macht.«[8]

Die Idee, die »zu den Theorien vom Gesellschaftsvertrag und zu den Menschenrechtserklärungen führte, nach der die Gesellschaft eine Vereinigung von Menschen ist, deren einzige Daseinsberechtigung die Sicherung des Lebens und des Wohls jedes einzelnen ist« und die die Macht des Einen beschränken sollte, brauchte mehrere Jahrhunderte, um sich durchzusetzen.[9] Die Etappen bis zur modernen Auffassung vom Individuum hat Louis Dumont gut herausgearbeitet.[10] Im christlichen Mittelalter war das Politische dem Religiösen untergeordnet, die weltliche Obrigkeit die »Polizeibehörde der Kirche«. Mit seinem Angriff auf die in der Scholastik umstrittenen Universalien bereitete Wilhelm von Occam einen Wandel vor, in dem der Begriff *universitas* durch *societas* und jener der Gemeinschaft durch Gesellschaft ersetzt wurde. Die Renaissance und die Reformation brachten zwei Differenzierungen: Der Humanismus befreite sich von der religiösen Bevormundung, während Machiavelli bei Titus Livius das Modell des Stadtstaates fand; Luther verselbständigte das persönliche Gewissen gegenüber dem Staat. Das Naturrecht, das sich auf die Vorstellung des Vertrags gründet, unterscheidet zwei Formen: den Gesellschaftsvertrag, der die Idee der Gleichheit einführt, und den politischen Vertrag, der die Unterwerfung unter eine Regierung impliziert. Die drei Philosophen des Vertrags, Hobbes, Locke und Rousseau, betonten im 17. und 18. Jahrhundert die Schwierigkeit eines Ausgleichs der Widersprüche Autorität–Individualismus und Gleichheit–Machterfordernis. Hobbes vertrat die Ansicht, das Individuum gliedere sich instinktiv und bewußt der Gruppe ein, denn der Staat gewähre ihm Sicherheit und Wohlergehen als Gegenleistung für seine Unterwerfung. Rousseau versucht dagegen, die Gesellschaftsordnung zu legitimieren und einen Kompromiß zwischen dem souveränen Volk und seinen Mitgliedern zu finden. Locke träumt von einer Gesellschaft Gleicher, die sich in gegenseitigem Einverständnis regiert. Der *Versuch über den menschlichen Verstand* stellt das Erworbene über das Angeborene, durch Geburt erworbene Rechte sind unannehmbar. Solche Anschauungen ebneten einem wahren kulturellen Pluralismus den Weg. Doch statt die Mannigfaltigkeit der Kulturen innerhalb der Einheit des Menschengeschlechts zu akzeptieren, hob die Philosophie der Aufklärung das Individuum hervor und verkündete, alle Menschen würden frei und gleich geboren. Sie anerkannte zwar die kulturellen Besonderheiten, doch »da es ihr nicht gelang, die menschlichen Gemeinschaften in ihr Begriffsschema einzuordnen, versah sie den Ethnozentrismus mit beträchtlichen philosophischen und moralischen Rechtfertigungen« (Richard Marienstras) [37, S. 39].

Die Erklärung der Menschen- und Bürgerrechte, welche die Konstituierende Versammlung im Sommer 1789 erließ, bezeichnete einen Wendepunkt: Sie übertrug die Regeln des Naturrechts auf das positive Recht. Sie ersetzte Gott als Rechtsquelle durch den Menschen und gründete den Staat auf dem Gewissen seiner Bürger. Doch dank des Spiels der Umkehrungen und Rückschläge, wie sie so häufig in der Geschichte sind, kamen mächtige Gegenströmungen zur Geltung. Die *societas* verwandelte sich in die *universitas* zurück, die Politik zog dem Humanismus Grenzen, und die Menschenrechte wurden auf die Bürgerrechte in souveränen Staaten beschränkt. Während man sich im Verlauf des 19. Jahrhunderts auf die Menschenrechte berief, um das Individuum gegen den Staat zu schützen, emanzipierten sich die Völker, die Menschheit hörte auf, eine Summe einzelner zu sein, um zu einer Völkerfamilie zu werden. Das 20. Jahrhundert ist »grausamer als seine Vorgänger« (Solscheni-zyn), weil das Böse von den Menschen selbst ausgeht und jede Unterdrückung im Namen einer rassischen oder nationalen Zielsetzung oder einer historischen Notwendigkeit erfolgt.[11] Dieses Jahrhundert hat so viele Völker vernichtet, daß die Vorstellung von Menschlichkeit fast verschwunden ist. Es hat eine Dichotomie zwischen Theorie und Praxis eingeführt, zwischen Grundsätzen und Politik, zwischen universellen moralischen Werten und Erfordernissen der Staatsgewalt.

Man muß jedoch, Marcel Gauchet zufolge, die Theorie vom Aufgehen des Individuums in der Gesellschaft entmystifizieren und die Dynamik des Indivi-dualismus überwinden, die dazu neigt, aus den Menschenrechten eine Politik zu machen. Sie seien nicht die Mittel, sondern die Triebkräfte einer Politik.[12] Die Bildung einer Gesellschaft bedeutet zwangsläufig eine »Schädigung« des Individuums. Es gibt keinen fundamentalen Widerspruch zwischen beiden. Das Individuum setzt den Staat voraus, der ihm den Spiegel liefert, in dem es sich selbst erkennt.

Von Anfang an lag den Menschenrechten, wie sie in der amerikanischen und französischen Erklärung formuliert waren, eine Zweideutigkeit zugrunde: Das Individuum, Bürger eines Staates, wird gegen Mißbräuche des Staates nur durch das Gewand seiner Staatsbürgerschaft geschützt. Solange es wenigstens einen Teil seiner Rechte in der Gesellschaft wahrt, ist es geschützt. Entklei-det, seiner Staatsbürgerschaft beraubt, wird es zum Anderen, zum Fremden, zum Flüchtling, zum Staatenlosen, zum Ausgeschlossenen, der nicht mit der Gruppe identifizierbar ist, der eine Bedrohung darstellt und den man vernich-ten muß. Der Unterschied zwischen Freiheit und Unterdrückung liegt in der Art des Kompromisses zwischen individueller Freiheit und Souveränität des Staates, in der Behandlung, die ein Staat seinen Dissidenten angedeihen läßt, anders gesagt, im Ausmaß seiner Toleranz und Permissivität.

Entweder ist der Staat der Verwalter der Gesellschaft in dem Bewußtsein der unveräußerlichen Rechte des Individuums, die älter sind als der Gesellschafts-vertrag und unabhängig von ihm wie von der Staatsbürgerschaft, und er macht von seinem Monopol der legitimen Gewalt begrenzt Gebrauch – oder die nationalen Interessen und die geopolitische Strategie gewinnen die Oberhand über die Werte und Prinzipien, der Staat betrachtet sich als Quelle der Rechte des Individuums, der Schutz der Menschenrechte wird als Aufgabe des Staates aufgefaßt, und das Individuum kann nur die Behörden seines eigenen Staates um Rechtsschutz angehen. In diesem Fall wird alles möglich, sogar Völker-mord.

Der Totalitarismus

Der Totalitarismus ist der Makel unseres Jahrhunderts. Er verschlimmert die von den Imperialismen und Kolonialismen der vorigen Jahrhunderte angerichteten Übel bis hin zum tödlichen Exzeß. Der Totalitarismus wird durch spezifische Merkmale gekennzeichnet: eine Einheitspartei, eine Ideologie, der die Partei absolute Autorität zuschreibt und zu der sich der Staat bekennt, Kontrolle der Wirtschaft, der Medien und der Polizei durch die Partei. Durch diese Charakteristika unterscheidet sich das totalitäre Regime von der Tyrannei, dem Despotismus und der Diktatur.

Völkermord geschieht in Staaten, die willkürlich über das Leben ihrer Bürger verfügen. Gesellschaften, die eine Einheitspartei, eine Geheimpolizei und einen Militärapparat zur geopolitischen Expansion hervorbringen, sind potentiell zum Völkermord geeignet, und totalitäre Staaten bieten dafür die beste Voraussetzung. Der Genozid ist für ihren Fortbestand oder ihre Entwicklung nicht notwendig, und sein Preis kann so hoch sein, daß die Regierung dieses Mittel lieber nicht anwendet, doch er bleibt eine Möglichkeit, die kein moralisches Hindernis verbietet. Ebenso kann Völkermord von nichttotalitären Staaten begangen werden, aber der Totalitarismus vereinigt die besten Voraussetzungen für dieses Verbrechen, und seine Analyse erlaubt, die Gefahr besser zu erkennen.

Der Totalitarismus, wie ihn Hannah Arendt [4] darstellt, hat eine Methode der permanenten Beherrschung aller einzelnen in allen Lebensbereichen entwickelt. Er war bestrebt, die sozialen Bindungen zu zerstören, um die Vielfalt auf eine Einheit zu reduzieren. Das Individuum lieferte den Vorwand zur Zerstörung einer alten Ordnung, nun wurde es verneint in einem System, in dem sich die Einheit auf die Furcht vor dem Anderssein gründet. Der Totalitarismus beobachtet peinlich genau sein Gesetz, das er neu definierte, indem er es aller Normen des Guten und Bösen im persönlichen Verhalten entkleidete. Das Gesetz ist kein fester Rahmen mehr, sondern Ausdruck der Bewegung. Es soll den Neuen Menschen schaffen und zu diesem Zweck die Teile dem Ganzen opfern. Die Bürokratie gewährleistet dem Staat die Kontrolle über alle Vorgänge in der Gesellschaft. Durch die Ideologie, die eine Weltanschauung bietet, kontrolliert er den ganzen Menschen. Er gewinnt die Massen durch die Propaganda, indem er ihnen Parolen einbleut, Prophezeiungen verkündet und vor imaginären Verschwörungen warnt. Er braucht die Sinnlosigkeit und Vernunftwidrigkeit seiner Reden nicht zu rechtfertigen, denn gerade dadurch sind sie wirksam. Ziel dieser Propaganda ist übrigens nicht, zu überzeugen, sondern die Organisation zu etablieren, bevor die Lügen entdeckt werden.

Totalitäre Regime haben eine Elite, in deren Zentrum sich der Führer befindet. Diese Elite hat die Macht wie eine Festung erobert. Sie begibt sich auf den Weg der Maßlosigkeit mit dem Ziel, die Welt zu erobern. Der Terror der Geheimpolizei konsolidiert ihre Macht. Auf seinem Weg zur Weltmacht stößt das Regime auf immer neue Hindernisse, auf »objektive Feinde«, die keine wirklichen Feinde sind, sondern Produkte der Phantasie. Um sie zu beseitigen, ist der totalitäre Staat fähig, ohne jeden Nutzen Millionen Menschen umzubringen, die völlig unschuldig sind, »Verbrecher ohne Verbrechen«.

Der Totalitarismus ist die Extremform einer verbrecherischen Entartung, er gehorcht soziologischen Gesetzen, die das menschliche Verhalten bestimmen. All unsere modernen Gesellschaften enthalten Keime des Totalitarismus. Die institutionalisierte Gewalt stellt für den Staat eine ständige totalitäre Versuchung dar. Jede Institution – jeder Eine – strebt natürlicherweise zum Ganzen. Die Macht verteilt sich, Michel Foucault zufolge, seit dem klassischen Zeitalter nach Maßgabe des Wissens. Die Macht ist das Gewebe der gesellschaftlichen Wirklichkeit, und jedes Verhalten stuft sich notwendig in einer normativen Skala ein. Wer akzeptiert, Staatsbürger zu sein, akzeptiert mit den Gesetzen zugleich die Strafe. Wenn die Bürger eines totalitären Staates nur die Wahl zwischen dem Status des Täters und dem des Opfers haben, so sind auch die Bürger anderer Staaten von der Gefahr einer Entartung der Macht bedroht. Die Wandlung des Träumers zum Mörder ist kein Unfall der Geschichte, sondern der konstante Mechanismus jeder sozialen Struktur, »die Auswirkung einer Struktur, die nichts mit den guten Absichten des einzelnen zu tun hat, sondern mit dem Geheimnis der Macht«.[13]

Der andere

Opfer eines Völkermords ist eine Gruppe, gemäß der Definition der Konvention. Da das Wort »Gruppe« den Gesetzgebern zu ungenau erschien, gaben sie ihm Adjektive bei, die die Natur der Gruppen näher bestimmten, aber auch den Geltungsbereich der Konvention beschränkten. Die Stellung einer Gruppe innerhalb des Staates ist aber für das Völkermordrisiko wichtiger als ihre Natur. Jeder moderne Staat ist in Gruppen unterteilt und umfaßt nationale, ethnische, religiöse, politische und kulturelle Minderheiten. Diese Unterteilung überwindet der Staat in der normalen Ausübung seiner Gewalt und gleicht sie aus. Weitere Erwägungen über die Natur der Gruppe, über deren teilweise oder vollkommene Vernichtung, über die Grausamkeit beim Begehen des Verbrechens oder über die Zahl der Opfer sind unerheblich für die Identifizierung des Völkermords. Eine Gruppe, die der Einheit des Staates entgegensteht, soll teilweise oder gänzlich vernichtet werden, je nachdem, ob er sie für assimilierbar hält oder nicht. Hält er sie für nicht assimilierbar, so wird sie ausgerottet, über Generationen hinweg. Mit den Kindern soll die Gefahr einer Neubildung der Gruppe beseitigt werden, sogar jede Möglichkeit der Fortpflanzung wird unterbunden. Reicht die Eliminierung ihrer Repräsentanten – Anführer, Intelligenzija oder alle erwachsenen Männer – hin, die Gruppe als solche zu zerstören, so wird sie nur teilweise vernichtet und der Rest assimiliert.

Die Analyse der Opfer erbringt nichts für die Begriffsbestimmung des Völkermords. Der Mörder, und er allein, plant das Verbrechen und führt es aus. Der Eine wird groß geschrieben, der andere klein. Opfer eines Völkermords ist eine Minderheit, die von einem Staat ausgerottet oder zur Bedeutungslosigkeit reduziert wird, unabhängig von den Merkmalen, die diese Gruppe kennzeichnen.

Die Gruppe gründet sich auf eine Gesamtheit von Beziehungen und Übereinstimmungen, sie ist weder die Menge noch die Masse. In Hiroshima wie in Dresden wurde alles zerstört, aber es war kein Völkermord. Die Zerstörung einer Stadt ist nicht *notwendig* Völkermord. In Hiroshima und Dresden wurden die Japaner und Deutschen nicht als Japaner und Deutsche getötet, sondern als Feinde. Man kann diese Bombenangriffe als Kriegsverbrechen qualifizieren, aber nicht als Völkermord. Verschiedene Experten des Völkermords verurteilen die Verblendung jener, die durch die Ausgrenzung gewisser Kategorien von Massenmord aus dem Rahmen des Genozids den Henkern andere Möglichkeiten des Tötens liefern. Aber es ist wesentlich, einen Begriff exakt zu definieren, und die verschiedenen Formen menschlicher Zusammenschlüsse zu unterscheiden heißt nicht, andere Opfer einem potentiellen Mörder auszuliefern.

Die Gruppe ist im übrigen nicht immer eine gesellschaftliche Realität. Ihre Identität kann der Phantasie des Mörders entspringen, sie ist dann fiktiv. Tatsächlich existiert der andere zunächst in der Vorstellung des Einen, der sie als eine Bedrohung empfindet, die es auszuschalten gilt, bevor er selbst verdrängt oder vernichtet wird. Es ist dann unwichtig, was der andere wirklich darstellt, weil er ja durch die Brille des Einen gesehen wird. Der andere ist um so gefährlicher, je näher er ist. In dieser Hinsicht lassen sich zwei Kategorien unterscheiden: Gruppen im Inneren des Staates, die als nicht assimilierbare Fremdkörper betrachtet werden, und Gruppen außerhalb, die als barbarisch oder unzivilisiert gelten. Innerhalb wie außerhalb ist die Gruppe durch ihr Anderssein gekennzeichnet – und dieses Anderssein will der Staat ausrotten, nicht Individuen –, sie verkörpert oder symbolisiert einen Widerstand gegen das Nivellierungsprinzip.

Bedrohte Gruppen

Die Beschaffenheit der Opfergruppen hat sich im Laufe der Zeit gewandelt. Genozide der Vergangenheit betrafen religiöse Gruppen oder solche außerhalb der Grenzen der Reiche. Heute geschehen sie meist innerhalb der Staaten, sie sind ein Phänomen heterogener Gesellschaften. Selbst wenn Gruppen mit der Bevölkerungsmehrheit zusammenleben und am Leben des Landes teilnehmen, gibt es doch oft eine gewisse Benachteiligung: mangelhafte Repräsentation im Staatsapparat, Kristallisierung des kollektiven Gedächtnisses um eine konfliktreiche Vergangenheit, Fortbestehen religiöser und kultureller Unterschiede [32, S. 200]. Es bleibt daher eine Gruppenidentität, die sich auf Nationalität, Ethnie, Rasse oder Religion gründet. Der herrschenden Gruppe stehen die »Geiselgruppen« gegenüber. Obwohl diese direkt in die sozialen Beziehungen eingebunden sind, werden sie als Fremdkörper betrachtet, selbst wenn sie seit Generationen im Land leben. Sie schweben ständig in Gefahr, besonders in Zeiten gesellschaftlicher Veränderungen oder der Schwäche der Regierenden, die dann jene Gruppe zum Sündenbock machen, welche am besten für diese Geiselfunktion geeignet scheint. Die verheerendsten innerstaatlichen Genozide ereignen sich beim Kampf um die Macht zwischen ethnischen Gruppen oder bei einem Streben um Selbstbestimmung, das die herrschende Gruppe als Herausforderung empfindet, als Amputationsgefahr. In beiden Fällen wird die Entwicklung durch eine ethnische Umgruppierung eingeleitet. Wird einer Ethnie (oder einem Volk) ein besonderer Status verliehen oder von ihr gefordert, löst dies eine Kettenreaktion aus. Die Eskalation lokaler Gewaltakte führt zu einem allgemeinen Konflikt. Es kommt zu dem, was Kuper »Polarisierungszyklen« nennt [32, S. 58].

Im Gegensatz zu den ethnischen oder nationalen Gruppen überleben Eingeborenengruppen in Randzonen. Von der Außenwelt abgeschnitten, werden sie als nicht sozialisierbar betrachtet, das heißt unfähig zur Teilnahme an der wirtschaftlichen Entwicklung, was genügt, ihre Eliminierung zu rechtfertigen. Diese Gruppen stellen im 20. Jahrhundert nur noch die Reste eines ungeheuerlichen Vorgangs dar, der sich vom 16. bis ins 19. Jahrhundert abspielte: das mörderische Aufeinanderprallen der Kulturen. Treffen eine starke und eine schwache Kultur aufeinander, geht unweigerlich die schwache unter, denn die Unvereinbarkeit der Gesellschafts- und Wirtschaftsformen ist vollkommen. So wurden die meisten Indianer in Amerika ausgelöscht. In gleicher Weise war die Vernichtung der australischen Aborigines das Ergebnis der Unvereinbarkeit zwischen weißen Wollproduzenten und schwarzen Sammlern und Jägern [52, S. 245]. Der Genozid kündigt sich durch den Verlust der bürgerlichen Rechte an. Um zu wissen, wer geschützt und wer bedroht ist, genügt die Frage: Wer hat in der Gesellschaft etwas zu sagen? Wer dem Staat nützlich ist, wird erhalten; wer als Fremdkörper in der Gemeinschaft angesehen wird, ist unter Mißachtung aller Gesetze der Moral von Aussonderung, Ausschluß, Haft, Ausweisung bis hin zum Völkermord bedroht. Der Genozid ist derselbe für nationale, ethnische, rassische, religiöse wie für politische Gruppen. Der Ausschluß politischer Gruppen aus dem Text der Konvention war vielleicht erforderlich, um die Stimmen aller Mitgliedsstaaten für sie zu gewinnen, er läßt sich aber im Hinblick auf die potentiellen Opfer nicht verteidigen.

Die Schwäche der Gruppe

Dadrian definiert den Völkermord als den »erfolgreichen Versuch einer herrschenden Gruppe, die entweder Regierungsgewalt und/oder Zugriff zur Gesamtheit der Machtmittel besitzt, durch Zwang oder mörderische Gewalt die Anzahl der Mitglieder einer Minderheitsgruppe zu reduzieren, deren Ausrottung als wünschenswert und nützlich erscheint und deren Schwäche einen wesentlichen Faktor für den Genozidbeschluß darstellt« [15, S. 204].

Der Staat sucht die Gruppe mit minimalem Risiko zu eliminieren. Das Opfer ist schwach, es ist verurteilt, sein Schicksal zu erleiden, ihm bleibt keine Möglichkeit, es abzuwenden. Im besten Fall kann es durch Widerstand die Ausführung hinauszögern, verhindern kann es sie nicht. Der Mörder bestimmt die Regeln und spielt mit seinem Opfer, wie die Katze mit der Maus. Es handelt sich nicht um einen Krieg, sondern um Verfolgung, nicht um einen Kampf wilder Tiere, sondern um das »Verschlingen« des Lammes durch den Wolf. Völkermord ist ein Verbrechen von Feiglingen, die keinerlei Gefahr auf sich nehmen, gegen ohnmächtige Opfer. Als Mittel des geringsten Risikos trifft er eine Gruppe desto eher, je schwächer diese ist.

Der einzige Fehler des Opfers – und das gilt für allem für den Völkermord des 20. Jahrhunderts – besteht darin, Mitglied einer Gruppe zu sein, die kollektiv für schuldig befunden wird durch einen Staat, der diese fingierte Schuld zur Rechtfertigung seines Handelns benötigt. Selbst wenn er handfeste Argumente für die Behauptung der Schuld einer Gruppe vorbringt, läßt sich sein Urteil moralisch nicht rechtfertigen. Es kommt nicht auf den Grad der Schuldlosigkeit der Opfer an: Die vollkommene Unschuld der ermordeten Kinder fügt dem Verbrechen des Staates nichts hinzu, Völkermord war bereits mit der Tötung der Eltern gegeben. Genozide vernichten nicht Individuen, sondern Gruppen. Für den Mörder ist das Opfer nicht als Einzelwesen erheblich, sondern als Mitglied einer Gruppe.

Das Paradox der Moderne

Durch welch perverse Entartung hat die Vernunft die Unvernunft geboren? Warum wurde der Fortschritt zu mörderischen Zwecken mißbraucht? Der Genozid entsteht im 20. Jahrhundert aus der verhängnisvollen Verbindung des Totalitarismus mit der Ideologie. Der eine liefert die Voraussetzungen, die andere das Motiv. Allerdings sind die Motive für das Verbrechen selbst nicht relevant, strenggenommen könnte Völkermord ohne ideologische Motivierung begangen werden. Dennoch ist ein Verbrechen von solchen Ausmaßen ohne Affektmotiv schwer vorstellbar.

Die Modernität des Völkermords – wenn man diesen Ausdruck gebrauchen darf, doch er bringt das Paradox am besten zum Ausdruck – besteht in der Verbreitung einer totalisierenden, wenn nicht totalitären Ideologie, wie sie in der Vergangenheit nur in Form eines religiösen Dogmas auftrat. Bis ins 20. Jahrhundert wurde Völkermord rein rationell zur Erreichung eines Zwecks eingesetzt. Roger Smith entwirft eine Typologie des Genozids, die auf einem »Motivschema« beruht. Er unterscheidet fünf Motive: Rache, Eroberung, Profit, Macht und Säuberung. Davon ausgehend bestimmt er drei Kategorien: Völkermord als Strafe, als politische Sanktion des Eroberers und utilitaristisch als Nutzung der Kolonien, indem die Staaten ihre überschüssige Bevölkerung auf einem Territorium ansiedelten, dessen Urbevölkerung ausgerottet wurde. Die meisten Genozide vor dem 20. Jahrhundert gehörten zu diesen drei Typen und betrafen Gruppen außerhalb der Staatsgrenzen. Die einzige Ausnahme stellten religiöse Verfolgungen dar, die jedoch eher in Form einer Verurteilung einzelner erfolgten, die der Häresie oder vorgetäuschter Konversion verdächtigt wurden, als in Massenmord. Selbst in letzterem Fall war es das Ziel des Genozids, einen Glauben zu schützen und nicht, wie im 20. Jahrhundert, die Gesellschaft umzuwandeln. Im 20. Jahrhundert ist der Völkermord monopolistisch oder ideologisch, also innerstaatlich: Gruppen werden vernichtet, um das Monopol einer Macht zu sichern oder eine Ideologie durchzusetzen [52, S. 24–27].

Die Logik der Idee

Die »metaphysische Revolte«, von der Camus sprach, die Revolte des Menschen gegen seine Lebensbedingungen, das Bedürfnis, die Schöpfung neu zu schaffen im Zeichen von Ordnung und Gerechtigkeit, ist die Grundursache der Genozide des 20. Jahrhunderts. Diese Revolte ist auch eine moralische; das Verlangen nach Heil erfordert die Eliminierung der Unreinen, die die Gesunden anstecken könnten.

Die Ideologie ist ein junges Phänomen. Der Begriff, der in der Moderne geschaffen wurde, bedeutet, daß eine Idee zum Gegenstand eines logischen Diskurses werden kann. Die Endung -logie besage nichts anderes »als eben *logoi*, die wissenschaftlichen Feststellungen über den Gegenstand der Idee« [4, S. 686]. Die Ideologie ist radikal, das heißt, sie packt die Dinge bei der Wurzel, und die Wurzel des Menschen ist der Mensch. Die Kritik der Religion – die Ermordung Gottes – führte zur Lehre vom Supremat des Menschen und damit zum kategorischen Imperativ der Abschaffung aller Quellen der Demütigung, der Verknechtung, der Preisgabe, der Verachtung. Der Staat ist an die Stelle Gottes und des Menschen getreten. Er vermag die Vergangenheit zu verändern und die Wahrheit zu ersetzen, mit derselben Leichtigkeit, mit der er den Menschen ersetzt hat.

Ideologien sind nicht notwendig totalitär, aber sie haben, wie Hannah Arendt feststellt, drei spezifische Merkmale des Totalitarismus gemeinsam: Sie behaupten, alles erklären zu können und behandeln die Geschichte, das heißt die Verkettung der Ereignisse, als ob sie einem von einer Idee ausgehenden Gesetz gehorche; sie verwerfen jede Erfahrung; und »dem, was faktisch geschieht, kommt ideologisches Denken dadurch bei, daß es aus einer als sicher angenommenen Prämisse nun mit absoluter Folgerichtigkeit – und das heißt natürlich mit einer Stimmigkeit, wie sie in Wirklichkeit nie anzutreffen ist – alles weitere deduziert« [4, S. 688].

Mit der Ideologie kehrt das Irrationale in die Zivilisation der Aufklärung zurück, die Vernunft und Fortschritt heiligte. Das gesellschaftliche Band, das die Gemeinschaft begründet, wird mit der Verwandlung des Mythos durch die Ideologie wiederhergestellt. Die Ideengeschichte ist tatsächlich meist die Geschichte des Wandels der Mythen: »Das Antlitz der Wahrheit ist furchterregend … Das Volk braucht Mythen, Illusionen, das Volk hat das Bedürfnis, getäuscht zu werden« (Miguel de Unamuno). Der Mythos ist eine Botschaft an alle Menschen über die Zeiten hinaus. Alle Zivilisationen haben ihre Mythen. Er ist sowohl Erinnerung als auch Prophezeiung, er besagt, daß die Zukunft des Menschen in seiner entferntesten Vergangenheit liegt.[14] Er liefert die einzige und endgültige Antwort auf die Frage nach den Ursprüngen der Menschheit, er weist jedem seinen Platz im Ganzen zu. Das gnostische Denken benutzte den Mythos, um die Widersprüchlichkeit des Menschen zu veranschaulichen: Er ist Licht und Schatten, Gutes und Böses, Gott und Tier. Doch es siedelte diese Widersprüche in einer imaginären Zeit und in einem imaginären Raum an, wo sie aufeinanderprallten. Die Ideologie verzerrt und verfälscht den Mythos. Sie ist unfähig, den Sinn vom Buchstaben, den Humor vom Widersinn in der Aussage des Mythos zu scheiden. Sie nimmt das Imaginäre, das der Mythos interpretiert, *furchtbar* ernst, und in dieser Unfähigkeit zum Humor erweist sich der Todeskeim der Ideologie. Die Idee, die sie propagiert, wird zur fixen Idee, zur Besessenheit, zur Weltanschauung. Die totalisierende Zwangsidee bringt ihre Überzeugungen hervor und funktioniert wie ein blokkierter Kompaß, dessen Nadel immer nach Norden zeigt. Wie der religiöse Dogmatismus, deren moderner Nachfahre sie ist, verkündet die Ideologie das Heil durch Ausschluß, den Triumph des Guten durch die Ausrottung des Bösen und das Wohl der Menschen durch ihre Erneuerung. »Die Ideologie wird einerseits zur abstrakten Mythologie, andererseits zu einem System geheiligter Lügen.«[15]

Die Bedrohung

Die Idee, eine Gruppe zu vernichten, ist irrational, während ihre Ausführung der Logik bedarf, um wirksam zu sein. Dies ist der erste Widerspruch des Völkermords. Der Vernichtungswille wäre rational, wenn trotz der Unmäßigkeit des Unternehmens keine andere Wahl bliebe, wenn es sich um eine Strategie der Verzweiflung in einer ausweglosen Lage handelte. In Wirklichkeit ist die Bedrohung in den Generoziden der Vergangenheit wie in jenen des 20. Jahrhunderts nicht nur nicht direkt, sondern häufig überhaupt nicht vorhanden. Der Vernichtungswille ist eine ungleiche Mischung aus Wahnsinn und Betrug: Wahnsinn einer Zwangsidee und Betrug einer konsequenten Lüge, die die Tat vertuscht und sie als Notwehr hinstellt. Doch diese Lüge ist zweideutig, weil der Mörder an seine Mission glaubt. Selbst wenn er die Bedrohung erfindet, glaubt er am Ende an ihre Realität. Ist der Mythos geschaffen, sinnt der Verbrecher auf Mittel, um die Bedrohung abzuwenden. Sie ist das erste Hindernis auf dem Weg zum gesteckten Ziel. Es ist unwichtig, ob dieses Ziel erreicht werden kann, die Abwendung der Bedrohung jedenfalls liegt im Bereich des Möglichen.

Die Ideologie liefert dem modernen Staat eine weltliche Vision von der Gesellschaft, ausgehend von einem universellen Prinzip – Nation, Rasse oder Klasse –, das den Ursprung dieser Gesellschaft erklärt und ihre Probleme löst. Sie identifiziert alle einzelnen mit der Kollektivität und verweigert ihnen das Recht auf selbständiges Denken. Sie verweigert dem anderen sein Anderssein –

er ist schuldig, das zu sein, was er ist. Die Natur der Zwangsidee bestimmt die Ausschließungen, Gruppen werden verurteilt, weil sie an einem Ort leben, weil sie dort geboren sind, weil sie einer anderen Nation, einem anderen Glauben, einem anderen Bekenntnis angehören, schlimmer noch, weil sie existieren. Der Mörder stellt eine Unvereinbarkeit fest und befiehlt den Völkermord, wie ein Organismus Antikörper bildet. Er vernichtet, was er aufgrund der Logik seiner Idee nicht integrieren kann. Der Rassismus fällt ein genetisches Urteil und vernichtet zwangsläufig, der Nationalismus schaltet jene aus, die er für nicht assimilierbar hält, die Religion verfolgt die Unbekehrbaren, die Partei jene, die sie nicht zu unterwerfen vermag.

Wendet man das Motivschema von Smith an, so lassen sich in der Moderne zwei Genozidmotive unterscheiden – als rationelles Mittel zur Erreichung eines Zwecks oder als Ausdruck eines Wahns – und zwei Kategorien, je nachdem, ob das Opfer als Hindernis oder als Bedrohung angesehen wird. Ist das Hindernis reell, so nützt das Verbrechen dem Mörder, der Genozid ist utilitaristisch und monopolistisch zugleich. So haben die Kolonisten durch vier Jahrhunderte Kontinente gesäubert, um sich an die Stelle der Urbevölkerung zu setzen. Diese Form des Völkermords schlägt die Brücke von den Genoziden der Vergangenheit zum 20. Jahrhundert, in dem dieses Verbrechen fast immer ideologisch ist. Tatsächlich stellt die Bedrohung das Hauptmotiv dar, ob es sich um die Ausschaltung eines Rivalen handelt oder um den Erwerb von Gütern, um Terror, den Triumph eines Glaubens oder einer Ideologie, und diese Bedrohung ist niemals eine wirkliche. Doch sie wird als um so beängstigendere Wirklichkeit erlebt, als sie fiktiv ist. Zur Verachtung und zum Haß, den Voraussetzungen für den Ausschluß, kommt eine entscheidende Komponente: die Furcht. Je näher und je schwächer eine Gruppe ist, desto stärker wird die Überzeugung von einer Bedrohung. Der Mörder hält sich für das Opfer einer Verschwörung. Der Feind verbirgt seine Stärke hinter der Maske der Schwäche, er ist daher immer der Angreifer. Die Überzeugung, verraten worden zu sein, erlaubt der Gruppe, das Bewußtsein ihrer Fehler, Irrtümer und Schwächen zu fliehen. »Eine Religion ist geboren worden, und ihr Evangelium ist die Legende des Verrats« (Manès Sperber).[16] Diese Legende ist seit der Etablierung der totalitären Regime zu einem politischen Phänomen geworden, das wichtiger ist als der Verrat selbst.

Ist die Zielgruppe offenkundig nicht in der Lage, den Staat durch Gewalt zu zerstören, so wird die Bedrohung verschoben: die Gruppe bedroht die Seele und nicht mehr den Körper des Staates. Die Verschwörungstheorie, erklärt Léon Poliakov, ist das Leitmotiv der totalitären Propaganda. Sie festigt die Einheit gegen einen Feind, der an allem Übel schuld sein soll.[17] Das Phänomen des Sündenbocks ist allen Kulturen und Religionen gemeinsam, Demagogen haben ihn stets für das Unglück des Volkes verantwortlich gemacht. Mit dem

Auftreten der als neue Messianismen gelebten Ideologien wird der Verfolgte zum Verfolger. Die Französische Revolution brachte eine Umkehrung der Werte, maßgebend war von nun an die Zukunft, nicht mehr die Vergangenheit. Die Aufklärung befreit den Menschen vom Aberglauben. Der Philosoph betritt die Bühne der Geschichte und belehrt den Monarchen. Er macht sich zum Propheten und vermittelt dem Gemeinwesen Gewißheiten. Kant entdeckt in den Tiefen der menschlichen Natur ungeahnte Möglichkeiten für den moralischen Fortschritt. Ihm zufolge ist die Entwicklung der Menschheit durch die Gesetze der menschlichen Natur und die Erfordernisse der Gesellschaft determiniert, aber er vermag den fundamentalen Widerspruch der nicht gemeinschaftsfähigen Gemeinschaftlichkeit nicht zu lösen. Hegel verkündet dann das Kommen eines neuen Zeitalters, in dem sich das Universum dem Menschen öffnen wird, um ihm seinen Reichtum zu offenbaren. Als begeisterter Anhänger der Französischen Revolution beruft sich der junge Mann auf Rousseau. Aber er wandelt sich mit seiner Zeit, der Staat erhält Vorrang, und die Werte kehren sich um. Der Staat wird zur Sklaverei, die Emanzipation zur Unterwerfung, die Treue zur Verrücktheit. »Der Weltgeist inkarniert sich im Despoten und das absolute Bewußtsein in einer infamen und allmächtigen Polizei« (Manès Sperber).[18] Jene, die diese Ideen aufgriffen, weiterentwickelten und auch verzerrten, trugen zu »einer der ungeheuerlichsten Verirrungen des menschlichen Geistes« bei, zur »Vorstellung, daß die bestehende Welt so vollkommen verdorben ist, daß es unmöglich sei, sie zu verbessern und daß *eben deshalb* die Welt, die auf sie folgen wird, die vollendete Vollkommenheit und letzte Befreiung bringen wird«.[19]

Die Philosophie der Aufklärung inspirierte die Erklärung der Menschen- und Bürgerrechte, aber sie setzte auch die Vernunft an die Stelle des Glaubens und beseitigte den irrationalen Faktor, der die Wahrheit ins Jenseits verlagerte. Damit wurde der Mensch zum einzigen Träger der Gewißheiten. Neu definiert als Maß aller Dinge, wurde er mit einer Macht ausgestattet, die früher den Göttern oder Gott vorbehalten war. Die Vernunft sollte Ideen hervorbringen, deren gefährliche Wirkung bald zutage trat: die Idee der Nation und die Idee der Gleichheit. Diese Ideen erwiesen sich als totalisierend und zerstörerisch, weil sie nicht diskutierbar waren. Damit unterwarf sich die Vernunft diesen Utopien und stellte das irrationale Element, das sie hatte zerstören wollen, in explosiverer, weil zwingenderer Form wieder her. Wo lag der Fehler? Welche Dimension war vergessen worden? Die Logik des letzten Menschen beruht auf dem Vergessen des anderen, ein verhängnisvolles Vergessen, denn es gibt nur eine Alternative: Entweder ist jeder gleichzeitig der andere und ein anderer, oder der Eine ist gegen den anderen.

Die Macht ändert ihr Wesen nicht, und schon vor dem Auftreten des Totalitarismus finden sich in den revolutionären Mythen Prozesse der Rückläufigkeit der Geschichte und die Konstanz ihrer Mechanismen. Das revolutionäre Konzept war grundsätzlich ethisch geprägt, doch dieser moralische Fundus bereitete die »Rückkehr des Gleichen« vor. Indem es sich gegen Ungerechtigkeit und Ungleichheit auflehnte, arbeitete dieses Konzept mit der »Sehnsucht nach einer vollkommenen Totalität, die durch nichts gestört würde und in der die gleichmacherische Verallgemeinerung der Garant für das allgemeine Wohl wäre«.[20] Der Revolutionär nützte die Unordnung aus, forderte aber, daß sie nach der Errichtung der neuen Macht aufhörte. Er vergaß, daß die Macht ihre Strukturmerkmale besitzt: Sie ändert ihr Wesen nicht, sie ist eine Invariante.

Die Utopie der Vernunft bewirkt eine »Pseudomorphose«, den Ersatz einer alten Form durch eine neue. Sie ändert den Namen des Gottes und ruft ihn weiterhin an, sie beschränkt die Barbarei und inthronisiert den Fortschritt, der zu neuer Barbarei führt. Es ist dieses Paradox der Moderne, das Horkheimer und Adorno zu ergründen suchten.[21] Der Leitgedanke der von den beiden Philosophen der Frankfurter Schule formulierten »negativen Dialektik« ist, daß »die abstrakte Wahrheit und besonders die moralisch neutrale der Wissenschaften dazu führen könnte, den westlichen Menschen zu lähmen oder zu vernichten« (George Steiner).[22] Die Dialektik kann alles und sein Gegenteil rechtfertigen. Die hegelianische Vernunft »versteht alles und verzeiht schließlich alles, weil sie ihren Platz und ihre Funktion im Gesamten hat und die Totalität über dem Guten und dem Bösen steht, über dem Wahren und dem Falschen. Man könnte sogar, logisch wie historisch, eine Definition der Vernunft in Begriffen rechtfertigen, die Sklaverei, Inquisition, Kinderarbeit, Konzentrationslager, Gaskammern und die atomare Bewaffnung einschlössen«[23] (Herbert Marcuse).

Warum verfällt die Menschheit in immer neue Formen der Barbarei? Ist die Selbstzerstörung der Vernunft eine Aporie, oder läßt sich dieser anscheinend unüberwindbare Widerspruch dadurch umgehen, daß man die Ursache des Rückfalls der Vernunft in den Mythos in der Vernunft selbst sucht, die die Furcht vor dem Mythos lähmt? Die Aufklärung hatte sich zum Ziel gesetzt, die Menschen durch die Zerstörung der Mythen von der Magie und der Furcht zu befreien. Aber die Aufklärung, die sich vor dem Mythos sicher glaubte, empfindet »ein mythisches Grauen« vor ihm. »Sie gewahrt ihn nicht bloß in unaufgehellten Begriffen und Worten, wie die semantische Sprachkritik wähnt, sondern in jeglicher menschlichen Äußerung, wofern sie keine Stelle im Zweckzusammenhang jener Selbsterhaltung hat.«[24] Sie gelangt nicht zur Vollendung. Das Wissen sollte die Überlegenheit des Menschen beweisen, doch der Mensch erweist sich als fähig, die Natur zu zerstören, die er doch schützen wollte, und den Menschen zu vernichten, den dieses Wissen verwandeln sollte. Die Abschaffung der Mythen durch die Vernunft war sinnlos, weil in den Tempeln der triumphierenden Vernunft die Opfer wieder eingeführt wurden. Wir haben es mit einem unlösbaren Widerspruch zu tun: Die Ordnung verwandelt das Glück in eine Parodie, wenn sie es verordnet, und sie verhilft nur dort zu Glück, wo sie es verbietet. Der alte Obskurantismus des religiösen Dogmas ist durch den noch zwingenderen der wissenschaftlichen und rationalen Wahrheit ersetzt worden. Die positiven Wahrheiten, wie sie in den wissenschaftlichen Gesetzen zum Ausdruck kommen, bestimmen über die Zukunft. In der irrationalen Komponente, die jede Ideologie enthält, und in der imaginären Dimension, die sie eröffnet – in der die Welt einer leuchtenden Zukunft neu erschaffen wird –, entwickelt sich jene Zwangsvorstellung, die der Vernichtung des anderen Vorrang gibt vor der Erreichung des Ziels.

Die Absicht

In der Definition Lemkins ist die Absicht notwendiger Bestandteil des Verbrechens. Die Völkermordkonvention betont dies in Artikel II: »eine Handlung, die in der Absicht begangen wird, ... ganz oder teilweise zu vernichten«. Wie soll man die Absicht beweisen? fragt Leo Kuper. Eine des Völkermords bezichtigte Regierung kann die Absicht leicht bestreiten. Der Nachweis einer Absicht ist um so schwieriger zu erbringen, als der Gesetzgeber ein weiteres Merkmal für Völkermord festgelegt hat, nämlich die Vernichtung einer Gruppe »als solcher«, was die Einbeziehung der mörderischen Bombenangriffe des Zweiten Weltkriegs ausschließt, wie Leo Kuper befürchtet [34, S. 14]. Andererseits ist die Absicht nicht der Wunsch, und der Wille zur Vernichtung einer Gruppe drückt sich im Übergang zum Handeln aus. Dieser Punkt ist in der Debatte der Völkermord-Theoretiker um Notwendigkeit und Art der Absicht besonders umstritten.

Man könnte meinen, es genüge, die Absicht zu beweisen, um einen Völkermord festzustellen. Nur eine planmäßige Vernichtung – ein »gemeinsamer Plan« nach Lemkin – wäre somit als Genozid zu qualifizieren. Man ginge dann davon aus, daß der oder die Führer eines Staates in einem bestimmten Augenblick beschlossen haben, eine Gruppe auszurotten und ihren Mitgliedern wenn nicht die Existenz, so zumindest die Existenz als Mitglieder dieser Gruppe zu verweigern. Man nähme also an, daß ein kleiner Kreis dies abgemacht hätte und eine Schwelle, die Genozidschwelle, überschritten wurde, zwischen dem, was man sagt oder träumt, und dem, was man wirklich tut. Diese Schwelle würde auch die Rückkehr der Logik in einen Prozeß bezeichnen, der bis dahin irrational bestimmt war. Zur Ausführung des Verbrechens setzt der Mörder seine Kompetenzen ein und die technischen Mittel, über die er verfügt. Nun ist es aber schwierig, wenn nicht unmöglich, diesen Moment zu bestimmen. Der Historiker, der mangels eines Gerichts als Ankläger fungiert, kann einen des Völkermords verdächtigten Staat nicht aufgrund von Erklärungen beschuldigen, die er in der Presse oder in Reden abgegeben hat. Ein Völkermordprozeß kann kein »Absichtsprozeß« sein, ob diese Absicht nun von Regierenden geäußert wird, die sie in die Tat umzusetzen vermögen, oder von fanatischen Propagandisten, die als Aufhetzer dienen. Häufig folgt einer Absichtserklärung keine Tat, sie kann und darf daher nicht als Beweis gewertet werden. Sie offenbart dagegen ein verbrecherisches Klima und kündigt eine Bedrohung an. Sie ist eine Etappe, denn ohne sie und ohne die Reaktion, die sie in einer »gesunden« Gesellschaft hervorrufen müßte – einer Gesellschaft mit intaktem Immunsystem –, wäre der weitere Verlauf nicht so leicht realisierbar.

In der Tat stellt der Moment, in dem die Vernichtungsabsicht geäußert wird, eine Kreuzung zweier Entwicklungen dar: einer unsichtbaren, die auf einer Zwangsidee beruht, und einer sichtbaren, die mit der Errichtung einer totalitären Macht einhergeht. Totalitäre Systeme sind zweideutig, denn sie behaupten, mit der liberalen Vergangenheit im Namen der Moral und des Guten brechen zu wollen, doch dieses Vorhaben verwandelt sich ins absolute Böse. Sie gebrauchen eine doppelte Sprache, die der Mystik und die der Technik, Planung und Wissenschaft.[25] Mit dem technologischen Fortschritt und der Radikalisierung der Ideologien wurden gleichzeitig die Mittel und der Wunsch geboren, Menschengruppen zu vernichten. Die Durchführung eines Völkermords erstreckt sich auf eine lange Kette einzelner Aktionen, bei denen sich die jeweiligen Verantwortlichkeiten verwischen und die Absicht nicht leicht von der Verwirklichung geschieden werden kann. Geht man von der Tat zum Wunsch zurück, so ist es unmöglich, den Moment des Übergangs zur Ausführung zu bestimmen, auf den sich der Tatbestand gründen soll.

Für Israel Charny ist der Absichtsbeweis irrelevant für die strukturelle Gewalt, die mittels verschiedener Mechanismen mit oder ohne Planung Leben vernichten kann. In der modernen Welt, die von anonymen, gestaltlosen Mächten beherrscht wird, ist die Debatte über die Vorsätzlichkeit obsolet. Die strukturelle Gewalt schafft eine Atmosphäre des Verbrechens, die eine Massenvernichtung so normal erscheinen läßt, daß sie das Gewissen der Ausführenden nicht berührt, für die sich die Frage der Absicht nicht stellt. Das Problem »liegt nicht in der Schwierigkeit zu beweisen, was die Vorsätzlichkeit psychologisch gesehen bedeutet, sondern im Mangel an Aufmerksamkeit, die diesen Vernichtungsprozessen geschenkt wird, die so systematisch und systemabhängig sind und daher so *normal* erscheinen, daß die meisten an irgendeinem Moment des Vernichtungsprozesses beteiligten Individuen sich keine Gewissensfragen stellen, ja nicht einmal die Folgen ihrer Handlungen bedenken« [52, S. XVI]. Statt den Augenblick bestimmen zu wollen, in dem der Beschluß aus der Entfernung durch eine kleine Gruppe gefaßt wird, müßte man die Strukturen und Systeme untersuchen, um herauszufinden, welche strukturelle Gewalt, welche Systeme, welche Gesellschaftsformen dem Völkermord Vorschub leisten. Daher das doppelte Postulat Charnys: Je weniger eine Gesellschaft für Gewalt empfänglich ist, desto geringer ist die Gefahr eines Völkermords (eine Feststellung, die auch der These von Horowitz zugrunde liegt), und je weniger die Staatsbürger in der Hand anonymer Gewalten sind, desto weniger laufen sie Gefahr, als Täter in einen Genozid verwickelt zu werden.

Kann man heutzutage auf den Beweis der Absicht für die Behauptung eines Völkermords verzichten? Für Tony Barta ist das wichtigste Kriterium die Beziehung zwischen Zivilisation und Genozid. Barta greift das klassische Beispiel der kolonialen Besitznahme Australiens auf. Eine Nation wie Australien, erklärt er, gründet sich auf Völkermord. Ein Land wurde durch ein Volk erobert, das ein anderes Volk enteignete und vernichtete, ohne daß eine ursprüngliche Absicht der Regierung dazu bestand. Wenn man die Gründe für diesen Völkermord zurückverfolgt, findet man die Ursache im Wandel der englischen Wirtschaft. Großbritannien mußte seine Viehzucht und seinen Bevölkerungsüberschuß verlagern und brachte Siedler, meist Sträflinge, nach Australien. Hier zeigte sich die Unvereinbarkeit der Kolonisten mit der Urbevölkerung, die Schafzucht der Engländer war unvereinbar mit der Nutzung des Bodens durch die Aborigines, ein Zusammenleben erwies sich als unmöglich. Den Aborigines blieb nur die Wahl, sich zu verteidigen, den Einwanderern nur jene, die Bedrohung durch die Ureinwohner zu beseitigen [52, S. 237–251]. Daher die Unterscheidung zwischen einem genozidären Staat, der vorsätzlich handelt, und einer genozidären Gesellschaft, die keinen vorgefaßten Plan hat, deren Kampf ums Überleben jedoch dieselben Folgen nach sich zieht. Es ist leicht, das Argument umzukehren und zu beweisen, daß in einer genozidären Gesellschaft der Staat zwar offiziell ein kolonisiertes Volk beschützen kann, er aber nichtsdestoweniger ständigem Druck ausgesetzt ist, so daß das Ergebnis dasselbe ist wie bei einem vorsätzlichen verbrecherischen Plan, so daß nur Heuchelei oder Zynismus eine verbrecherische Gesellschaft von einem verbrecherischen Staat unterscheiden. Der nationalsozialistische Staat war überzeugt, daß er dasselbe Problem zu lösen hatte wie die Kolonialreiche, nämlich seine überschüssige Bevölkerung in besiedelte Gebiete zu transferieren, wobei der Unterschied im Zynismus lag, mit dem der Staat die Konsequenzen seiner Politik für die slawische Bevölkerung des Ostens akzeptierte. Dieselbe Frage der verbrecherischen Strukturen des Staates entzweit Intentionalisten und Funktionalisten, wie wir im Zusammenhang mit dem Völkermord an den Juden sehen werden. Auch hier ist es wichtig, Klassifikationen und Typologien zu vermeiden. Statt zwei Arten von Völkermord zu unterscheiden, je nachdem, ob er von einem Staat oder einer Gesellschaft begangen wird, sollte man besser eine fallweise Analyse vornehmen und das intentionelle wie das strukturelle Element berücksichtigen.

Die Experten für Völkermord sind geteilter Meinung über die Intentionalität. Chalk und Jonassohn behaupten, ein Genozid liege nicht vor, wenn eine Gruppe fast gänzlich ausgerottet wird, ohne daß jemand dies beabsichtigte, aber sie geben zu, daß der Beweis hierfür naturgemäß schwer zu erbringen sei. Es fehlt an Dokumenten, und die existierenden sind nicht immer glaubwürdig: Beweise sind vorgelegt worden für Genozide, die nie stattgefunden haben, und

Genozide haben stattgefunden, für die es keine Beweise gab [52, S. 16]. Mangels greifbarer Beweise gibt es Massenmorde, die sich dem Skalpell des Historikers entziehen, denn er ist dann nicht kompetent, darüber zu sprechen.

Charny wendet sich energisch gegen diese Einschränkung des Völkermordbegriffs. Für ihn ist die Definition dieses Verbrechens eine Frage des gesunden Menschenverstands. Wenn zahlreiche Menschen von anderen Menschen getötet werden, stellt das einen Völkermord dar, es sei denn, man könnte Notwehr hinreichend beweisen [1, Bd. I, S. XII]. Er schlägt vor, alle Fälle kollektiven Mordes unter den Begriff Völkermord zu subsumieren und darunter eine besonders schwere Art zu unterscheiden, den vorsätzlichen Völkermord. Erik Markusen, für den Genozid und »Omnizid« gleichbedeutend sind, der eine in der Vergangenheit, der andere in der Zukunft – die nukleare Bedrohung –, geht noch weiter: »Wenn sich der Planet Erde in ein überquellendes Leichenhaus für Millionen Menschen verwandelt hat, wird es zu spät sein, um sich an die Dummheit der Völkermordspezialisten zu erinnern, die gestritten haben, um seine Definition auf die reine Absicht der Vernichtung einer spezifischen Zielgruppe in ihrer Gesamtheit oder teilweise zu beschränken, und die alle anderen Fälle von Massenmord in andere Kategorien verweisen« [1, Bd. II, S. XXIV]. Diese Beschuldigung könnte durch die Notwendigkeit gerechtfertigt werden, Völkermord zu verhüten, aber Markusen geht es um die Medienwirksamkeit des Wortes »Völkermord«. Folgt man seiner Überlegung und erweitert man den Begriff auf alle Fälle von Massenmord, so verurteilt man die Opfer individueller Verfolgung zur Vergessenheit.

Da hier eine Entscheidung zu treffen ist, behaupte ich, daß der Völkermord eine Kategorie der Verbrechen ist, eine der extremsten Formen der Verbrechen gegen die Menschheit, daß nicht alle Massenmorde Genozide sind, und daß es nicht heißt, das Gedächtnis der Opfer von Massenmorden zu beleidigen, wenn man sie in eine andere Verbrechenskategorie einordnet, sofern kein hinreichender Beweis für die Vorsätzlichkeit erbracht werden kann. Die Absicht ist leichter nachzuweisen als der Beginn der Ausführung. Die Untersuchung der genozidären Strukturen und der Umstände der Ausführung, die Analogie der Vorgehensweisen an verschiedenen Orten, die zeitliche Kontinuität erlauben, die Unbestreitbarkeit eines Vernichtungsplans zu behaupten, ohne daß man einen schriftlichen Beweis für die Existenz dieses Plans vorzulegen bräuchte. Trotz der Zweideutigkeit der Kriterien unterscheidet sich Völkermord von anderen Kollektivverbrechen durch die Absicht, eine Gruppe von Menschen zu vernichten, und zwar die Gruppe als solche zu vernichten.

Wenn die Regierenden eines Landes feststellen, daß ihre eigenen Bürger die Existenz einer Gruppe gefährden, haben sie die Macht, diesen Gesetzesverstoß zu unterbinden. Tun sie dies nicht, so leisten sie Beihilfe zu diesem Verbrechen, mehr noch, sie bringen ihre Absicht zum Ausdruck, es geschehen zu lassen, es sei denn, sie übten die Macht nicht mehr wirklich aus. Die Absicht, etwas geschehen zu lassen, ist für einen Staat gleichbedeutend mit dem Vorsatz, etwas zu tun. Auf dieser Verantwortungsebene läuft jede Unterscheidung zwischen Absicht und Ausführung, also das Argument der Nichtvorsätzlichkeit, darauf hinaus, dem Täter beim Begehen seines Verbrechens Heuchelei und Verschleierung statt Zynismus zu empfehlen.

Die Ausführung des Verbrechens

Die Ausführung des Verbrechens erstreckt sich über einen langen Zeitraum. Der Völkermord ist die letzte Phase einer Krise, die sich in Vorzeichen ankündigt und die in Etappen abläuft. Zu Beginn der Krise deutet nichts auf Völkermord hin, aber die Gefahr wächst mit deren Verschlimmerung. Die Kenntnis dieses Ablaufs würde erlauben, einen drohenden Völkermord durch die richtige Interpretation der Ereignisse zu erkennen. Die ersten Diskriminierungen, die ersten physischen Aggressionen gehen den programmierten Etappen der Vernichtung voraus: Staatsbürgerschaftsentzug, Ausweisung, Enteignung, Deportationen, Massaker. Diese Akte erfolgen nicht nacheinander, sondern nebeneinander, und die Entwicklung kann sich je nach dem Druck von außen verlangsamen oder beschleunigen.

Die Sprache des Völkermords

Es gibt keine Sprache der Vernichtung. Dennoch wird die Sprache in jeder Phase des Begehens eines Völkermords (oder anderer Massenmorde) eingesetzt, um die Opfer zu entmenschlichen, die Massen zu ihrer Vernichtung zu mobilisieren und um den Mord zu leugnen. Hauptzweck dieser Wortverdrehung ist es, die Wirkung der Verbrechen auf die Gewissen abzuschwächen und das Schuldgefühl der Ausführenden zu neutralisieren [1, Bd. II, S. 386–395]. Die Sprache ist natürlich bei Genoziden mit ideologischer Motivierung nicht dieselbe wie bei der Ausrottung von Eingeborenen. Der Gebrauch von Worten zu verbrecherischen Zwecken ist mit der Entwicklung von Bürokratie und Technokratie eng verbunden. Es ist ein bewußter Sprachgebrauch, das Werkzeug einer verbrecherischen Politik des Staates.

Die semantischen Schemata sind schwer zu analysieren, denn die Sprache ist unbeständig und der Sinn der Worte oft situationsgebunden. Die Sprache ist zugleich Widerschein und Spiegel eines kulturellen, sozialen und politischen Geschehens. Die Ereignisse werden durch die Sprache definiert, die zu ihrer Beschreibung verwendet wird, und diese wiederum bestimmt die Gefühle und Vorstellungen der öffentlichen Meinung. Andererseits ist die Sprache Vermittler der Mythen, und durch sie werden die Mythen zum Werkzeug der Vernichtung.

Der erste Akt des Genozids, die Auslöschung der Identität der Opfer, wird zunächst durch Worte erreicht. Der Staat manipuliert die Sprache, wie er die Geschichte manipuliert. Der politische Diskurs und die Propaganda bezeichnen die Zielgruppe und bereiten deren Vernichtung mittels eines sprachlichen Kunstgriffs vor: der Entmenschlichung. Totalitäre Praktiken, erklärt Jean-Pierre Faye, sind nur möglich, wenn sie durch die Sprache annehmbar gemacht worden sind.[26] Noam Chomsky geht noch weiter: »Die einfache Tatsache, sie in Worte zu fassen, rechtfertigt Massaker an Männern, Frauen und Kindern, sie macht sie akzeptabel und bewirkt sie sogar.«[27] Diese Aussage hatte der Linguist wohl vergessen, als er 1980 mit seinem Vorwort zum Buch Faurissons sein Ansehen in den Dienst einer schändlichen Sache stellte (siehe auch S. 175). Die Nachsilbe »zid« wird verwendet, um Produkte zur Vernichtung von Tieren, Keimen oder schädlichen Pflanzen zu bezeichnen: Fungizid, Bakterizid, Pestizid, Insektizid, Herbizid. Um eine Gruppe zu vernichten, ist es unerläßlich, sie auf ein tieferes Niveau als das menschliche hinabzudrücken, auf das des Tieres oder des Objekts. Das extreme Mittel der Vernichtung wird durch diese Entmenschlichung gerechtfertigt. Dieser Vorgang hat seine semantischen Regeln. Die Tierwelt ist eine reiche Quelle für Metaphern und Metonymien der Entmenschlichung. Auch die Krankheiten sind ergiebig, denn sie werden als abstoßend empfunden und erfordern eine therapeutische Lösung. Um die Tötung von Menschen zu rechtfertigen, bedient sich der Mörder des medizinischen Vokabulars. Er desinfiziert, er sterilisiert, er behandelt. Die metaphorische Wirkung geht vom Substantiv aus, nicht vom Adjektiv. Bei den üblichen Schimpfwörtern totalitärer Regime für ihre Gegner – miese Ratten, giftige Nattern, tolle Hunde usw. – genügt das Substantiv, um die künftigen Opfer zum Ungeziefer, zum Geschmeiß, zu Schmarotzern zu machen. Der Gebrauch ist alt – Hitler übernahm für die Juden die Schimpfnamen Luthers –, aber die Wirkung wird durch die totalitären Praktiken verzehnfacht, die eine Auswahl im Hinblick auf die Suggestion von Unreinheit oder Krankhaftigkeit der Zielgruppe treffen. Mit der Verwandlung seines Opfers kehrt der Mörder den Sinn des Verbrechens um, aus einer negativen wird eine positive Tat, eine Hygienemaßnahme oder ein chirurgischer Eingriff. Der Mörder kumuliert die Antithesen und schleudert den Bannfluch. Er beruft sich auf eine Moral und deren Gegensätze: das Lamm Gottes und die babylonische Hure, der Gesunde und der Kranke, das Gute und das Böse, der Gläubige und der Ungläubige, der Proletarier und der Bourgeois, der Patriot und der Verräter.[28] Die Vernichtung ist nicht mehr erlaubt, sie ist geboten. Zum Arm seines Gottes, seines Volkes, seiner Nation geworden, braucht der Therapeut nach der Anpassung der Sprache an die Ideologie nur noch die Pariagruppe zu treffen – das dem indischen Kastensystem entlehnte Wort »Paria« grenzt die Gruppe aus der menschlichen Gesellschaft aus, was den Völkermord vorbereitet. Die Verfälschung der Sprache führt zu einer Verkehrung des Denkens: Krieg wird zum Frieden, Sklaverei zur Freiheit, Mord zur Therapie. Sie verhüllt die Wirklichkeit und erleichtert die Ausführung des Mordes. Die Bürokratie nutzt die Schliche der Propaganda, um den Weg zu ebnen und das Verbrechen durch Sinnverschiebung und Verharmlosung als Therapie erscheinen zu lassen.

Strukturen des Völkermords

Der verbale Angriff bedeutet den Anfang vom Ende. Der Gebrauch bestimmter Worte, bestimmter Formeln, die Schaffung bestimmter Assoziationen sind bereits Werkzeuge einer verbrecherischen Praxis. Ruft die staatliche Führung in Krisenzeiten zur Entmenschlichung einer Gruppe von Staatsangehörigen auf, befindet sich diese Gruppe in unmittelbarer Gefahr. Doch die eigentliche Verfolgung ihrer Mitglieder beginnt mit dem Entzug der Bürgerrechte, durch den sie aus der politischen Gemeinschaft ausgeschlossen werden. »Der irrsinnigen Massenfabrikation von Leichen geht die historisch und politisch verständliche Präparation lebender Leichname voran« [4, S. 655]. Als guter Jäger bereitet der Mörder sein Opfer auf das Halali vor. Zunächst nimmt er ihm den Schutz durch das Recht. Die Verkündung von Gesetzen, die den Staatsbürger zum Staatenlosen machen, stellt einen Bruch mit dem Naturrecht dar. Der Ausschluß aus der Gemeinschaft trägt wie der Sprachgebrauch, der ihm vorausging, dazu bei, die künftigen Opfer »außerhalb des geheiligten Universums moralischer Verpflichtung« (Helen Fein) zu stellen, einer Verpflichtung, die sich auf eine gemeinsame Beziehung zu einer menschlichen oder göttlichen Autorität gründet. Dem Individuum bleiben als einzige Verteidigung gegen den Staat nur die Menschenrechte, die besagen, daß jedes Wesen einzig ist, nicht mehr und nicht weniger. Die Verweigerung der Staatsbürgerschaft ist eine Verweigerung der Individualität. Sie erlaubt die Anwendung extremer Maßnahmen. Für die aus der nationalen und damit aus der menschlichen Familie ausgeschlossenen Mitglieder der Zielgruppe sind die moralischen Schranken gefallen.

Wenn der Staat eine Gruppe zum Alleinverantwortlichen für alle Übel macht, verkündet er damit nicht seine Vernichtungsabsicht, selbst wenn sie anklingt, sondern er organisiert den Ausschluß seines künftigen Opfers. Die in nichtdemokratischen Gesellschaftsformen übliche Ächtung einer Minderheit durch Diskriminierung verändert unmerklich die Wahrnehmung der Mehrheit, sie setzt einen Unterschied und betont die Abweichung. Die Diskriminierung bereitet die Verfolgung vor. Sie hat den doppelten Effekt, die Feindseligkeit der Mehrheit gegenüber der Minderheit zu verstärken und sie sichtbar zu machen. Dieser Strukturwandel bietet später die Möglichkeit, die Vernichtungsabsicht zu äußern, indem diese irrationale Perspektive rationalisiert wird. Der erste Blitz war nicht wahrnehmbar; wenn das Gewitter losbricht, hat es niemand kommen sehen.

Auswahl

Die Gruppe wird als solche vernichtet. Das spezifische Merkmal des Völkermords, das dieses Verbrechen charakterisiert, siedelt sich häufig vor dem Vernichtungsbeschluß an, wenn nämlich die späteren Opfer als zu einer Gruppe gehörig definiert werden. Völkermord erfolgt nicht blind. Mit oder ohne Tötungsabsicht werden die Opfer im voraus ausgewählt und gekennzeichnet.

Die Zugehörigkeit einer Person zu einer Gruppe stellt an sich eine Verurteilung dar, wenn die Gruppe ausgestoßen wird. Ob diese Zugehörigkeit freiwillig erfolgte oder auf dem Zufall der Geburt beruht, sie identifiziert mit einer Gemeinschaft. Sie macht den einzelnen zum Träger von Genen oder zum Verfechter von Anschauungen, die dem Weltbild des Staates zuwiderlaufen oder es bedrohen.

Der Moment der Kennzeichnung ist der einzige, in dem das Individuum nicht als Plural, sondern als einzelner betrachtet wird. Die Zugehörigkeit zu einer Gruppe ist nicht immer evident, das künftige Opfer eines Völkermords trägt keine Uniform. Man muß es daher in der Masse ausfindig machen und markieren, wie jene Tiere einer Herde, die für den Schlachthof bestimmt sind. Die Identifizierung ist nicht einfach, denn die Hautfarbe, der Grundfaktor des Rassismus, spielt selten eine Rolle für den zeitgenössischen Völkermord, der Nahestehende austilgt. Schon das Kriterium des Aussehens ist schwierig, weil das Risiko eines Irrtums hoch ist, denn die Genetik spottet der Rassenkundler und Schädelvermesser. Noch schwieriger wird es mit der Sprache, die kennzeichnend ist, wenn die Opfer eine eigene sprechen, doch diese können sich auch tarnen, wenn sie die Sprache der Verfolger ohne verräterischen Akzent gebrauchen. Politische Ideen und religiöse Überzeugungen schließlich lassen sich sehr schwer identifizieren, und die Mitglieder der Zielgruppe sind mit der übrigen Bevölkerung vermischt. Deshalb ist es wesentlich zur Verhütung eines Völkermords, den Sprachgebrauch zu überwachen und genozidäre Strukturen zu diagnostizieren. Die Sprache kann die Bürger eines Staates in Jäger und Gejagte scheiden, die Gesetze können die Polizei ermächtigen, Ermittlungen anzustellen, Karteien anzulegen, Ausweise mit Kennzeichen zu versehen.

Ist die Auswahl getroffen, so steht der Vernichtung nichts mehr im Wege. Die »als solche« identifizierten Opfer werden in die Anonymität der auszumerzenden Gruppe zurückgeworfen. Mit »Auslese« und »Ausmerzung« haben die Nationalsozialisten die beiden Phasen des Verbrechens treffend definiert.

Planmäßigkeit

Im Gegensatz zum Massaker gibt es beim Völkermord keine Atmosphäre der Hysterie, die zur Tötung aller vermuteten Feinde antreibt [52, S. 42]. Diese Behauptung ist sicher zu kategorisch, doch sie gründet sich auf ein spezifisches Merkmal des Genozids: der Planmäßigkeit des Mordes. Selbst wenn die Ausführenden oft in Hysterie geraten, haben doch die Befehlenden das Verbrechen eiskalt programmiert. Der Staat hat durchaus die Absicht, sich einer bestimmten Gruppe zu entledigen, selbst wenn er noch unentschlossen über die Vorgehensweise ist: Gefängnis, Isolierung in Ghettos, Konzentrationslager, Ausweisung oder Tötung. Als letztes Mittel wird Völkermord leichter in einem Klima der Gewalt begangen, das den Entschluß dazu fast natürlich erscheinen läßt. Der Krieg liefert dem Mörder den zweifachen Vorteil, das Verbrechen vor der internationalen Meinung zu verschleiern und es als militärische Notwendigkeit zu maskieren. Überdies ist das Verhalten unter tragischen Umständen, wenn der Tod alltäglich ist, um so weniger durch das Gewissen gezügelt, als die Propaganda die Zielgruppe schon lange als verantwortlich für die gegenwärtigen Übel bestimmt hat.

Massenmord an wehrlosen Bürgern mit dem Einverständnis oder auf Befehl einer Regierung ist das schwerste Problem, mit dem die Menschheit im Verlauf des 20. Jahrhunderts konfrontiert war. Ein Staat kann drei Arten von Massenmord anordnen: Völkermord, einen totalen Krieg oder einen »Omnizid«, letzterer, den Somerville anstelle von »Atomkrieg« empfahl, besitzt, von Hiroshima und Nagasaki abgesehen, keine geschichtliche Wirklichkeit. Wir brauchen daher hier nicht darauf einzugehen. Völkermord und totaler Krieg dagegen weisen viele Gemeinsamkeiten auf. Ein totaler Krieg ist gemäß der Definition von Edward Luttwak »ein Krieg, in dessen Verlauf mindestens eine der beiden Parteien eine Existenzbedrohung erkennt, alle verfügbaren Waffen einsetzt und die Unterscheidung zwischen zivilen und militärischen Zielen fast vollständig ignoriert« [52, S. 102 und 120]. Es hat in der Vergangenheit totale Kriege mit absolutem Charakter gegeben. Nach einer relativ ruhigen Periode in Europa – zumindest nach 1815 – tauchten die totalen Kriege im 20. Jahrhundert mit beispielloser Gewalt wieder auf. Dieses Phänomen erklärt sich aus der Zentralisierung der Regierungsgewalt, aus der Identifizierung der Armee mit der Nation – deren direkte Folge die allgemeine Wehrpflicht ist – und aus den Fortschritten der Technik. Die totale Mobilmachung und die Entwicklung der logistischen Mittel steigern die Ausmaße der Vernichtung der Zivilbevölkerung, die zum »legitimen Ziel« wird. Der Anteil der Toten in der Zivilbevölkerung betrug im Ersten Weltkrieg ein Zwanzigstel und zwei Drittel von 60 Millionen Toten im Verlauf des Zweiten [1, Bd. II, S. 234]. Zwischen Völkermord und totalem Krieg gibt es beunruhigende Analogien: Der Staat ist für beide verantwortlich, er unternimmt dieses Morden unter dem Vorwand der inneren Sicherheit, vorsätzlich und planmäßig, die Identität der Opfer spielt keine Rolle, der Antrieb dazu geht von der Ideologie aus, und beide werden durch Bürokratie und Technologie erleichtert [52, S. 109]. Der Unterschied zwischen Völkermord und totalem Krieg liegt in der Auswahl der Opfer und der jeweiligen Lage der beiden Gegner, die nicht die gleiche ist, denn die verfolgte Gruppe hat keine Möglichkeit, den Verfolger zu bekämpfen und noch weniger zu besiegen. Im totalen Krieg steht der Eine dem Einen gegenüber, beim Völkermord der Eine dem anderen, der Gegner wider Willen ist, durch eine erlittene »Gegnerschaft«. Die Ablehnung des anderen durchzieht die Geschichte, und es ist oft nicht einfach, den Anteil hegemonistischer Bestrebungen und nationaler Empfindlichkeit zu bestimmen, die zu totalen Kriegen führen, und jenem obsessiver Furcht, die mit Völkermord endet. Die Verflechtung dieser Ursachen erschwert ihre Bestimmung. Die Planung des Völkermords, ob sie schriftlich dokumentiert ist oder nicht, bestimmt die Phasen des Genozids: Geheimhaltung, unter Umständen Entwaffnung der Zielgruppe, ihre Entwurzelung und Konzentration, Beschlagnahme des Vermögens; eventuell zweite Auslese derer, die sofort zu töten sind, und jener, die man zunächst als Arbeitskräfte einsetzen will oder die nicht einbezogen werden sollen; Ermordung, Beseitigung der Leichen, Leugnen des Mords.

Die Werkzeuge des Völkermords

Der technische Fortschritt trägt dazu bei, Tyrannei oder Despotismus in Totalitarismus zu verwandeln, und die Radikalisierung der Ideologien erzeugt ein unwiderstehliches Bedürfnis, ganze Menschengruppen auszurotten. Bürokratie und Technologie leisten dieser Begierde Vorschub.

Die Bürokratie überwacht den Ablauf der verschiedenen Phasen des Völkermords. Es ist die Hauptaufgabe dieses »Eisenkäfigs« (Max Weber), die Ausführenden vor äußeren Einflüssen abzuschirmen, indem er sie mit einem moralischen Kokon umgibt, in welchem das Wertsystem erhalten scheint. Die Mitglieder eines bürokratischen Systems sind bestrebt, dieses System zu erhalten oder auszubauen, das für sie einen Selbstzweck darstellt. Die hierarchische Struktur erlaubt jedem einzelnen, sich als ein Rad im Getriebe zu verstehen, und die Arbeitsteilung in spezielle Aufgaben verwässert das Verantwortungsgefühl. Zwischen dem, der beschließt, und dem, der tötet, sind Dienststellen eingeschaltet. Beamte führen Karteien, Techniker konstruieren Maschinen, Unternehmen verkaufen Produkte, Angestellte übernehmen die Beförderung, Architekten entwerfen Internierungslager. All diese Logistiker koordinieren die verschiedenen Phasen des Verbrechens, ohne sich über den Zweck ihres Tuns den Kopf zu zerbrechen. Die Amoral wird damit rationalisiert, Grenzen werden übertreten, ohne das Gewissen zu belasten. »Die Bürokratie ist nicht aus sich selbst Ursache für den Entschluß zu mörderischen Vorhaben, aber sie erleichtert deren Ausführung, indem sie den Gehorsam ihrer Beamten zur Routine macht, weil jeder gedrillt ist, seine Rolle zu spielen, ohne nach dem Zweck der Handlung zu fragen« [20, S. 22].

Die Technologie erweitert und verstärkt die Vernichtungsmacht. Sie unterstützt die Mörder durch die Bereitstellung immer effizienterer Werkzeuge und durch die Schaffung einer physischen und emotionalen Distanz zwischen dem Henker und seinen Opfern. Die Routinemäßigkeit des Mordes bewegt den gewissenhaften Beamten, sich auf die technische Seite seiner Aufgabe zu konzentrieren, statt nach ihrer Bedeutung zu fragen. Indem sie den Mörder mit wirksamen Instrumenten versieht, beseitigt die Technologie seine Hemmungen und schwächt die »harte Realität« des Mordes ab.

Das Leugnen

Wenn die Theoretiker des Völkermords über den intentionalen oder funktionalen Charakter dieses Verbrechens debattieren, so hat der Mörder selbst keine Zweifel. Er weiß, daß Genozid vorsätzlicher Mord ist und daß der Tatbestand die Absicht vorsieht, eine Gruppe als solche zu vernichten. Er weiß auch, daß er nur dann angeklagt wird, wenn er die in seinem ideologischen Wahn angedrohte Vernichtung in die Tat umsetzt. Selbst wenn er durch verbrecherische Gesetze die Voraussetzungen für den Völkermord geschaffen hat, kann er dessen Durchführung nicht durch ein Gesetz befehlen, das er leugnen müßte, wenn er sich vor der Völkergemeinschaft zu verantworten hätte. Da er sich auch auf keine transzendente Macht berufen kann, bleibt ihm nur die Ungesetzlichkeit.

Im Altertum rühmte sich der Eroberer, Völker ausgerottet zu haben, um andere in Furcht und Schrecken zu versetzen. Weit davon entfernt, seine Taten zu verbergen, hielt er sie für ruhmreich und übertrieb sie sogar, um furchterregender zu erscheinen. Seit die Menschenrechte die Moral in die Politik brachten, werden die Urheber von Massakern beschuldigt, wesentliche Werte der Zivilisation zu verletzen und ein Verbrechen gegen die Menschheit zu begehen. Kein Staat kann es sich leisten, öffentlich seine Absicht zu bekunden, eine

Gruppe auszulöschen – und das ist die Rettung der Menschheit. Völkermord, wenn er beschlossene Sache ist, muß notwendig geheimgehalten werden. Der Staat darf daher sein Verbrechen nicht zugeben und sich noch weniger dessen rühmen. Da er es nicht vollkommen vertuschen kann, findet der verbrecherische Staat, nachdem er seiner Unvernunft in seiner Ideologie freien Lauf gelassen hat, in der Ausführung des Mordes zu einer strengen Logik zurück. Im 4. Jahrhundert v. Chr. war es den Griechen, die sich der Existenz höherer Mächte bewußt waren, lieber, diesen mit Schlauheit, mit *metis* zu begegnen, als sie zu bekämpfen. Ebenso bedient sich der Urheber eines Völkermords zur Wahrung seiner Interessen dieser Schlauheit, mit den wesentlichen Merkmalen »Wendigkeit und Polymorphie, Doppelzüngigkeit und Zweideutigkeit, Verdrehung und Verkehrung der Tatsachen«.[29] Die Leichen einer ermordeten Gruppe sind lästig. Man kann sie vielleicht durch Verbrennungstechniken verschwinden lassen, aber die Frage nach dem Verschwinden der Gruppe bleibt. Der Mörder muß daher geschickt lügen und, ohne die Tatsache des Verschwindens der Gruppe zu bestreiten, diese relativieren, die Vorsätzlichkeit leugnen und die Verantwortung ablehnen. Der Erfolg der Lüge hängt von ihren Ausmaßen ab: »Die Ungeheuerlichkeit der begangenen Untaten schafft automatisch eine Garantie dafür, daß den Mördern, die mit Lügen ihre Unschuld beteuern, eher Glauben geschenkt wird als den Opfern, deren Wahrheit den gesunden Menschenverstand beleidigt« [4, S. 646].

Alle Etappen des Genozids sind von der Leugnung geprägt. Implizit findet sie sich im Sprachgebrauch, in der dialektischen Umkehrung der Entmenschlichung, die die Vernichtung von Gruppen als Schutz der Zivilisation deklariert und sich auf die Menschenrechte beruft. Um sich für sein Verbrechen nicht rechtfertigen zu müssen, profitiert der Staat von der Gelegenheit eines Krieges oder läßt den eisernen Vorhang der Zensur und der Schließung der Grenzen herunter. Er bemäntelt den Mord mit Ausnahmegesetzen: Belagerungszustand, Notstand, Kriegsrecht. Schon im Planungsstadium fabriziert der verbrecherische Staat die Elemente der Desinformation, die das Raster seines zukünftigen Verteidigungssystems bilden werden. Hierzu bedient er sich der herkömmlichen Mittel totalitärer Regime: Erpressung von Geständnissen durch Folter, falsche Zeugenaussagen, Auslösung oder Ausnützung von Zwischenfällen, Registrierung gefälschter Dokumente in den Archiven, Vernichtung der Mordbefehle, die sowieso der höchsten Geheimhaltungsstufe unterlagen. Er nutzt die Reaktion der Opfer, die er zur Empörung anstiftet, um diese dann niederzuschlagen und nachträglich das zynischste Argument seiner negativen Dialektik vorzubringen: das Opfer zu beschuldigen, der Henker zu sein.

Kein Staat kann die Bezichtigung des Völkermords ertragen. Würde seine Schuld erwiesen, sähe er sich allgemeiner Ächtung ausgesetzt. Ein Genozid ist heutzutage nicht möglich, ohne ihn zu leugnen. Kein Staat ist in der Lage, sein

Verbrechen zu erklären, während er es begeht. Kein Staat ist in der Lage, die Planung und noch weniger die Durchführung eines Genozids zuzugeben, nicht einmal in ferner Vergangenheit, es sei denn, er habe mit dieser Vergangenheit gebrochen. Jeder Staat behauptet, Völkermord werde von anderen Staaten begangen. Wird ein verbrecherischer Staat des Völkermords beschuldigt, so hat er keine andere Wahl, als zu leugnen und die Spuren zu verwischen, damit Zweifel über die Vorsätzlichkeit aufkommen und er schließlich eines banalen Massakers angeklagt wird, das die Völkergemeinschaft unter sonstigen Verlusten verbucht.

Lügen, Verzerrungen, Fälschungen, nach einem Völkermord sind alle Mittel recht, um das Verbrechen zu leugnen, wie schon alle Mittel recht waren, um es zu begehen. Der Täter war feige, heimtückisch, pervers, grausam, erbarmungslos gewesen, nun ist er zynisch und empfindet keinerlei Gewissensbisse. Er tritt sein Opfer mit Füßen und beschuldigt es nicht nur, ihn provoziert, sondern ihm nach dem Leben getrachtet zu haben. Das Verbrechen hüllt sich in den Schleier der Unschuld, und die Unschuld ist es, die sich rechtfertigen soll. Das Böse wird wieder einmal als das Gute dargestellt. Weil Völkermord unverjährbar ist und es immer Überlebende gibt, die Gerechtigkeit fordern, setzt der Verbrecher auf die Zeit und das Vergessen. »Die Opfer sind in den Abgrund ihres Unglücks geraten: Sie langweilen«, schrieb Camus. Der verbrecherische Staat verläßt sich auf den Verschleiß des Mitleids und das Gewicht der Gleichgültigkeit, aber auch auf seine politische Macht, die ihm erlaubt, alles auszuspielen, Mitleid, Vergessen, Schweigen und Lüge.

Psychosoziologie des Völkermords

Der Staat ist der Täter, die Gruppe das Opfer, die Bedrohung das Motiv. Der Mord geschieht vorsätzlich, die nicht immer nachweisbare Absicht äußert sich in der Auswahl. Sprache, Bürokratie und Technologie erleichtern die Ausführung. Soziologen und Philosophen haben das begriffliche Durcheinander entwirrt. Sie haben sich mit den liberalen Gesellschaften und den Totalitarismen befaßt, mit der freiwilligen Knechtschaft und mit der Ideologie. Sie haben die Widersprüche aufgedeckt und die Zweideutigkeiten dargelegt. Aber sie haben die eine Frage nicht beantwortet, die am Ende des Zweiten Weltkriegs jedermann bewegte: Wie war das möglich? Dazu müssen andere Wissensgebiete herangezogen werden, eben jene, die sich mit der menschlichen Natur befassen. Und auf den ersten Blick ist die Antwort schockierend: Völkermord ist ein Modell menschlichen Verhaltens. Die nach dem Untergang des NS-Staats verbreitete Theorie, daß jene, die dieses Verbrechen planten und ausführten, Psychopathen waren, kann nicht mehr aufrechterhalten werden. Es ist inzwischen ausführlich bewiesen worden, daß diese Verbrecher normale Persönlichkeiten aufwiesen, daß sie gewöhnliche Menschen waren, ohne jede Feindseligkeit gegenüber ihren Opfern, und daß sie eine routinemäßige Aufgabe gewissenhaft erledigten. Dieses Phänomen, das den Kriegen, Massakern und Genoziden gemeinsam ist, ließe auf einen angeborenen Fehler der menschlichen Natur schließen: »Der Mensch krankt an sich selbst«, sagte Nietzsche. Die beiden Grundmodelle, die den natürlichen Hang des Menschen zur Zerstörung zu erklären versuchen, sind sehr schematisch. Als Wissenschaft von den Gruppen und deren Organisation befaßt sich die Psychosoziologie mit den Beziehungen zwischen dem Menschen und seiner Umgebung. Die Psychoanalyse dringt in die tiefsten Schichten des menschlichen Wesens ein, wo sie die einander bekämpfenden Liebes- und Todestriebe entdeckt. Die verschiedenen Blickwinkel dieser beiden Wissenschaften erlauben eine Interpretation der Mechanismen, welche Menschen zu immer gewaltsamerem Verhalten bringen und die durch eine oft unkontrollierbare Verkettung der Ereignisse normale Menschen zu Mördern machen. Aber die Folgen solcher Interpretationen sind so gravierend – sie schränken die Verantwortlichkeit ein und sprechen frei –, daß hinter den offenbar streng sachlichen Formulierungen mancher Theorien die geheime Absicht gesucht werden muß. Dies ist der Fall bei den Verhaltensstudien Konrad Lorenz' und, in weniger gefährlicher Art, bei den Betrachtungen René Girards über die Gewaltsamkeit der Opferrituale.

Ethologische Interpretation der Gewalt

Die Ethologie, die Wissenschaft vom Verhalten der Tiere in ihrer natürlichen Umgebung, versucht, auf den Menschen angewandt, die Beziehungen zwischen Angeborenem und Erworbenem zu erklären, das heißt zwischen den biologischen Gegebenheiten des Individuums und seinem Verhältnis zur Umwelt. Unsere westliche Gesellschaft träumt von der Entdeckung der idealen Demokratie, die die Menschen von ihrer Neigung befreien wird, sich freiwillig einem Tyrannen zu unterwerfen, doch das Problem der jeder Menschengruppe inhärenten Gewalt läßt sich nicht vom Tisch wischen. Selbst wenn man damit Allgemeinplätze wiederholt, kann man nicht umhin, an die ethologischen Merkmale des angeblich entwickelten Tieres zu erinnern, das der Mensch ist. Doch diese Feststellung leistet einer Verzerrung Vorschub, denn es ist nur ein Schritt vom biologischen zum kulturellen Determinismus, was schließlich dazu führt, die Gewissensfreiheit des Menschen unter dem Vorwand zu verneinen, er könne weder seinen Genen noch seiner Umwelt entkommen. Diese von Konrad Lorenz entwickelte Theorie ist in ihren Prämissen so unanfechtbar wie der Darwinismus, bevor dieser von den Sozialdarwinisten entstellt wurde, doch sie bereitete den Auffassungen der Soziobiologie den Weg, deren amerikanische Vertreter – Dawkins, Konner und Wilson – aus den Konstanten menschlichen Verhaltens die Unvermeidlichkeit des Hasses auf andere Gruppen ableiten, weil dieser ja angeboren sei [92, S. 91–125].

Zunächst macht Lorenz einige wissenschaftliche Feststellungen. Nach genetischen und phylogenetischen Gesichtspunkten erbt jedes Lebewesen Instinkte, die unerläßlich sind für das Leben und Überleben der Gattung: Ernährung, Fortpflanzung, Furcht, Aggression. Jede Gattung richtet ihre Aggressionen auf Ziele außerhalb ihrer selbst, außer im Falle von Übervölkerung. Die dem Menschen eigene Aggression gegen Artgenossen ist der Ursprung aller Übel. Um ihrer zerstörerischen Wirkung vorzubeugen, leben die Menschen in Gruppen, deren Mitglieder ein soziales Band untereinander knüpfen, eine Gesamtheit kultureller Erkennungszeichen. Dieses soziale Band ist verhängnisvoll, denn jede Gruppe hat ein Bedürfnis nach Gewalt. Während diese kulturelle Ritualisierung den Zusammenhalt der Gruppe gewährleistet, bringt sie sie in Gegensatz zu anderen Gruppen. Ein dritter Mechanismus wirkt dann als Bremse, die moralische Verantwortlichkeit. Diese Bremse, führt Lorenz weiter aus, ist nur begrenzt wirksam, denn ein weiterer Mechanismus kommt hinzu, die kämpferische Begeisterung. So erklärt sich das Paradox, daß die Menschen die schlimmsten Greuel verüben können mit dem Gefühl, im Recht zu sein. Die Voraussetzungen, die diesen Gruppenwahn hervorbringen, sind dieselben wie beim Völkermord: Wahrnehmung des anderen als Bedrohung, Erfindung eines hassenswerten Objekts, Vorhandensein eines Anführers, der die mörderische Reaktion bei einzelnen auslöst, die dieselbe kämpferische Begeisterung verbindet. Und Lorenz gelangt zu dem pessimistischen Schluß, man könne weder die instinktiven Triebe übergehen noch ihnen ein moralisches Veto entgegensetzen, um die Aggression unter Kontrolle zu bekommen. Das »wäre [eine] ebenso gute Strategie, als wollte man dem Ansteigen des Dampfdruckes in einem dauernd geheizten Kessel dadurch begegnen, daß man am Sicherheitsventil die Verschlußfeder fester schraubt«.[30] Nachdem die Aggressivität nicht beseitigt werden kann, muß man sie im Zaum halten und umleiten dank der Kenntnis der Verhaltensmechanismen und der Möglichkeiten reinigender Entladung – der Katharsis – auf Ersatzobjekte und durch die Entwicklung des Verständnisses unter den Mitgliedern der Gruppe – ein frommer Wunsch, der nicht über die deterministische Anschauung des Autors wegtäuschen kann. Richard Lerner behauptet, es gebe keine unterschiedliche Konzeptualisierung zwischen dem Lorenz der NS-Zeit und dem der Nachkriegszeit, der den Nobelpreis erhielt [92, S. 88]. In seinem ganzen Werk wiederholt Lorenz immer wieder, daß die Biologie die Möglichkeiten des Menschen begrenze. Er bleibt ein überzeugter Verfechter des biologischen Determinismus, der Bedrohung des Prozesses der natürlichen Auslese durch die Zivilisation und der Gefahr der gesellschaftlichen Entartung, welche Argumente seine amerikanischen Epigonen, die Soziobiologen, offen aussprechen. So greift Lorenz' Verhaltenslehre in anscheinend harmloser Form das Gift der Rassenhygiene und der Eugenik wieder auf. Auf diese Gefahr weist Lerner hin und zeigt, zu welchen Verirrungen die Gedankengänge von Lorenz führen. Im Verhältnis zwischen einem einzelnen und seiner Umgebung (Dialektik des Angeborenen und des Erworbenen), erklärt er, seien beide Subjekt und Objekt zugleich. Das Individuum wirke auf die Kultur, die Kultur auf das Individuum. Die Freiheit der Wahl bei Entscheidungen und Handlungen sei zwar eingeschränkt, aber nicht durch äußere Umstände determiniert. Diese dialektische Beziehung stelle einen »Entwicklungszusammenhang« dar, der beachtet werden müsse [92, S. 149 f.]. Tatsächlich berücksichtigt Lorenz die Fähigkeiten der Konzeptualisierung und Symbolisierung nicht, die es dem Menschen ermöglichen, seine künftigen Opfer aus der eigenen Art auszuschließen. Der langsame Prozeß der Entmenschlichung, in dem der Mörder eine Aggression gegen Artgenossen in eine Aggression gegen Artfremde umfunktioniert, zeigt sein Bedürfnis, den natürlichen Zustand wiederherzustellen. Um zu erklären, wie ganze Gruppen die Verblendung so weit treiben, nicht mehr zu sehen, daß sie

Menschen wie sie selbst töten, bedarf es anderer Argumente als des Wettkampfs, der zur Beseitigung von Hindernissen zwingt, man muß von der Distanz ausgehen, die Menschengruppen zwischen sich aufbauen. Die Menschen unterscheiden sich von den Tieren, weil sie sich immer fremder geworden sind. Die Unterschiede des Aussehens, der Sprache, der Tradition, des Glaubens, der Denkweise erschrecken sie und beeinträchtigen ihr Urteilsvermögen, so daß die Gefahr selten objektiv eingeschätzt wird. Die Vorstellung von dieser Gefahr wird durch die Entmenschlichung verzerrt und durch die Gewißheit verstärkt, dem anderen, dem Fremden überlegen zu sein. Der Mensch empfindet Furcht, weil er genug Bewußtsein besitzt, um unter seinen Erfahrungen zu leiden, aber nicht genügend, um deren Ursachen auf den Grund zu gehen. Er lehnt diese Furcht ab und überwindet sie in der Aktion. Durch eine fatale Verkettung ruft die Furcht Gewalt hervor, und die Gewalt vergrößert die Furcht.[31] Völkermord erfolgt nach einer Periode, in der sich der verbrecherische Staat vor die Notwendigkeit gestellt sah, zu töten, um zu überleben, und in der er einen Teil seiner Bürger durch Erziehung zum Haß und durch Steigerung der Furcht auf diese Notwendigkeit vorbereitete.

Die opfernde Gewalt

Für René Girard ist die Gewalt der Urzustand des Menschen. Wenn Menschen zusammenkommen, ist eine Konfliktsituation gegeben, denn jeder empfindet das mimetische Bedürfnis zu besitzen, was der andere besitzt. Die tiefere Ursache der aufeinanderfolgenden Krisen der menschlichen Gesellschaften und der aufeinanderfolgenden Morde ist also die »mimetische Revolte«, ein charakteristischer Trieb der höheren Säugetiere, der sie veranlaßt, ihre Artgenossen nachzuahmen und sich dessen zu bemächtigen, was der andere wünscht. Auf diese Weise folgt Mord auf Mord, bis die Gattung vom Aussterben bedroht ist. Ein Ventil setzt dem ein Ende: Die Gewalt wird zum Mittel, die Gewalt zu überwinden, durch das Opfer wird sie aus der Gemeinschaft verbannt. Die mimetische Gewalt entzweite, die opfernde Gewalt einigt. Sie bewirkt eine rettende Substitution. Die Identität der Gewalt mit dem Heiligen offenbart sich in der Darbringung des Sühnopfers.[32] Das Opfer, das durch das Los bestimmt wird, ist der Eckstein des mythischen Gebäudes, der Schlüssel zur Entzifferung der heiligen Schriften, denn wie René Girard erklärt, gründen sich die Religionen auf eine erlösende Tötung, in der die Konflikte der Menschen auf ein Sühnopfer vereinigt werden. Die Vernichtung des Opfers besänftigt die Gewalt, sie bewirkt eine Katharsis, denn sie reinigt die Gemeinschaft von ihren Leidenschaften. In einer heilsamen Krise wird das Übel ausgemerzt. Der

Sündenbock hat eine Doppelfunktion: Er wird als Quelle des Bösen verabscheut und als Erlöser angebetet.[33]

Aber man kann René Girard nicht folgen, wenn er es ablehnt, diese Interpretation auf das Christentum anzuwenden, während sich diese Religion doch auf opfernde Gewalt gründet, die im Abendmahl vorbereitet, auf dem Golgotha vollzogen und im Verzehr von Fleisch und Blut fortgesetzt wird, wie Manuel de Diéguez ausführt.[34] Kommt das Wort »Hostie« nicht von *hostia*, Opfer, das mit *hostis*, Feind, verwandt ist? Bei den Römern bezeichnete es das Tier, das man vor der Schlacht den Göttern opferte. Dennoch betont René Girard die Notwendigkeit der Gewaltlosigkeit als Voraussetzung für das Überleben der Menschheit, besonders in unserem Jahrhundert, in dem die kleinere Katharsis des Opfers durch die große Katharsis des Massenmords ersetzt zu werden droht, die sie ja gerade verhindern sollte.

Politische Macht beruht auf dem Irrationalen. Sie wendet sich an den »alten Menschen« im Menschen und weist im Verlauf der Geschichte dieselben Methoden und dieselben Bedingungen auf, nutzt sie doch das tiefste Wesen des Menschen aus. Doch der Dialog stellt eine Abwehr gegen die natürliche Gewaltsamkeit der einzelnen dar, gegen die Gewaltsamkeit von Gruppen, die von Fanatikern oder Technokraten aufgehetzt werden, und gegen die beiden Übel eines Fehlens oder eines Übermaßes an Organisation. Der Staat muß der Gewaltsamkeit der Individuen wie den Verirrungen der Gesellschaft Rechnung tragen. In seiner *Politischen Philosophie* zeigt Eric Weil die Notwendigkeit, einen realistischen Standpunkt einzunehmen: die unvermeidliche Tatsache einer Regierung zu akzeptieren, die regiert, und andererseits das Individuum mit seinem moralischen Anspruch – der vernunftgemäßen Übereinstimmung mit sich selbst – anzunehmen und es zu einer besseren Vorstellung vom Handeln zu führen. Aber wenn ihm dieses Handeln unvereinbar erscheint mit dem universellen Recht, das heißt mit dem Naturrecht, bleibt dem Individuum ein Ausweg, und zwar gerade ein moralischer: das geltende Recht abzulehnen und die Folgen dieser Ablehnung zu tragen.[35]

Mechanismen der Unterwerfung

Ist die Gewaltsamkeit nicht unüberwindlich, wie Eric Weil meint, so ist die Unterwerfung unter eine Autorität die Regel, zumindest nach Ansicht der Psychologen. Die Massenpsychologie erhellt die verborgene Seite des totalitären Regimes, die weder die Soziologie noch die Volkswirtschaft zu erklären vermag. Diese verborgene Seite ist dabei die mörderischste, wo man sich auf eine »harte Notwendigkeit« beruft, ohne nach Vernunftgründen zu fragen. Gustave Le Bon war der erste, der sich mit dem Phänomen der Masse beschäftigte. Er untersuchte das Wesen der Menge und stellte einen Vergleich mit der Hypnose an. Die Masse, die Menge repräsentiert jedermann, ohne soziale, intellektuelle oder ökonomische Besonderheiten zu unterscheiden. Sie wird durch drei Invarianten bestimmt, die die Bestandteile der Hypnose ausmachen: die Macht einer Idee, einer fixen Idee, die jedem einzelnen in der Masse eingepflanzt wird und sich zum Klischee verwandelt; der durch den Funken der fixen Idee bewirkte Übergang zum Handeln; die Verwechslung zwischen Suggestion und Wirklichkeit. Die Suggestion allein bewirkt die Ausschaltung der beiden Hemmnisse für ein Verbrechen, nämlich des kritischen Denkens und der inneren Freiheit. Die Hypnose erfordert einen geeigneten Schauplatz, eine Inszenierung und eine Rhetorik. Die Masse denkt nicht kritisch, sondern automatisch, ohne Widersprüche zu bemerken.[36]

Tarde ergänzt die Erklärungen Le Bons, indem er zwei Arten der Masse unterscheidet, natürliche und künstliche. Letztere wird durch eine Sekte oder Partei geschaffen, die sich auf ein System gemeinsamer Überzeugungen stützt. Das unwandelbare Schema der Psychologie solcher künstlicher Massen ist deren spontane Neigung, einem der Ihren zu gehorchen, jenes Bedürfnis freiwilliger Knechtschaft, das La Boétie verwunderte. Die Masse läßt die einzelnen ihr Gehorsamsbedürfnis empfinden: »Man könnte meinen, daß sich jeder gezwungen fühlt, dem kollektiven Teil seiner selbst zu gehorchen, sich dem zu unterwerfen, was ihn in seinem Wesen kollektiv bestimmt.«[37] Die Medien verstärken dieses Aufgehen des Individuums in der Menge, sie »massifizieren« es.

Menschen, die auf Befehl handeln, sind furchterregend, denn der Befehl garantiert die Schuldlosigkeit. Der Befehl, schreibt Elias Canetti, »ist das gefährlichste einzelne Element im Zusammenleben von Menschen geworden. Man muß den Mut haben, sich ihm entgegenzustellen und seine Herrschaft zu erschüttern«.[38] Aber das ist selten der Fall. Die Experimente von Milgram zeigen, daß normale Bürger, die den Befehl erhalten, ihresgleichen zu töten, diesen ordnungsgemäß ausführen, weil es ihre Pflicht ist.

1969 bis 1973 führte Professor Stanley Milgram von der Universität Yale richtungweisende Experimente durch. Zwei durch Zeitungsinserat geworbene Personen begeben sich in ein psychologisches Institut, das eine Untersuchung über Gedächtnis und Lernprozesse durchführt. Die eine soll der Lehrer, die andere der Schüler sein. Der Experimentator erklärt ihnen, es gehe darum, die Wirkung von Strafen auf den Lernprozeß zu studieren. Der Schüler wird in einen Raum gebracht und festgebunden, an seinem Handgelenk befindet sich eine Elektrode. Er soll eine Liste mit Wortpaaren auswendig lernen. Wenn er einen Fehler macht, wird er mit Stromstößen von wachsender Intensität bestraft. In Wirklichkeit bekommt er gar keine Elektroschocks, er soll den Schmerz nur simulieren. Gegenstand des Experiments ist allein der »Lehrer«.

Dieser sitzt in einem abgetrennten Zimmer an einem Apparat, dessen beschriftete Hebel Stromstöße von 15 bis 450 Volt auslösen, vom leichten bis zum tödlichen Schock. Zweck des Experiments ist es, zu ermitteln, wann die Testperson, die bei den ersten (gespielten) Schreien des Schülers in einen Gewissenskonflikt gerät, dem Experimentator nicht mehr gehorchen wird. Milgram variierte das Experiment, indem er den Abstand zwischen Lehrer und Schüler vergrößerte, die Rollen vertauschte oder andere eingeweihte »Schüler« einbezog. Dabei kam heraus, daß je entfernter und abstrakter das Opfer war, desto weniger die Tatsache empfunden wurde, einem anderen Schmerz zuzufügen, und je näher sich der Lehrer dem Experimentator befand, der ihm Befehle gab und ihn zum Weitermachen drängte, er sich desto mehr mit diesem gegen seinen Schüler verbündete. Der Rollentausch zeigte: »Der entscheidende Faktor ist die Reaktion auf Autorität, und nicht so sehr eine Reaktion auf eine spezifische Order ... Es ist nicht wichtig, was Versuchspersonen tun. Was zählt, ist, für wen sie es tun.«[39] Milgram stellte fest, daß die Mehrheit dieser Männer und Frauen, biedere Bürger Connecticuts, die Gesetze der Moral bewußt übertraten und sich wie Mörder gebärdeten, um einem Mann zu gehorchen, der sie nicht einmal dazu zwingen konnte. Zur selben Zeit führte Philip Zimbardo an der Universität Stanford ein ähnliches Experiment durch, das die Perversion durch Macht betraf. Gespielt wurde eine Gefängnissituation, Studenten waren Wärter und Häftlinge. Er mußte feststellen, daß die Wärter Gefallen daran fanden, die Gefangenen zu demütigen und zu quälen. Entsetzt angesichts der Verwandlung der Studenten – Entwicklung von Grausamkeit auf der einen Seite, von Depressionen bis hin zum Selbstmord auf der anderen –, brach er das Experiment, das zwei Wochen hätte dauern sollen, nach sechs Tagen ab. Er schloß daraus, daß teuflische Bedingungen den normalen Menschen verändern und daß im Hinblick auf ihre Normalität und Moral ausgewählte Personen einer höheren Gewalt nachgeben, wenn sie anormalen Verhältnissen unterliegen, und schnell als neurotisch, sadistisch, verrückt oder psychopathisch erscheinen [52, S. 172 f.].

Die Verwandlung des anständigen, verantwortungsbewußten Bürgers in einen Henker ist also nicht nur ein Phänomen totalitärer Regime, sie kann in allen Systemen vorkommen. In Demokratien wird frei gewählten Bürgern eine Autorität übertragen, die sie ausüben, und dabei kann es zu Gewissenskonflikten kommen. Können diese nur durch extreme Mittel gelöst werden, so wird der normale Bürger gehorchen und die ihm übertragene Aufgabe erfüllen.

Milgrams Experimente machen den Mechanismus deutlich, mit dem die moderne Bürokratie die Durchführung eines Völkermords erleichtert. Die meisten in ein Vernichtungsprogramm einbezogenen Personen erfüllen ohne Schwierigkeiten die Aufgaben im Zwischenbereich, zwischen der anordnenden Autorität und den Ausführenden, die anscheinend die einzigen Täter sind.

Der Angestellte handelt im strukturellen Rahmen einer bürokratischen Hierarchie, die sein Verantwortungsbewußtsein herabsetzt. Die Loyalität gegenüber dem Vorgesetzten hat Vorrang vor moralischen Erwägungen, die Arbeitsteilung verhüllt den mörderischen Zweck der Einzelhandlung, die Routine beschränkt die Pflicht auf die ordentliche Erledigung der vorgeschriebenen Aufgabe. Die Mangelhaftigkeit des Menschen erfordert ständige Wachsamkeit, denn in welcher Gesellschaftsform er auch lebt, der Bürger ist vor einem von oben verordneten Verbrechen nicht sicher, ob er nun das Werkzeug oder das Opfer darstellt.

Ritual der Unterwerfung

Der Mensch begnügt sich nicht damit, der Institution zu gehorchen, er liebt sie. Diese Liebe erklärt Pierre Legendre aus der Fortdauer der Institutionen, die seit dem Mittelalter die Herrschaft des Staates sichern. Er zeigt, wie die religiöse Komponente durch die Beibehaltung des im kanonischen Recht verankerten Rituals der Unterwerfung das Wesen der abendländischen Institutionen bestimmt: »Die französische Version des zentralistischen Rechtsstaats, des Trägers der bürokratischen Wohlfahrt, steht im Einklang mit ihrem kanonischen Vorgänger.«[40]

Das Phänomen der Ausschließung tritt im Hochmittelalter auf. Im 12. Jahrhundert trug Abélard zur Wiedergeburt des römischen Rechts bei. Die mittelalterliche Scholastik schuf in der Tat die Grundlage zum institutionellen Dogma in Europa. Ihre Lehre umfaßt die Gesamtheit der Institutionen: »Sie lenkt, bestimmt und gewährleistet nach ihren Regeln jegliches Wissen.«[41] Das kanonische Recht siedelt sich am Schnittpunkt des menschlichen Rechts mit dem göttlichen an, der Papst ist lediglich sein Interpret, sein Vermittler, der Träger der Institution. Die Institutionen haben eine Spielregel: Es gibt keine andere Wahrheit als die, welche sachkundige Ausleger des Textes bestimmen. Der Text ist der Kern des Dogmas, die Quelle der Macht. Die Scholastik verleiht den Experten der Universität eine politische Funktion. Sie sind die Interpreten des Textes, die Hüter der Doktrin, deren Aufgabe es ist, zu verdächtigen. Die Inquisition spricht sich das Recht zu, gegen überkommene Regeln zu verstoßen, um das Dogma zu wahren. Wird das kanonische Recht befolgt, ist der Inquisitor von der »Gewissenspein des Mörders« befreit. Wenn er ein Urteil fällt, spricht er Recht, das Gesetz hat Vorrang vor seinem Gewissen.

Das kanonische Recht begründet die Heiligkeit der Macht, die in den Händen von Geistlichen liegt. Diese haben der Welt entsagt und stehen über ihr, aufgrund ihres sexuellen Status: der Reine unterscheidet sich vom Unreinen, die Ehe ist für die Erde bestimmmt, die Keuschheit für das Paradies. Diese Macht verankert die Unterwerfung in der Beichte, der Sünder bekennt sich schuldig, gegen das Gesetz verstoßen zu haben, er wird losgesprochen durch die Buße, die ihm Erlösung bringt. Der gewaltige Mechanismus der Institution zwingt das Gesetz auf und lehrt es lieben. Das System funktioniert reibungslos, die Liebe zur Macht wird durch die Einwilligung in die Unterwerfung erzielt. Empörer werden durch Exkommunikation, Wahnsinnserklärung oder Scheiterhaufen ausgestoßen.

Der aus der Französischen Revolution geborene zentralistische Staat des Westens ist das institutionalisierte Produkt der Verweltlichung der Macht, doch das Gesetz steht weiterhin im Mittelpunkt des Gebäudes, die liberale Gesellschaft hat es nur getarnt. Das weltliche Gesetz spart Papst und Beichtvater aus, doch es überträgt den scholastischen Mythos in das Dogma des Vaterlands. Der Nationalismus ist »in jeder Hinsicht mit den religiösen Gebilden in Europa zu vergleichen«. Er hat die alten Ausgrenzungen übernommen, indem er den Ketzer und den Wahnsinnigen durch den Fremden und den Dissidenten ersetzte. Träger dieses tyrannischen Gefüges ist die Bürokratie. Mit ihrem Auftreten wechseln die Zensoren aus den Kirchen in die Ministerien über. Aber der Apparat bleibt funktionstüchtig, denn durch die Unterwerfung der Untertanen ist die Liebe zu den Führern gesichert. Vom Mittelalter bis ins 20. Jahrhundert hat sich die Struktur der Macht nicht gewandelt.[42]

Psychoanalytische Perspektiven

Der Eingriff Sigmund Freuds in die Massenpsychologie ist entscheidend. Er behauptet die Beständigkeit der menschlichen Natur und die Unmöglichkeit, sie zu verändern. Er zerstört den Mythos vom Neuen Menschen und zeigt die Anfälligkeit der großen politischen Prinzipien, indem er zwei Instanzen vom traditionellen Ich unterscheidet: das Unbewußte, das Es, das sich in den Trieben äußert, und die moralische Instanz, das Über-Ich, auf das sich der Gesetzesapparat gründet, der die Triebe unterdrückt, Verbote aufstellt und das Schuldgefühl entwickelt. Der Mensch ist im dauernden Konflikt mit den Trieben des Es, den Idealen des Über-Ichs und den Ausgleichsbemühungen des bewußten Ichs. In seinem Unbewußten ist er verbrecherischer und zugleich moralischer als im Bewußten. Daher der Widerspruch, den schon Hobbes und Rousseau festgestellt hatten: Welchen Weg die Zivilisation auch einschlägt, die menschliche Natur wird ihr immer folgen.[43] Die Kultur triumphiert nur über die menschliche Natur, wenn sie seine ursprüngliche Aggressivität unterbindet, deren Wurzel der Todestrieb ist, was zum Schuldbewußtsein führt. Die Lektüre der Werke Freuds gestattet eine Psychoanalyse des sozialen Bandes, das in der modernen Zivilisation, wie Enriquez gezeigt hat, zu degenerieren und zu verschwinden droht.[44]

Das Über-Ich ist der Angelpunkt der Freudschen Massenpsychologie. Es ist der Garant aller gesellschaftlichen Funktionen des Menschen: »Es ist die Stimme, die uns daran erinnert, daß wir immer verantwortlich sind für das Überleben unserer Kultur, und die es ablehnt, auf einen Sündenbock – das Milieu, die Macht, die Ausbeutung – abzuwälzen, was an unserer Natur liegt.«[45] Kodifiziert in einer Ethik, rufen diese Forderungen des Über-Ichs Massenneurosen hervor. Um den Todestrieb im Zaum zu halten, hat die Kultur (wie der einzelne) notgedrungen eine unerbittliche Instanz geschaffen, das Schuldgefühl, das allmählich und unausweichlich zum Diener dieses Todestriebes wird. Je mehr die Zivilisation die Menschen aufgrund der Notwendigkeit – *ananké* – dazu bewegt, die Welt zu verändern, desto mehr Spielraum gewährt sie dem Todestrieb. Thanatos gewinnt die Oberhand über Eros. Und Freud kommt zu dem Schluß: »Die Menschen haben es jetzt in der Beherrschung der Naturkräfte so weit gebracht, daß sie es mit deren Hilfe leicht haben, einander bis auf den letzten Mann auszurotten. Sie wissen das, daher ein gut Stück ihrer gegenwärtigen Unruhe, ihres Unglücks, ihrer Angststimmung.«[46]

Auf diese pessimistische Erklärung hin richtete Einstein 1932 einen offenen Brief an Freud, in dem er ihn um eine Stellungnahme bat zu der Frage: Gibt es ein Mittel, um die Menschen von der Kriegsgefahr zu befreien, oder nicht? Einstein schlägt die Etablierung einer übernationalen Gerichtsbarkeit vor, doch es bleibt die Besorgnis: Wie kann das Haß- und Zerstörungsbedürfnis beseitigt werden, wie ist die psychische Entwicklung des einzelnen zu beschleunigen, um ihn vor dieser Psychose zu schützen? Ist sie eine Zwangsläufigkeit?[47] In seiner Antwort zeigt sich Freud pessimistisch, das Zerstörungsbedürfnis beruhe auf dem Todestrieb. Der Krieg führe durch die Projektion dieses Triebs nach außen dazu, den Feind als Wesen zu sehen, das uns töten will und das wir vernichten müssen, um zu überleben. Man müsse zugeben, daß das Gewaltbedürfnis natürlicher sei als der Widerstand, den wir ihm entgegensetzen, wofür noch eine Erklärung zu finden sei.[48]

Francesco Fornari versucht eine Deutung ausgehend vom paranoiden Zustand, in dem das Subjekt das Objekt als eine Bedrohung empfindet, die an sich eingebildet, aber psychologisch real ist. Die Paranoia ist ein Größenwahn, das Verlangen, andere aus dem Weg zu räumen, um einzig zu werden. Paranoia begründet die Gruppe. Als der Mensch mit dem Verbot des Mordes das Schuldgefühl hervorbrachte und die Gruppe eine Kultur errichtete, projizierte sie die Todestriebe ihrer Mitglieder nach außen.[49] Der Staat – der tierische Staat, von dem Machiavelli sagt, er sei »auf den Fuchs und den Löwen gegründet« – fördert die Entwicklung des Todestriebs. Er manipuliert die

Gewalt und verbirgt sie hinter der Institution. Durch die Idealisierung des Gewaltbedürfnisses gibt er seinen Bürgern die Illusion, sich gegen den Tod zu verteidigen. Er bewirkt eine Verdrehung der Ethik, in der die Vernichtung des anderen nicht als Verbrechen, sondern als Kampf des Guten gegen das Böse gedeutet wird. »Wenn sie töten, haben die Menschen das Bedürfnis zu glauben, ihre Handlung sei gerecht«, bemerkte G. B. Shaw. Das Bedürfnis einer Rechtfertigung des Mordes entspringt dem Schuldbedürfnis. Um mit gutem Gewissen zu töten, muß der einzelne »mittels einer kollektiven Verfremdung seine individuelle, unbewußte Moral leugnen, die ihm den Krieg als verbrecherisch erscheinen ließe und ihn damit der Angst auslieferte«.[50] In Brechts *Der gute Mensch von Sezuan* ist der einzige noch gute Mensch auf der Erde gezwungen, sich abzuhärten und eine unbarmherzige Organisation zu schaffen, um durch seine Güte nicht vernichtet zu werden. Sind die Hemmungen beseitigt, gibt es keine Grenzen für das Gewaltbedürfnis mehr. Dieser Konflikt zwischen dem wilden Tier mit seinem Gewaltbedürfnis und dem neuen Tier mit seinem Schuldbedürfnis kann zu extremer Vernichtung führen, zu Genozid oder zu Omnizid. Je zivilisierter ein Staat daher zu sein behauptet, je mehr er sich zum Verkünder der Wahrheit aufwirft und je mehr er seine Bürger mit seinen Vorhaben identifiziert, desto verheerender wird die Vernichtung sein. Allmählich erfolgte der Übergang von der biologischen Notwendigkeit des »Raubtiers« – »dein Tod ist mein Leben« – zur ethischen Notwendigkeit im Zusammenhang mit dem Schuldbedürfnis, das bis zur Selbstopferung gehen kann – »mein Tod ist dein Leben« (sokratische Einstellung) – und schließlich zur ausgleichenden Notwendigkeit, die den Druck der ethischen Notwendigkeit aufhebt, aber je nachdem, ob sie negativ oder positiv ist, »dein Tod ist mein Tod« lauten kann oder »dein Leben ist mein Leben«. Die Menschheit hat also die Wahl zwischen der totalen Vernichtung oder dem Erlernen des anderen durch den Dialog. Damit sind wir wieder bei den Ergebnissen der politischen Philosophie Eric Weils.

Die Ausführenden des Völkermords

Die Experimente Milgrams und Zimbardos wie die Theorien über das Phänomen des Totalitarismus haben gezeigt, daß der in eine hierarchisierte Gesellschaftsstruktur eingebundene Mensch sein persönliches Gewissen ausschalten kann. Jene, die einen verbrecherischen Befehl ausführen, tun dies weder gezwungenermaßen noch aus Furcht, Haß oder Rache, sie tun, was man ihnen aufträgt. Die Emotionen, die den Staat zu seinem mörderischen Beschluß bestimmten und die seine Führung der Masse vermittelte, bewegen die Ausführenden nicht mehr. Die Vernichtungsabsicht ist die einer verbrecherischen

Gruppe, welche ein häufig gedemütigtes Volk unterstützt. Wurde der Völkermord ideologisch genügend vorbereitet, so erfolgt er mit der Billigung wenn nicht der meisten, so doch vieler. Die einen sind dabei aktiv, andere tragen ihr stillschweigendes Einverständnis bei, die Mehrheit bleibt passiv, und nur eine kleine Minderheit stellt sich dagegen. Die Skala der Verhaltensweisen reicht von der begeisterten Mitwirkung bis zur offenen Empörung, doch der überwiegende Teil ist gleichgültig. Die Distanz zwischen den Emotionen, die das Verbrechen hervorbringen, und dem emotionslosen Klima, in dem es ausgeführt wird, ist beträchtlich.

Der Ausführende ist meist ein ganz normaler Mensch, der Befehlen gehorcht, die seinen Anschauungen zu entsprechen scheinen. Völkermord ist eine anormale Tat, die von normalen Menschen begangen wird. In allen Ländern, in allen Zivilisationen wird man immer Fügsame finden, um daran mitzuwirken, und sogar Fanatiker, die den Befehlen zuvorkommen. Der Schutzwall der Menschenrechte ist schwach, die Ideologien durchbrechen sie leicht und produzieren Idole, denen man seinen Nächsten opfert. Die »Priester«, welche die Zeremonie leiten, brauchen aus der willigen Menge nur jene auszusuchen, die sich am besten ihren Befehlen unterwerfen.

Jeder Mensch ist fähig, ein Verbrechen zu begehen, wenn die Anstiftung dazu seine Skrupel beseitigt. Die Einübung durch Tötung gewöhnlicher Krimineller oder ausgebrochener Sträflinge scheint auf den ersten Blick das beste Mittel für den verbrecherischen Staat zu sein, Ausführende zu finden. Tatsächlich ist es jedoch ideal, eine ausgewählte, ideologisch gedrillte Gruppe heranzuziehen, deren Mitgliedern eine Erfüllung ihrer Weltanschauung geboten wird und für die das Leben der anderen nicht mehr zählt. Ihre Einweihung soll sie über die gewöhnlichen Menschen stellen, selbst wenn diese Mord erfordert: »Man tötet nur im Namen eines Gottes oder seiner Ersatzbilder« (Cioran). Jedem totalitären System gelingt es, den Menschen in eine Tötungsmaschine zu verwandeln, besonders wenn die Verwandlung im Namen moralischer Prinzipien erfolgt.

Die Ausführenden sind nicht alle aus demselben Holz. Sie spielen »ihre Rolle mit deutlich verschiedenen Registern«. Die einen sind übereifrig, manche finden ein perverses Vergnügen darin, ihre Opfer zu foltern, andere schließlich erfüllen ihre Aufgabe mit Widerwillen und Angst [78, S. 65]. Von den Planern bis zu den Mördern geben sich alle den Anschein zu bedauern, daß es so weit kommen mußte, und sie lügen nur halb. Je tiefer die Stufe in der Hierarchie, desto näher kommt man der Bluttat, desto grausamer wird die Handlung. Das haben die Kommandanten begriffen, die ihren Truppen anarchischen Massenmord und vor allem die personalisierte Tötung ersparen – von den zwölf Gewehren eines Exekutionspelotons war eines mit einer Platzpatrone geladen, um Rücksicht auf die Gefühle der Schützen zu nehmen. Der Ausführende tötet »in der Wut eines

Selbstmitleids, die sich niemals legt« (Manès Sperber), denn er nimmt es dem Opfer übel, ihn zum Töten zu zwingen. Er ist unbestechlich und kann ebensogut für eine Idee töten wie für sie sterben.

Der Handlanger des Völkermords tötet, um sein Territorium zu schützen, auszudehnen oder zu erhalten. Dieses Territorium ist ein Raum, den er abgesteckt hat, eine Rasse, deren Merkmale er definiert, ein Glaube an eine diesseitige oder jenseitige Welt. Das Opfer ist ein physischer oder moralischer anderer. Dieser »fremde Fremdkörper« kann dem Täter nicht überlegen sein, weil er sich auf andere Werte beruft als er selbst, während er die Gewißheit hat, daß die seinen die besseren sind. Obwohl er der Stärkere ist, fürchtet er den anderen, den er beschuldigt, heimtückisch zu sein und seine scheinbare Schwäche zu nutzen, um ihn zu vernichten. Er braucht einen Vorwand: daß er provoziert worden sei, daß sich sein Opfer schuldig gemacht habe.

Der Ausführende ist der Arm, den eine Stimme lenkt, die für ihn denkt, plant und entscheidet. Er fragt nicht nach Gründen für seine Tat, er hat auch dem Opfer nicht zu erklären, warum er es tötet. Beim Völkermord kommen die Täter aus allen Gesellschafts- und Berufsschichten. Es sind nicht immer Soldaten, in den »Einsatzgruppen« waren viele Intellektuelle, und es gab kroatische Priester, die während des Zweiten Weltkriegs Juden, Zigeuner und Serben mordeten. Umgekehrt braucht man nicht notwendig Spezialisten: Die *Mekong* und *Yotear*, die Massaker in der kambodschanischen Bevölkerung anrichteten, waren Jungen und Mädchen zwischen elf und achtzehn Jahren. Doch je spezialisierter, angesehener und selbständiger, kurz, je professioneller einer ist, desto effizienter wird seine Mitwirkung beim Genozid sein.

Um herauszufinden, warum sich normale Menschen an einem Völkermord beteiligen, genügt die Untersuchung des Tathergangs nicht, man muß auch die psychologischen und sozialen Faktoren analysieren, die ihre Verwandlung in Mörder begünstigen. Der Gehorsam ist nur einer von ihnen, und die ideologischen Phrasen zeigen, daß das Bewußtsein die Wahrheit ablehnt und störende Vorstellungen und Gedanken unterdrückt. Aber wie soll man verstehen, daß gebildete Menschen, die sich über diese Verbrechen empören müßten, weder durch ihre Ethik noch durch ihre Ideale bei ihrem Begehen gestört werden? Zur Beantwortung dieser Frage stützt sich Robert Lifton mehr auf die Arbeiten Otto Ranks als auf Freud. Der Leitgedanke der These Ranks ist, daß der Mensch tötet, um seine eigene Lebenskraft unter Beweis zu stellen. Diesem Prinzip fügt Lifton das der Behandlung einer tödlichen Krankheit hinzu – der Genozid wird eine absolute Form des Mordes zum Zwecke einer Heilung [94]. Aufgrund seiner Untersuchungen über die SS-Ärzte im »Interessengebiet Auschwitz« bringt er vier konzeptuelle Erklärungen für die Formung einer genozidären Persönlichkeit: die psychische Abstumpfung, die Persönlichkeitsspaltung, das Umkehrungsprinzip, die amoralische Rationalität.

Die psychische Abstumpfung ist ein Verlust des Wirklichkeitssinns, bei dem der Betroffene die Gegenwart nicht als Realität erlebt. Seine Psyche wurde durch den Sprachgebrauch präpariert, besonders durch Verharmlosungen. Man hat ihm von Sonderbehandlung erzählt, von Umsiedlungen, aber niemals von Massenmord. Sein Gefühlspotential ist geschrumpft, sein Schuldbewußtsein verschwunden. Das Los seiner Opfer ist ihm gleichgültig, er denkt nicht mehr in logischen Gedankenverknüpfungen.

Die Persönlichkeitsspaltung bedeutet nicht, daß zwei Identitäten miteinander abwechseln (Jekyll und Hyde), sondern »hierbei teilt sich das Selbst in zwei unabhängig voneinander funktionierende Ganzheiten, die beide als das ganze Selbst auftreten und für es handeln können« [94, S. 491]. So hatten die SS-Ärzte in Auschwitz ein funktionelles Ich entwickelt, das sich an der Tötungsindustrie beteiligte und parallel zum früheren Ich existierte. Sie waren gute Mediziner, gute Väter, gute Gatten und Mörder zugleich.

Das Umkehrungsprinzip betrifft besonders die Ärzte. Der Tod wird umgekehrt. Das Individuum hat sich in einen Organismus verwandelt, in eine Gemeinschaft, deren Erhaltung das höchste Ziel ist. Wird eine Gruppe als lebensgefährliche Krankheit erkannt, muß das Heilmittel total, absolut sein. Es gibt keine Alternative, die Eliminierung dieser Gruppe ist eine biologische Notwendigkeit, ein reinigender Akt. Mord zur Heilung – und der Einsatz von professionellen Heilern – läßt sich dem Schamanismus vergleichen. Die Metapher der Krankheit ist niemals unmotiviert, und die Verweisung auf den Krebs zum Beispiel stellt eine Aufforderung dar, dieses Übel zu entfernen. Der somit verordnete Mord ist ein kategorischer Imperativ, ein humanitäres Unterfangen. Wenn der Mord zur Therapie geworden ist, begreift der Arzt, dessen Aufgabe es ist, schonend und menschlich vorzugehen, die Notwendigkeit, seine technische Kompetenz einzusetzen, um das Leiden der Opfer zu mildern. Zur Erfüllung dieser biologischen Pflicht nimmt er es auf sich, zum Mörder zu werden. Auf diese Weise löst er, was Lifton den *healing-killing conflict* nennt, nämlich den Konflikt zwischen einem ethischen Bewußtsein, das Mitleid erheischt, und einer Ideologie, die zum Mord treibt.

Das vierte Konzept, die amoralische Rationalität, ist ebenfalls eine Eigenart der Fachleute, die zugleich Rationalisierung und Effizienz anstreben. Die Rationalität erfordert laut Max Weber die methodische Erreichung eines Ziels durch eine immer präzisere Berechnung der geeigneten Mittel [44, S. 2]. Diese amoralische Rationalität bewirkt eine »Gefühlsneutralität«: Ereignisse werden im technischen Jargon eines Gutachtens dargestellt, was die Ausschließung jeder subjektiven, insbesondere ethischen Dimension erlaubt. Die Fähigkeit der Konzentration auf technische Fragen – die professionelle Routine – beseitigt den Gefühlskonflikt.

Die Mittäter

Die Ausführenden, Soldaten oder Bürokraten, sind engagiert, sie begehen den Mord willentlich, oder sie machen mit und flüchten sich hinter die Befehle. Die Gehilfen dagegen machen sich die Hände nicht schmutzig. Aber in einem Klima des Verbrechens tragen sie zur Entwicklung der genozidären Mentalität bei, das heißt zur wachsenden Bereitschaft der Gesellschaft, Massenmord an den Mitgliedern einer Gruppe begehen zu lassen. Durch ihr Einverständnis begünstigen die Mittäter die Eskalation der Gewalt, die mit der Formulierung einer Ideologie der Ausgrenzung beginnt und mit der Anwendung der Vernichtungspolitik endet [36, Kap. 4]. Manche Berufsgruppen sind aktiver beteiligt: Philosophen, Erzieher, Soziologen, Juristen liefern die ideologischen Grundlagen des Völkermords, während die Techniker die nötigen Mittel dazu bereitstellen. Die Angst – die Furcht, die Stellung, die Freiheit oder gar das Leben einzubüßen – kann diese Resignation erklären, aber der Unterschied zwischen Täter und Gehilfen ist nur relativ, letzterer kann unter Umständen zum Handelnden werden. Gibt es überhaupt Gehilfen bei einem Genozid? Raul Hilberg sieht keine Zwischenstufe zwischen dem *perpetrator* und dem *bystander*. So gering auch sein Beitrag zum Vernichtungswerk sein mag, ist der Gehilfe doch ein Rad im Getriebe; weil er funktioniert, funktioniert das Ganze. Wenn er sich weigert, blockiert er die Maschine, wenn es auch nur für einen Augenblick wäre [78, S. 9].

Die Zuschauer

Es bleibt der Zuschauer – der *bystander*, wie ihn Leon Sheleff nennt [47].[51] Allzu oft schließt die Mehrheit der Bevölkerung eines verbrecherischen Staates die Augen und die Fenster und läßt den Völkermord passiv geschehen. Der Mitwisser um die Gefährdung eines anderen trägt eine schwere Verantwortung. Seine Gleichgültigkeit und Apathie tragen zur Schaffung des moralischen Klimas bei, das für die Ausführung des Verbrechens erforderlich ist. Sogar ohne Risiko, sogar ohne eine Verfolgung oder Sanktionen für sich und seine Familie befürchten zu müssen, zeigt er keine Empörung. Kinder im Kasperletheater warnen die Puppen, wenn sie in Gefahr sind, Erwachsene tun dies nicht angesichts eines drohenden Völkermords. Der Staat, der in seinem Strafgesetzbuch für das Individuum den Tatbestand der unterlassenen Hilfeleistung gegenüber Personen in Gefahr definiert und diese unter Strafe stellt, stiftet seine Bürger an, das Los der Verfolgten zu ignorieren und von ihrem Unglück zu profitieren, sich ihres Besitzes und ihrer Stellung zu bemächtigen. Er überzeugt sie – ohne Schwierigkeiten –, daß sie damit nur erklärten Feinden ihre Hilfe versagen und ihrerseits für solche Hilfe bestraft würden. Es ist verständlich, daß jene, die sich auflehnen und bereit sind, Freiheit und Leben zu opfern, die Ausnahme darstellen. Es bedarf eines seltenen Mutes, um unter solchen Umständen nicht passiver Zuschauer zu bleiben.

Später werden diese Zuschauer nur mit ihrem Gewissen konfrontiert sein, Unkenntnis geltend machen und sich auf die Verwirrung hinausreden, die der Staat in ihren Köpfen angerichtet hat. Doch Völkermord geht alle Nationen an. Ihr Verhalten vor, während und nach der Begehung wird vom Verbrecher aufmerksam verfolgt. Schweigen kommt einer Billigung gleich, Verschweigen einer Ermutigung. Die Isolierung erleichtert das Leugnen, während die Mobilisierung der internationalen Meinung gegen das Verbrechen dank der Macht der Medien erlauben würde, es je nach dem Stadium zu verhüten, zu beenden oder zu bestrafen.

DRITTER TEIL

Die Genozide des 20. Jahrhunderts

Der Völkermord an den Juden*

> Der Tod ist ein Meister aus Deutschland.
>
> Paul Celan

Man schätzt, daß 5 100 000 Menschen ungeachtet ihres Alters, ihres Geschlechts und ihres Glaubens von 1941 bis 1945 ermordet wurden, nur weil sie der NS-Staat als Juden betrachtete und sie deshalb als lebensgefährliche Bedrohung für die arische Rasse bezeichnete. Diese Zahl entsprach damals zwei Dritteln der jüdischen Bevölkerung Europas und einem Drittel des gesamten jüdischen Volkes. Die Bilanz der Opfer und die Mordmethoden variierten nach Ort und Zeit, doch die verbrecherische Absicht war dieselbe. Im Zeitraum von der Machtergreifung 1933 bis Ende 1940 töteten die Nationalsozialisten ungefähr 100 000 Juden, während die Zahl der Ermordeten 1941 sprungartig auf 1 100 000 stieg und 1942 2 700 000 erreichte, um sich 1944 auf 500 000 bis 600 000 und 1945 auf 100 000 zu reduzieren, weil kaum noch mögliche Opfer vorhanden waren. 15 Prozent starben in Ghettos oder auf Transporten, 25 Prozent wurden von verschiedenen Organisationen der SS, der Wehrmacht oder von lokalen Milizverbänden ermordet, 60 Prozent in Vernichtungslagern oder in Auschwitz, das durch seine Doppelfunktion als Zwangsarbeits- und Vernichtungslager die Verkörperung extremer Grausamkeit von Menschen gegenüber Menschen darstellt. Schwerpunkt des Völkermords an den Juden war Polen, wo die Vernichtung zwischen März 1942 und Februar 1943 ihren Höhepunkt erreichte. Christopher Browning weist darauf hin, daß trotz zweieinhalbjähriger Verfolgung die wichtigsten jüdischen Gemeinschaften in Polen Mitte März 1942 intakt und 75 bis 80 Prozent der künftigen Opfer noch am Leben waren. Mitte Februar 1943 kehrte sich das Verhältnis um [62, S. 11].

Die Zahl von 5 100 000 Toten wurde von Raul Hilberg genannt in seinem Buch *Die Vernichtung der europäischen Juden* [77], das auf einem gründlichen Studium der deutschen Dokumente beruht und die wohl beste Synthese dieser Verbrechen darstellt. Selbst wenn sich die Zahl der Ermordeten im jüdischen Gedächtnis auf sechs Millionen beläuft (davon ging auch das Urteil des IMT aus), so schätzen Fachleute heute fünf bis sechs Millionen, mit großer Wahrscheinlichkeit zwischen 5 100 000 und 5 200 000 Opfern.

Die Kenntnis des Völkermords an den Juden beruht auf einem immensen

---

* Im Einverständnis mit dem Autor wurden in diesem Kapitel Kürzungen vorgenommen, da in Deutschland eine umfangreiche Literatur zu diesem Thema vorliegt.

Aktenmaterial. Es umfaßt amtliche Schriftstücke der Zeit, als die Verbrechen begangen wurden, die großteils ab 1945 für die Nürnberger Prozesse zusammengetragen und gesichtet wurden, die Protokolle der Verhandlungen, in denen die Anklage über ausreichend Beweismaterial verfügte und bei denen Angeklagte, Zeugen und Überlebende aussagten, Augenzeugenberichte, Pressemeldungen, Briefe und Veröffentlichungen der Zeit oder der Nachkriegszeit. An diesen enormen Archiven, die Hunderttausende Dokumente enthalten, arbeiten die Historiker seit einem halben Jahrhundert. Zunächst analysierten sie den Ablauf des Vernichtungsprozesses, später, vom 1960 durchgeführten Eichmann-Prozeß an und vor allem nach der Rückgabe der beschlagnahmten Archive an die Bundesrepublik Deutschland, sah sich eine neue Historikergeneration vor eine heiklere Aufgabe gestellt: den Versuch, mit den Mitteln der historischen und soziologischen Analyse nicht nur Ereignisgeschichte zu schreiben, sondern zu verstehen, wie all das geschehen konnte und was es bedeutete. Von der Kenntnis des Sachverhalts ging man zur Interpretation über, indem man nach einer Erklärung für die Verkettung von Ursachen und Wirkungen suchte. Die Historiker durchforsteten die Archive aufs neue, sie fertigten Listen an, stellten Statistiken auf und berücksichtigten neue Gegebenheiten. Die erste und sicher nicht leicht zu überwindende Schwierigkeit, auf die sie dabei stießen, war persönlicher Art: die Unmöglichkeit, die notwendige Distanz für eine objektive Sicht der Tatsachen zu gewinnen und den Abscheu zu überwinden, den die Beschäftigung mit dem NS-Regime hervorruft. Jeder Wissenschaftler mußte daher bei den Ergebnissen, zu denen ihn seine Untersuchungen führten, seiner Persönlichkeit, seiner Herkunft und seinen Überzeugungen Rechnung tragen. Es handelte sich um eine Gratwanderung zwischen Empathie – das heißt Identifizierung mit den Opfern – und moralischer Distanz. Das zweite Problem war technischer Art, denn dasselbe Dokument kann verschieden und manchmal sogar gegensätzlich interpretiert werden, je nachdem, ob man es wörtlich nimmt oder ob man den Zusammenhang betrachtet, in dem es geschrieben wurde. Es kommt vor, daß ein Beamter bei der Formulierung eines Schriftstücks seine persönliche Rolle zu betonen oder herabzuspielen versucht, entsprechend der Verwendung, die er sich davon erwartet. Schließlich weist die Dokumentation große Lücken auf, weil Akten vernichtet worden oder verlorengegangen sind. Insgesamt ist das verfügbare Material aber außergewöhnlich reichhaltig und gestattet eine Bestimmung der Mechanismen dieses Genozids.

Die Einzigartigkeit des Völkermords an den Juden

Die Problematik des Völkermords an den Juden beruht auf einer Alternative: entweder ist er einzigartig und siedelt sich außerhalb des Begreifbaren an, oder er ist es nicht, und man kann versuchen, ihn zu begreifen. Ist er einzigartig, so läßt er sich nicht vergleichen, denn was einzig ist, hat kein Äquivalent. Wenn kein historisches Ereignis an dieses erinnert, wenn seine Besonderheit solcherart ist, daß sie nicht mit Worten ausgedrückt werden kann, dann haben wir es mit einer Aporie zu tun. Man muß zugeben, daß das Geschehen durch seine Dimensionen ein neues Problem aufwarf und die konzeptuellen Instrumente der Geistes- und Sozialwissenschaften überstieg, so daß neue Begriffe und neue Annäherungsmöglichkeiten gefunden werden mußten. Wenn die Formel »Einzigartigkeit des Völkermords an den Juden« nur bedeutet, daß er beispiellos war, so findet sich der Historiker auf vertrauterem Boden, er kann ihn dann als relativ einzigartig bezeichnen, insofern er mehr Elemente der Besonderheit als der Gemeinsamkeit mit anderen Ereignissen, die ebenfalls als Völkermord eingestuft werden, enthält.

Die ersten Autoren, die sich mit dieser Problematik befaßten, betonten die Lähmung der Historiker und die Ohnmacht der Philosophen: »Für den Historiker, der den jüdischen Holocaust zu verstehen versucht, stellt die absolute Einzigartigkeit dieser Katastrophe das größte Hindernis dar. Es ist nicht nur eine Frage der Zeit und der historischen Perspektive. Ich bezweifle, daß die Menschen in tausend Jahren Hitler, Auschwitz, Majdanek oder Treblinka besser verstehen werden als wir heute«, schrieb Isaac Deutscher 1968.[1] Saul Friedländer erklärte die Lähmung der Historiker aus der Wechselbeziehung heterogener Faktoren, die einen psychologischer, die anderen struktureller Art, das heißt aus der Schwierigkeit, abnorme Verhaltensweisen mit einem bürokratischen Apparat und der Industriegesellschaft in Verbindung zu bringen. Diese Überlegung unterstreicht die Duplizität der Besonderheit dieses Genozids und ebnet einer Interpretation den Weg. Die Ohnmacht des Philosophen rührte von der Unbegreiflichkeit des Geschehenen her, sowohl was dessen Natur als auch was dessen Ausmaße betraf. Weder kann das Undenkbare gedacht noch das Unsagbare gesagt werden, was Elie Wiesel folgendermaßen zusammenfaßte: »Wer das Geschehen nicht erlebt hat, wird es niemals erfassen. Und wer es erlebt hat, wird es niemals enthüllen. Nicht wirklich, nicht vollkommen« [101, S. 66]. Tatsächlich unterteilen sich jene, die die »jüdische Katastrophe« miterlebten, in drei Gruppen, wie Raul Hilberg feststellt: die Ausführenden, die Opfer, die Zuschauer. »Jede sah aus ihrer speziellen Perspektive und mit unterschiedlichen Einstellungen und Reaktionen, was geschah« [78, S. 9]. Zu einem globalen Verständnis, wie es der Historiker anstrebt, ist die Berücksichtigung dieser drei verschiedenen, aber sich notwendig ergänzenden Blickwinkel erforderlich.

Angesichts des Bemühens der Historiker, ihre Lähmung zu überwinden, fanden sich die Philosophen bereit, das denkerische Tabu zu beseitigen und einzuräumen, daß Trauer und Vernunft, Gedächtnis und Geschichte einander nicht ausschließen, sondern komplementär sind: »Ein Ereignis zu denken, heißt zwei Aufgaben zu vereinigen: die des Gedenkens und die der Erkenntnis. Werden diese beiden Modi voneinander getrennt, so ist das Wissen von geistiger Trägheit bedroht« (Alain Finkielkraut).[2]

Der Ort ist gehütet, geschützt vor Schändern, Voyeuren, Schwätzern. Die Wahrheit wird erst am Ende eines langen Weges voller Fallen sichtbar. Für die Beschäftigung mit der Einzigartigkeit des Völkermords stellt die Identität – Jude oder Nichtjude – nicht notwendig ein Hindernis dar. »Alles hängt davon ab, wer spricht und was er sagt« (Elie Wiesel). Wer versucht, mit Trauer und Respekt, mit Sachkenntnis und Anteilnahme darüber zu sprechen, muß eine erste Hürde überwinden, die der Worte.

Das Thema der Einzigartigkeit besitzt sein eigenes Vokabular. Seit den fünfziger Jahren verwendet ein Teil der jüdischen Gemeinschaft das Wort »Holocaust«, um die Einzigartigkeit des Phänomens zu bezeichnen, einen Begriff griechischen Ursprungs. Die älteste griechische Übersetzung der Bibel, die Septuaginta, gibt das hebräische Wort *olah* – wörtlich: »was geopfert wird« – mit Holocaust wieder, womit sie eine völlig vom Feuer verzehrte Opfergabe bezeichnet. In der angelsächsischen Literatur bedeutet Holocaust für Historiker wie für Philosophen den Völkermord an den Juden in seiner Besonderheit. Alain Finkielkraut warnte vor dem »Holocaust-Effekt« im Anschluß an die Ausstrahlung des Films »Holocaust« im amerikanischen Fernsehen: »Damit bezeichnen wir nun den Völkermord mit einem *irreführenden* Wort, von dem wir nur hoffen können, daß seine Bedeutung vergessen ist und daß es die Wirklichkeit, die es bezeichnet, nicht *vollkommen* entstellt« [23, S. 82, Anm. 1]. Yehuda Bauer dagegen unterscheidet den Holocaust ausdrücklich vom Genozid. Diesen Begriff behält er den Polen und Zigeunern vor [56]. Die Nationalsozialisten verwandten für ihre Judenpolitik den Ausdruck »Endlösung«. Als sie ihn 1940 erstmals gebrauchten, meinten sie damit noch nicht Völkermord. Von 1941 an kam er in den Akten immer häufiger vor und war schließlich identisch mit Vernichtung. Das hebräische Wort *schoah* hat mehrere Bedeutungen. Es ist oft mit »Katastrophe« übersetzt worden, aber auch mit »Zerstörung«. *Schoah* wird von französischsprachigen Autoren seit dem Film Claude Lanzmanns [91] im selben Sinn verwandt wie »Holocaust« in den Vereinigten Staaten. Mit »Judeozid« bezeichnet Arno Mayer unterschiedslos jedes Massaker an den Juden im Verlauf der Geschichte [97]. Philosophen und Theologen sprechen von Auschwitz, um den industriellen Charakter des Tötens hervorzuheben und damit das erschreckende Paradox einer rationalistischen Moderne, die Archaisches und Irrationales hervorbringt. Endlich gibt es Termini, die zu gebrauchen manche Historiker ablehnen. So vermied Raul Hilberg das Wort »Ausrottung« (*extermination*) in seinem historischen Überblick, während 1987 an der Sorbonne ein Kolloquium internationaler Fachleute über »Die nationalsozialistische Vernichtungspolitik« abgehalten wurde [80].

Akzeptiert man eine relativistische Betrachtungsweise, so ist es weder nötig noch zweckmäßig, einen neuen Begriff für ein Geschehen zu suchen, das sich mit anderen vergleichen läßt. Die eigentliche Frage wäre dann: Inwiefern war der Völkermord an den Juden beispiellos in der Geschichte? Der Beweis für seine Besonderheit liegt nicht in der Zahl der Opfer: Der Zweite Weltkrieg forderte 55 Millionen Tote, von denen mindestens 20 Millionen durch die Nationalsozialisten getötet wurden. In dieser Bilanz nehmen die jüdischen Opfer einen wesentlichen, aber nicht einzigartigen Platz ein. Tatsächlich beruht die Einzigartigkeit auf Merkmalen zweierlei Art, dem ideologischen Motiv einerseits und den Methoden der Täter andererseits. Für Hannah Arendt liefert die universelle Dimension des Verbrechens den Schlüssel: Zum ersten Mal in der Geschichte beschloß ein politisches Regime, wer auf diesem Planeten leben darf und wer nicht [3, S. 318]. Ähnlich meint Saul Friedländer: »Sobald ein Regime aufgrund irgendeines Kriteriums entscheidet, daß eine Gruppe voll-ständig vernichtet werden soll *und nicht mehr auf der Erde leben darf,* ist ein grundlegender Schritt getan. Und ich bin der Meinung, daß dieses Extrem in der modernen Geschichte nur einmal erreicht wurde: von den Nationalsozialis-ten.«[3] Rubenstein weist auf einen weiteren Aspekt hin: »Bei keinem anderen Genozid des 20. Jahrhunderts war das Schicksal der Opfer so eng verknüpft mit dem religiösen und mythischen Erbe jener, die das Verbrechen begingen« [52, S. 291]. Liegt die Besonderheit an der Ideologie? »Was einzigartig ist beim Holocaust«, schreibt Yehuda Bauer, »ist die ihm zugrundeliegende Ideologie und die Umsetzung abstrakter Ideen in ein absolutes Verbrechen, das nach einer ebenso absoluten Logik geplant, vorbereitet und ausgeführt wird« [80, S. 291]. Das Verbrechen sei einmalig, erklärt er an anderer Stelle, weil »erstmals in der Geschichte ein Todesurteil aufgrund der Schuld gefällt wurde, geboren worden zu sein«, denn alle Juden sollten getötet werden, weil sie eine Bedro-hung darstellten [56, S. 52]. Hier haben wir ein wesentliches Merkmal des Völkermords, worauf auch Eberhardt Jäckel hinweist: »Ich behaupte …, daß der nationalsozialistische Mord an den Juden deswegen einzigartig war, weil noch nie zuvor ein Staat mit der Autorität seines verantwortlichen Führers beschlossen und angekündigt hatte, eine bestimmte Menschengruppe ein-schließlich der Alten, der Frauen, der Kinder und der Säuglinge möglichst restlos zu töten, und diesen Beschluß mit allen nur möglichen staatlichen Machtmitteln in die Tat umsetzte« [68, S. 118].

Die Bedingungen, unter denen der Genozid erfolgte, sein bürokratischer Charakter und die Vernichtungsmethoden tragen zu seiner Besonderheit bei: »denn nirgendwo sonst hat ein moderner Industriestaat seinen gesamten Staatsapparat eingesetzt, um exakt und leidenschaftslos organisiert und exeku-tiert durch Jahre hindurch Millionen einzig und allein deswegen zu töten, weil sie als Juden oder Zigeuner auf die Welt gekommen waren« (Langbein) [70,

S. 120]. So lassen sich die Elemente, die die Einzigartigkeit dieses Genozids an den Juden ausmachen, in zwei komplementäre Gruppen einordnen: die einen beruhen auf der Absicht, die anderen auf der Struktur. Deshalb steht die Frage der Einzigartigkeit seit zwanzig Jahren im Mittelpunkt einer Kontroverse zweier historischer Schulen, der Intentionalisten und der Funktionalisten. Diese Kontroverse trieb die Forschung voran, ohne daß man die Beteiligten verdächtigen könnte, die historische Wahrheit vertuschen zu wollen. Für die Intentionalisten war die Vernichtung der europäischen Juden die Erfüllung eines von Hitler seit 1918 vorgegebenen Programms, sie stellten eine direkte Verbindung zwischen seinem Judenhaß und den Gaskammern her. Zu dieser extremen Richtung, die den Völkermord aus dem Willen eines einzigen Mannes erklärt, gehören auch die »Programmatisten«, denen zufolge bereits die ersten antijüdischen Maßnahmen im Hinblick auf ein Endziel nach einer strengen Logik erfolgten. Die Funktionalisten (oder Strukturalisten) widersprechen dieser These: der Genozid sei nicht in *Mein Kampf* oder anderen Schriften und Reden des Führers vorprogrammiert worden, man könne sogar die Existenz eines formellen Befehls zur allgemeinen Judenvernichtung bezweifeln; das Verbrechen habe sich durch Einzelinitiativen fortentwickelt, und schließlich habe die Eigendynamik des Systems eine nicht mehr zu bremsende Radikalisierung bewirkt.

Dieser Debatte war es zu verdanken, daß Tatsachen ans Licht kamen, die den frühen Historikern des Nationalsozialismus entgangen waren. Ein verschlungener Weg führte zum Genozid, wie die Inkonsequenz der NS-Politik in den ersten Jahren des Regimes zeigt. Selbst wenn man Hitler einen Machiavellismus unterstellte, den er nicht besaß, ließe sich diese Sprunghaftigkeit nicht als Taktik interpretieren. Hitler war nicht der schwache Diktator und Gefangene des Systems, als den ihn die Funktionalisten hinstellen. Zwar ergab sich jede Entscheidung aus einem Kompromiß zwischen rivalisierenden Kräften, trotzdem war Hitler der Hauptverantwortliche für den Völkermord an den Juden. Zur Erklärung dieses Phänomens wie zur Bestimmung der Elemente seiner Einzigartigkeit ist daher von einer gegenseitigen Durchdringung der Motive und der Strukturen auszugehen und die Besonderheit nicht von einem einzigen Element abzuleiten. Die irrationalen Aspekte des nationalsozialistischen Programms schufen die Strukturen, die das deutsche Volk zusammenschweißten und mobilisierten. Der von der Ideologie bewirkte Moralverlust erklärt, wie es dem Regime in nicht einmal zehn Jahren gelang, die Ausrottung einer Gruppe vorzubereiten. Wenn man die Absicht Hitlers in die Struktur des Nationalsozialismus integriert, kann man eine Interpretation dieses Phänomens versuchen, das sich aufgrund seiner Vielschichtigkeit einer ersten Analyse entzog.

Einigkeit besteht in folgenden Punkten: Hitler war der Hauptverantwortliche für den Völkermord an den Juden; die rassistische Ideologie brachte die Idee des Genozids hervor; die Kriegsverhältnisse beförderten die Absicht; die Verwundbarkeit der Opfer erleichterte den Ausschluß aus der Staatsgemeinschaft; Bürokratie und Technik erlaubten die Durchführung im Maßstab eines Kontinents. Nur ein Punkt bleibt ungeklärt: die Bestimmung des Augenblicks, in dem Hitler seinen Entschluß faßte. »Dort, in Auschwitz«, schreibt Habermas, »ist etwas geschehen, was sich bis dahin niemand hätte vorstellen können. Dort rührte man an die tiefe Schicht der Solidarität unter all jenen, die ein Menschengesicht haben, an das Grundlegendste in der Beziehung des Menschen zum Menschen« [80, S. 319]. Und dieses undefinierbare Etwas gilt es herauszuarbeiten, will man die Einzigartigkeit des Völkermords an den Juden erfassen.

Das Motiv

»Der Nazismus war ein Rätsel und ein Alptraum, doch der Schlüssel zu allen Aspekten dieses Rätsels ist das nationalsozialistische Rassendogma«, schreibt Joseph Tenenbaum.[4] Erste Ursache des Völkermords an den Juden ist der Rassismus, ein umfassender Rassismus, der eine Anzahl falscher Vorstellungen und wissenschaftlich nicht verifizierter Hypothesen zu einer alles verschlingenden, exklusiven Weltanschauung vereinigte. Diese beruhte auf zwei von Gobineau und Darwin übernommenen Postulaten: der Ungleichheit der menschlichen Rassen, der Dominanz des ethnischen Prinzips einerseits und der Notwendigkeit einer Auslese andererseits, die das Überleben des Bestangepaßten sichert. Nach ihrer Umwandlung durch die Sozialdarwinisten und Eugeniker und aufgrund einer mißbräuchlichen Interpretation der von Mendel begründeten Genetik führten diese Postulate zu Behauptungen, die so absurd wie verheerend waren: Die Gemeinschaft im Sinne von Tönnies ist eine Person, sie erbt eine Vergangenheit, die ihr Schicksal ist. Jedes ihrer Mitglieder weist unverwechselbare Merkmale auf, psychische und physische Eigenschaften sind gleichermaßen erblich, Geist wie Körper sind determiniert, alles ist Vererbung. Der Kampf ums Überleben zwischen den Rassen und die Besessenheit von der Idee einer reinen Rasse, die zur Herrschaft über die durch Marxismus und Demokratie geschwächte Welt bestimmt ist, stellen den Kern dieser Weltanschauung dar. Diese Verirrungen schlugen sich in einer neuen Wissenschaft nieder, der Rassenhygiene, die eine Bevölkerungspolitik nach Gesichtspunkten der Auslese und Ausmerzung zum Programm erhob, eine »Biokratie«, die wesensgemäß zum Völkermord führen mußte. Dies war das verhängnisvolle Erbe, welches das 19. Jahrhundert den rechtsextremen Bewegungen des 20. vermachte: eine Anthroposoziologie, die den Mitgliedern einer nationalen

Gemeinschaft einen Status gewährte, der den anderen verwehrt war und der sie gleichzeitig verpflichtete, ihr Erbgut zu bewahren und fortzupflanzen. Unter den »anderen«, den Fremden, den Andersartigen, war eine Rasse geradezu vorbestimmt, die böse zu sein, der traditionelle Fremdkörper, der für alle Übel verantwortlich gemacht wurde, die über die Gemeinschaft hereinbrachen: die Juden.

Man kann den Antisemitismus definieren als »*Feindseligkeit gegenüber einer besonderen Gruppe* von Personen, die sich als ›Juden‹ betrachten oder als solche betrachtet werden«.[5] Es handelt sich dabei um eine irrationale, auf Furcht und Haß beruhende Einstellung zu den Angehörigen einer Gruppe »als solchen«, eine Einstellung, die sich jederzeit radikalisieren und ins Maßlose übersteigern kann. Wegbereiter war der christliche Antisemitismus. Statt die Auserwählung des jüdischen Volkes durch Gott anzuerkennen, diffamierten die Christen das Judentum. Sie betrachteten die Zerstörung Jerusalems im Jahre 70 n. Chr. als historischen Beweis, daß Gott die Juden bestrafte, weil sie Christus abgelehnt und gekreuzigt hatten. Auf diese Beschuldigung des Gottesmordes gründete sich die Judenfeindlichkeit, die vom ersten Kreuzzug an die europäische Geschichte durchzog. Die als teuflisch angesehenen Juden wurden aus der Gemeinschaft ausgeschlossen, gekennzeichnet und aus dem Geltungsbereich der christlichen Moral verwiesen. Im Verlauf der Jahrhunderte entdeckten die europäischen Staaten die Mobilisierungskraft dieses Stereotyps und nützten sie zu politischen Zwecken. Als Luther 1543 dazu aufrief, die Synagogen anzuzünden, den Juden ihr Silber und Gold zu nehmen, ihre Häuser zu zerstören, ihre Gebetbücher zu verbrennen, sie zu teeren und zu federn und sie »totzuschlagen wie tolle Hunde«, gab er eine Losung aus, die von den Nationalsozialisten wortwörtlich befolgt werden sollte [52, S. 163].

Dieser überkommene Antisemitismus christlicher Prägung war jenem des NS-Regimes zwar nicht fremd, doch nicht seine eigentliche Ursache. Letzterer wurzelte in einem heidnischen, fanatisch christenfeindlichen Antisemitismus, der das Judentum für die Verfremdung des Abendlands durch das Christentum verantwortlich machte. Diese Sinnverdrehung erfolgte aufgrund der Rassenideologie. Die alte Vorstellung von der Erbschuld wurde durch die noch niederträchtigere der genetischen Schuld ersetzt. Zur mythischen Vision von einem deutschen Volk mit der Sendung, die nordische Rasse und das arische Blut zu erneuern, schuf man ein Gegengewicht mit dem imaginären Postulat einer negativen Rasse, der jüdischen. Vorurteile gegen die Juden entwickelten sich in Europa zwischen 1870 und 1910 und fanden einen idealen Nährboden in einem Land, in dem die Unterwerfung unter die Obrigkeit verwurzelt war und wo man das Äußerliche – den Gehorsam gegenüber dem Staat – vom Innerlichen, dem geistigen Bereich, dem Ort der persönlichen Freiheit schied. Es bedurfte bestimmter räumlicher und zeitlicher Voraussetzungen und einer nationalen, sozialen und wirtschaftlichen Katastrophe, damit das Bedürfnis nach nationaler Identität in Deutschland nur noch vom Sirenengesang der Nationalsozialisten befriedigt werden konnte. Nach dem Ersten Weltkrieg, vor dem Hintergrund einer schweren Gesellschaftskrise, in der emotionelle Spannungen und die Erschlaffung der Kontrollmechanismen die Entwicklung von Massenpsychosen begünstigten, brach dieser heidnische Antisemitismus in eine moderne, liberale Gesellschaft ein, in der die Juden bereits mehr oder weniger assimiliert waren. Als die Judenfrage zur Rassenfrage wurde, erschien die Assimilation verdächtig: Die Juden waren es, die den »Dolchstoß in den Rücken« ausgeführt hatten. Hitler brachte nur die Vorstellungen zum Ausdruck, die er in seiner Jugend in Wien und München empfangen hatte. Er kam mit vagen Vorurteilen nach Wien und verließ die Stadt als eingefleischter Antisemit. In München dann, in der Atmosphäre der bayerischen Räterepublik, radikalisierten sich seine Ansichten, die er aus verschiedenen Quellen bezog: den »Aufklärungskursen« von Gottfried Feder und Anton Drexler und den Delirien des russischen Antisemitismus (*Die Protokolle der Weisen von Zion*), die Scheubner-Richter und Rosenberg verbreiteten.

In der neuen Judenlegende, die in der Weimarer Republik entstand, finden sich Elemente älterer Klischees auf der Grundlage zweier Argumente, deren abstruse Logik jeder Widerlegung spottet: die jüdische Weltverschwörung und die Zersetzung des deutschen Volkes durch jüdisches Blut. Hitlers Haß gegenüber den Juden beruhte auf der Überzeugung, sie seien nicht nur eine Rasse, sondern ein Volk. Als Volk sind sie am Kampf der Völker um die Weltherrschaft beteiligt, aber sie haben es nicht auf eine einzelne Nation abgesehen, sondern auf das Prinzip der Nation selbst. Daher sind sie die Feinde aller Völker, und diese haben die Pflicht, sie auszuschalten. Der nationalsozialistische Antisemitismus erscheint also von Anfang an als ein universelles Phänomen, das von Ideologen gedacht wurde, deren Ziel die Weltherrschaft war. Hitler hielt seine ersten Reden in einem Klima des Fanatismus, in dem Rassismus und Antisemitismus nicht mehr das Monopol mundtot gemachter Rechtsradikaler waren, sondern von weiten Kreisen offen geäußert wurden. Sein paranoider Haß auf die Juden, den er in das Vokabular der Entmenschlichung kleidete, war die Energiequelle für den Nationalsozialismus von dessen Anfängen bis zur Einrichtung der Vernichtungslager. Dieser Haß war umfassend, er ließ keine Ausnahmen zu. Alle mußten getötet werden. Von seiner Geburt bis zum Tod war der Jude gebrandmarkt, er pflanzte fort, was er empfangen hatte. Die Schuld des jüdischen Säuglings war, geboren worden zu sein.

Dieser Wahn hätte nicht so extreme Formen annehmen können, wäre er nicht unter außergewöhnlichen Umständen entstanden. Er bezog seine Stärke aus der Psyche Adolf Hitlers, der einen unerschütterlichen Willen mit einem seltenen Charisma verband, was ihm ermöglichte, seine Wahnvorstellungen einem Teil des deutschen Volkes zu vermitteln. Hitler war es, der eine Theorie zum Programm machte und dessen Umsetzung in die Tat bewirkte. Er »verwandelte den ›Ressentiment-Antisemitismus‹ in den ›Kreuzzug-Antisemitismus‹«.[6]

Die Tatsache, daß Hitlers haßbesessene Reden zu einem Völkermord führten, läßt jedoch nicht den Schluß zu, eine Absicht habe von Anfang an bestanden. Hitlers Antisemitismus muß im Zusammenhang mit seiner Weltanschauung gesehen werden, und man darf seine zentrale Funktion im Propagandaapparat nicht vergessen. So rudimentär die Ideologie auch war, als deren Prophet er sich betrachtete, so diente sie ihm doch nur, um an die Macht zu kommen und diese zu konsolidieren. Trotzdem konnte dieser Antisemitismus die Deutschen anfangs nicht mobilisieren. Es brauchte jahrelanges Einhämmern durch die Propaganda, bis sie den deutschen Juden mit dem nichtassimilierten Ostjuden gleichsetzten. Hitler war vom Beginn der Bewegung an die treibende Kraft des nationalsozialistischen Antisemitismus. Er wollte die Juden zunächst nicht ausrotten, aus politischem Opportunismus hätte er weniger radikale Möglichkeiten vorgezogen. Doch er war es, der ihr Schicksal besiegelte. Seine Entschlossenheit, seine archaischen Obsessionen hatten schließlich den Völkermord zur Folge. Hitlers Antisemitismus ist das Motiv zu diesem Genozid, aber keine hinreichende Voraussetzung für dessen Durchführung. Eine genaue Untersuchung des NS-Regimes bringt eine Reihe von Wechselwirkungen an den Tag, durch die sich die Struktur der Ideologie anpaßte.

Die Struktur. Der Mörder-Staat

»Eine totalisierende Ideologie in Verbindung mit einer totalen Macht des Staates ist tödlich für das menschliche Leben, tödlicher als Hungersnöte, Seuchen, Überschwemmungen und andere Naturkatastrophen, tödlicher als Krieg« [108, S. 84]. Die Hypothese vom totalitären Wesen des Nationalsozialismus galt zunächst als Schlüssel zur Erklärung dieses Regimes, doch von den sechziger Jahren an wurde sie in Frage gestellt. Manche westeuropäische Autoren bezeichneten es als Faschismus und als verdorbenes Produkt des Kapitalismus, was die sowjetischen Historiker schon immer behauptet hatten. Es ist evident, daß dabei politische Hintergedanken mit im Spiel waren.

Die Analyse des Totalitarismus zeigt, was Demokratien von Diktaturen unterscheidet, aber sie macht die Strukturunterschiede zwischen Hitlerismus und Stalinismus nicht deutlich, und es ist nicht leicht, den Nationalsozialismus zu erklären, wenn man sich darauf beschränkt, ihn als totalitäres System zu begreifen. Erlaubt diese Analyse auch, die Machtmittel und die Mechanismen des Terrors zu erläutern, so erklärt sie doch nicht die Übernahme der Ideologie durch die Elite. Ebensowenig kann man das Dritte Reich vollkommen durch den Begriff Faschismus definieren, der Mussolinis Regime charakterisiert. Verwendet man den Begriff Totalitarismus für den Nationalsozialismus, so muß man ihn nuancieren, denn nur die Phasen extremer Instabilität können als totalitär bezeichnet werden, das heißt die Zeit seiner Radikalisierung nach 1938. In der gleichen Perspektive darf man die Besonderheit des Nationalsozialismus nicht mit der Besonderheit Hitlers gleichsetzen, denn in diesem Regime gab es enge Wechselbeziehungen zwischen Politik, Wirtschaft und Ideologie [84, S. 77 f.].

Bei der Analyse des Völkermords an den Juden müssen daher all diese Faktoren berücksichtigt werden, man darf sich nicht auf die Zwangsvorstellungen des Führers beschränken – seinen Rassismus, seinen Antisemitismus, seinen Bolschewikenhaß, sein Bedürfnis nach Lebensraum –, sondern muß die strategischen und wirtschaftlichen Erfordernisse in Betracht ziehen. Welche Stellung nahm Hitler im nationalsozialistischen System ein? Wie konnte ein einzelner den Genozid planen und befehlen, ohne daß er dabei durch das Staatsgefüge gehemmt wurde? In der Debatte zwischen Intentionalisten und Funktionalisten stehen zweierlei Auffassungen von der Rolle Hitlers einander gegenüber. Die Intentionalisten sind vor allem unter den Biographen Hitlers und unter den Experten für Außenpolitik und Ideologie zu finden. Für sie stand Hitler im Mittelpunkt des Systems. Als allmächtiger Diktator fällte er, und er allein, die wichtigen politischen Entscheidungen. Der Hitlerismus war eine Monokratie. Die Funktionalisten dagegen siedeln sich in den Reihen jener Spezialisten für die Institutionen des Dritten Reiches an, die »unter der Oberfläche der Ereignisse die Entwicklung der Strukturen und der tieferen Strömungen« suchen (Philippe Burrin). Nach ihrer Meinung war der NS-Staat kein Monolith, sondern ein institutionelles Chaos, in dem sich die Macht unter rivalisierenden Cliquen aufsplitterte. Hitler habe dieses Chaos hervorgerufen durch seine Ablehnung, Partei und Staat einer zentralisierten, autoritären Regierung zu unterwerfen, und durch die Schaffung einer Macht im Staate, die aus fanatischen Ideologen bestand, der SS. Es habe sich um eine Polykratie gehandelt, ein komplexes Gebilde von Machtstrukturen, die einander bekämpften. Diese Darstellung bestreitet die fixen Ideen Hitlers nicht, sie erweitert aber den Kreis der Verantwortlichen und bestimmt die Stellung des Führers im Entscheidungsapparat. Für Martin Broszat gab er eher dem Druck der verschiedenen Kräfte innerhalb des Regimes nach, als daß er die Politik selbst bestimmte [84, S. 124].

Angesichts der chaotischen Struktur des NS-Staats läßt sich kaum aufrechterhalten, wie das die Intentionalisten tun, daß dieses Chaos von Hitler gewollt war, um die Macht durch Aufteilung besser zu kontrollieren. Dagegen ist die Behauptung mancher Funktionalisten übertrieben, der Führer sei ein schwacher Diktator gewesen. Zum Verständnis des Regimes muß man der Ideologie wie der Struktur Rechnung tragen. Die Ideologie bewirkte die kollektive Neurose, die das System sich so entwickeln ließ, daß bei Kriegsausbruch die wirtschaftlichen, strategischen und ideologischen Komponenten verschmolzen.

Die Kontroverse zwischen Intentionalisten und Funktionalisten war jedoch fruchtbar. Sie stürzte Gewißheiten um und stimulierte die Forschung. Um zu verstehen, wie ein so kompliziertes politisches System so weit degenerieren konnte, Völkermord zu einem seiner Hauptziele zu machen, muß man die verschiedenen Phasen der Radikalisierung des Regimes verfolgen, die den NS-Staat zum Mörder-Staat machten.

Die Phasen des Völkermords

Selbst wenn der Weg, der die deutschen Juden von den ersten Diskriminierungen zur Vernichtung führte, so ungleichmäßig war, daß sich die Hypothese einer ursprünglichen Absicht kaum verteidigen läßt, ist dagegen die Kette der Verbrechen, die im Völkermord gipfelten, kontinuierlich. Die Täter wußten den Gewöhnungseffekt zu nutzen. Da sie zuerst gegen eine integrierte jüdische Gemeinschaft, die aus deutschen Staatsbürgern bestand, vorgingen, waren die Hemmungen für die spätere Vernichtung ausländischer, nichtintegrierter Juden beseitigt. Die fortschreitende Verfolgung läßt sich schematisch in vier Phasen aufgliedern, die jeweils von strukturellen Veränderungen geprägt sind.

1. 1933 bis 1938: Ausgrenzung

Deutschland zählte 1933 mehr als eine halbe Million Juden, rund ein Drittel lebte in Berlin. 20 Prozent waren aus Polen eingewanderte »Ostjuden«, die übrigen in die bürgerliche Gesellschaft integriert und häufig glühende Patrioten. Die ersten judenfeindlichen Maßnahmen erfolgten in einer Konfusion, die von der Konsequenz abstach, mit der politische Gegner eliminiert und das Rassenhygieneprogramm angewandt wurden. Der Schutz des arischen Blutes hatte in der Tat Vorrang, die durch das Gesetz vom 14. Juli 1933 verordnete Sterilisierung von Erbkrankheitsträgern wurde bis 1939 bei über 350 000 Personen durchgeführt. Man kann durchaus von einem »gewundenen Weg« der NS-Politik gegenüber den deutschen Juden sprechen, wie Schleunes formulierte [110]. Nichtsdestoweniger bemühten sich die Nationalsozialisten, das Netz der Beziehungen zwischen Juden und Nichtjuden in der Gesellschaft zu zerstören, wobei sie die Deutschen und die deutsche Wirtschaft möglichst schonten. Hitler kontrollierte diese judenfeindliche Politik, er hatte zu wählen zwischen zwei Methoden: einer brutalen und anarchischen, die Goebbels und Streicher vertraten, und der rationell-bürokratischen, zu der Göring, Himmler und

Heydrich rieten. Es ist offenkundig, daß er Pogromen die gesetzliche Ausgrenzung vorzog, die sich leichter überwachen ließ und von der Bevölkerung besser akzeptiert wurde. Übrigens artete der Boykott vom 1. April 1933 nicht zum Pogrom aus, die Bevölkerung ignorierte die von Partei und SA ausgegebenen Parolen. Die ersten gesetzlichen Maßnahmen, die gleich danach, am 7. April getroffen wurden, gingen dagegen ohne Schwierigkeiten durch: Ausschluß der Juden von der Beamtenlaufbahn und den freien Berufen. Damit begann ein Prozeß der Aberkennung bürgerlicher Rechte, der acht Jahre andauern sollte. Durch einen Schneeballeffekt beschleunigte die Vervielfachung physischer Gewaltakte und gesetzlicher Ausgrenzungen den Rhythmus der Verfolgungen, die Hitler und die nationalsozialistische Führung häufig nachträglich legitimierten, weil judenfeindliche Delikte niemals bestraft wurden. 1933 verließen 60 000 Juden Deutschland, aber nachdem sich der Sturm im folgenden Jahr gelegt zu haben schien, nahm die Emigration ab, und 10 000 Juden kehrten zurück. Eine neue Welle des Antisemitismus begann im September 1935 mit den Nürnberger Rassegesetzen. Das »Reichsbürgergesetz« bestimmte, daß nur Bürger deutschen Blutes alle politischen Rechte ausüben durften, während das »Blutschutzgesetz« Eheschließung und Geschlechtsverkehr zwischen Juden und Nichtjuden verbot. Diese ruchlosen Gesetze bedeuteten den endgültigen Bruch. Mit der Unterscheidung zwischen Staatsangehörigen und Reichsbürgern, die allein politische Rechte hatten, lieferten sie den juristischen Rahmen für die Praktiken der Diskriminierung. Die beiden Voraussetzungen für Völkermord – Kennzeichnung der Opfer und deren Ausschluß – wurden also gleichzeitig geschaffen.

Dennoch zögerten die Nationalsozialisten bis 1938, welche Methode sie anwenden sollten. Zunächst beschränkten sie sich auf eine Verschärfung ihrer judenfeindlichen Politik, um die Juden zur Auswanderung zu zwingen und so ihren Anteil an der deutschen Bevölkerung zu verringern. Gleichzeitig führte die Verbreitung des »biologischen Denkens« in allen Bereichen des öffentlichen Lebens zu einer Umkehr der Wertvorstellungen bezüglich des Individuums. Das deutsche Volk wurde, nach den Worten Reck-Mallecwesens, von einer »furchtbaren Epidemie der Verrohung« heimgesucht. Es unterlag der magischen Macht einer neuen Ethik.

2. März 1938 bis September 1939: Emigration

Am 12. März 1938 begann der NS-Staat seine Politik territorialer Expansion. Nach dem »Anschluß« fielen 190 000 österreichische Juden, von denen 90 Prozent in Wien lebten, unter das nationalsozialistische Gesetz. Mit der Besetzung des Sudetenlands, Böhmens und Mährens und der Schaffung eines slowakischen Satellitenstaats waren weitere 350 000 Juden betroffen. Jede Eroberung erhöhte die Zahl der künftigen Opfer, und unter ihnen waren immer mehr arme, nichtassimilierte und gläubige Juden [97, S. 250]. Es bedurfte nur einiger Wochen, um in Österreich und der Tschechoslowakei Anordnungen zu treffen, deren Einführung in Deutschland fünf Jahre erfordert hatte, was die Wirksamkeit der in dieser ersten Phase geschaffenen genozidären Strukturen beweist. Die Verfolgung der österreichischen Juden war wirtschaftlich orientiert. So erleichterten Gewaltakte, auf die sofort gesetzliche Maßnahmen folgten, die Durchführung eines doppelten Programms, das die »Arisierung« jüdischen Besitzes mit der Emigration verband. Die Juden mußten die Emigrationserlaubnis bezahlen, die Reichen bekamen ein Ausreisevisum im Austausch für ihre Beraubung und wurden gezwungen, für die Armen aufzukommen. Am 30. November 1938 hatten 125 000 Juden Österreich verlassen. Dieses von Adolf Eichmann in Wien und später in Prag angewandte Erpressungssystem lieferte ein Modell für das Deutsche Reich und für dessen Satelliten.

Das Jahr 1938 weist noch zwei bedeutungsvolle Ereignisse auf: die Konferenz von Evian und die »Reichskristallnacht«. Das Scheitern der auf Initiative von Präsident Roosevelt in Evian einberufenen Konferenz, auf der die Delegierten von 29 Staaten über die Aufnahme der emigrierten Juden berieten, überzeugte Hitler, daß keine Großmacht bereit sei, ihnen Zuflucht zu gewähren. Die verordneten Ausschreitungen der »Reichskristallnacht« (9./10. November), welche die Mehrheit der Bevölkerung und sogar manche NS-Führer mißbilligten, ließen ihn endgültig von der Pogrompolitik abgehen und eine administrative Lösung anstreben. Am 24. Januar 1939 gründete Göring nach dem Wiener Vorbild die »Reichszentrale für jüdische Auswanderung« unter Leitung Heydrichs. 1938/39 verließen rund 120 000 Juden Deutschland. Heydrich übernahm dann auch das am 27. September 1939 gegründete Reichssicherheitshauptamt (RSHA), das ein Organ der Partei, den Sicherheitsdienst (SD), und ein staatliches Organ, die Sicherheitspolizei mit der von ihr abhängigen Gestapo, zu einer einzigen Organisation zusammenfaßte, die der SS unterstand.

Am 30. Januar, dem Jahrestag der Machtergreifung, sprach Hitler wie alljährlich vor dem Reichstag. In seiner mehrstündigen Rede ging er einige Minuten lang auf die Juden ein und erklärte: »Ich will heute wieder ein Prophet sein: Wenn es dem internationalen Finanzjudentum innerhalb und außerhalb Europas gelingen sollte, die Völker noch einmal in einen Weltkrieg zu stürzen, dann wird das Ergebnis nicht die Bolschewisierung der Erde und damit der Sieg des Judentums sein, sondern die Vernichtung der jüdischen Rasse in Europa.« Nimmt man diese »Prophezeiung« wörtlich, so läßt sich eine direkte Beziehung zwischen dem Krieg und dem Völkermord an den Juden herauslesen. Doch so wurde sie damals weder von der deutschen Öffentlichkeit noch von ausländischen Beobachtern interpretiert. Man kann aber aus dieser Äußerung zwei Schlüsse ziehen: Wenn Hitler 1939 noch keinen bestimmten Plan hatte, so brachte er seine Drohung doch in Zusammenhang mit dem Ausbruch eines

Krieges, den er nahe wußte. Wenn sein Eroberungsprogramm gefährdet wäre, würden die europäischen Juden vernichtet. Freilich suchten einige Fanatiker schon Ende 1938 nach Möglichkeiten, die Juden im Reich auszurotten.

3. September 1939 bis Juni 1941: Ausweisung und Konzentration

Der am 1. September 1939 begonnene Krieg der Nationalsozialisten war von Anfang an ein rassistischer Krieg mit dem Ziel, Menschengruppen zu vernichten. Er »schuf die materiellen und psychologischen Voraussetzungen für ein drastisches Vorgehen gegen alle jüdischen Gemeinden, die den Deutschen in die Hände fielen« [77, S. 412]. Allerdings hing die antijüdische Politik bis Juni 1941 von den Ereignissen ab, sie war noch unklar und wurde weitgehend von den Konflikten zwischen Cliquen und Verwaltungsbereichen bestimmt.

Die Ermordung der Geisteskranken

Die Vernichtung der Geisteskranken in Deutschland bezeichnete eine Radikalisierung des verbrecherischen Verhaltens des NS-Regimes. Der entscheidende Schritt wurde mit der Anordnung des sogenannten Euthanasieprogramms getan, das heißt der Ermordung deutscher Geistesgestörter unter dem heuchlerischen Deckmantel der Sterbehilfe. In weniger als zwei Jahren, von November 1939 bis August 1941, wurden über 100 000 Deutsche – davon 70 000 im Rahmen der Aktion T4 – von ihren Mitbürgern ermordet, mit Hilfe der deutschen Ärzteschaft und Beamten der Partei, wobei die SS nur die Rolle der Ausführenden bei Transport und Tötung spielte [85 und 115]. Dieses Verbrechen zeigt, daß eine genozidäre Mentalität entstanden war. Es wäre nicht vorstellbar gewesen, hätte der biologische Rassismus nicht unmerklich die Ethik verdrängt, wäre die Idee der Euthanasie – der Sterbehilfe für Leidende, deren Tod gewiß ist und unmittelbar bevorsteht – nicht verdreht worden, um zur Auslöschung »unlebenswerten Lebens« zu werden. Für dieses Verbrechen spielte der Sprachgebrauch eine wichtige Rolle, denn schon seit den zwanziger Jahren wurden Geisteskranke in Deutschland als »leere Hüllen«, »Halbmenschen«, »unnütze Existenzen« bezeichnet.

Hitler ordnete den Massenmord in einem auf den 1. September 1939 vordatierten Befehl an, was seine Absicht bekundet, den Krieg zur Tarnung der Vorgänge zu nutzen. Es war übrigens der einzige Mordbefehl, den er persönlich ausstellte. Die Durchführung wurde dem Chef der Führerkanzlei, Reichsleiter Philipp Bouhler, und dem Leibchirurgen des Führers, Karl Brandt, übertragen, welche die Aktion T 4 organisierten, benannt nach der Adresse der Villa in der Berliner Tiergartenstraße 4, in der die Verwaltung der Tötungsmaschinerie untergebracht war. Alle Insassen der Irrenhäuser wurden von den Anstaltsärzten registriert, die der Zentrale einen vorgedruckten Fragebogen über die Identität jedes einzelnen Patienten sowie dessen Krankengeschichte zusenden mußten. Aufgrund dieser Unterlagen beschlossen angebliche Fachleute, einem Teil der Insassen »den Gnadentod zu gewähren«, natürlich ohne sie zu fragen oder die Angehörigen zu unterrichten. Die Betroffenen wurden dann in Tötungszentren gebracht (sechs im Großdeutschen Reich), wo die »Sterbehilfe« in Form von Kohlenmonoxid in Gaskammern verabreicht wurde, die als Duschräume getarnt waren. Nach der Leichenverbrennung übergab man die Urnen mit der Asche den Familien, begleitet von gefälschten Totenscheinen. Allmählich jedoch wurden der Bevölkerung die Ausmaße der Verbrechen bewußt, und unter dem Druck der öffentlichen Meinung mußte Hitler die Aktion T4 im August 1941 abbrechen. Ab August 1940 wurden die geisteskranken deutschen Juden gesammelt und zunächst in Deutschland, später in Polen in den Tod geschickt. Anfang 1941 begaben sich Ärztekommissionen in die deutschen Konzentrationslager, um gebrechliche oder unheilbare Häftlinge auszusondern. So wurden 20000 Menschen getötet.

Die Aktion T4 war ein Verbrechen mit völkermordähnlichem Charakter, mit dem ideologischen Zweck der Reinigung der Rasse und dem wirtschaftlichen Zweck der Einsparung der Kosten für die Irrenanstalten. Das einzige fehlende Element zum Tatbestand des Völkermords ist eine tatsächliche Gruppe, denn man kann die Insassen der psychiatrischen Anstalten eines Staates nicht als Gruppe definieren. Immerhin stellten die Opfer eine fiktive Gruppe dar, den als ungesund verurteilten Teil der Deutschen, selbst wenn die Entscheidung darüber nach vollkommen absurden Kriterien erfolgte. Im übrigen war T4 durchaus eine Tötungsmaschinerie mit den wichtigsten Stufen des späteren Genozids: Auswahl, Konzentration, Transport, Massenmord in eigens dafür eingerichteten Anstalten. Diese Maschinerie vernichtete deutsche Reichsbürger, was die Hemmungen für umfassendere Massenmorde beseitigte. Sie wies jedoch noch Mängel auf, die die Techniker des Mords später behoben, vor allem war sie zu auffällig.

Die Judenverfolgung in Polen
Die Eroberung Westpolens lieferte dem NS-Staat 1 800 000 Juden aus, der sich dieser wirtschaftlichen Belastung zu entledigen suchte. Demgemäß begann Himmler schon in den ersten Kriegswochen umfangreiche ethnische Säuberungen mit Verschleppungen, Vertreibungen und Konzentrationen. Er sah eine demographische Umstrukturierung des Landes vor. In einem Rundschreiben vom 21. September legte Heydrich die groben Züge dieses Programms fest. Er sprach darin von einem »Endziel«, das die Deportation aller Juden in ein »Reservat« an der Ostgrenze des Landes wäre. Am 30. Oktober befahl Himmler, alle Juden aus Nordwestpolen, das unter dem Namen Wartheland dem Reich angeschlossen worden war, ins Generalgouvernement zu deportieren,

nämlich jenen Teil Polens, der unter der Verwaltung von Hans Frank einen Satellitenstaat des Reichs bildete.

All diese Pläne erwiesen sich als undurchführbar. Die Vertreibung Tausender Juden ins sowjetisch besetzte Ostpolen mußte wegen der Proteste der UdSSR eingestellt werden. Ebenso scheiterte das Reservatprojekt an der Weigerung Franks, sein Territorium in eine »Deponie« zu verwandeln. Frank bat Göring um Unterstützung und gewann, Himmler mußte sein Vorhaben aufgeben, die polnischen Juden im Distrikt Lublin anzusiedeln, ein Plan, der zu jener Zeit in den Telegrammen des RSHA als »Endlösung der Judenfrage« bezeichnet wurde. Von nun an nahm Himmler eine andere Interpretation dieser Formel in Aussicht, er begann, sich mit der Tötung durch Vergasen zu befassen. Die Vergasungen begannen im September 1939 in Posen, die Opfer waren Geisteskranke aus der Anstalt Kocborowo [80, S. 249]. Dann wurden sie in Pommern und Ostpreußen fortgesetzt. Die Lastwagen der SS »evakuierten« in diesen Provinzen die Insassen der Irrenhäuser.

Nachdem die Umsiedlung im Frühjahr 1940 verschoben werden mußte, richtete die SS Ghettos ein. Im April wurden über 100 000 Juden in Lodz eingesperrt, im Oktober waren es 400 000 in Warschau. Dasselbe geschah in Krakau, Radom, Lublin. Die Ghettos wurden später mit hohen Mauern umgeben und der Zugang zu ihnen überwacht. Ihr Zweck war, die Juden zu isolieren und durch Hunger und Krankheit die Schwächeren zu eliminieren, gleichzeitig aber kostenlose Arbeitskräfte zu erhalten. Allerdings betrachtete man dieses System nur als Etappe auf dem Weg zu einem Endziel, das verschwommen war und nicht bezeichnet wurde. Die »Behandlung« der polnischen Juden war seit September 1939 auf Völkermord angelegt. Die Verantwortlichen für ihr Schicksal, ob Himmler, Heydrich, Göring oder Frank, zeigten nie die geringste Achtung für ihr Leben.

Die Besetzung Westeuropas

Im Juni 1940 gerieten 300 000 westeuropäische Juden in die Hand der Nationalsozialisten. Deren erste Maßnahme war, den Franzosen, die sich geweigert hatten, deutsche und österreichische Juden aufzunehmen, die Juden der dem Reich angegliederten Provinzen Elsaß und Lothringen zu schicken sowie aus den Gauen Baden und Pfalz, deren Verwaltung diese Provinzen unterstanden. Von Juli bis Dezember 1940 wurden 105 000 Personen, darunter Zigeuner, Geisteskranke, Strafgefangene und »Asoziale«, nach Vichy-Frankreich deportiert, wo man sie im Pyrenäengebiet in Lager sperrte, die seit September 1939 eingerichtet worden waren.

Mit der Besatzung Frankreichs kam ein neues Projekt auf, die Abschiebung der europäischen Juden nach Afrika. Hitler war dafür, die SS und das für die Besatzungsgebiete zuständige Auswärtige Amt erwogen ernsthaft den »Madagaskar-Plan«, dessen Einzelheiten in einem Memorandum Rademachers vom Außenministerium dargelegt sind. Hitler besprach die Möglichkeiten einer Durchführung des Projekts mit Admiral Raeder. Eichmann, seit Dezember 1939 verantwortlich für jüdische Angelegenheiten in der Dienststelle IV D4, später IV B4 der Gestapo, plante den Transport von vier Millionen Juden in einem Zeitraum von vier Jahren. Weit davon entfernt, den Plan geheimzuhalten, unterrichtete er die Leiter der jüdischen Gemeinde in Berlin. Doch im August erwies sich der Madagaskar-Plan als nicht realisierbar, weil die englische Flotte die Meere beherrschte. Eine andere Endlösung mußte gefunden werden. Selbst wenn die Methoden noch nicht feststanden, so wurde das Ziel doch immer klarer. Hitler blieben nur noch zwei Möglichkeiten, um die Millionen Juden loszuwerden, die aus der staatlichen Gemeinschaft ausgeschlossen und von der SS teilweise in Ghettos eingesperrt worden waren: sie zu töten oder sie hinter das Gebiet zu deportieren, das er sich zu erobern anschickte, das heißt hinter den Ural.

Das Unternehmen Barbarossa

Die Vorbereitung zum Unternehmen Barbarossa stellte einen qualitativen Sprung im genozidären Prozeß dar. Der Angriff auf die UdSSR wurde Ende Juli 1940 geplant und der Beschluß dazu im Dezember getroffen. Nun tauchte die Bedrohung durch die Juden in den Reden Hitlers wieder auf und wurde zur fixen Idee. Am 30. Juli 1941 erklärte er in Berlin, er sei entschlossen, die Judenfrage zu lösen. In seiner Vorstellung bedeuteten die Juden eine Bedrohung an drei Fronten: Sie unterstützten die Verteidigung Großbritanniens, sie nährten die Feindseligkeit der Vereinigten Staaten und waren identisch mit den Bolschewiken. Im März zwang Hitler Frank, die Abschiebung der Juden aus den dem Reich einverleibten polnischen Territorien ins Generalgouvernement hinzunehmen, versicherte ihm jedoch gleichzeitig, sein Gebiet werde als erstes von Juden »befreit« sein. Am 1. März besichtigte Himmler das Lager Auschwitz und befahl dem Kommandanten, Rudolf Höß, in Birkenau ein ausgedehntes Lager für Tausende sowjetische Kriegsgefangene zu errichten.

Für diese kritische Periode geht aus den wenigen Dokumenten übereinstimmend hervor »… daß er [Hitler] noch immer den Plan hegte, die europäischen Juden zu deportieren und irgendwo zu konzentrieren« [63, S. 95]. In diesen Dokumenten wird die Deportation als »Endlösung der Judenfrage« hingestellt. Doch Hitler war sich auch bewußt, daß die Eroberung russischen Gebiets mit seinen Millionen Juden das Problem nur verschärfen würde. Nun war der Feldzug aber als ein totaler Krieg, als Vernichtungskrieg geplant. Himmler erhielt daher Sondervollmachten im Operationsgebiet der Wehrmacht. Am 26. März 1941 traf das Oberkommando des Heeres (OKH) eine Vereinbarung mit dem RSHA: Jeder Heeresgruppe sollten kleine, aus SS und Polizei bestehende

Einsatzgruppen folgen, um Zivilpersonen gemäß den empfangenen Befehlen zu töten [88, Bd. 2, S. 202 f.]. Das RSHA organisierte diese Truppen nach dem bereits in der Tschechoslowakei und in Polen bewährten Vorbild. 3000 Mann wurden in vier Einheiten aufgeteilt, die sich wiederum in Kommandos von 70 bis 100 Mann gliederten. Im Mai 1941 erhielten die Anführer ihre Weisungen durch Heydrich und Streckenbach auf einer Reihe von Geheimkonferenzen in Pretzsch und Düben. Diese Instruktionen erfolgten in der Sprache des ideologischen Kampfes gegen den Bolschewismus und gegen jene, die hinter ihm standen: die »Ostjuden«. In Wirklichkeit stand es ihnen frei zu töten, wen sie wollten. Wann genau die Tötung der Juden befohlen wurde, läßt sich jedoch nicht ermitteln [60, S. 18]. Am 6. Juni gab das Oberkommando der Wehrmacht (OKW) »Richtlinien für die Behandlung politischer Kommissare« aus, den sogenannten Kommissarbefehl, der die sofortige Erschießung von Kommissaren durch die Einsatzgruppen und -kommandos anordnete [88, Bd. 2, S. 225–227]. Diese hatten also weitreichende Vollmachten, sie waren von jeglicher gesetzlichen oder moralischen Verpflichtung befreit. In derselben verbrecherischen Perspektive wurden Vergehen deutscher Soldaten an der Zivilbevölkerung durch den von Keitel am 13. Mai unterzeichneten »Führererlaß über die Ausübung der Kriegsgerichtsbarkeit im Gebiet ›Barbarossa‹« der Militärgerichtsbarkeit entzogen, was Repressalien gegen ganze Dörfer ermöglichte. Damit hatte Keitel seinen Truppen eine Mörderlaubnis ausgestellt. Mit den mobilen Einsatzgruppen wurde die Endlösung zum Genozid. Dessen Ausführung war nur noch eine Frage der Zeit und der Organisation. Am 20. Mai verbot Eichmann den Juden in Frankreich und Belgien die Emigration, da »›die Endlösung der Judenfrage‹ zweifellos unmittelbar bevorstehe« [104, S. 82]. Die polnischen Juden wurden in überwachten Ghettos zusammengepfercht, an eine Flucht war nicht zu denken. Die Verflechtung der Maßnahmen war diabolisch: Selbst wenn Hitler zu diesem Zeitpunkt noch keinen Entschluß gefaßt hatte, bestand im Juni 1941 keine Möglichkeit mehr, das Problem durch Emigration oder Umsiedlung zu lösen. Man konnte daher annehmen, daß die Bildung der Einsatzgruppen Hitlers Absicht verriet, die Juden zu vernichten. Aber eine genaue Untersuchung der Dokumente zeigt, daß diese Truppen zwar eine Tötungserlaubnis hatten, aber zum Zeitpunkt der Invasion Rußlands keinen ausdrücklichen Befehl, die Juden zu vernichten. Im übrigen reichten 3000 Mann auch gar nicht hin, um vier Millionen Menschen zu liquidieren.

4. Nach dem 22. Juni 1941

Als die Einsatzgruppen am 22. Juni 1941 die sowjetische Grenze überschritten, lebten vier Millionen Juden in den Gebieten, die von der Wehrmacht besetzt werden sollten. 1,5 Millionen überlebten – es bleiben 2,5 Millionen russische Juden. Die Einsatzgruppen berichteten ihren Vorgesetzten regelmäßig über ihre »Leistungen«. So tötete die Einsatzgruppe A, die im Baltikum operierte, 229 000 Juden von Juni bis Dezember 1941; innerhalb von sechs Monaten wurde das baltische Judentum ausgerottet, bis auf einen Rest, der in Ghettos eingeschlossen blieb. Die Zusammenarbeit der Wehrmacht mit diesen Gruppen ging über die Vereinbarung vom Mai hinaus. Außerdem organisierten Tausende Miliz- und Polizeiangehörige sowie Freiwillige im Baltikum und in der Ukraine Pogrome schon vor dem Eintreffen der Einsatzgruppen und kooperierten dann als Hilfspolizei. Anderswo neigte die Bevölkerung weniger zur Kollaboration, gewährte aber den Juden weder Hilfe noch Schutz. Hilberg unterscheidet bei diesen Massakern zwei ineinander übergehende Wellen: die erste, im Sommer und Herbst 1941, hatte den Tod einer halben Million Zivilpersonen zur Folge, von denen 90 Prozent Juden waren. Freilich hatten die Einsatzgruppen den Auftrag, sowohl Politkommissare als auch Juden zu töten, aber letztere waren leichter zu identifizieren. Die zweite Welle begann im Herbst 1941 in den baltischen Gebieten, weitete sich aus und griff 1942 auf das gesamte besetzte Territorium der UdSSR über. Sie galt den zwei Millionen Juden, die der ersten Welle entgangen waren. Sie mußten aufgespürt und in Ghettos konzentriert werden, so daß die Einsatzgruppen dann neuerlich eine Million russischer Juden vernichten konnten. Die Überlebenden hatten nur einen kurzen Aufschub zu gewärtigen, denn sie starben an Hunger, Kälte und Krankheit in den Ghettos oder wurden in den Wäldern ermordet, in denen sie Zuflucht gesucht hatten. Die Vernichtung der russischen Juden war ein ungeheuerliches Blutbad von beispielloser Roheit. Die Wehrmacht und die Zivilverwaltungsbehörden des Besatzungsgebiets arbeiteten eng mit den mobilen Einsatzgruppen zusammen, die Anfang Juli durch eine fünfte verstärkt wurden. Diese bestand aus Mitgliedern der Gestapo des Generalgouvernements und liquidierte die Juden in der sowjetischen Besatzungszone Ostpolens, während die ersten Einsatzgruppen im Gefolge der Wehrmacht in die Sowjetunion eindrangen.

In diesem Zusammenhang totaler Vernichtung läßt sich der Anteil der Juden an den sechs Millionen Russen, Weißrussen, Ukrainern und Balten, die kaltblütig ermordet wurden, nicht genau bestimmen. Die Berichte der Einsatzgruppen zeigen, daß in den ersten sechs Wochen nach dem Angriff fast ausschließlich männliche Juden getötet wurden. Im August nahm die Zahl der Opfer sprunghaft zu, Frauen und Kinder waren in höherem Maße betroffen als Männer. Die ansteigende Kurve der Verbrechen erreichte am 29. und 30. September einen Höhepunkt mit dem Massaker an 33 771 Personen in Babi Yar bei Kiew [77, S. 358-410].

Sofern ein Kollektivmord als Genozid gilt, wenn der Beweis der Vorsätzlichkeit erbracht wird, und nachdem feststeht, daß nur Hitler den Befehl dazu gegeben haben konnte, vermag kein Historiker guten Glaubens abzustreiten, daß die systematische Tötung der sowjetischen Juden aufgrund ihres Judentums im August und September 1941 einen Völkermord darstellte. Aufgrund des Fehlens eines schriftlichen Befehls oder des Beweises für einen mündlichen Befehl an einen oder mehrere NS-Führer muß man davon ausgehen, daß der Übergang vom Wunsch zur Tat zwischen Juli und September 1941 vollzogen wurde, auch wenn sich der Zeitpunkt nicht exakt ermitteln läßt. Als erste Frage stellt sich, ob es einen einzigen oder zwei, ja sogar drei Beschlüsse gegeben hat, wobei der erste die sowjetischen Juden betroffen hätte, der zweite die polnischen und der dritte die übrigen Juden in Europa. Broszat und Mommsen gehen noch weiter und meinen, es habe keinen ausdrücklichen Befehl gegeben, sondern einen fortschreitenden, unbewußten Prozeß der Eskalation. Die Schwierigkeit, ein Datum zu bestimmen, wird noch verstärkt durch eine zweite Frage: Traf Hitler diesen Beschluß in der Euphorie des Sieges oder vielmehr in der Bitterkeit der Niederlage? Um letzteres zu beweisen, beschränkt sich Philippe Burrin nicht auf den Ablauf der militärischen Operationen, sondern analysiert, wie Hitler selbst den Verlauf des Feldzugs sah. Der Führer hatte sich acht Wochen gegeben, um die UdSSR niederzuringen. Die Hoffnung auf einen raschen Sieg schwand Ende August, der vorläufige Mißerfolg beeinträchtigte sogar seine Gesundheit. Zu diesem Zeitpunkt, in einer depressiven Phase, die Himmler geschickt nutzte, soll sich seine Haltung in der Judenfrage gewandelt haben. Laut Burrin beschloß er spätestens am 18. September, ein Programm unverzüglich auszuführen, das er mit dem Mißlingen seiner Eroberungspläne verknüpfte, und seine Prophezeiung vom Januar 1939 wahr zu machen [63, S. 154–172].

Obwohl sich die Historiker weder über den Zeitpunkt des Beschlusses einig sind noch über die Atmosphäre, in dem er gefaßt wurde, gelten eine Reihe von Fakten als gesichert, die manche Hypothesen ausschließen (darunter jene Arno Mayers [97], der die Entscheidung auf den Herbst verschiebt). Am 22. Juni war der Beschluß noch nicht gefaßt, am 18. September war er es, und zwischen dem 18. September und dem 18. Oktober überstürzten sich die Ereignisse. Die Ermittlung des wahrscheinlichsten Datums beruht auf einem »Abwägen der ›Wahrscheinlichkeit‹«, wie sich Kershaw ausdrückt [84, S. 181]. Christopher Browning dürfte der Wahrheit am nächsten kommen, seine Hypothese erscheint wahrscheinlicher als jene Philippe Burrins, die immerhin plausibel bleibt [61, S. 111–121]. Nach dem heutigen Kenntnisstand meint Browning, Hitler habe den Beschluß – wie immer – in der Euphorie des Sieges gefaßt und es habe nur *einen* gegeben, der Zeitabstand zwischen der Ermordung der sowjetischen und der europäischen Juden liege an logistischen Problemen. Er habe ihn Mitte Juli gefaßt, als die Wehrmacht siegreich war, der Kontinent zu seinen Füßen lag und er den Augenblick gekommen sah, das »Rassenexperiment« vorzunehmen, von dem er träumte. Hatten die Nationalsozialisten zu diesem Zeitpunkt kein moralisches Problem mit diesen Absichten, so stellte sich ihnen dagegen ein technisches: Sie betraten ein »Gebiet ohne Karte« (Browning). Ihr Vorhaben war ohne Beispiel. Die Einrichtung von Vernichtungslagern mit Vergasungsanlagen war keine evidente Lösung, als Hitler den Völkermord an den Juden befahl. Mitte Juli liefen zwei getrennte Operationen an: die Intensivierung der Massenmorde im Osten und die Vorbereitungen für die Vernichtung des europäischen Judentums. Die Rollen waren verteilt: Hitler der Auftraggeber, Himmler der Baumeister, Heydrich der Bauführer und Eichmann der Planer. Im August und September erweiterte sich der Kreis der Eingeweihten. Verfolgt man die Reisen, Zusammentreffen und Erklärungen der Protagonisten und berücksichtigt man die Befehle an ihre Untergebenen, so läßt sich der wahrscheinliche Ablauf des Geschehens nachzeichnen.

Sobald er grünes Licht von Hitler hatte (direkt oder über Himmler), ersuchte Heydrich Göring, seinen 1939 erhaltenen Auftrag zu erneuern. In einem von Eichmann redigierten und von Göring unterzeichneten Brief vom 31. Juli 1941 wurde Heydrich dann aufgefordert, zusätzlich zu den Massenerschießungen und Evakuierungsmaßnahmen in den Ostgebieten alle Vorbereitungen zu einer Gesamtlösung der Judenfrage zu treffen. Dieser Erlaß wird gewöhnlich als Beweis für die Auslösung des Völkermordprogramms angeführt.[7] Burrin vermutet, Heydrich habe damals lediglich seine Kompetenzen in den Territorien unter deutscher Herrschaft definieren wollen, um nach Kriegsende die Deportationen durchführen zu können [63, S. 134 f.]. Auf dieses Argument stützt er seine Annahme, der endgültige Beschluß sei erst Anfang September gefallen. Browning erwidert, dieses Datum sei zu spät angesetzt, weil die SS-Führer sicher drei Monate brauchten, um die zahllosen Probleme zu lösen, die sich auftaten, und um die Strukturen für die Endlösung zu schaffen. Er fügt hinzu, alles sei zwischen Hitler und Himmler entschieden worden. Wolle man wissen, was Hitler dachte, müsse man sehen, was Himmler tat. Himmler stand im Einklang mit dem Führer, er interpretierte seine Anordnungen mit beispielhafter Intuition und Dienstfertigkeit. Vom September 1939 bis Juli 1941 befaßte er sich mit der »Umsiedlung« der Juden, ab August bemühte er sich um ihre Vernichtung [61].

In Rußland praktizierten die Einsatzgruppen ab August einen Genozid. Ende Juli bis Mitte August inspizierte Himmler die Ostfront. Er erklärte seinen Männern die Notwendigkeit der Ausrottung der sowjetischen Juden. Wo er hinkam, nahmen die Liquidationen zu. Die Vernichtungskampagne intensivierte sich Ende des Sommers und im Herbst 1941. Die SS-Offiziere wußten jetzt, daß Hitler die Ausrottung der sowjetischen Juden befohlen hatte. Am 15. August erlebte Himmler in Minsk eine Hinrichtung mit, worauf ihm übel wurde. Bei seiner Rückkehr teilte er dem Führer seine Besorgnis bezüglich des Traumas mit, das die Ausführenden erleiden könnten, wenn sie dem Opfer

Auge in Auge gegenüberstünden – seine persönliche Erfahrung verheimlichte oder beschönigte er. Wahrscheinlich unterbreitete er ihm damals ein konkretes Projekt, das die Tötung der anderen europäischen Juden anonym und die Ausrottung ganzer Volksgruppen rationeller machen würde. Hitler hatte soeben, am 24. August, das Euthanasieprogramm eingestellt. Am 28. August erwähnte Eichmann in einem Schreiben an das Auswärtige Amt die »jetzt in Vorbereitung befindliche« Endlösung [59, S. 199]. Die Mitarbeiter der Aktion T4 wurden umgehend nach Lublin versetzt. Philipp Bouhler, der von Hitler persönlich mit der Liquidierung der Geisteskranken beauftragt worden war, begab sich ebenfalls nach Lublin, Christian Wirth folgte nach. Viktor Brack, auch er ein Verantwortlicher der Aktion T4, schickte am 2. September das Personal der Brandenburger Vernichtungsanstalt nach Lublin [115, S. 143]. Am 3. September erfolgten die ersten Vergasungen sowjetischer Gefangener und Geisteskranker mit Zyklon B in Auschwitz. Am 10. September besprach Himmler mit Pohl, dem Leiter aller Konzentrationslager, einen Plan zur Errichtung neuer Lager [59, S. 199]. Am 18. September – Burrin und Browning stimmen überein, daß zu diesem Zeitpunkt der Beschluß gefaßt war – informierte Himmler den Gauleiter des Warthelands, Greiser, der Führer wolle das Reich und das Protektorat Böhmen und Mähren »schnellstmöglich« von allen Juden befreien. Er bat ihn, über den Winter 60 000 Personen in Lodz aufzunehmen [63, S. 142]. Es ist also offenkundig, daß das letzte Zögern Hitlers beseitigt war, daß der in der UdSSR begonnene Völkermord sich von nun an auf ganz Europa ausweitete und daß die Verzögerung mehr an technischen Problemen lag als an der Entwicklung der militärischen Lage. Kiew fiel am 26. September und lieferte 665 000 russische Soldaten der Wehrmacht aus. Die Kesselschlacht von Wjasma und Brjansk erlaubte die Gefangennahme weiterer 673 000 Soldaten. Es gab also eine direkte Beziehung zwischen Sieg und Radikalisierung der Judenvernichtung. Das Ausmaß des Sieges führte tatsächlich zu einer immer drastischeren Politik.

Der Transfer der Juden des Großdeutschen Reichs nach Polen und Rußland wurde beschlossen, als die industriellen Tötungsstrukturen noch im Aufbau und nicht funktionell waren. Am 10. Oktober berief Heydrich in Prag eine Konferenz ein, auf der er in Gegenwart Eichmanns die Judenvernichtung plante [63, S. 149]. Der Reichsführer SS war überfordert. Hitler wünschte, daß bis Ende 1941 alle Juden aus dem Reich deportiert seien, aber die Vernichtungslager waren nicht fertig und die Ghettos vollgepfercht. Von Mitte Oktober bis Ende Februar 1942 wurden 53 000 Juden und 5000 Zigeuner aus dem Reich in den Osten abtransportiert. Die ersten Judenkonvois gingen am 16. Oktober nach Lodz ab – Greiser hatte verhandelt, um nur 20 000 statt der angeordneten 60 000 Personen aufzunehmen. Die anderen Transporte, die auch Zigeuner umfaßten, gingen nach Riga, Minsk und Kowno, wo die Deportierten bei der

Ankunft erschossen oder in Ghettos gebracht wurden, die zuvor von den früheren Bewohnern »gereinigt« worden waren. Ende November waren alle Deportierten dieser Konvois tot. Der Genozid an den anderen Juden Europas begann also mit Improvisationen nach der chaotischen Vorgehensweise in der Sowjetunion.

Es wurde schnell klar, daß die Durchführung eines solchen Programms außer industriellen Strukturen eine sorgfältige Planung erforderlich machte. Tatsächlich waren die Regierungen und Ministerien bis dahin nicht informiert. Der Kreis der Eingeweihten mußte erweitert und Rivalen zu Komplizen gemacht werden. Dazu sollte eine Konferenz am Wannsee stattfinden. Am 29. November berief Heydrich fünfzehn Teilnehmer für den 9. Dezember und legte eine Kopie des von Göring am 31. Juli unterzeichneten Erlasses bei, der ihm die Vorbereitungen zur »Gesamtlösung« übertrug. Die Wannsee-Konferenz, die nur der Information und Koordinierung diente, wurde dann wegen des japanischen Angriffs auf Pearl Harbor und der sowjetischen Gegenoffensive auf den 20. Januar 1942 verschoben.

Die Tötungstechnik der SS bestand in drei bereits bewährten Methoden – Deportation in Eisenbahnzügen, Haft in Konzentrationslagern, Vergasung –, zu denen drei neue Komponenten kamen: Gaswagen, Vernichtungslager und Arbeitslager, in denen die Ausbeutung der Arbeitskraft mit der Liquidation verbunden wurde. Die Ermordung von Millionen Menschen organisierte die SS wie ein einfaches Wirtschaftsproblem. Juden, Zigeuner und Geisteskranke wurden wie Vieh gekennzeichnet und abtransportiert, wie Ungeziefer vernichtet und wie Abfall verbrannt. Dies war die logische Konsequenz eines 1933 begonnenen Prozesses, als man den ersten Juden die Schlinge um den Hals legte. Während des Krieges wurde sie immer enger zugezogen, und es gab keine Aussicht, daß sie eines Tages wieder aufginge.

Nachdem die polnischen Juden liquidiert waren, weitete sich der Genozid auf West- und Mitteleuropa aus. Ein im Uhrzeigersinn von Norwegen bis Griechenland beschriebener Halbkreis bezeichnet die Grenze eines Territoriums, in dessen Mittelpunkt Auschwitz liegt. Dorthin wurde ein Großteil der Juden in Güterwagen gebracht, um vergast zu werden. Auschwitz entsprach einer wirtschaftlichen Überlegung. Wie der Ausschluß der Juden aus der bürgerlichen Gesellschaft Gewinn brachte, so sollte auch ihre Vernichtung etwas einbringen. Als Rasse waren sie zur sofortigen Ausrottung verurteilt, die aber aufgeschoben werden konnte, wenn man sie als Produktionskräfte oder als Versuchskaninchen für medizinische Zwecke heranzog. Auschwitz stellt die vollendetste Form der Macht von Menschen über Menschen dar: »In Auschwitz enthüllten die Nazis neue Möglichkeiten der Fähigkeit des Menschen, zu beherrschen, zu versklaven und zu vernichten« [107, S. 71]. Vom Anfangsbuchstaben *A* bis zum Endbuchstaben *Z* umfaßt Auschwitz das Alphabet des Grauens. Es waren Menschen, die Auschwitz planten, es waren Menschen, die dort getötet wurden. Die einen und die anderen haben einander nie gesehen, nie gesprochen. Zwischen ihnen liegt die gesamte Menschheit, betroffen für immer.

Der Völkermord an den Zigeunern

Die Zigeuner Europas waren Opfer eines Genozids der Nationalsozialisten. Selbst wenn die Tatsachen erst später festgestellt wurden und die Einzelheiten weniger bekannt sind, verlief die Vernichtung der Zigeuner parallel zu jener der Juden. Sie begann mit dem Ausschluß aus der Staatsgemeinschaft, setzte sich fort mit Deportationen und endete in Gaswagen oder Gaskammern. Selbst wenn die Zigeuner in der Vorstellungswelt der Nationalsozialisten nicht denselben Platz wie die Juden einnahmen, selbst wenn ihre Verfolgung weniger konsequent, weniger umfassend betrieben wurde, selbst wenn sie nicht die Opfer eines obsessiven Hasses waren, so zeigte ihre Vernichtung die Fähigkeit der Tötungsmaschinerie, andere Kategorien zu erfassen. Von den verschiedenen Gruppen, die Opfer des Nationalsozialismus wurden – Geisteskranke, sowjetische Kriegsgefangene, bolschewistische Kommissare, Homosexuelle, Zeugen Jehovas –, waren allein die Juden und Zigeuner aufgrund rassischer Gesichtspunkte der Vernichtung geweiht. Als »genetisch infiziert«, wurden sie als Gefahr für die Reinheit des deutschen Blutes betrachtet. Der amerikanische Holocaust Memorial Council anerkennt die Zigeuner als einzige ethnische Gruppe neben den Juden, die Zielscheibe eines Völkermords war.

Jahrhundertelange Vorurteile und Verfolgungen bereiteten den Boden vor, in Deutschland wie in ganz Europa. Die Zigeuner, wahrscheinlich das älteste arische Volk Europas, sind Nomaden aus dem Norden Indiens, die eine langsame Wanderung im 12. Jahrhundert in den Balkan und im 15. nach Westeuropa führte. Ihre Aufteilung in zwei Stammesgruppen trägt zur Erklärung der verschiedenen Bezeichnungen bei. Das französische Wort »Tzigane« wie das deutsche »Zigeuner« kommt vom griechischen *atzigani*, das eine ketzerische Sekte bezeichnet, das englische »Gipsy« ist eine Verstümmelung von »Egyptian«, das französische »Gitan« kommt vom spanischen »Gitano«, das sich aus »Egipciano« ableitet. Als Fremde, als wurzellose Nomaden mußten die Zigeuner in Krisenzeiten traditionell als Sündenböcke herhalten. Im Mittelalter legte man ihnen alle Verbrechen zur Last und verstieß sie als Parias. Ihre »Schuld« war dieselbe wie die der Juden, nämlich zu existieren. Aber beide Ethnien wurden aus entgegengesetzten Gründen verfolgt: die Juden wegen ihres Glaubens und ihres Reichtums, die Zigeuner wegen ihrer Glaubenslosigkeit und Armut.

Die Zigeunerfrage wurde in Deutschland schon Ende des 19. Jahrhunderts formuliert. Man registrierte die Zigeuner, und die Regierung erließ Verordnungen zur Bekämpfung dieser Landplage. Um sie auszustoßen, brauchten die Nationalsozialisten nur ein bereits bestehendes Recht anzuwenden, denn die Behörden waren gewöhnt, die Zigeuner als Asoziale zu unterdrücken. Die juristische Grundlage für ihre Verfolgung wurde mit den Nürnberger Gesetzen geschaffen, die sie als fremde Rasse bezeichneten, durch ihre Abstammung identifizierten und ihnen die Reichsbürgerrechte absprachen. Dies stellte eine besonders inkonsequente Bestimmung dar, denn sie waren ja ganz offensichtlich Arier. Hitler befahl daher den Anthropologen, das Gegenteil zu beweisen, und die 1936 von Dr. Robert Ritter gegründete Rassenhygienische und bevölkerungsbiologische Forschungsstelle, die dem Reichsgesundheitsamt angegliedert war, wurde in diesem Sinne tätig. 1937 befahl Himmler eine Kampagne gegen die »inneren Feinde« des Reiches, gegen die Asozialen, zu denen die Zigeuner zählten. Im Dezember 1938 verordnete ein Runderlaß »die Bekämpfung der Zigeunerplage« auf der Grundlage der »durch die rassenbiologischen Forschungen gewonnenen Erkenntnisse« und ihre Registrierung bei der »Reichszentrale zur Bekämpfung des Zigeunerunwesens« der Kriminalpolizei. Die Registrierung bedeutete in Wirklichkeit ihre Internierung, weil ihre Arbeitskraft ausgenutzt werden sollte. Im März 1939 bestätigten Weisungen den rassistischen Charakter dieser Maßnahmen: Die »Zigeunerrasse« sollte endgültig vom deutschen Volk getrennt werden. Trotz anfänglicher Unschlüssigkeiten hatte man 1939 die ersten Phasen des Völkermords durchlaufen. Die Zigeuner waren identifiziert (wenn auch mangelhaft, aufgrund verschwommener Kriterien), staatlichen Schutzes beraubt und physisch von der Bevölkerung getrennt.

Von Kriegsbeginn an wurde die Dienststelle IV D4 (später IV B4) des RSHA unter Leitung Eichmanns mit den Deportationen der Juden, Zigeuner und Polen beauftragt. Im Oktober 1939 gab Heydrich einen »Festsetzungserlaß« heraus, der den Zigeunern verbot, ihre Lagerplätze zu verlassen. 1940 wurde die Deportation von 30 000 Zigeunern ins Generalgouvernement beschlossen, das Projekt scheiterte aber wie das eines Judenreservats an der Weigerung Franks.

Die Zigeunerpolitik erfuhr ab Sommer 1941 eine Wandlung. Hitler befahl, die Zigeuner nach den Kriterien der Spezialisten für Rassenbiologie zu klassifizieren. Dr. Ritter und sein Stab (darunter eine Frau, Dr. Eva Justin) klärten die bis dahin verworrene Lage. Sie etablierten eine Unterteilung dieser »Menschen minderwertiger Rasse« in ausgeklügelte Kategorien, wobei sie die Unterschiede zwischen Roma, Sinti, Lalleri usw. und den Grad der Vermischung berücksichtigten. Ohne diese »wissenschaftliche« Arbeit wäre die verwaltungsmäßige Erfassung der deutschen Zigeuner nicht möglich gewesen. 1942 wurden sie aus dem Geltungsbereich der moralischen Verpflichtungen der Deutschen ausgegrenzt, indem man sie der Zuständigkeit der ordentlichen Gerichte entzog und der Gerichtsbarkeit der SS auslieferte. Damit waren sie juristisch den Juden gleichgestellt, was die Folge hatte, daß die Sonderregelungen für Juden auch auf die Zigeuner Anwendung fanden.

Am 16. Dezember 1942 befahl Himmler die Deportation aller deutschen Zigeuner nach Auschwitz. Die Anordnung betraf die Zigeuner aller Altersgruppen, Kinder wurden aus Waisenhäusern und Spitälern geholt. Himmler hatte beabsichtigt, die Sinti und Lalleri auszunehmen, aber Hitler lehnte ab. Der erste Schub traf in Auschwitz am 26. Februar 1943 ein, weitere Transporte folgten aus dem Reich und den besetzten Ostgebieten. Am 30. Mai 1943 vergaste man 2500 tschechische Zigeuner an einem Tag. Im Lager wurden die Zigeuner familienweise interniert und behielten ihre Kleidung. Die noch überlebenden 4000 deutschen Zigeuner starben dort in der Nacht vom 1. zum 2. August 1944 in den Gaskammern.

Der Völkermord an den Zigeunern weitete sich auf ganz Europa aus. In den meisten besetzten Ländern ordnete das Gesetz die Zigeuner in dieselbe Kategorie wie die Juden ein, was erlaubte, sie zu registrieren, ihren Besitz zu beschlagnahmen, sie zu konzentrieren und zu deportieren. Sie wurden in dieselben Lager gesteckt, in dieselben Waggons gepfercht. Polen war die Hauptstätte ihrer Vernichtung. Die 5000 österreichischen Zigeuner wurden im Oktober/November 1941 nach Lodz geschickt und in einem Teil des Ghettos untergebracht. Die Überlebenden, darunter 2600 Kinder, wurden im April 1942 in Chelmno vergast. Tausend polnische Zigeuner, die man im Warschauer Ghetto konzentrierte, erlitten dasselbe Los in Treblinka. In Kroatien, im Baltikum und in Weißrußland wurden sie fast vollständig ausgerottet. In den besetzten Gebieten der UdSSR wurden sie regellos verfolgt, von den Einsatzgruppen und deutschen Polizeikräften hingemordet, in der Ukraine durch die Bevölkerung. In manchen Gebieten Osteuropas war die Situation konfus, mancherorts wurden sie verfolgt, anderwärts genossen sie unumschränkte Bewegungsfreiheit, etwa in Galizien. In Kroatien, wo die Ustascha einen »heiligen Krieg« gegen die ethnischen Minderheiten führte, wurden Serben, Juden und Zigeuner in Lager gesperrt, wo sie massenweise starben. Die Überlebenden brachte die Ustascha um oder deportierte sie nach Polen. Die von den Sinti- und Roma-Historikern erstellten Statistiken sprechen von einer halben Million Opfern, also einem Viertel bis zu einem Drittel der europäischen Zigeuner. Andere, ebenso glaubwürdige Historiker nennen niedrigere Zahlen, 200000 bis 220000 [83].

Nach dem Ende des Zweiten Weltkriegs wurde der Völkermord an den Zigeunern übergangen. Nicht einer wurde als Zeuge vor das Nürnberger Tribunal geladen. Erst spät, in den siebziger Jahren kam dieser Genozid zur

Sprache, als die Kinder der Überlebenden in Demonstrationen und durch Hungerstreiks Rechenschaft von der bundesdeutschen Regierung forderten, die ihnen die Staatsbürgerschaft verweigerte, obwohl ihre Familien seit Generationen in Deutschland lebten. Zwischen Deutschen und Zigeunern besteht das Problem einer »nichtbewältigten Vergangenheit«. Die Vorurteile, die den Weg zum Genozid pflasterten, das *Pariah Syndrome*, wie Ian Hancock formuliert, sind in Deutschland immer noch vorhanden [75]. Nach den Rostocker Rassenkrawallen vom August 1992 unterzeichnete der deutsche Innenminister ein Abkommen mit der rumänischen Regierung, das die Ausweisung von 30 000 Rumänen, vorwiegend Zigeunern, nach Rumänien vorsah. In seiner 43. Sitzung vom August 1991 nahm der Unterausschuß für Minderheitenschutz der Vereinten Nationen die Resolution 221 an, die Maßnahmen empfiehlt, um Sinti und Roma Schutz und Sicherheit zu garantieren.

Die Ausführenden

Am Völkermord an den Juden waren drei Gruppen beteiligt: die Ausführenden, die Opfer und die Zuschauer. Der Ausführende ist nicht dasselbe wie der Täter bei einem Mord, er ist ein in ein Kollektivverbrechen verwickeltes Individuum [78]. »Zudem war kein Einzelner, keine Behörde allein für die Vernichtung der Juden verantwortlich ... Die Arbeit verteilte sich auf eine weitverzweigte Bürokratie, und jeder konnte sich einreden, nur ein Rädchen im immensen Getriebe zu sein« [78, S. 9]. Der Völkermord hätte nicht stattgefunden ohne Hitler, ohne eine bereitwillige Gesellschaft, die er mit diabolischer Geschicklichkeit manipulierte, ohne die allgemeine Gleichgültigkeit gegenüber dem Leiden, der Demütigung und der Ermordung der Juden. Völkermord ist ein Prüfstein für menschliches Verhalten, erschreckend und aufschlußreich zugleich für die Unmenschlichkeit des Menschen gegenüber dem Menschen. Die Tötungsindustrie war das Ergebnis der Zusammenarbeit zwischen Bürokraten, Wissenschaftlern und Spezialisten des Massenmords. In einem sorgfältig abgeschotteten Verwaltungssystem wurden die Aufgaben aufgeteilt, um bessere Wirksamkeit zu erreichen: Auslese, Konzentration, Transport, Wahl geeigneter Orte, Bereitstellung der Tötungsmaschinerie, Beseitigung der Leichen. »Normale Vorgehensweisen wurden auf anormale Verhältnisse angewandt, als ob die Beschlüsse nichts Außergewöhnliches gewesen wären, als ob es keinen merklichen Unterschied zwischen den alltäglichen Angelegenheiten und der Endlösung gegeben hätte« (Hilberg) [64, S. 229]. Die Vernichtung der europäischen Juden wurde nicht zentralisiert. Keine Organisation war eigens mit der Judenfrage befaßt, kein besonderes Budget stand zur Verfügung. Ein Großteil des Verwaltungsapparats war damit befaßt, aber jede

Stelle trug nur ein einziges Teil zu dem Getriebe bei. Alle Teile waren untereinander verbunden, und hätte ein einziges Glied in dieser Funktionskette versagt, wäre das Ganze zum Stillstand gekommen. Für jeden einzelnen stellte der Beitrag zum Genozid nur eine Nebenaufgabe dar, die um so lieber übernommen wurde, als sie Macht verlieh. Die Mitwirkenden waren Zivil- wie Militärpersonen, Fabrikanten oder Geschäftsleute, ob sie der Partei angehörten oder nicht. »Alle deutschen Organisationen wurden in das Projekt einbezogen. Jede einzelne Behörde trug dazu bei; man nutzte jede Spezialisierung; und an der Umklammerung der Opfer waren durchweg alle Gesellschaftsschichten beteiligt« [78, S. 33]. Die Ausführenden siedelten sich in drei konzentrischen Kreisen an: dem fanatischen, völlig irrationalen Kern von Personen, die kein persönliches Gewissen mehr besaßen und die Werte umkehrten (Gehorsamsverweigerung war ein Verbrechen, Mord nicht), dem mittleren Kreis, der empfindlicher auf die Geschehnisse und auf das Verhalten der Opfer reagierte, und dem äußeren Umfeld, das moralisch immer gleichgültiger wurde und es für einfacher hielt, mit dem Strom zu schwimmen als dagegen. Selbst im Kern war meist eine »Abkühlung der Emotionen« zu beobachten. Die meisten waren Pflichtmenschen, die einfach eine Arbeit erledigten, die man ihnen aufgetragen hatte. Wenn sie damit fertig waren, lebten sie ein normales Leben. Solche Menschen waren häufiger anzutreffen als Sadisten, die ihre Opfer folterten oder demütigten. Bei den Ausführenden handelte es sich nicht um professionelle Killer, sondern häufig um gebildete Menschen, sogar um Intellektuelle. Sie hatten zwar ein Gewissen, aber sie hatten dessen Schranken verrückt. Das Böse, schreibt Hannah Arendt, hatte im Dritten Reich »das Attribut verloren, an dem man es gewöhnlich erkennt: die Versuchung«. Der Apparat der Bürokratie funktionierte reibungslos. Alle Teilnehmer waren sich der Art des Unternehmens und dessen Vorsätzlichkeit bewußt. Sie waren zu allem bereit. Sie akzeptierten nicht nur ihre Rolle, sondern kamen in ihrem Eifer oft den Befehlen zuvor.

In manchen Berufen war die Mitwirkung nicht so einfach. So mußten die Juristen das bestehende Rechtssystem abtragen, die verfassungsmäßigen Garantien der Freiheit und Gleichheit der deutschen Staatsangehörigen beseitigen und die gesetzgebende Gewalt des Reichstags auf die Exekutive übertragen, um die Rassenverfolgung zu institutionalisieren. Den Ärzten, die die Grundsätze ihrer Ethik mit den radikal entgegengesetzten Zielen der Partei in Einklang zu bringen hatten, gelang dies durch eine Umkehrung dieser Grundsätze, indem sie Mord als Heilung werteten.

Am anderen Ende dieser Verkettung der Verantwortlichkeiten standen jene, die direkt mit der Wirklichkeit der Vernichtung konfrontiert waren, weil sie die eigentliche Tötung vornahmen. Diese Ausführenden wählte die SS teilweise aufgrund ihrer »Vorzüge« aus – die Mitglieder der Einsatzgruppen oder die 96

Personen von 400 Beteiligten an der Aktion T4, die man den Vernichtungslagern zuteilte –, die übrigen waren »normale Menschen«, rasch aus den verfügbaren Truppen rekrutiert [62]. Bei ihnen fand sich – wie in den Experimenten Milgrams und Zimbardos – die ganze Skala der Verhaltensweisen. Wie sind sie zu Mördern geworden? Durch eine Summe unheilvoller Einflüsse: der Krieg (der »Rausch des Schlachtfelds«), die nationalistische und antisemitische Atmosphäre, die seit 1933 herrschte, die Entmenschlichung der Opfer, welche zu einer psychologischen Distanzierung führte, das Obrigkeitsdenken, doch vor allem die Zugehörigkeit zu einer Gruppe. In der soldatischen Mördergruppe war »Härte« ein Vorzug, während Schwäche als Feigheit galt. Schließlich die Gewöhnung: Es ist der erste Mord, der zählt.

Wenn psychologische Erklärungen zu der Feststellung führen, daß in jeder Gesellschaft, sofern sie durch Indoktrinierung und Propaganda genügend vorbereitet wurde, Ausführende für einen Völkermord zu finden sind, kann man sich dennoch fragen, wie dieser Völkermord möglich war in einer liberalen, durch Vernunft und Wissenschaft bestimmten Gesellschaft, die die Werte der Zivilisation hochhielt und materiellen Fortschritt mit Moral zu verbinden behauptete. Jacques Ellul, der sich diese Frage stellte, beantwortete sie mit der Analyse der durch den Nationalsozialismus bewirkten Verwandlungen. Das Regime wurde auf moderne Strukturen aufgepfropft. Es bediente sich mit Brutalität und Zynismus, aber folgerichtig der Elemente des politischen Systems. Es schloß die Institution in einen bürokratischen Panzer von Hierarchien und Vorschriften ein. Es machte sich die Furcht des einzelnen zunutze, allein zu stehen, und erlegte ihm einen strengen Konformismus auf. In Auschwitz zeigte sich, wessen der moderne Mensch fähig war [101, S. 189–192].

Der Völkermord an den Juden stellt sich in einer anderen Dimension dar, wenn man ihn aus der europäischen Perspektive betrachtet. Bei über zwei Millionen Juden erfolgten Auswahl und Konzentration durch nichtdeutsche Behörden. Dem Auswärtigen Amt, das für jüdische Angelegenheiten in diesen Ländern zuständig war, lag mehr am Beweis seiner Effizienz, als daß es durch fanatischen Judenhaß motiviert war. Die deutschen Beamten brauchten die Mitarbeit der jeweiligen Regierungen bei der Vorbereitung der Deportationen, weil sie es selbst rein zahlenmäßig nicht bewältigt hätten. Und der Mechanismus funktionierte nicht so, wie die Deutschen das wünschten. Die Identifizierung verlief nicht überall reibungslos, manche Länder weigerten sich oder führten den Judenstern erst spät ein. Dagegen trafen alle Enteignungsmaßnahmen. Manche lehnten eine Deportation ihrer jüdischen Bürger ab und nahmen nur die ausländischen Juden fest. Ein bereits vorhandener, tief verwurzelter Antisemitismus erleichterte oft das Vorgehen der deutschen Behörden, wie dies in Ungarn, Rumänien und Polen der Fall war. Wo es keinen gab, in

Dänemark, Italien und Finnland, war der Völkermord schwer durchzuführen. In den Satellitenstaaten hing alles von der Kooperationsbereitschaft der Bevölkerung ab. Daraus ergab sich »ein breites Spektrum unterschiedlicher Reaktionen: angefangen bei der Verweigerung der Kooperation über bestimmte Formen der Mitarbeit bis zu massivem Engagement – das gleichwohl in der einen oder anderen Hinsicht deutschen Maßstäben nicht ganz genügte« [78, S. 93].

So kam es in Frankreich, wo die Vichy-Regierung im Sommer 1940 ihr eigenes antisemitisches Programm verkündet hatte, zu einer engen Zusammenarbeit. 1942 waren hier die meisten Juden geächtet, ihr Besitz konfisziert, ein Teil von ihnen in Haft. Im Februar 1943 allerdings widersetzte sich Vichy der Deportation französischer Juden. Doch nach der Besetzung der »freien Zone« und der Errichtung der Herrschaft von Alfred Brunner, das heißt der SS, wurde die Unterscheidung zwischen französischen und ausländischen Juden aufgehoben. Paramilitärische Formationen, wie die des PPF (Parti Populaire Français) Doriots und vor allem die Miliz Darnands, die am 30. Januar 1943 zur Bekämpfung der Résistance gegründet worden war, übernahmen die Verfolgung der in die unbesetzte Zone geflüchteten Juden als Werkzeug in den Händen der deutschen Behörden [20].

Auf dem Balkan erlebte das Deportationssystem seine ersten Mißerfolge, als sich die Menschenjagd gegen die Staatsbürger dieser Länder und nicht gegen Ausländer richtete. Als Anfang 1944 die großen jüdischen Gemeinschaften Europas zerschlagen waren, blieb eine einzige bestehen, die ungarische, die 750 000 Mitglieder zählte. Im März 1944 besetzten die Deutschen Ungarn, von Mai bis Juli deportierten sie 450 000 ungarische Juden. Doch der Reichsverweser, Admiral Horthy, stoppte die Deportationen, bevor Budapest betroffen war. Als er einige Monate später abgesetzt wurde, gab es keine Möglichkeit mehr, Juden nach Auschwitz zu befördern, allerdings erfolgten noch umfangreiche Verschleppungen nach Deutschland.

Rumänien nahm eine paradoxe Haltung ein. Als Verbündeter der Wehrmacht hatte seine Armee in der Ukraine und auf der Krim Zehntausende Juden mit unerhörter Grausamkeit niedergemacht, im Oktober 1941 wurden 50 000 in Odessa ermordet. Doch der rumänische Diktator, General Antonescu, weigerte sich, den Deutschen die Juden seines eigenen Landes auszuliefern, 1943 untersagte er ihnen auch, die Juden der von den Rumänen besetzten sowjetischen Gebiete zu töten.

Die Bulgaren stellten eine Ausnahme dar. Nicht nur lieferten sie die Juden des alten Bulgarien nicht aus, sie verfolgten sie auch nicht. Dagegen konnten sie die Deportation von 11 000 Juden aus Makedonien und Thrakien, die Bulgarien als Provinzen annektiert hatte, nicht verhindern [77, S. 794–811].

Die Opfer

Das Todesurteil gegen die Juden wie gegen die Zigeuner erging aufgrund ihrer Schuld, geboren worden zu sein. Bedeutende Historiker haben unwiderlegbar nachgewiesen, daß die Vorsteher der jüdischen Gemeinschaften in den Ghettos mit den Nationalsozialisten zusammenarbeiteten, um die Deportationen zu erleichtern, und daß sie das mit den besten Absichten taten, in der Hoffnung, einen Teil ihrer Gemeinschaft zu retten [3 und 77]. Isoliert, gelähmt durch die furchtbare Macht des modernen totalitären Systems, blieb ihnen keine Wahl. Angesichts der Gewalt der staatlichen Maschinerie und der Bereitschaft der meisten besetzten Länder, an ihrer Vernichtung mitzuwirken, hatten sie keine Überlebenschance. Wenn manche von ihnen in den Ghettos und Vernichtungslagern eine Möglichkeit des Widerstands sahen, nützten sie sie heldenhaft. Es gab in Europa einen organisierten jüdischen Widerstand, der den Nationalsozialismus bekämpfte und Rettungsaktionen durchführte. Doch Recherchen über die jüdischen Gemeinschaften dieser Schreckenszeit »zeigen einen unaufhaltsamen Zermürbungsprozeß, in dem die Opfer in Unkenntnis des Ausgangs blieben und keine Möglichkeit hatten, etwas in Erfahrung zu bringen« [96, S. 117]. Ihre Henker taten alles, um sie bis zum Ende zu täuschen, damit die Abwicklung in Ruhe und Ordnung erfolgte. Die Judenräte wie die jüdische Polizei waren einer barbarischen Erpressung unterworfen worden, ihre Mitglieder standen vor dem grausamen Dilemma der kollektiven Verantwortung. Man hatte sie gezwungen, an diesen Räten teilzunehmen oder in die jüdische Polizei einzutreten. Um sie zu verstehen, muß man sich in die Lage der sterbenden Bevölkerung der Ghettos versetzen, von Hunger und Krankheit heimgesucht, die aber noch die Kraft zu kultureller Aktivität aufbrachte. Die einzige Frage, die sich den Überlebenden des Völkermords wirklich stellt, richtet sich an das jüdische Bewußtsein: Wie ist es möglich, weiterhin an einen barmherzigen Gott zu glauben? Aber das ist ein anderes Problem.

Die Zuschauer

Alle waren verwickelt: wer wußte, wer zuschaute, wer ahnte, wer nichts davon wissen wollte, wer nichts wußte, wer noch ein Kind war, wer nicht geboren war. Völkermord ist kein Schauspiel, bei dem Darsteller und Publikum getrennt voneinander sind. Passivität ist ein alltägliches Verhalten, vor allem in Kriegszeiten. Sind Menschen zu entschuldigen, die sich an Gleichgültigkeit gewöhnen, wenn sich die Geschehnisse außerhalb ihres persönlichen Erfahrungsbereichs abspielen? Die vorherrschende Reaktion der Deutschen auf die nationalsozialistische Vernichtungspolitik war Desinteresse, eher eine passive

Komplizenschaft als Gleichgültigkeit. Im Januar 1942 lebten noch 130 000 Juden in Deutschland. Sehr wenige Deutsche begriffen die Bedeutung der strengen Maßnahmen, die gegen sie verhängt worden waren, aber das Volk fühlte sich nicht betroffen. Die Verschlechterung der Lebensbedingungen und die katastrophalen Nachrichten von der Front interessierten mehr als das Geschick der Juden. Die Deutschen waren gewöhnt zu gehorchen und abgestumpft durch die Propaganda, doch sie waren keine fanatischen Antisemiten wie Hitler und die Parteiführung. Sie hatten zwar überkommene Vorurteile, aber Deutschland war bei weitem nicht das judenfeindlichste Land Europas. In Ost- und Mitteleuropa bestand eine antisemitische Tradition, die die öffentliche Meinung beeinflußte. In Polen, Ungarn und Rumänien waren die Juden im allgemeinen von der Volksgemeinschaft ausgeschlossen. In Westeuropa und besonders in Frankreich herrschten andere Verhältnisse. Es war möglich, normal weiterzuleben und die Tragödie des jüdischen Volkes zu ignorieren. »Als der Krieg sich verschärfte, traten zunehmend persönliche Notlagen in den Vordergrund« [78, S. 215]. Die antisemitische Propaganda Vichys hatte nur relativen Einfluß, aber sie rief keine Proteste hervor, weil weite Kreise der Gesellschaft antiliberalen und vor allem antimarxistischen Ideen anhingen. Als jedoch im Gefolge der Razzien Ende 1942 Familien auseinandergerissen wurden und Informationen über das Los der Juden in Umlauf kamen, löste das eine erste Empörungswelle aus, die sich 1943 ausweitete, im selben Ausmaß wie der Widerstand gegen die Besatzungsmacht zunahm.

Trotzdem gab es in ganz Europa, vor allem in Holland und Frankreich, Tausende Menschen, die ihr Leben aufs Spiel setzten, um Juden, oft ganze Familien, zu verstecken und zu verpflegen oder ihren Lebensunterhalt zu sichern. Organisationen betrachteten diese Hilfe als Teil ihres Widerstands gegen den Nationalsozialismus. Manche Polen retteten Juden, was um so bemerkenswerter ist, als es in einem offen antisemitischen Milieu geschah, wo Juden zu helfen ein großes Risiko bedeutete angesichts des allgegenwärtigen Massenmords. »Schließlich ist der Holocaust eine Geschichte mit viel zuwenig Helden und viel zu vielen Tätern und Opfern«, stellt Christopher Browning fest [62, S. 207].

Die Zuschauer der neutralen Länder und der angelsächsischen Verbündeten spielten ihrerseits durch ihre Untätigkeit, Ungerührtheit und Gleichgültigkeit eine Rolle für das Zustandekommen und die Entwicklung des Genozids. Nachrichtenübermittler informierten die Außenwelt, und die ganze Welt sah zu, wie die Juden vernichtet wurden. Wer war verantwortlich für diese »Aufgabe« der Juden, wie Emmanuel Lévinas formulierte? Was wußte man? Wie wurden die erhaltenen Informationen ausgelegt? In der Tat ist eine Unterscheidung zu treffen zwischen Information und Sachkenntnis. Bauer erklärt: »Der Erkenntnisprozeß durchlief gewöhnlich mehrere Stadien. Zunächst mußte die

Information verbreitet werden, dann mußte man sie glauben, danach verarbeiten, das heißt eine Beziehung zwischen dieser neuen Tatsache und einer möglichen Aktion herstellen. Zuletzt erfolgte die Aktion selbst, wenn sie überhaupt erfolgte« [55, S. 18]. Die Wahrnehmung des Völkermords wurde behindert durch die Ablehnung einer Information, die als undenkbar empfunden wurde, einen Mangel an Phantasie, die Unfähigkeit, sich vorzustellen, daß die Vernichtung eines ganzen Volkes im 20. Jahrhundert im Herzen des aufgeklärten Europa geplant werden könnte. Doch der wichtigste und zugleich am wenigsten eingestehbare Grund bestand für die westlichen Regierungen in der Furcht, jüdische Flüchtlinge aufnehmen zu müssen, die seit 1933 zutage trat. Die Sowjets dachten nie daran, den Juden in den von Deutschland annektierten Gebieten zu Hilfe zu kommen, dagegen nahmen sie aus Gründen des ethnischen Gleichgewichts fast zwei Millionen Juden auf und verliehen ihnen die sowjetische Staatsbürgerschaft. Der Vatikan schließlich, der seit 1942 ausführlich informiert war, lehnte eine Intervention ab, weil er mehr darauf bedacht war, die kirchlichen Institutionen zu erhalten als Menschenrechte zu verteidigen. Zustimmung der einen, Gleichgültigkeit der anderen, Unwissenheit der meisten: Das Phänomen wurde erst im Frühjahr 1945 tatsächlich wahrgenommen, als die Weltöffentlichkeit mit Bestürzung die Realität des Völkermords entdeckte.

Der Völkermord an den Armeniern

Der Völkermord an den Armeniern stellt den Prototyp der Genozide des 20. Jahrhunderts dar, das Modell dessen, was Melson als einen totalen Genozid bezeichnet, die vollkommene Vernichtung einer Gruppe durch einen Staat [132]. Es ist ein außergewöhnlicher Fall, der sich nur unter besonderen Umständen ereignen konnte. Die durch genozidäre Strukturen gegebene latente Gefahr wurde durch eine Zwangsneurose verschärft, so daß die Ideologie nur noch den Funken ins Pulverfaß zu werfen brauchte.

Die Ursachen: Strukturen und Motive

Aus Phrygien kommend, wanderten die Armenier im 7. Jahrhundert v. Chr. in das Gebiet südlich des Kaukasus und des Schwarzen Meeres, östlich des anatolischen Hochlands und westlich des Kaspischen Meeres, wo sie sich mit den Überresten des Urartu-Reiches vermischten. Dieses Bergland mit seinem rauhen Klima ist ein fruchtbarer Boden, aber auch ein Landstrich von strategischer Bedeutung, der eine der großen Orientstraßen kontrolliert. Armenien war ein Zankapfel zwischen Reichen, die sich sein Territorium streitig machten, ohne seine Bewohner vernichten zu können. Es überlebte die Perser, die Griechen, die Römer, die Araber, indem es von den Rivalitäten zwischen Byzanz und Persien profitierte, bisweilen als unabhängiges Königreich (manchmal in mehrere verfeindete Reiche unterteilt), bisweilen unter Fremdherrschaft. In der Zeit vom 4. bis 6. Jahrhundert erwarben die Armenier die Voraussetzungen für ihren Fortbestand: eine Religion, die christliche; eine Sprache, die armenische; eine konfessionelle Besonderheit, den Monophysitismus. Die Armenier besaßen ihren Glauben, ihre Riten, ihre kirchliche Hierarchie. Die Schaffung dieser Nationalkirche beraubte die Armenier der Unterstützung durch das Abendland, sicherte aber ihr politisches Überleben und ihre Selbstverwaltung. Der Einfall der Seldschuken im 11. Jahrhundert verwüstete das Land. Ein Teil der Armenier flüchtete nach Kilikien, zwischen Taurus- und Amanusgebirge und dem Mittelmeer, wo »Kleinarmenien« durch drei Jahrhunderte seine Identität wahrte. Erst Anfang des 16. Jahrhunderts besetzten die Osmanen den westlichen Teil Armeniens, dessen östlicher Teil unter der Herrschaft des safawidischen Persiens blieb. Von seinen Anfängen an duldete das Osmanische Reich die Besonderheiten der christlichen Minderheiten, ihre Sprache, ihre Religion, ihre Kultur. Doch in dieser Theokratie beherrschte die Gemeinschaft der Gläubigen – *umma* – die Masse der Ungläubigen, der *dhimmi* oder Schützlinge. Christen und Juden waren Untertanen niedrigeren Ranges, sie besaßen den Boden nicht, den sie bestellten, er gehörte dem Staat, der eine Grundsteuer darauf einhob. Andere Steuern, deren Höhe dem Gutdünken der oft korrupten Beamten überlassen war, lasteten auf Bauern, Handwerkern und Kaufleuten in den Provinzen. Sie hatten keinerlei rechtlichen Schutz. Die *scharia*, das auf dem Koran und anderen heiligen Texten beruhende weltliche und religiöse Gesetz, war allein maßgebend für die Gerichte, das Zeugnis eines Christen gegen einen Muslim galt nichts. Die Armenier hatten keinen Anteil am politischen Leben des Reiches, ihr Status zweitklassiger Untertanen gab sie der Willkür der osmanischen Macht preis. Dieses soziopolitische System war das erste Glied einer Ursachenkette, die zum Völkermord führte.

Das zweite Glied wurde indirekt von den europäischen Mächten geschmiedet. Nach der fortschreitenden Ausdehnung des Osmanischen Reichs begann im 18. Jahrhundert sein unwiderruflicher Niedergang. Im 19. Jahrhundert brachten zwei entgegengesetzte Phänomene die Armenier in Gefahr: der Zerfall des Reichs und ihre nationale Selbstbesinnung. Nach der Unabhängigkeitserklärung Griechenlands 1822 erhoben sich auch die Völker des Balkans – auf Drängen der Mächte, die damit widersprüchliche Interessen verfolgten – und forderten Unabhängigkeit oder Autonomie. Rußland, das seit dem Beginn des 19. Jahrhunderts im Kaukasus präsent war, stellte eine unmittelbare Bedrohung für die Hohe Pforte dar. Es hatte Ostarmenien annektiert, so daß sich die Armenier fortan auf drei Reiche aufteilten, das persische, das russische und das osmanische. Seit dem Friedensvertrag von Kütschük-Kainardsche (1774) hatte Rußland das Recht, den orthodoxen Untertanen des Sultans seine Protektion angedeihen zu lassen, was zwar nicht die Armenier betraf, aber das Prinzip humanitärer Intervention begründete. Diese Praxis betrachteten die Türken als eine Einmischung in ihre inneren Angelegenheiten, während sie für die anderen Völker eine Hoffnung bedeutete. Die Verträge von London 1827 und Paris 1856 erneuerten dieses Interventionsrecht, das Frankreich 1860 im Libanon gebrauchte, um die von Drusen angegriffenen Maroniten zu schützen, was die Autonomie des Libanons zur Folge hatte. Europa verlangte vom Sultan Reformen, und die Hohe Pforte suchte sich die Meinungsverschiedenheiten der Mächte zunutze zu machen, die entweder eine Interventionspolitik in humanitärem Gewand betreiben und damit den Zerfall des Reiches beschleunigen wollten, was Rußland wichtige strategische Stützpunkte geliefert hätte, oder eine Politik der Erhaltung, um die wirtschaftlichen Interessen Europas zu wahren. Bei diesem Spiel verloren die Osmanen nach und nach ihre Eroberungen, während die Minderheiten nationalistische Ideen aus Europa bezogen, sich ihrer Identität bewußt wurden und das Unterdrückungssystem nicht mehr ertragen wollten, das sich durch die zunehmende Korruption der Bürokratie ständig verschlimmerte. Die Geburt des armenischen Nationalismus rief zwei Strömungen hervor: legale Forderungen, vertreten durch das armenische Patriarchat in Konstantinopel, das die Armenierfrage auf die Bühne der internationalen Politik brachte, und eine illegale Bewegung mit der Gründung revolutionärer Parteien in den neunziger Jahren, die Terrorismus und bewaffneten Kampf predigten. Auf dem Berliner Kongreß 1878 erfolgte die Aufnahme der Armenier ins europäische Konzert – zu ihrem Unglück. Sie wurden zum Vorwand humanitärer Interventionen für Regierungen, die es auf die Zerstükkelung des Osmanischen Reiches abgesehen hatten, zugleich aber zur inneren Gefahr für den Sultan, den ihre wirtschaftliche Entwicklung, ihr sozialer Zusammenhalt und ihre Umtriebe beunruhigten und der fest entschlossen war, die geforderten Reformen nicht durchzuführen. Das »treue Millet« – so nannten die Sultane bis dahin die armenische Gemeinschaft – war zum Rebell geworden. Die europäische Politik – ihre Zwiespältigkeiten, ihre Unfähigkeit, Reformen durchzusetzen, und ihr Interventionismus – brachte den Armeniern eine Bedrohung, die sich in den Ereignissen von 1895 und 1896 niederschlug. Um ihnen eine Lektion zu erteilen und um die Entschlossenheit der Großmächte auf die Probe zu stellen, plante Sultan Abdul Hamid Massaker und ließ sie ausführen. 200 000 Armenier wurden vor den Augen der entrüsteten Botschafter und Konsuln der europäischen Staaten ermordet. Aufgrund des systematischen und selektiven Charakters dieses Gemetzels kann man von Völkermord sprechen. Die Mächte begnügten sich mit Protestnoten, es kam zu keiner militärischen Intervention, die Mörder wurden nicht bestraft. Die Hohe Pforte hatte die Schwäche der Armenier und die Grenzen der europäischen Einmischung verifiziert. Diese Massaker verstärkten den Widerstand, den die Armenische Revolutionäre Föderation, die Daschnaken, organisierten, deren *Fedais* (»die Ergebenen«) von Stützpunkten auf russischem Territorium aus einen Guerillakampf mit Hilfe der armenischen Bevölkerung in den Ostprovinzen führten.

Die Macht des Sultans schwand jedoch. Mit Unterstützung der armenischen Parteien, vor allem der Daschnaken, entwickelte sich die nationalistische türkische Bewegung. Im Juli 1908 setzte ein von der Partei für Einheit und Fortschritt organisierter Putsch dem osmanischen Absolutismus ein Ende und führte ein konstitutionelles Regime ein. Die Jungtürken, wie sie Europa nannte, das Vertrauen in deren Reform- und Modernisierungswillen setzte, waren offenbar von den besten Absichten beseelt. Ihr Nationalismus schien gemäßigt durch ihr Anliegen, die Völkerschaften des Reichs in einer osmanischen Föderation zu vereinigen. In Wirklichkeit war die Bewegung in gegensätzliche und widersprüchliche Tendenzen aufgespalten. Türkischer Nationalismus und osmanischer Gedanke ließen sich nicht vereinbaren, und die Ereignisse bremsten die Entwicklung der Partei für Einheit und Fortschritt, die die Macht erst 1914 tatsächlich ausübte. Die Abtrennung der letzten europäischen und afrikanischen Territorien – Unabhängigkeit Bulgariens und Annexion Bosnien-Herzegowinas durch Österreich 1908, italienische Annexion Tripolitaniens 1911, Balkankriege 1912 und 1913, die mit dem Verlust des europäischen Gebiets bis auf einen schmalen Landstreifen um Konstantinopel endeten – und der Einfluß türkischer Ideologen und aus Baku zugewanderter Aseri radikalisierten die Partei, die den Pantürkismus und sogar den Turanismus auf ihre Fahnen schrieb. Diese beiden Elemente, aufeinanderfolgende Niederlagen und der ideologische Wahn, den sie hervorriefen und verstärkten, waren die beiden strukturellen Voraussetzungen des Völkermords an den Armeniern. Sie erklären, wie die Perspektive einer Selbstverwaltung oder gar Unabhängigkeit der Armenier als eine tödliche Bedrohung empfunden wurde, die sofort, vollkommen und um jeden Preis abgewendet werden mußte. Wenn die Türken vor dem Weltkrieg zu der Ansicht gelangten, die Armenier bedeuteten eine Gefahr, so nicht unbedingt aufgrund dessen, was diese taten oder nicht taten. Die Erkenntnis dieser Gefahr hing mehr vom Zusammenhang als von den Gefahrenträgern ab. Zwischen 1908 und 1914 kehrte sich die Lage um, ohne daß sich die Armenier selbst geändert hätten.

Der Radikalismus der Jungtürken äußerte sich schon 1909 in den Massakern in Kilikien, die genozidäre Formen annahmen: 30 000 Armenier wurden ermordet, und die Verantwortung der Partei für Einheit und Fortschritt steht fest. Rußland griff 1912 die Armenierfrage wieder auf, seine Verhandlungen mit den Türken endeten mit dem Abkommen vom 8. Februar 1914, das die Durchführung von Reformen unter der Kontrolle von zwei europäischen Inspektoren in Ostanatolien bestimmte. Dieses Abkommen betrachteten die Türken als unerträgliche Einmischung in die inneren Angelegenheiten ihres Landes. Der Verlust ihrer europäischen Besitzungen und von fünf Millionen Einwohnern bedeutete den Todesstoß für den osmanischen Gedanken. Das Reich war kein Vielvölkerstaat mehr. Die Armenier wurden zur größten ethnischen Minderheit unter osmanischer Herrschaft, die nicht, wie die griechische, über einen Staat verfügte, der sie hätte aufnehmen können. Die Jungtürken trugen dem Inhalt der Forderungen der Armenier überhaupt keine Rechnung, dabei verlangte das Programm der armenischen Parteien nur soziale und administrative Reformen innerhalb des Osmanischen Reichs. Sie nahmen weder eine Autonomie noch die Angliederung an Rußland in Aussicht, noch weniger die Unabhängigkeit, und sie waren weit davon entfernt, die Zustimmung der armenischen Bevölkerung auf sich zu vereinigen. Doch die Partei für Einheit und Fortschritt hatte sich zu einer rein nationalistischen Bewegung entwickelt, deren Motto sich in einem Satz zusammenfassen läßt: »Die Türken sind ein Volk, das Türkisch spricht und die Türkei bewohnt.« Die Ideologie der Jungtürken war eine schlecht verdaute Mixtur aus irredentistischem Nationalismus, Pantürkismus und Rassismus, dem Turanismus. Sie beruhte auf der Überzeugung, daß alle turksprachigen Völker in einem Reich vereinigt werden müßten, das sich von Zentralasien bis zum Mittelmeer erstrecken würde, und daß dann das Goldene Zeitalter wiederhergestellt wäre, in dem Turan, der Urvater der Türken, im Kampf gegen Aria, den Urvater der Arier, seine Macht über ganz Asien ausdehnte. Die Verbindung dieser beiden Mythen – einer Sendung zur Herstellung nationaler Unabhängigkeit und eine Wiederherstellung der ursprünglichen Reinheit der Rasse der Turaner – verstärkte noch die Voraussetzungen für einen Völkermord. Entgegen allen Tatsachen waren die Jungtürken überzeugt, daß die Armenier eine tödliche Gefahr für den Pantürkismus bedeuteten. Der Krieg lieferte ihnen eine günstige Gelegenheit, diesen »inneren Feind« zu erledigen und mit den ausländischen Interventionen ein für allemal Schluß zu machen durch die Annullierung der Verträge, die seit einem Jahrhundert die völkerrechtliche Grundlage dazu bildeten. Der Fall der Armenier demonstriert die Bedrohung, die eine Minderheit von einer Herrschaft zu erwarten hat, die zur Zwangshomogenisierung ihrer Gesellschaft entschlossen ist, wenn nötig mit Hilfe von Massenmord und Ausrottung [127, S. 325 f.].

Die Fakten

Im August 1914 zögerte die osmanische Regierung, in den Krieg einzutreten, doch der Druck der Deutschen war so groß, daß die deutschfreundliche Fraktion im Kabinett unter Kriegsminister Enver die Oberhand gewann. Die Türkei schloß sich am 2. Dezember 1914 dem Lager der Zentralmächte an. Die Führer der armenischen Gemeinschaft hatten seit August ihren Standpunkt klargemacht. Sie wünschten die Neutralität ihres Landes, doch sollte dieses in den Krieg verwickelt werden, würden sie loyal ihre Pflicht als osmanische Bürger erfüllen – was sie auch taten. Vom türkischen Kriegseintritt an bereitete Enver die Invasion des Kaukasus vor, um den Weg nach Baku zu öffnen, der Hauptstadt Aserbaidschans und ein Zentrum der Erdölförderung. Ohne bessere klimatische Bedingungen abzuwarten, ohne logistische Vorbereitung, mitten im Winter, der in diesem Jahr besonders streng war, warf er seine Truppen auf die armenische Hochebene. Die kriegsgewohnteren und besser befehligten Russen vernichteten die 3. Armee im Januar 1915 bei Sarikamis. Der ungeordnete Rückzug der Überlebenden führte diese durch überwiegend armenisch besiedelte Gebiete. Offiziere wie Soldaten gaben den Armeniern die Schuld an der Niederlage, die offenkundig durch strategische Fehler verursacht worden war. Diese Anschuldigung wurde mit der Existenz von vier Legionen begründet, welche die russische Armee aus Armeniern des Auslands – und teilweise aus der Türkei – gebildet hatte, um die russischen Truppen durch das Labyrinth der armenischen Berge zu führen. Allerdings waren die Armenier der osmanischen Provinzen nicht verantwortlich für diese russische Initiative, und die osmanische Regierung hatte keinerlei Beweis für den angeblichen Verrat.

Die Spannungen nahmen zu, die Vorsteher der armenischen Gemeinschaften befürchteten das Schlimmste. Die Regierung bemühte sich, beruhigend zu wirken. Aber unter dem Druck der radikalen Fraktion des Zentralkomitees unter Führung der Ärzte Mehmed Nazim und Behaeddin Schakir hatte das ZK der Partei für Einheit und Fortschritt die Ausrottung der Armenier bereits beschlossen. Im Februar 1915 fuhr Schakir nach Erzurum, um die Einzelheiten des Vernichtungsplans für die Ostprovinzen zu regeln. 1911 hatte die Partei eine paramilitärisch strukturierte Sonderorganisation geschaffen, die dem Kriegsministerium unterstand und Spionage im Ausland betrieb. 1915 wurde ein Teil dieser Organisation dem Innenministerium überstellt und erhielt den Auftrag, mit Unterstützung des Justizministeriums das geheime Armenierprogramm in Anwendung zu bringen. Gewöhnliche Kriminelle wurden aus den Gefängnissen geholt und in Militärlagern gedrillt, um irreguläre Truppen zu bilden, die Çete. Behaeddin Schakirs Mandat verlieh ihm Weisungsrecht gegenüber Gouverneuren und Präfekten. Diesen und den lokalen Parteimitgliedern erläuterte er den mit Innenminister Talaat abgesprochenen Vernichtungsplan, der exakt ausgeführt wurde. Von Januar bis April 1915 wurden die armenischen Soldaten entwaffnet, in Arbeitskommandos zum Straßenbau kommandiert und diskret liquidiert. Angeblich um die Verantwortlichen für einen Aufstand in Van am 24./25. April zu bestrafen, verhaftete man 2345 angesehene Armenier in Konstantinopel. Von Mai bis Juli 1915 wurden die Armenier der sieben Ostprovinzen – Erzurum, Bitlis, Van, Diyarbakir, Trapezunt, Sivas und Kharput – an Ort und Stelle ermordet oder deportiert. Nur in Van gelang die Flucht nach Rußland, dank des Vormarsches der russischen Armee. In den Dörfern wurden die Bewohnern von den Çete niedergemacht, in den Städten wahrte man den Schein der Legalität und schlug Umsiedlungsbefehle an oder ließ sie ausrufen. Die Armenier verfügten dann über wenige Stunden, um ein paar Habseligkeiten einzupacken, alles übrige mußten sie zurücklassen. Personen von Rang waren bereits zuvor verhaftet und hingerichtet worden. Sobald die Betroffenen zusammengetrieben waren, sonderte man die Männer ab, schickte sie in Gruppen in die Umgebung und tötete sie. Alte, Frauen und Kinder wurden in Kolonnen eingeteilt und traten den Weg nach Aleppo an, wo möglichst wenige ankommen sollten. Tatsächlich starben die meisten unterwegs, Begleitgendarmen, Çete, kurdische Nomaden, türkische Stadtbewohner, Hunger, Durst und Krankheit sorgten dafür, daß die Kolonnen allmählich schrumpften, wenn man nicht gleich ein Massaker veranstaltete. Im August 1915 hatten die Jungtürken den ersten Teil ihres Programms verwirklicht. Es gab keine Armenier mehr in dem Gebiet, wo dieses Volk mehr als zwanzig Jahrhunderte hindurch die aufeinanderfolgenden Invasionen überlebt hatte.

Der zweite Teil des Vernichtungsplans galt den Armeniern im übrigen Reich und gelangte von August 1915 bis Juli 1916 zur Ausführung. Nur die Armenier von Konstantinopel, die sich vor den Augen der diplomatischen Vertretungen befanden, von Smyrna, die der deutsche General Liman von Sanders schützte, sowie jene des Libanons und Palästinas entgingen dem gnadenlosen Plan, der auch die katholischen Armenier nicht verschonte, trotz der Interventionen des Vatikans und Österreich-Ungarns. In dieser Endphase vermied es die Regierung, die Opfer an Ort und Stelle umzubringen. Sie hielt sich paradoxerweise strenger an den Deportationsbefehl, der anfangs auf die Ostprovinzen beschränkt war, obwohl die Entfernung der nun betroffenen Gebiete vom Kriegsschauplatz eine Deportation nicht mehr rechtfertigte. Die Armenier wurden jetzt in Zügen nach Aleppo gebracht, aber weil der Schienenweg noch nicht fertig war, mußten künftige Tunnel im Amanus und Taurus zu Fuß umgangen werden. Wenn Militärtransporte in die andere Richtung zu den Dardanellen notwendig waren, pferchte man die Deportierten in improvisierten Lagern mit furchtbaren Hygienebedingungen zusammen. Die meisten erreichten trotzdem Aleppo, die Drehscheibe der Deportation. Ein Teil wurde in den Süden, nach Syrien geschickt und in Konzentrationslagern untergebracht, die Mehrheit setzte ihren Weg in die Wüsten Mesopotamiens fort zum angeblichen Ziel: Der-es-Sor. Im Dürregebiet entlang des Euphrats starben die Gefangenen zu Tausenden, und wer in Der-es-Sor ankam, wurde im Juli 1916 liquidiert, in die Wüste geschickt, wo es keine Überlebenschance gab, oder in Höhlen gedrängt, mit Benzin übergossen und lebendig verbrannt.

Auf diese Weise wurden zwei Drittel der Armenier des Osmanischen Reiches ermordet, von den Schätzungen über die anfängliche Bevölkerungszahl ausgehend sind das eine bis eineinhalb Millionen Menschen.[8] Nur wenigen Deportierten gelang es zu fliehen und sich versteckt zu halten. Man schätzt, daß 100 000 junge Frauen und Kinder von Türken verschleppt wurden, unter einer anderen Identität lebten, in einem fremden Glauben erzogen wurden und eine fremde Sprache sprachen. Ebenso steckte man Kleinkinder, die also unfähig waren, sich ihrer Herkunft zu erinnern und später Rache zu nehmen, in türkische Waisenhäuser. Unter Berücksichtigung der nach Rußland geflohenen Bewohner von Van, der Häftlinge in den syrischen Lagern, der Rebellen des Musa Dagh, die von alliierten Schiffen an Bord genommen wurden, und der armenischen Bewohner von Konstantinopel, Smyrna, Palästina und des Libanons kann man die Überlebenden auf 600 000 beziffern.

Sobald die Ententemächte von den ersten Maßnahmen der osmanischen Regierung erfuhren, protestierten sie. In der Note vom 24. Mai 1915 an die Hohe Pforte drohten sie den Verantwortlichen für dieses »neue Verbrechen der Menschheitsverletzung«, sie nach dem Krieg vor Gericht zu stellen. Die deutsche und die österreichische Regierung, die durch ihre Botschafter und Konsuln von diesem verbrecherischen Vorgehen unterrichtet wurden, dessen Bedeutung ihnen klar war, ließen es geschehen, um das Bündnis nicht zu gefährden, auf dem ihre Strategie aufbaute. Die Deportationsverordnung vom 27. Mai ermächtigte die Militärbehörden, nach Belieben mit Zivilbevölkerungen zu verfahren, die der Spionage und des Verrats verdächtigt wurden, und Kollektivdeportationen ganzer suspekter Städte und Dörfer vorzunehmen. Das Gesetz vom 10. Juni über die Registrierung des Besitzes der Deportierten sah den Schutz der Personen und ihres Eigentums vor und ernannte dafür zuständige Organe, es wurde aber nie angewandt. In ihrer Antwort auf die Note vom 24. Mai rechtfertigte die osmanische Regierung ihre Maßnahmen und beschuldigte die Ententemächte, diese notwendig gemacht zu haben, weil sie die revolutionäre Armenierbewegung organisiert und geleitet hätten. So wurde unverzüglich eine Provokation behauptet, um die Realität des Völkermords zu bemänteln. Diese Behauptung »suggeriert eine Gleichheit an Macht und Selbstbewußtsein« zwischen Türken und Armeniern, während letztere keinerlei Verteidigungsmittel besaßen und an der politischen Macht keinen Anteil hatten. Der Völkermord war keine Reaktion auf armenische Provokationen, sondern auf die militärischen Katastrophen des Weltkriegs und eine Etappe der türkischen Nationalrevolution [129, S. 67–71].

Der Vorsätzlichkeitsbeweis

Die Existenz eines Vernichtungsplans auf seiten der osmanischen Regierung stellt den Beweis für die verbrecherische Absicht des von den Jungtürken beherrschten Staates dar. Nachdem die unmittelbare Verantwortung dieses Staates für das Verbrechen und der genozidäre Charakter seiner Ausführung feststehen, kann Anklage wegen Völkermords an der nationalen, ethnischen und religiösen Gruppe der Armenier erhoben werden.

Wie beim Völkermord an den Juden gibt es kein Dokument, das den Augenblick des Übergangs zum Handeln genau bestimmen ließe. Es ist erwiesen, daß die Pantürkisten im Zentralkomitee der *Ittihad* – nach dem türkischen Namen der Partei für Einheit und Fortschritt: *Ittihad ve Terraki* – kein Hehl aus ihrem Wunsch machten, die Armenierfrage gewaltsam zu lösen, während die Gemäßigteren davor zurückschreckten. Der Eintritt der Türkei in den Weltkrieg machte in den Augen der ersteren die Ausrottung dringlicher und leichter realisierbar zugleich. Es kann als wahrscheinlich gelten, daß die Unerbittlichen unter Führung von Nazim und Schakir während einer Versammlung beim Sitz des Zentralkomitees der *Ittihad* im Konstantinopler Viertel Stambul die Regierung, besonders Talaat und Enver, überzeugten, daß der Moment günstig sei zum Handeln. Wann genau dies geschah, an welchem Tag das ZK der *Ittihad* die Vernichtung der armenischen Gemeinschaft plante und die Vorgehensweise bestimmte, ist nicht bekannt, es liegen auch keine Aufzeichnungen über den Inhalt der Beratungen vor.

Obwohl ein solches Dokument fehlt, kann die verbrecherische Absicht aufgrund anderer Quellen nachgewiesen werden, die keinen Zweifel lassen. Sie bestehen zunächst aus den Unterlagen, die 1919 für den Prozeß gegen die für die »Massaker« verantwortlichen Jungtürken zusammengestellt wurden. Nach dem Rücktritt der jungtürkischen Regierung im Oktober 1918 handelte die neue osmanische Regierung einen Waffenstillstand aus, der am 30. Oktober in Mudros unterzeichnet wurde. Sultan Mehmed VI., Nachfolger Abdul Hamids, eine Marionette in den Händen der Jungtürken, wünschte die Aufklärung der allgemein bekannten Massaker vor der Friedenskonferenz. Damit die Verantwortung nicht auf das türkische Volk fiel, mußte die Schuld der Jungtürken festgestellt werden. Eine Untersuchungskommission wurde eingesetzt unter der Leitung von Mazhar Bey, dem früheren Gouverneur von Angora (Ankara), der sich der Deportation der Armenier widersetzt hatte. Ein weiteres Dekret des Sultans berief Kriegsgerichte ein, um die Hauptschuldigen zu verurteilen, und Ausnahmegerichte, bestehend aus Militär- und Zivilpersonen, vor die die Beamten der Provinzen gestellt werden sollten. Die Auffindung und Sichtung des nötigen Materials erwies sich als schwierig, weil die Jungtürken vor der Flucht die Spuren ihrer Verbrechen verwischt hatten. Beamte hatten jedoch Dokumente aufbewahrt, die sie benützten, um sich Vorteile zu verschaffen. Die von der Mazhar-Kommission gesammelten Unterlagen waren chiffrierte, von den Empfängern entschlüsselte Telegramme, die der Innen- oder Kriegsminister, das Zentralkomitee der *Ittihad* oder die Leiter der Sonderorganisation an die Ausführenden in den Provinzen gesandt hatten, daneben beeidigte Zeugenaussagen oder Ermittlungsberichte. Alle wurden auf ihre Glaubwürdigkeit überprüft, bevor sie in die über 200 Anklageakten kamen [125, S. 340]. Ein Teil dieser Dokumente und die Verhandlungsprotokolle der Ausnahmegerichte wurde in der juristischen Beilage des *Amtsblatts (Takvim-i Vekayi)* abgedruckt. Das *Amtsblatt* veröffentlichte außerdem die Sitzungsprotokolle des Parlamentsausschusses, der vom 5. bis 11. Dezember 1918 Ermittlungen über die Massaker anstellte. Schließlich brachte die türkische Presse in den Jahren 1919 und 1920 Prozeßberichte und veröffentlichte einige Dokumente.

Die wichtigste Entdeckung der Mazhar-Kommission war die Existenz der Sonderorganisation, die weder die Konsuln noch andere Zeugen erwähnten. Das Geheimnis war gut gehütet worden, die Sonderorganisation stellte von

Anfang an eine perfekte Verbrechensorganisation dar. Allein ihre Existenz bewies, daß die Deportationen in Wirklichkeit der Vernichtung dienten, weil die Regierung gleichzeitig Mörderbanden zum Massaker der Kolonnen rekrutierte.

Die Absicht des Zentralkomitees, dieses Verbrechen zu begehen, wurde durch Aussagen vor dem Kriegsgericht vielfach nachgewiesen, und das Militärgericht in Konstantinopel kam zu dem Schluß, daß die Deportationen nur zur Verschleierung der vom Zentralkomitee beschlossenen Ermordung der Armenier dienten und die Sonderorganisation die Vermittlung zwischen dem Komitee und den Ausführenden besorgte. Am 11. Juni 1919 trat der osmanische Großwesir Damad Ferid Pascha vor die Friedenskonferenz. Er gab die von den Türken während des Krieges begangenen Verbrechen zu und bezeichnete die Schuldigen: die Führer der *Ittihad*, was die Urteile der Kriegs- und Ausnahmegerichte bestätigten. Es war unmöglich, diese Verbrechen zu verbergen, und das Manöver bestand darin, sie den Jungtürken und sogar den Deutschen anzulasten, gleichzeitig aber die Beschuldigung aufrechtzuerhalten, die Armenier hätten Subversion und Verrat begangen. Doch mit der Enthüllung der Existenz der Sonderorganisation lieferte die osmanische Regierung den Beweis für den Völkermord, einer noch nicht definierten Verbrechenskategorie.

Die von dem armenischen Journalisten Aram Andonian zusammengetragene Dokumentation – zwei Briefe und fünfzig chiffrierte Telegramme, die von den Empfängern entschlüsselt und häufig mit Anmerkungen versehen worden waren – wurden 1920/1921 auf französisch, englisch und armenisch veröffentlicht. Sie lieferte den unwiderlegbaren Beweis für die Vorsätzlichkeit der Massaker und ergänzte das Material der Mazhar-Kommission. Wegen zahlreicher Irrtümer Andonians (Fehler bei der Umrechnung des osmanischen Rumi-Kalenders in den Gregorianischen und bei der Numerierung der Telegramme) ist die Echtheit dieser Dokumente bezweifelt worden, sie steht aber nach den Arbeiten Dadrians fest [125, 121 und 136].

In den osmanischen Archiven finden sich keine Beweise, oder sie werden geheimgehalten, denn die türkische Regierung könnte die Tatsachen nicht mehr leugnen, wenn sie ans Licht kämen. Die Archive der deutschen, amerikanischen, französischen und britischen Außenministerien dagegen untermauern die Anklage. Die Berichte der deutschen Diplomaten und der deutschen Offiziere in türkischen Diensten zeigen sowohl die Planmäßigkeit der Armeniervernichtung als auch die Ohnmacht der Deutschen, sich ihr zu widersetzen. Die deutschen Konsuln waren präzise und objektive Chronisten, weil sie nichts zu verbergen hatten, nachdem ihr Land nicht direkt an diesem Programm mitwirkte. Die bis 1917 neutralen Amerikaner stimmten mit den Deutschen überein. Zwischen dem Bericht Rößlers und jenem Jacksons gibt es keine Abweichungen, was die Vorfälle, Daten und die geschätzte Zahl der Opfer angeht. Ebenso fand Konsul Davis in Kharput heraus, daß die Deportiertenzüge, die durch diese Provinz kamen, vernichtet wurden. Auf einer Rundfahrt durch abgelegene Täler sah er Tausende Leichen von Frauen und Kindern [128].

Schließlich erschienen während des Krieges zwei Bücher, die gleichfalls übereinstimmend erdrückende Beweise brachten: die Schilderung des deutschen Pastors Lepsius, die sich auf eigene Beobachtungen und Mitteilungen von Deutschen und Neutralen stützte, und das englische *Blaubuch* von Lord Bryce mit einem Vorwort von Arnold Toynbee [131 und 122].

Selbst wenn man andere Quellen nicht berücksichtigt, besonders die Aussagen von Augenzeugen, von armenischen Überlebenden und von den Schuldigen selbst, so steht genügend Material zur Verfügung, um den Beweis zu liefern, daß das Zentralkomitee der *Ittihad* einen Völkermord plante und ihn zwei Jahre lang durchführte. Seit 1915 war das Verbrechen allgemein bekannt, die Verantwortlichen bestritten es nicht, Talaat und Enver sprachen offen darüber mit ihren deutschen oder amerikanischen Gesprächspartnern. Wie konnten die Regierungen der Türkei später abstreiten, was offenkundig war?

Leugnen

Das Eingeständnis eines Völkermords durch den Staat, der ihn begangen hat, oder durch seinen Rechtsnachfolger stellt die Ausnahme dar. Nur die Bundesrepublik Deutschland hat die Tatsachen anerkannt, ohne sie zu vertuschen, und akzeptiert, die Konsequenzen zu tragen. In der Türkei dagegen haben sich die aufeinanderfolgenden Regime in ein Leugnungssystem eingeschlossen, das von den Verbrechern selbst vorfabriziert wurde.

Der Völkermord an den Armeniern wurde durch Lügen vorbereitet und mit Verlogenheit begangen. Der jungtürkische Staat lieferte seinen Nachfolgern die Waffen zu seiner Verteidigung und zur Verdrehung der Tatsachen. Der Mord wurde so geplant, daß sich der Beschuldigte auf Selbstverteidigung berufen oder seine Unschuld beteuern konnte: Selbstverteidigung eines durch Aufstände oder Bürgerkrieg bedrohten Staates, belegt durch Dokumente, die in den Archiven verwahrt wurden, und Unschuld der Beamten und Begleitgendarmen, die behaupteten, sie hätten die Kolonnen nicht gegen die Angriffe irregulärer Truppen schützen können. Die Deportation hatte den doppelten Vorteil, die Pflanze mit der Wurzel auszureißen und den Mord hinter einem Schleier der Rechtmäßigkeit zu verbergen. Um die Fiktion einer legalen Umsiedelung unter Eskorte zu untermauern, erhielten die Behörden schriftliche Weisung, die Deportierten zu schützen. Dieses Dokument wurde als Beweis für den guten Willen der Regierung im Archiv deponiert. Gleichzeitig erging in einem zu vernichtenden Telegramm ein Gegenbefehl mit den wirklichen Anordnungen, so daß später in den Archiven nur die Spuren rechtmäßiger Maßnahmen zu finden waren. Um das Vernichtungsprogramm noch besser zu vertuschen erfolgte eine zweite Verschleierung: die Umwidmung einer Geheimorganisation des Kriegsministeriums, der Sonderorganisation, deren Aufgabe es war, muslimische Völker jenseits der Grenzen zu infiltrieren, um sie für die türkische Sache zu gewinnen. Ein Teil dieser Organisation wurde nun dem Innenministerium unterstellt mit dem Auftrag, osmanische Staatsbürger zu ermorden. Durch diese Verdopplung konnte sich das zweite Organ hinter dem ersten verbergen, dessen Methoden bei Nachforschungen als übliche Geheimdienstpraktiken in Kriegszeiten gelten mußten. Die Leugnung war also von Anfang an integrierender Bestandteil der Tat.

Als Mustafa Kemal mit der Rückeroberung einer Türkei begann, die Gefahr lief, von den Siegern zerstückelt zu werden, machte er die Verhinderung jeder Gebietsabtrennung zur Grundlage der nationalen Einigung. Damit wurde es nötig, die Kriegsverbrecherprozesse in Konstantinopel zu beenden und deren Spuren zu verwischen. 1923 erledigte Ismet Inönü in Lausanne »die bedauerliche Armenierfrage«, indem er erklärte, »die Verantwortung für alles Unglück, welches das armenische Element im Osmanischen Reich traf«, liege bei »diesem Element«, die Türkei habe erst zu Repressalien gegriffen, als ihre Geduld erschöpft war. In der Zwischenkriegszeit präsentierte die Historische Gesellschaft der Türkei eine zynischere Version der Geschehnisse: die Maßnahmen seien notwendig gewesen für das Entstehen dieser großen Nation. Dieses Argument faßt Norbert de Bischoff folgendermaßen zusammen: »Die Ausrottung der griechischen und armenischen Rasse in Anatolien ... erlaubte die Gründung eines türkischen Nationalstaats und die Schaffung eines rein türkischen Gesellschaftskörpers innerhalb dieses Staates« [135, S. 176]. Das hieß, ethnische Säuberungen im voraus zu rechtfertigen. Die türkische Diplomatie wachte weiterhin darüber, daß die Armeniermassaker niemals erwähnt wurden, so daß sie aus dem Gedächtnis der Nationen verschwanden, die ihre Aufmerksamkeit den neuen internationalen Krisen zuwandten.

Nach 1945 trat die Türkei den Vereinten Nationen bei und unterzeichnete später die Völkermordkonvention. Erst als man 50 Jahre nach den Ereignissen der Opfer des Genozids gedachte, änderte türkische Regierung ihre Strategie. Sie beschränkte sich nicht mehr darauf, die Tatsachen zu leugnen, sie untermauerte ihre Lüge auch noch mit »historischen Untersuchungen«, die die Armenier endgültig aus der türkischen Vergangenheit ausstießen. Armenien sei nichts als ein »geographischer Begriff«, es habe weder ein historisches Armenien gegeben noch Armenier in der Türkei, sondern nur Hethiter, die sich als Armenier ausgaben. Die Leugnung erreichte damit ihren Höhepunkt, sie behauptete die Nichtexistenz des Opfers.

Es war ein mächtiger Staat, der dieses Leugnen unternahm und kontrollierte und all jene, die seiner Version der Tatsachen widersprachen, bedrohte und erpreßte. Um diesen unhaltbaren Standpunkt weiter zu untermauern, wurde eine Kampagne von Ankara aus gestartet, wo türkische Historiker ein regelrechtes Laboratorium der Desinformation eingerichtet hatten, das die türkische Sicht der Ursachen und Ereignisse des »angeblichen Völkermords« präsentierte. Da sie aber nicht die erwarteten Erfolge verbuchen konnte, forderte die türkische Regierung die Türkeiforscher im Ausland auf, ihre Position zu stärken, indem sie ihnen begrenzten Zugang zu den bis dahin »in Klassifizierung befindlichen« Archiven gewährte. Diese Leugnungskampagne fand ihren Niederschlag im Buch Professor Shaws von der University of California, Los Angeles, der die Armenier als privilegierte Bürger des Osmanischen Reiches darstellte, welche die Türken unterdrückten. Letztere hätten sich gewehrt, indem sie die armenische Bevölkerung einiger strategisch wichtiger Zonen in Gebiete mit besseren Bedingungen umsiedelten [129, S. 124–126].

Die türkische Leugnung stützt sich auf drei Argumente. Das erste, das seit 1915 ständig wiederholt wird, kehrt die Schuld um: die Armenier hätten das Vertrauen der Türken mißbraucht und ihre Geduld erschöpft; außerdem hätten sie einen Genozid an den Türken begangen. Diese Beschuldigung vermengt die Geschehnisse von 1915 mit Überfällen auf türkische Dörfer an der Ostfront durch armenische Banden, die nach dem Zusammenbruch der russischen Armee Ende 1917 aus Rußland kamen. Das zweite Argument, das wichtigste, weil es die Genozidbeschuldigung zurückweist, stellt die Absicht in Abrede. Die Türkei gibt Deportationen und Massaker zu, leugnet aber deren Planmäßigkeit und damit den Völkermord. Um die wissenschaftliche Welt davon zu überzeugen, kündigte sie 1988 nach langem Ausweichen die Öffnung der osmanischen Archive als große Neuigkeit an und als Beweis für ihren guten Willen. Darin können die Historiker die seit 1915 gefälschten und registrierten Beweise für die Unschuld der Türken finden, während die anderen Dokumente in den 70 Jahren der »Klassifizierung« vernichtet oder beiseite geschafft worden sind. Als drittes Argument schließlich dient der Streit um die Statistiken. Er betrifft einerseits die Vorkriegsanzahl armenischer Bewohner im Osmanischen Reich – 2,1 Millionen nach Angaben des Patriarchats, 1,29 Millionen laut osmanischer Volkszählung – und andererseits die Zahl der Opfer: 1,5 Millionen in der armenischen Version, 200 000 bis 800 000 in der türkischen. Da aber die Herabsetzung der ursprünglichen Einwohnerzahl den Prozentsatz der Opfer erhöht, gibt die türkische Regierung damit zu, daß ein Drittel oder sogar mehr als die Hälfte der Armenier getötet worden sind.

Bei all diesen Attacken und Finten verstricken sich die türkischen Historiker in Widersprüche: die Armenier hätten nie existiert, die Türkei habe nie die Absicht gehabt, sie zu vernichten. Sie dagegen hätten einen Völkermord gegen die Türken geplant und angefangen; wenn die Armenier vernichtet wurden, seien sie selber schuld. Außerdem sei die Zahl der Opfer nicht so hoch wie behauptet. Die Absurdität dieses Standpunkts läßt sich mit folgender Formel wiedergeben: Nichts ist geschehen, aber sie haben es verdient.

Das türkische Leugnen führte bei den Armeniern zu einer Identitätskrise, es nahm ihnen ihr Zugehörigkeitsgefühl und wurde als zweite Ermordung erlebt. Paradoxerweise trug der neuerliche Angriff zum Erwachen des armenischen Bewußtseins bei. Mit ihrer Weigerung, den Völkermord einzugestehen, ermöglichte es die Türkei den Armeniern, den Schock von 1915 zu überwinden und zu ihren Wurzeln zurückzukehren. Die Überlebenden und ihre Nachkommen sahen sich wieder in die Defensive gedrängt, sie waren gezwungen, den Beweis für das erlittene Unrecht zu erbringen. Hierzu wurde die historische Forschung über den Genozid reaktiviert, umfassenderes und glaubwürdigeres Material zusammengetragen, das die Historiker in aller Welt überzeugte. Der Völkermord an den Armeniern war zur geschichtlichen Tatsache geworden.

Die Völkermordfrage wurde von der UNO aufgegriffen. Als der Referent des UN-Unterausschusses für Minderheitenschutz 1973 eine Studie über Verhütung und Bestrafung von Völkermord vorlegte, widmete er in Artikel 30 seines Berichts drei Zeilen den Armeniern: »Wenn wir uns der zeitgenössischen Geschichte zuwenden, so kann auf eine verhältnismäßig umfassende Dokumentation über das Massaker an den Armeniern hingewiesen werden, das als der ›erste Völkermord des 20. Jahrhunderts‹ betrachtet worden ist.« Aber die türkische Delegation bei der Menschenrechtskommission verlangte die Streichung dieses Artikels wie die zweier anderer, die religiöse Gruppen erwähnten. Die armenische Diaspora nahm diesen Zwischenfall zum Anlaß für eine Informationskampagne über den Genozid, doch nach vielen Debatten verschwand Artikel 30 aus dem Bericht, der 1979 der Kommission vorgelegt wurde [135, S. 201–204]. Die türkische Weigerung erbitterte die politischen Organisationen der Armenier, die nun zu radikaleren Methoden griffen. 1983 begann eine Zeit des Terrors, »bewaffneter Kampf« genannt, unter Führung von zwei oft gegensätzlichen Organisationen, der »Armenischen Geheimarmee für die Befreiung Armeniens« (ASALA) und der »Rächer des Völkermords an den Armeniern«, einer Untergrundfraktion der Armenischen Revolutionären Föderation. Als Symbole der offiziellen Leugnung waren türkische Diplomaten Hauptziele der Terroraktionen. 1983 erreichte der Rachefeldzug extreme Ausmaße, was zur Selbstzerstörung der Bewegung führte. Nun nahm der Kampf um die Anerkennung des Völkermords an den Armeniern wieder gewaltlosere Formen an. Im April 1984 befand das »Ständige Tribunal der Völker« an der Sorbonne: »Die Ausrottung armenischer Bevölkerungen durch Deportation und Massaker stellt ein unverjährbares Verbrechen des Völkermords dar«; »die jungtürkische Regierung ist verantwortlich für diesen Völkermord«; und »diese Verantwortung zieht vor allem die Verpflichtung nach sich, die Tatsache dieses Völkermords und das folglich dem armenischen Volk angetane Unrecht offiziell anzuerkennen« [137, S. 348]. Im August 1985 nahm der UN-Unterausschuß für Minderheitenschutz den Whitaker-Bericht an, der den Genozid an den Armeniern anführte, womit der Streit um Artikel 30 nach 13 Jahren ein Ende fand [53]. Am 18. Juni 1987 verabschiedete das Europaparlament eine Resolution, in der die Tatsache des Völkermords an den Armeniern anerkannt und ausdrücklich bestimmt wurde, daß die Leugnung des Genozids ein Hindernis für den Beitritt der Türkei zur Europäischen Gemeinschaft darstelle. Dagegen lehnte es der amerikanische Senat im Februar 1990 ab – trotz der Kampagne des republikanischen Senators Robert Dole –, den 24. April als Gedenktag für diesen Völkermord einzuführen. Er trug damit den Interessen des State Department Rechnung, denn die Türkei drohte, die Stationierung amerikanischer Truppen auf ihrem Territorium zu verbieten.

Wenn die Türkei darüber wacht, jede Erwähnung des Genozids zu unterbinden, so sind die armenischen Gemeinschaften der Diaspora ebenso wachsam, was leugnerische Stellungnahmen angeht. Als Bernard Lewis am 16. November 1993 in *Le Monde* von der »armenischen Version der Geschichte der Massaker« sprach, gaben ein paar Tage später Intellektuelle in derselben Zeitung eine Erwiderung ab, in der sie den Völkermord anprangerten und die türkische Leugnungspolitik verurteilten. Als Lewis daraufhin seinen Standpunkt »erklärte« und damit wissentlich einer Desinformation Vorschub leistete, beschlossen armenische Organisationen in Frankreich, Anklage zu erheben.

Vergleich zwischen den Genoziden an Juden und Armeniern

Das abscheulichste und zugleich perfideste Leugnungsmanöver besteht darin, die Armenier zu beschuldigen, die Einzigartigkeit des Völkermords an den Juden zu bestreiten und die armenische Forderung einer Anerkennung als Versuch auszulegen, den unbestrittenen Genozid an den Juden zu relativieren. Um die Solidarität der Opfer zu untergraben und das armenische Gedächtnis vom jüdischen zu unterscheiden, um die gegen sie gerichtete Beschuldigung des Revisionismus zu parieren, wirft die Türkei den Armeniern Revisionismus gegenüber der jüdischen Geschichte vor. Allerdings hat es oft Mißverständnisse zwischen Juden und Armeniern gegeben. Erstere verdächtigten die Armenier, die Einzigartigkeit des Völkermords an den Juden zu bestreiten, während sich letztere als zweitrangige Opfer behandelt fühlten. Diese Mißverständnisse müssen beigelegt werden, denn vergleichen heißt nicht herunterspielen, sondern Ähnlichkeiten und Unterschiede zwischen zwei Geschehen zu ermitteln, um sie zu definieren.

Beide Fälle weisen Analogien auf, darunter besonders die Voraussetzungen für den Tatbestand des Völkermords. Ein von einer Einheitspartei beherrschter Staat, dem alle zivile und militärische Gewalt zu Gebote stand, plante und betrieb im Schutz eines Weltkriegs mit Hilfe seiner Bürokratie und Technik die Vernichtung einer Gruppe, einer wehrlosen Minderheit, von der er aber behauptete, sie habe sich gegen ihn verschworen und bedrohe seine Existenz. In beiden Fällen war der unmittelbare Anlaß des Mordens eine unumstößliche ideologische Überzeugung, die eine Gruppe zu Trägern einer Mission machte. Ihre Mitglieder maßten sich Vorrechte an und beseitigten die Schranken der Moral, die ihrem messianischen Vorhaben im Wege standen. Beide Genozide waren die tragische Folge einer Zwangsneurose, fixiert auf einen Feind, dessen Ausrottung als überlebensnotwendig erschien, so daß der Völkermord nicht nur als erlaubt, sondern als geboten galt. In beiden Fällen bestand der Plan, auch andere Gruppen zu vernichten: Polen, Russen und andere slawische Völker im NS-Regime, Griechen, Araber und Kurden bei den Jungtürken. In beiden Fällen war das Ergebnis die physische und kulturelle Vernichtung der jeweiligen Gemeinschaft, es handelte sich zweifelsfrei um Völkermord, ob aus juristischer Sicht, gemäß der Definition der Konvention, oder in weiterem Sinne. Vom Genozid an den Zigeunern abgesehen, der im selben Zusammenhang begangen wurde, ist der Völkermord an den Armeniern das Verbrechen in unserem Jahrhundert, das dem Völkermord an den Juden am nächsten kommt, also am ehesten mit ihm verglichen werden kann.

Trotzdem gibt es mehr Unterschiede als Gemeinsamkeiten. Die beiden Verbrecherstaaten hatten weder dasselbe kulturelle Erbe noch dieselbe Stufe wirtschaftlicher Entwicklung oder dieselben Gründe. Verschieden waren das Motiv, die Vorsätzlichkeit, die Vorstellungen des Mörders von den Opfern, die Absicht und das Verhalten des Nachfolgerstaats.

Auch die Beweggründe waren unterschiedlich. Im Fall der Armenier kann man die Behauptung der Provokation gewiß nicht gelten lassen (noch weniger das *tu quoque*), denn es gab keinerlei Gleichgewicht zwischen einem mächtigen Staat und einer um so wehrloseren Gemeinschaft, als ihre erwachsenen Männer in der Armee dienten. Aber es gab eine alte Fehde zwischen Armeniern und Türken, ein Zerwürfnis, das sich im Verlauf eines halben Jahrhunderts vertiefte. Die Armenier bildeten die Mehrheit in einigen osmanischen Provinzen, sie waren ein unruhiges Volk, das begann, sich politisch zu organisieren und sich deutlich von den Türken abgrenzte. Selbst wenn die Bedrohung durch sie übertrieben wurde, selbst wenn das Verbrechen eine ideologische Komponente enthielt, ist das Motiv klar: Die Vernichtung der Armenier, ihre Ausrottung mit der Wurzel, wie Hannah Arendt sagte, sollte eine alte Rechnung begleichen.

Die Jungtürken töteten um der Bereicherung willen, sie waren Mörder und Diebe zugleich.

Die Juden dagegen stellten nie eine Bedrohung für die Deutschen dar. Sie hatten weder ein Gebiet noch eine politische Partei. Sie hatten sich unter Wahrung ihrer kulturellen und religiösen Identität in den deutschen Staat integriert. Manche waren sogar völlig assimiliert und sich ihres Judentums gar nicht mehr bewußt. Während die Armenier nach dem Willen des Staates als abgesonderte Gemeinschaft existierten und überall identifiziert werden konnten, waren die Juden im deutschen Volk verstreut – wollte man sie töten, mußte man sie zuerst ausfindig machen. Das Motiv war nicht Bereicherung, oder nur ganz nebensächlich. Es handelte sich um ein absurdes Verbrechen. Die Nationalsozialisten suchten ihr Bild im Spiegel, indem sie das eines anderen, allzu nahen auslöschten. Auf der einen Seite ein Verbrechen mit niedrigen Beweggründen, auf der anderen ein Affektverbrechen. Hier liegt der wesentliche Unterschied zwischen den beiden Genoziden. Selbst wenn sie das Recht zur Vernichtung des armenischen Volkes vom turanischen Mythos herleiteten, sahen die Jungtürken darin nur ein Zusatzelement, das den Übergang zur Tat erleichterte. Die ethnische oder religiöse Zusammensetzung der verfolgten Gruppe spielte für sie keine Rolle, allein der nationale Faktor zählte – die Präsenz eines Fremdkörpers und eine drohende Gebietsabtrennung. Wenn die Armenier auch im ganzen Land verfolgt wurden, so gab es doch Ausnahmen, manche sogar auf diplomatische Interventionen hin. Hier und dort verschonte man kleine Gruppen, die für die lokale Wirtschaft unentbehrlich waren, oder mitleidige Beamte unterließen die Deportation. Frauen wurden muslimischen Haushalten eingegliedert, Kinder in türkischen Waisenhäusern untergebracht und islamisch erzogen. Einige einflußreiche oder konvertierte Armenier konnten normal weiterleben. Im NS-Regime dagegen waren Ausnahmen nicht denkbar. Der arische Mythos verlieh dem Völkermord an den Juden eine Unbedingtheit, die der turanische nicht kannte. Diese Weltanschauung verdammte die Juden als Quelle alles Bösen. Der Haß der Nationalsozialisten war ein totaler, rassischer, biologischer, er ging bis in die dritte Generation zurück und erstreckte sich auf die gesamte Nachkommenschaft, auf der ganzen Welt, in der kein Jude mehr leben sollte. Die Jungtürken gingen pragmatisch vor, ohne Emotionen, ohne Haß regelten sie ein Problem wie Herren, die einen aufbegehrenden Diener bestraften. Der Wahn der Nationalsozialisten dagegen kannte keine Grenzen, die Unerbittlichkeit der Ausrottung nährte sich aus einer Besessenheit. Für sie waren alle lebenden und künftig zur Welt kommenden Juden zum Tode verurteilt. Es handelte sich nicht nur um einen innerstaatlichen totalen Völkermord, sondern um einen weltumfassenden. Kurz, die strukturelle Komponente war bei den Armeniern entscheidender als die ideologische, während es sich bei den Juden umgekehrt verhielt.

Diese Unterschiede in den Motiven und Absichten schlugen sich im ungleichen Status der Opfer nieder. Der Völkermord an den Juden war ein so inkonsequentes Vorhaben, daß es zu seiner endgültigen Gestaltung einer Veränderung der Strukturen bedurfte. Selbst wenn in den Jahrzehnten davor antisemitische Ausbrüche in ganz Europa die Schwäche ihrer gesellschaftlichen Position zeigten, waren die Juden 1933 in Deutschland gleichberechtigte Bürger. Ihr Ausschluß aus dem politischen, wirtschaftlichen und sozialen Leben stellte keine programmierte Etappe ihrer späteren Vernichtung dar, erleichterte sie aber. Die folgende Phase der Ausweisung und des Einsperrens in Ghettos beweist die Unentschlossenheit hinsichtlich der besten Lösung. Diese wurde »erst« 1941 gefunden, mit dem Beginn des totalen Krieges gegen Rußland. Die Absicht paßte sich hier den Strukturen an. Der Völkermord an den Armeniern dagegen wurde global geplant, so wie er kurz nach Kriegseintritt der Türkei verlaufen sollte. Während der Krieg die Bedrohung verschärfte, lieferte er gleichzeitig eine günstige Gelegenheit, sie zu beseitigen. Die Armenier befanden sich im Osmanischen Reich seit Jahrhunderten in Völkermordgefahr. Die Massaker unter Abdul Hamid machten ihre Schwäche offenkundig. Ihre Identifizierung war überflüssig, ihr Status designierte sie bereits. Die Phasen des Völkermords – Auswahl, Enteignung, Deportation, Vernichtung – wurden in einem einzigen Vorgang vereinigt.

Anscheinend wandte man andere Methoden an, doch in Wirklichkeit sind die Unterschiede relativ. Die Türkei war ein technisch wenig entwickeltes Land und beging ihre Verbrechen 1915. Doch die vorhandene Technologie brachte sie zum Einsatz: die Telegraphie zur Übermittlung verschlüsselter Befehle, die Eisenbahn, soweit gebaut, zum Transport der Deportierten, eine Bürokratie zur Planung der Morde, eine Geheimorganisation zu deren Ausführung. Der Völkermord an den Juden erfolgte nicht nur in der gefühllosen Industrie der Arbeits- und Vernichtungslager, ein Drittel der Opfer wurde erschossen oder starb an den Lebensbedingungen in den Ghettos oder aus Erschöpfung auf dem Transport. Die Jungtürken beschlossen, die Armenier, die sie nicht an Ort und Stelle umbrachten, allmählich zu dezimieren, im Verlauf der Deportationen. Selbst wenn das Gelände geeignet war für eine Massentötung, erwies sich das als chaotisch, unpraktisch und wenig diskret. Die Deutschen verfügten über keine entlegenen Täler, aber sie besaßen einen systematischeren, geordneteren Geist und die Vernichtungsmittel, welche die Technologie 1941 einem Industriestaat bot. Dennoch gibt es keinen Zusammenhang zwischen den beiden Genoziden. Ist der kurze Satz Hitlers in seiner endlosen Rede vor hohen Generälen am 22. August 1939 authentisch? Er soll gesagt haben: »Wer redet heute noch von der Vernichtung der Armenier?«, aber diese Bemerkung kommt nur in einer von mehreren Mitschriften der Rede vor. Und genau diese wurde von der Anklage in Nürnberg nicht herangezogen. Wie dem auch sei, sie besagt nur, daß der Krieg nach Meinung Hitlers (der die Vernichtung der Juden noch nicht beschlossen hatte) die Tötung von Zivilpersonen vereinfachte, außerdem sprach er damals von den Polen und nicht allein von den polnischen Juden [135, S. 167–169].

Schließlich gibt es einen Unterschied im Verhalten der Staaten nach dem Völkermord. Der Genozid an den Juden ist für die Völkergemeinschaft eine feststehende Tatsache, und der Nachfolgerstaat des NS-Regimes hat ihn zugegeben. Die deutschen Historiker nützten das reiche Quellenmaterial, das ihnen zur Verfügung stand, um ihre Kenntnisse zu vertiefen und das Verbrechen in all seinen Dimensionen auszuloten. Wenn sie manchmal zu abweichenden Ergebnissen gelangten, war dies die Folge einer freien Interpretation. Als die wissenschaftliche Debatte in eine emotionelle Auseinandersetzung ausartete, wurde dies erkannt und verurteilt. Im Gegensatz dazu hat das hartnäckige Leugnen der aufeinanderfolgenden Regierungen der Türkei und die Mobilisierung ihrer Historiker im Dienste einer unhaltbaren These schwerwiegende Folgen für das Land. Die Anerkennung des Völkermords an den Armeniern ist die Voraussetzung für eine sachliche Untersuchung der komplexen Beziehungen zwischen Armeniern und Türken im Osmanischen Reich. Allerdings war der Genozid an den Juden ein nutzloser Mord, während jener an den Armeniern dem türkischen Staat nützte, der sich zur Wahrung des Gewinns an seine Leugnung klammert. Aber über alles läßt sich verhandeln, selbst über Territorien.

Aus diesem Vergleich ergibt sich, daß die Einzigartigkeit des Völkermords an den Juden nicht in Frage gestellt ist – nie wurde in der Geschichte ein so totales, so ungeheuerliches Verbrechen geplant und begangen. Der Völkermord an den Armeniern war relativer und daher um so beispielhafter, weil überschaubarer. Die Jungtürken lieferten totalitären Staaten, deren Ideologie mehr chauvinistisch als rassistisch ist, ein Modell, das nicht voll verwirklicht wurde. Der Völkermord an den Juden aber, der sich von Antisemitismus, Rassismus und Millenarismus herleitete, könnte eines Tages religiösen Integrismen zum Vorbild dienen, um eine Gruppe mit dem absolut Bösen gleichzusetzen. Es ist zu hoffen, daß er im Gedächtnis der Menschheit einzigartig bleiben wird.

Der Völkermord in Kambodscha

Vom 17. April 1975 bis zum 7. Januar 1979 regierten in Kambodscha die Roten Khmer, die ein Projekt ethnischer und sozialer Säuberungen durchführten, das auf nationalistischen und kommunistischen Ideen zugleich beruhte. Der kambodschanische Völkermord ist bezeichnend für das Unheil unseres Jahrhunderts, in dem Menschengruppen unerbittlich gleichmacherischen Prinzipien geopfert werden. Wenn die Führer der Roten Khmer auch ein extremer Vernichtungswille erfüllte, so hatten sie doch keine selbstmörderischen Absichten, vielmehr diente ihre Ideologie, so wahnwitzig sie auch war, nur der Ergreifung und Konsolidierung der Macht. Der Völkermord wurde von nüchternen, berechnenden Verbrechern begangen, die ein Programm zur Vereinheitlichung der Khmergesellschaft aufstellten, dessen Ziel die Vernichtung divergierender ethnischer und religiöser Gruppen war sowie von Individuen, die sie für nicht assimilierbar hielten. Die Abwicklung dieses Programms erfolgte zuerst nach strengen Regeln, später chaotisch: Vertreibung der Bevölkerung der Städte, Identifizierung der Mitglieder verurteilter Gruppen oder Gesellschaftsklassen, Zerstörung des sozialen Gefüges, unerträgliche Lebensbedingungen für die Deportierten, die nach dem Prinzip der natürlichen Auslese zum Tod eines Großteils von ihnen führen mußten, Massenvernichtung und Verschleppung der Bewohner ganzer Gebiete nach vorhergehender Kennzeichnung, damit sie später getötet werden konnten. Diese Verbrecher waren von einer Zwangsidee besessen, die sie auf ihre Anhänger übertrugen, doch sie schützten Liebe zum Volk und lautere Absichten vor, um ihr Vorhaben leichter durchführen zu können.

Geschichte Kambodschas

In den sechziger Jahren war Kambodscha ein kleiner Staat und relativ dünn besiedelt im Vergleich zu seinen großen südostasiatischen Nachbarn Vietnam und Thailand, aber ein homogenes, von seiner Sprache und Kultur stark geprägtes Land. Seine Bewohner, die Khmer, waren fast alle Buddhisten, 85 Prozent lebten auf dem Land vom Reisanbau. Die Minderheiten – Chinesen, die den Handel kontrollierten, muslimische Cham und Vietnamesen – führten ein

Leben am Rande der Khmergesellschaft. Es war »ein fruchtbares Land mit verletzlichen Grenzen, umgeben von ausländischen Begierden und ständig bedroht« (Charles de Gaulle).

Kambodscha hat im Gedächtnis und in seinen Monumenten die Erinnerung an die sechs Jahrhunderte seiner Unabhängigkeit und seines Glanzes bewahrt, als es vom 9. bis ins 15. Jahrhundert das Königreich Angkor war. Auf seinem Höhepunkt war Angkor das mächtigste Reich der indochinesischen Halbinsel. Sein Reichtum wurde durch die Sklaverei gewährleistet, die den Bau großer Bewässerungsanlagen erlaubte, was die landwirtschaftliche Nutzfläche vergrößerte und den Ertrag steigerte, so daß drei Reisernten im Jahr eingebracht werden konnten. Der Buddhismus, die Staatsreligion, hatte die heidnischen Traditionen, eine Mischung aus Aberglaube und Animismus, nicht ausgelöscht. Damals bildeten sich die Hauptmerkmale des Khmervolks heraus, die konstant bleiben sollten: Kult des Gott-Königs, des Spenders aller Wohltaten, Gewaltsamkeit aufgrund eines harten Strafsystems und der Aufspaltung der Gesellschaft in arme Bauern, »die großen schwarzen Männer«, und reiche Städter, »weiß wie Jade«, aber auch Passivität und Fatalismus. Im 15. Jahrhundert besetzte Siam das Angkor-Reich, und bis ins 19. Jahrhundert wurde Kambodscha abwechselnd von Siam und Annam beherrscht. Sie ließen das Königtum bestehen, annektierten aber Grenzgebiete. Die Hauptstadt wurde nach Oudang verlegt, später nach Phnom Penh. In den Jahrhunderten der Fremdherrschaft erhielt und verstärkte sich die Eigenart der Khmer, in harten Zeiten erwarben sie die Überheblichkeit und das Verwundbarkeitsgefühl, die ihren leidenschaftlichen Nationalismus und ihr Bedürfnis, die Herrlichkeit des Angkor-Reichs ohne fremde Hilfe wiederherzustellen, nährten. Der König blieb ein Kultobjekt, der Mittelpunkt des Volkes. Doch wenn die Traditionen und Gebräuche Angkors bewahrt wurden, so galt dasselbe für die Teilung der Gesellschaft in eine reiche, grundbesitzende Oligarchie und ausgebeutete Bauern. Die Sklaverei war bei den Khmer so fest verankert, daß es den Franzosen erst zu Beginn des 20. Jahrhunderts gelang, sie abzuschaffen.

Um die Gefahr einer Annexion abzuwenden, beschloß König Ang-Duong 1853, eine ausländische Macht zu Hilfe zu rufen. Seine Wahl fiel auf Frankreich, das sich für diesen Vorschlag nicht sonderlich interessierte. Erst nach 1863 trat es in Verhandlungen mit König Norodom ein, weil es nun hoffte, einen Pufferstaat zwischen dem englisch beeinflußten Siam und seinen vietnamesischen Kolonien zu schaffen. Das französische Protektorat begann 1884 mit der Unterzeichnung eines Abkommens und der Ernennung eines Oberresidenten. Frankreich reorganisierte das Land, um es auszubeuten. Die Kolonialverwaltung versuchte nicht, die Wirtschaft des Landes zu entwickeln, sondern beschränkte sich auf den Bau eines Straßennetzes und auf die kulturellen Aktivitäten von Archäologen, Soziologen, Sprachwissenschaftlern und Historikern, die die Identität der Khmer ans Licht brachten. Dagegen erreichte es von Siam die Rückgabe der besetzten Gebiete im Norden und Nordwesten Kambodschas.

1941 marschierte die japanische Armee in Phnom Penh ein und verkündete das Ende der Knechtung Asiens durch die europäischen Mächte. Der achtzehnjährige Norodom Sihanouk, Enkel König Norodoms, bestieg den Thron. Die Vichy-Regierung kollaborierte mit den Japanern und akzeptierte die Rückübertragung eines Drittels des kambodschanischen Territoriums an Thailand. Im März 1945 verjagten die Japaner die Franzosen, und der König erklärte die Unabhängigkeit seines Staates. Doch die Franzosen kehrten 1946 zurück und stellten die alten Grenzen Kambodschas wieder her, das zum autonomen Staat innerhalb der Französischen Union wurde. 1954 erlangte es die völkerrechtliche Anerkennung seiner Souveränität. Der König konsolidierte seine Macht durch einen Kunstgriff, er dankte zugunsten seines Vaters ab und gründete eine Partei, die Sozialistische Volksgemeinschaft oder *Sangkum*. Bei den Wahlen 1955 errang die *Sangkum* eine überwältigende Mehrheit. Auf diese Weise erhielt Norodom Sihanouk, der wieder Prinz geworden war, hinter einer demokratischen Fassade das Feudalregime mit seinen Privilegien aufrecht. Doch er kurbelte die Wirtschaft des Landes an und entwickelte das Unterrichts- und Gesundheitswesen. Indem er sich gleichzeitig auf den Westen und den kommunistischen Block stützte, brachte er seinen Willen zur Neutralität zum Ausdruck und bewahrte Kambodscha vor dem Krieg, der in Vietnam wütete. Grenzzwischenfälle vervielfachten sich jedoch 1965, denn Thailand hatte sich mit der Grenzziehung nie abgefunden und Südvietnam verfolgte die Khmerminderheiten in den Mekongprovinzen, die nach Kambodscha auswanderten. Der Prinz suchte eine Annäherung an China und akzeptierte die Einrichtung von Stützpunkten der Vietcong nahe der kambodschanischen Grenze, während er die Opposition durch die Ernennung einer rechten proamerikanischen Regierung zu beschwichtigen suchte. 1969 bombardierten die USA die Vietcong-Stützpunkte. Als Sihanouk im Januar 1970 eine Reise nach Frankreich unternahm, hatte Premierminister Lon Nol genügend Zeit, mit Hilfe des Prinzen Sirik Matak einen Staatsstreich vorzubereiten, der am 18. Mai stattfand.

Die Roten Khmer

Das Nationalgefühl der Khmer erwachte 1936, als Son Ngoc Thanh, ein *krom khmer* (aus Cochinchina), die Bewegung Freie Khmer (*Issarak*) ins Leben rief, eine nichtkommunistische Unabhängigkeitsbewegung. Während des Zweiten Weltkriegs nahmen franzosenfeindliche Bewegungen zu, und junge Kambodschaner befreundeten sich mit Mitgliedern der 1930 von Ho Tschi Minh gegründeten Kommunistischen Partei Indochinas. In dieser wirren Zeit stellten sich drei Bewegungen gegen Frankreich: die *Issarak*, die Kommunisten und die Nationalisten. Diesen drei Gruppierungen entstammten die Führer der Roten Khmer. Die meisten von ihnen waren ehemalige Schüler des Sisowath, des Phnom Penher Gymnasiums, auf dem die höhere Gesellschaft Kambodschas ihre Kinder erziehen ließ. Manche waren auch *krom* aus Cochinchina.

Herkömmlicherweise schickte die französische Verwaltung die kambodschanische Elite nach Hanoi zum Studium, weil es in Phnom Penh keine Universität gab. Da sie aber nach 1946 eine kommunistische Ansteckung befürchtete, ließ man die Studenten nach Paris gehen. Im Indochina-Haus des Campus bildete sich die »Association des étudiants Khmers«, die ihre Forderungen auf die Unabhängigkeit ihres Landes beschränkten. Die militantesten organisierten sich im Kambodschanischen marxistisch-leninistischen Arbeitskreis, den die Kommunistische Partei Frankreichs unterstützte, welcher die meisten späteren Führer der Roten Khmer beitraten: Thiounn Mumm, der Pionier, und dessen Bruder Thiounn Prasith, Khieu Samphan, Son Sen, Hou Yuon, Hu Nim, Ok Sakun, vor allem aber die vier jungen Leute, die den Kern dieser Bewegung bilden sollten, Saloth Sar, Ieng Sary, Khieu Thirith und ihre Schwester Khieu Ponnary. 1956 gründeten die 200 kambodschanischen Studenten in Frankreich die »Union des étudiants khmer« (UEK), die zum Brennpunkt der revolutionären Ideen wurde. Diese jungen Marxisten kehrten dann in ihr Land zurück, Saloth Sar zum Beispiel, während andere ihr Studium in Frankreich fortsetzten. Khieu Samphan und Hou Yuon legten wirtschaftswissenschaftliche Dissertationen vor, ersterer über die Industrialisierung Kambodschas, letzterer über die Modernisierung des Bauerntums. Diese Arbeiten liefern Hinweise auf die ökonomischen Vorstellungen der Roten Khmer, aber sie sind kein ideologisches Programm. In Kambodscha wurden die Studenten dann Politiker, der radikalste unter ihnen war Saloth Sar. 1953 nahm er Verbindung zur *Issarak* auf, die unter der Führung von Son Ngoc Minh stand, kommunistisch geworden war und die Vietminh unterstützte. Aber 1954, nach der Genfer Indochina-Konferenz, bei der die kommunistischen Khmer nicht vertreten waren, brach die Bewegung auseinander. Die einen gingen nach Nordvietnam, die anderen blieben in Kambodscha, voll Erbitterung gegenüber den Nordvietnamesen, denen sie vorwarfen, ihnen ihre Revolution gestohlen zu haben. 1960 gründeten 21 Vertreter der in Kambodscha verbliebenen kommunistischen Khmer die Arbeiterpartei Kampuchea (Kambodscha in der Khmersprache), deren Zentralkomitee von Tou Samouth geleitet wurde, dem Nuon Chea, Saloth Sar und Ieng Sary zur Seite standen. 1965 wurde daraus die Kommunistische Partei Kampucheas unter dem Vorsitz Saloth Sars – Tou Samouth war unter mysteriösen Umständen verschwunden. Die meisten Mitglieder des Zentralkomitees verließen nun Phnom Penh und gingen in die

Wälder. Die gemäßigteren einstigen Khmerstudenten beschlossen, mit legalen Methoden zu kämpfen. 1962 nahm Prinz Norodom Sihanouk Khieu Samphan, Hou Yuon und Hu Nim in die Regierung auf, doch sie mußten im folgenden Jahr unter dem Druck der Rechten zurücktreten. Sie verschwanden, man hielt sie für ermordet, in Wirklichkeit hatten sie sich aber dem kommunistischen Untergrund angeschlossen, den der Prinz Rote Khmer nannte. Der Name sollte ihnen bleiben.

Der erste Stützpunkt Salath Sars entstand im Nordosten, in den Provinzen Kratié und Ratanakiri. Die Stämme dieses Berggebiets, die *leu khmer* (»Khmer von oben«), waren der Zivilisation der Städte fremd geblieben. Für Saloth Sar und seine Gefährten stellten diese »edlen Wilden«, die von allen Machthabern gedemütigt und verachtet worden waren, ein leicht zu formendes Material dar. In den unzugänglichen Bergwäldern verfügten sie über ein ideales Guerillage-lände. Die einfachen, stolzen und loyalen *leu khmer*, allesamt Analphabeten, ließen sich von den Propheten eines elementaren Kommunismus mobilisieren. So treu wie grausam, gaben sie gute Soldaten und gute Kader ab. Die politischen Führer erprobten an ihnen das Gesellschaftsmodell, das sie Kambodscha aufzwingen wollten. Die chinesische Revolution diente ihnen als Vorbild, aber sie wollten die Chinesen noch übertreffen. Zusammengeschweißt durch die täglichen Probleme des bewaffneten Kampfes, gewann die Bewegung der Roten Khmer ihre Strukturen und entwickelte eine konfuse Ideologie, in der revolutionäre Tugend und Loyalität die höchsten Werte darstellten. Die Radikalität der Roten Khmer war das Ergebnis des Zusammenschlusses zweier Typen von Revolutionären, die zu allem bereit waren: machtgieriger Intellektueller und »aufgebrachter Analphabeten« (Jean Lacouture). Letztere waren um so unfähiger zu begreifen, daß erstere sie ausbeuteten, als die Rekruten immer jünger, oft Kinder waren, die sich als fanatisch und erbarmungslos erwiesen. »Eine Mixtur dieser beiden Bestandteile kann nur eine explosive Mischung ergeben, zunächst wegen des gegenseitigen Aufpeitschens und dann, weil ihr Aufeinanderprallen nur in Gewalt erfolgen kann« [144, S. 101].

Die Konterrevolution

Der Staatsstreich vom 18. März 1970 brachte Marschall Lon Nol an die Macht, der sich auf die Vereinigten Staaten stützte. Diese waren seit langem darauf aus, Kambodscha gegen die nordvietnamesischen Kommunisten einzusetzen. Innerhalb von zwei Monaten versank das Land im Krieg. Die Regierungssoldaten nahmen 30 000 vietnamesische Zivilisten fest, die sie teilweise liquidierten. Als Gegenschlag marschierten die Nordvietnamesen in Kambodscha ein. Der unerfahrenen kambodschanischen Armee gelang es nicht, sie aufzuhalten, bald hatte die neue Regierung die Kontrolle über weite Teile ihres Territoriums verloren. Amerikanische B52 bombardierten daraufhin die besetzten Gebiete. Drei Jahre lang, von 1970 bis 1973, warfen sie mehr Bomben über diesem kleinen Land ab als über Japan während des Zweiten Weltkriegs. Diese Bombardierungen dezimierten die Basen der Roten Khmer, hunderte Dörfer wurden dem Erdboden gleichgemacht. Lon Nol rief auch Südvietnam zu Hilfe, dessen Soldaten kambodschanische Siedlungen plünderten und zerstörten. Vor den Massakern und Bombenangriffen flüchteten die Bauern in die Städte. Diese gewaltsame Verstädterung kam den Amerikanern entgegen, die die Landgebiete leerfegen wollten, um die Revolution zu ersticken. Umgekehrt flohen Stadtbewohner vor dem autoritären, korrupten Regime in die Wälder. Manche kehrten nach Phnom Penh zurück, entsetzt von dem, was sie gesehen hatten.

Wie Elisabeth Becker ausführt, war Lon Nol der Gegenpol zu Salath Sar. Beide machten sich den Nationalstolz zunutze und träumten davon, Kambodscha in einen rassistischen, xenophoben Staat zu verwandeln [140, S. 127]. Lon Nol seinerseits wollte Rasse, Kultur und Religion der Khmer reinigen und einen buddhistischen, faschistischen Staat schaffen. So wurden in diesen fünf Jahren der Not im kriegsverwüsteten Kambodscha zwei entgegengesetzte, todbringende Botschaften verkündet, die beide die erniedrigte Rasse und Nation der Khmer verherrlichten.

Im Exil in Peking, wo er als Staatschef aufgenommen wurde, bildete Norodom Sihanouk die Nationale Einheitsfront Kampucheas und rief die Königliche Regierung der nationalen Einheit Kambodschas unter der Ägide der Einheitsfront aus, der die drei »Gespenster« Khieu Samphan, Hou Yuon und Hu Nim angehörten, die in Peking wieder zum Vorschein gekommen waren. Ihre Ernennung besiegelte das Bündnis mit den Roten Khmer. Die Verbindung eines kommunistischen Regimes mit einem monarchistischen Prinzip ist einmalig in der Geschichte des Kommunismus. Sie erklärt sich aus der Besonderheit der kambodschanischen Mentalität. Die Roten Khmer nutzten den Prinzen für ihre Zwecke und profitierten von seinem Prestige und seiner Legitimität, um an die Macht zu kommen. Die Einheitsfront erlaubte es, die zwei- bis dreitausend Mann starke Armee der Roten Khmer zu verstärken und zu entwickeln. Sie ließ die Soldaten Lon Nols und Nordvietnams einander bekämpfen und konzentrierte sich auf die Befreiung und Organisation der Gebiete, die Nordvietnam nach der Unterzeichnung des Pariser Abkommens mit den USA räumte. Erstmals in der Geschichte Kambodschas wandte sich ein Regime an die Bauern, allerdings hüteten sich die Roten Khmer, als militante Kommunisten aufzutreten. Sie beriefen sich auf eine mysteriöse Institution, die »Organisation« (*Angkar*), die zugleich alle und keiner war, und die Bauern liefen ihnen zu, obwohl die Roten Khmer sich seit 1970 zeigten, wie sie wirklich waren, grausam und unbarmherzig. Die befreiten Gebiete dienten ihnen als Experimentierfeld für ihre »mörderische Utopie«. Das gesellschaftliche Leben wurde vollkommen umgekrempelt, die Bauern aus ihren Dörfern verjagt und in Volkskommunen vereinigt, die als autonome, von der Außenwelt abgeschnittene Kollektive funktionieren sollten. Oft legte man sie im Urwald an, den die Bauern erst roden mußten, bevor sie pflügen und Reis anbauen konnten. Die Roten Khmer versprachen ihnen, daß alles allen gemeinsam gehören würde und niemand hungern müßte, aber sie errichteten eine Terrorherrschaft und machten die Orwellsche Fiktion zur Wirklichkeit: die *Angkar* ist überall, sieht alles, hört alles und irrt sich nie. Gleichzeitig starteten sie ein ethnisches und politisches Säuberungsprogramm. Die Vietnamesen in Ostkambodscha wurden verhaftet oder umgebracht, die kambodschanischen Kommunisten, die aus Nordvietnam zurückkehrten, ermordet. Ab 1973 zeigten die Roten Khmer ihr wahres Gesicht, französische, amerikanische und japanische Journalisten verschwanden. Das State Department war über die Vorgänge in der »befreiten« Zone informiert, unternahm aber nichts, weil ihm dieser Wahnsinn unglaubhaft erschien. Während der furchtbaren Jahre vor der Katastrophe von 1975 hatte das kambodschanische Volk nur die Wahl, in Lon Nols Republik zu verhungern oder sich der *Angkar* auszuliefern, um etwas zu essen zu bekommen. Dieser Krieg kostete über eine Million Tote, 500 000 im Lager Lon Nols, 600 000 in den Gebieten der Roten Khmer, und Hunderttausende Invaliden. Der unbeschreibliche Wahnsinn der Regierungszeit der Roten Khmer erklärt sich zum Teil aus diesen wirren und zerstörerischen Jahren des Chaos, das die Revolutionäre zur Erprobung ihres politischen Systems nutzten.

Die Verbrechen der Roten Khmer

»Die schwarzen Raben werden die Loveafrüchte im ganzen Land ausstreuen«, prophezeite ein weiser kambodschanischer Eremit im 19. Jahrhundert (die reife Loveafrucht ist innen faul). Derselbe Einsiedler, Puth, hatte ebenfalls vorausgesagt, daß »die Gebildeten begraben werden und die Unwissenden die Macht ergreifen«. Ferner: »Wenn das Volk das Joch des weißen Mannes mit den ehernen Händen und den silbrigen Augen abgeschüttelt haben wird, wird es von einem brudermörderischen Wahn befallen werden, der erst enden wird, wenn das vergossene Blut an den Bauch des Elefanten reicht« [149, S. 167].

Der 17. April
Im Morgengrauen des 17. April 1975 begrüßt Phnom Penh erleichtert seine Befreier, die »kleinen Männer aus dem Wald« (Jean Lacouture). Der Krieg ist

zu Ende, die verfeindeten Teile des kambodschanischen Volkes werden sich versöhnen. Doch diese Jugendlichen um die fünfzehn, schwarz gekleidet und waffenstarrend, teilen die Freude der Bevölkerung nicht. Sie lächeln niemals. Dagegen gehorchen sie genauen Weisungen und befehlen allen Einwohnern, die Stadt sofort zu verlassen. Das erste Anzeichen für den organisierten Terror der Roten Khmer ist die Räumung der überfüllten Krankenhäuser. 20 000 Menschen, Kranke, Verwundete, Gebärende, Krüppel, werden auf die Straße geworfen, manchmal mitsamt ihren Betten und Infusionen. Die Chirurgen müssen ihre Operationen abbrechen. Alle Ausländer werden in den Botschaften versammelt, die mit Waffengewalt gezwungen werden, Kambodschaner auszuliefern, die dort Zuflucht suchten. Nun beginnt in der Hitze des April, des heißesten Monats im Jahr, der gigantische Exodus von über zwei Millionen Menschen – die Stadt, die vor dem Krieg 600 000 Einwohner zählte, ist längst übervölkert. Der Befehl lautet, in die Heimatdörfer zurückzukehren. Die Leute gehen in alle Richtungen, ohne recht zu wissen, wohin. Es herrscht ein solches Gedränge, daß man kaum vorankommt. Leichenberge säumen die Straßenränder. Auf jede Bitte um Essen antworten die jungen Soldaten: »Wendet euch an die *Angkar*, und die *Angkar* ist jeder von euch.« Gepäck wird weggenommen, Schmuck beschlagnahmt. Wer protestiert oder sich wehrt wird getötet.

Das Chaos ist aber nur scheinbar, es verbirgt einen unerbittlichen Plan, dessen erste Phase die Räumung der Städte ist (alle Städte Kambodschas werden innerhalb weniger Tage auf dieselbe Weise evakuiert) und das Durchkämmen der »umgesiedelten« Bevölkerung. Die Roten Khmer versuchen, die Identität jedes einzelnen festzustellen, um die ihnen nicht genehmen Gesellschaftgruppen auszumerzen. Mit falschen Amnestieversprechen gelingt es ihnen, die Angehörigen der Armee und der Verwaltung des Lon Nol-Regimes zu ermitteln. Diese werden sofort erschossen, häufig mit ihrer ganzen Familie, denn ihre Kinder gelten als gefährlich »bis in die dritte Generation«. Da die Roten Khmer nicht lesen können, fragen sie jeden, wer er ist, aus welcher Gesellschaftsschicht er stammt und was er gelernt hat. Kommt heraus, daß einer lügt, wird er meist getötet. Das Leben jedes einzelnen hängt davon ab, was er ist, und die *Angkar* allein entscheidet.

Die Vernichtung des neuen Volkes

Die Roten Khmer unterscheiden die Bevölkerung Kambodschas in zwei Kategorien: das »alte Volk« oder Volk des 18. März, aus dem 1970 bis 1975 die Kader und Soldaten des neuen Regimes und die Kollektive der »befreiten« Dörfer hervorgingen, und das »neue Volk« des 17. April, nämlich alle anderen, vier Millionen Menschen, die zu ihrem Unglück in den von Lon Nol kontrollierten Gebieten lebten und gegen die jetzt die Revolutionäre wüten. Diese Leute symbolisieren die Stadt, die Brutstätte der Verderbnis, den Schmarotzer der Landgebiete. Sie haben eine Ausbildung erhalten, sie sind schlecht. Nur wenige können umerzogen werden, die anderen sind zu vernichten. Dieser ideologische Wust ist eine groteske Verzerrung der marxistischen Mehrwerttheorie, derzufolge sich die Städte auf Kosten des Landes bereichern, doch auf diese Hypothese gründet sich die teilweise Vernichtung des kambodschanischen Volkes.

Die Roten Khmer riegeln sich von der Völkergemeinschaft ab. Die Grenzen werden geschlossen und vermint, die Küsten von Patrouillenbooten bewacht. Die Ausländer werden des Landes verwiesen, die Botschaften, darunter die sowjetische, geschlossen, mit Ausnahme der Vertretungen von neun kommunistischen Staaten. Die einzigen Informationen über Kambodscha kommen von Radio Phnom Penh, das in der Khmersprache sendet. Die Städte bleiben leer oder beinahe, das Land ist in ein riesiges Arbeitslager verwandelt und die Bevölkerung radikalen Maßnahmen unterworfen, die in der zeitgenössischen Geschichte beispiellos sind. Alles wird geplant und methodisch ausgeführt, selbst wenn im einzelnen alles konfus und improvisiert erscheint.

Der Angelpunkt der Umstrukturierung des Landes ist das Kollektiv. Hier wird Reisanbau von den drei Produktionskräften betrieben: Produktionskraft Nr. 1 ist die Arbeitselite, die Unverheirateten über zwölf Jahren, Nr. 2 die verheirateten Erwachsenen und Kinder zwischen sechs und elf, Nr. 3 die Alten, »junge Alte« genannt, sowie Kinder zwischen drei und sechs, die zu kleinen Hilfsarbeiten herangezogen werden. Die Arbeitszeiten sind unmenschlich, fünfzehn bis achtzehn Stunden am Tag, die Ernährung ist unzureichend mit täglich zwei Schalen Reis, medizinische Versorgung und Medikamente gibt es nicht. Jungen wie Mädchen werden mit sieben Jahren von den Eltern getrennt und in Kindereinheiten indoktriniert, ohne anderen Unterricht zu erhalten, sie dienen als Spione und werden dann der Armee eingegliedert. Sie sind die Wachhunde des neuen Regimes und gehorchen ausschließlich der *Angkar*.

Das Klassenkonzept läßt alle Exzesse zu. Der Chef des Kollektivs und die Soldaten können nach Willkür bestrafen und ihre Opfer »verschwinden lassen«, so der offizielle Sprachgebrauch. Die Bevölkerung ist einer ständigen Auslese unterworfen. Mit Hilfe ihrer Spione stellt die *Angkar* den erklärten Feinden nach, den Intellektuellen, Lehrern, Angehörigen freier Berufe, Studenten und Bourgeois, die unverzüglich liquidiert werden. Vor der Revolution stand das kambodschanische Dorf unter der Leitung eines Oberhaupts, die Arbeit wurde innerhalb der Familie oder einer kleinen Gruppe aufgeteilt, die ihr Stück Land bestellte. Jede Familie hatte ihr Haus, schickte ihre Kinder zur Schule, ging in die Pagode, nahm an gemeinsamen Festen teil. All das ist verschwunden. Die handwerklichen und künstlerischen Traditionen, die Eßgewohnheiten, die die Khmerkultur in der Vielfältigkeit der Provinzen kennzeichneten, werden ausgelöscht. Die Roten Khmer vernichten die »drei Machtberge«, die ihre Revolution bedrohen: die ausländischen Imperialisten, die Feudalherren, das Besitzbürgertum. In einem Alptraum vollzieht sich die Rückkehr zu den Ursprüngen. Die Deportierten roden den Wald und errichten primitive Strohhütten. Es ist verboten, Gegenstände aus der Stadt zu behalten, farbige Kleidung zu tragen und seine Gefühle zu zeigen. Jedes Privatleben ist verdächtig. Jeder Verstoß gegen die zwölf Gebote der *Angkar,* die von morgens bis abends eingehämmert werden, wird mit dem Tod bestraft. Die Auslese erfolgt durch Terror, Arbeit, Hunger und Krankheit, die Deportierten leiden unter Sumpffieber, Choleraepidemien brechen aus.

Religiöse und ethnische Gruppen

Die Entschlossenheit, die alte Gesellschaft zu zerschlagen, zeigt sich mit der Ausrottung der buddhistischen Wurzeln. Die hohe Geistlichkeit ermordet man sofort, die Bonzen werden später getötet oder in besonderen Dörfern eingesperrt. Die Minderheiten fallen der ethnischen Säuberung zum Opfer. Die islamischen Cham waren in zweifacher Hinsicht verurteilt, durch ihre ethnische Zugehörigkeit und durch ihre Religion. Diese Nachkommen des Champa-Reiches, das vom 13. bis 15. Jahrhundert von den Vietnamesen erobert wurde, hatten sich nach Kambodscha geflüchtet, wo sie entlang des Mekong siedelten und ihre Gesellschaft organisierten. Unter den verschiedenen Herrschaften einer gewissen Diskriminierung ausgesetzt, unterstützten sie 1970 die Roten Khmer. Doch nach dem 17. April werden ihre religiösen und politischen Führer ermordet, ihre Moscheen zerstört, ihre Schulen geschlossen und ihre Dörfer geschleift, wenn sie Widerstand leisten. Sie sind gezwungen, ihren Namen und ihren Glauben aufzugeben, sich den Bart zu schneiden und andere Kleidung zu tragen. Die Hälfte ihrer Gemeinschaft, ungefähr 100 000 Menschen, wird getötet. Vietnamesen und Chinesen weist man lieber aus, um die kommunistischen Verbündeten nicht zu provozieren. Die Khmer vietnamesischer Herkunft (*krom khmer*) werden erst verfolgt, als sich 1977 die Beziehungen zu Vietnam verschlechtern. Die Thais im Westen werden rasch liquidiert. Manchen gelingt es zu entkommen, aber sie können die Grenze nicht überschreiten und suchen in den Wäldern Schutz.

Die Säuberungen

»Der Höhepunkt des Terrors ist erreicht, wenn die Staatspolizei beginnt, ihre eigenen Kinder zu verschlingen, wenn der Henker von gestern das Opfer von heute wird.« Die Entwicklung des Regimes bestätigt diese Analyse Hannah Arendts [140, S. 259]. Die Führer leben in ständiger Angst vor einem Komplott und fangen bald an, sich gegenseitig umzubringen. Ein Netz von Gefangenenlagern dient für »innere Feinde«. Tatsächlich handelt es sich um Folter- und Tötungsanstalten nach dem Muster von Tuol Sleng, einer ehemaligen Schule in Phnom Penh unter Leitung eines früheren Lehrers. 20 000 Personen wurden dorthin gebracht, registriert, zu »Geständnissen« gezwungen, bei ihrer Einlieferung und nach der Exekution fotografiert. Es gab einen geregelten Hinrichtungskalender: einen Tag Frauen, einen Tag Kinder, einen Tag Arbeiter usw. Trotzdem kann Tuol Sleng nicht als »kambodschanisches Auschwitz« bezeichnet werden. Die meisten Opfer waren Kader der Roten Khmer, welche die Regierung als gefährlich erachtete, weil sie entweder gegen sie opponierten oder weil man sie verdächtigte, einen Umsturz zu planen. Ihre Familien wurden häufig gleich mitgetötet. In der Tat zeigt das Gefängnisarchiv, daß 1976 die Gefolterten dem früheren Regime angehörten, während es 1977 vor allem aus dem Ausland zurückgekehrte Studenten und Diplomaten waren, denen man trügerische Versprechen gemacht hatte. Danach wurden Führer der Roten Khmer wie Hu Nim getötet und 1978 nur noch Kader des neuen Regimes inhaftiert.

Das Land ist in sechs Zonen unterteilt worden, jeder Zonensekretär verfügt über absolute Macht und eine gewisse Autonomie. Als die ersten Mißerfolge des Wirtschaftsprogramms registriert werden, macht die *Angkar* einige Zonensekretäre verantwortlich und entsendet Truppen anderer Zonen, um die Kader zu liquidieren. So eliminieren 1976 Soldaten der Sonderzone (Phnom Penh) und des Ostens die »Verräter« im Norden, 1977 säubern jene des Südwestens den Nordwesten. 1978 wird die Bevölkerung der Ostzone ausgerottet. Dieser Massenmord, der blutigste in der Geschichte des demokratischen Kampuchea (über 100 000 Tote), ist allein schon ein Genozid. Die Roten Khmer waren in die eigene Falle gegangen. Sie hatten die Truppen der Ostzone unter So Phim zu einem Überfall auf Vietnam befohlen, der fehlschlug. Als Vergeltung drangen die Vietnamesen in die Ostzone ein, deren Bewohner von der *Angkar* der Kollaboration mit dem Feind bezichtigt werden. Zur Strafe macht man sie dörferweise nieder, »altes« wie »neues Volk«. Sämtliche Überlebenden werden in andere Zonen deportiert und müssen ein blau-weiß kariertes Tuch tragen. Dieses *krômar* genannte Tuch tragen die Bauern um den Hals oder auf dem Kopf, um sich vor der Sonne zu schützen. Ein rotes, manchmal schwarzes Halstuch mit weißen Karos war das Erkennungszeichen der Roten Khmer. So sind die Träger blauer Halstücher als Todeskandidaten designiert. Diese Kennzeichnung ist der Beweis für die Völkermordabsicht der Roten Khmer [150].

Einigen Führern der Ostzone, darunter Heng Samrin und Hun Sen, gelingt die Flucht. Sie bilden die Front nationaler Vereinigung zum Wohl Kampucheas und enthüllen die Verbrechen der Roten Khmer. Die ebenfalls von Verfolgungswahn gepackten Vietnamesen – die Flucht der *boat people* setzt 1978 ein –

nützen die Situation, um die durch ihr System hervorgerufene Furcht und Wut auf Kambodscha abzulenken. Ihre eine Million starke Armee holt am 25. Dezember 1978 zum entscheidenden Angriff aus, Phnom Penh fällt am 7. Januar 1979. Heng Samrin wird an die Spitze des Landes gestellt, das den Namen Demokratische Volksrepublik Kampuchea erhält.

Der Staat der Roten Khmer

Das politische System

Das entsetzlichste aller futuristischen Szenarios wurde in einem Agrarland der Dritten Welt geschrieben, nicht in einem Industriestaat [140, S. 12]. Diese irrsinnige und doch einer strengen inneren Logik folgende Konstruktion war das Werk von ein paar Männern und Frauen, genaugenommen eines kleinen Familienclans: Saloth Sar, alias Pol Pot; Khieu Ponnary, seine Frau und seine graue Eminenz; Ieng Sary, ein brillanter Intellektueller, der sich mit der Rolle der Nummer zwei abfand; Khieu Thirith, dessen Frau und Schwester Khieu Ponnarys, zweifellos die Ideologin der Partei, intelligent, kalt, hart und entschlossen. Dieses Verbrecherquartett zog es lange vor, hinter den Kulissen zu bleiben und eine Marionette in den Vordergrund zu rücken, Khieu Samphan, der populär, aber flexibel und gefügig war. Drei weitere Personen spielten eine wichtige Rolle: Nuon Chea, Nummer drei des Regimes, Son Sen, der Militär, und Ta Mok, der Henker. Sie entwarfen ein System, das auf absoluter Geheimhaltung beruhte. Sie übernahmen die radikalsten Dogmen des Kommunismus und gingen weiter als Stalin 1929 oder Mao während des »Großen Sprungs nach vorn«. Während der ersten beiden Jahre ihrer Herrschaft verbargen sie sich hinter der nebulösen Bezeichnung *Angkar*, was ihnen erlaubte, unsichtbar zu bleiben und die Vorstellung von einer gleichsam göttlichen Macht zu vermitteln.

Nach dem 17. April 1975 war das Land von der Außenwelt abgeschnitten, es unterhielt weder politische noch Handelsbeziehungen mit dem Ausland. Man weiß nur, daß Norodom Sihanouk im Dezember 1975 nach Kambodscha zurückkehrte und im Januar 1976 beiseite geschoben wurde, nachdem er die Verfassung verkündet hatte. Erst jetzt präsentierte sich der kambodschanische Staat als Demokratisches Kampuchea. Im April wurde die Nationale Einheitsfront aufgelöst, und das Regime gab seine Institutionen bekannt: eine Volksvertretung unter dem Vorsitz von Nuon Chea, ein Staatspräsidium, an dessen Spitze Khieu Samphan stand, und eine Regierung unter Pol Pot, dessen wahre Identität (Saloth Sar) geheimgehalten wurde. Seiner Regierung gehörten die Führer der Partei an: Ieng Sary als Außenminister, seine Frau als Sozialministerin, Son Sen als Verteidigungs- und Hu Nim als Informationsminister.

Die Roten Khmer unterteilten sich in Zivil- und Militärkader. Die Streitkräfte waren auf die sechs Zonen aufgeteilt: Nord, Nordost, Ost, Südwest, Nordwest und Sonderzone, das heißt Phnom Penh. Die Zonensekretäre erhielten ihre Instruktionen ausschließlich vom Zentralkomitee, sie waren die unumschränkten Herrscher in ihren Gebieten, wo sie Kollektive organisierten und die untergeordneten Kader ernannten. Mit Ausnahme Ta Moks, des einzigen Zonensekretärs, der Pol Pot die Treue hielt, wurden alle eliminiert. An der Basis der Machtpyramide befanden sich die drei Leiter der Kollektive: ein Chef, dessen Stellvertreter und ein Politkommissar, junge Leute, manchmal sogar Kinder, die die Stützen des Regimes bildeten.

Am 30. September 1977, nach dreißigmonatiger Diktatur unter dem Namen *Angkar*, enthüllte Pol Pot angesichts der vietnamesischen Bedrohung, daß die *Angkar* das Politbüro des Zentralkomitees der Kommunistischen Partei Kampucheas sei und er selbst deren Generalsekretär. Nie zuvor, weder gegenüber dem Ausland noch im Inneren, wo die *Angkar* allgegenwärtig war, hatte man die Partei erwähnt. 1978 behauptete Pol Pot, das Regime durch eine Massenbewegung liberalisieren zu wollen, während diese in Wirklichkeit weiteren Säuberungen der Partei und der Armee diente. Diese Verbrecher haben immer gelogen, in ihren Worten wie in ihrem Handeln. Während sie die Städte evakuierten und die Bevölkerung in Arbeitslager pferchten, die Kollektive getauft wurden, lebten die Führer der Roten Khmer in Phnom Penh, wo sie ihre Villen, Diener, Chauffeure, Leibwächter, Adjutanten, Spitäler und Ärzte hatten. Ihre angebliche revolutionäre Tugend und die geforderte Loyalität waren nichts als grober Schwindel: Sie ließen einen Armen hinrichten, wenn er eine Frucht pflückte, während sie selbst sich keine der Annehmlichkeiten der westlichen Zivilisation versagten, die sie lauthals verdammten.

Die Ideologie

»Die neue revolutionäre Kultur sollte entschieden nationalistisch sein, gereinigt von allen ausländischen Einflüssen, selbst wenn diese weit zurückreichten« [147, S. 165]. Obwohl nach chinesischem Muster entworfen, wurde diese radikalste und gewaltsamste Revolution, die in so kurzer Zeit ablief, von zwei Zwangsideen getragen: dem Nationalstolz und dem Haß auf die Vietnamesen. Von den Prinzipien, die bereits 1966 die politische Linie der Kommunistischen Partei Kampucheas bildeten, wich man in diesen Jahren verbrecherischer Utopie nicht ab: Unabhängigkeit und nationale Souveränität, Autarkie und revolutionäre Gewalt. Der Haß auf die Vietnamesen war durch deren unablässige Eroberungsversuche geschürt worden, die durch die französische Kolonisation nur vorübergehend unterbrochen wurden. Der Antagonismus zwischen kambodschanischen und vietnamesischen Kommunisten war im Untergrund nicht verschwunden, für die Roten Khmer blieb Vietnam der gefährlichste äußere Feind, der bekämpft und vernichtet werden mußte. Ihr Bündnis von 1975 war nichts als eine Vernunftehe, die Roten Khmer waren besessen von der Furcht vor einer vietnamesischen Invasion. Ihr Autarkiegedanke leitete sich vom Maoismus ab, man durfte nur auf die eigenen Kräfte zählen. Alles Fremde war schlecht, das Khmervolk mußte sich vor ausländischer Verseuchung schützen. Fasziniert von der glorreichen Vergangenheit des Angkor-Reiches, waren die Roten Khmer überzeugt, daß Kambodscha aus eigener Kraft leben und alles erreichen könne, wenn es seinen Boden bestellte. Was die revolutionäre Gewalt anging, ergab sie sich mehr aus der Tradition als aus der marxistischen Ideologie. Letztere lieferte Vorbilder, die vereinfacht wurden. Dieser vollkommene Kommunismus, der zu einer glücklichen, wohlhabenden Gesellschaft führen sollte, würde von »neuen Menschen« begründet, befreit von Besitz- und Beherrschungsinstinkten. Zur Schaffung dieser idealen Gesellschaft bauten die Roten Khmer auf die »vielversprechende Generation« der Kinder und Jugendlichen, die aus ihrer Gußform hervorgehen sollte. So erklärt sich die Hysterie rassischer und sozialer Säuberung, die so absurd und obsessiv war wie jene der Nationalsozialisten. Paradoxerweise zerstörte dieser extreme Nationalismus die Identität der Khmer, die wiederherzustellen er behauptete. Die Einführung künstlicher Kategorien zwischen altem und neuem Volk, zwischen Jungen und Alten, die soziale Nivellierung durch das Verschwinden der Klassen, des Unterrichts, des Geldes, der Feste, der Feiertage, des Urlaubs, der Sitten und Bräuche, der Gesetze, die strenge Regelung der Eheschließung zerrissen das Sozialgewebe. Diese künstliche Gesellschaft, die alle Khmercharakteristika verloren hatte, war einer Selbstzerstörung geweiht, die um so schneller voranging, als es an jeder wirtschaftlichen Grundlage fehlte, selbst wenn nach der Katastrophe von 1975 ein Vierjahresplan eingeführt wurde. Das System stützte sich auf die Zwangsvorstellung von Verschwörung und Verrat, ohne Spione und Feinde konnte es nicht überleben. Kurz vor seinem Tod bat André Malraux eine Freundin, ihm das neue Kambodscha zu schildern. Doch schon bald unterbrach er sie: »Gut, das genügt: Das ist China, wie es Arschlöcher sehen« [144, S. 85].

Die Reiskultur allein sollte die strahlende Zukunft gewährleisten, von der die Roten Khmer träumten. Die Unabhängigkeit sollte durch Produktionssteigerung garantiert werden. Um drei Ernten jährlich und einen besseren Ertrag zu erzielen, mußte das Wasser beherrscht werden: Dämme waren zu bauen, damit Überschwemmungen verhütet wurden, und Kanäle mußten gegraben werden, um Reserven für die Trockenzeit (Dezember bis April) bereitzustellen. Da es trotzdem nicht gelang, drei Ernten im Jahr einzubringen, sollten die Erträge gesteigert und andere Nahrungsmittel angebaut werden, Fischerei und Viehzucht wurden gefördert, während das Sammeln wilder Früchte verboten war, weil das Volk von seiner Arbeit zu leben hatte. Mehr als die Hälfte der

Toten waren an Erschöpfung und Hunger gestorben, als Opfer der fixen Idee der Selbstversorgung als Voraussetzung nationaler Souveränität, an der eine Handvoll Fanatiker trotz wirtschaftlicher Katastrophen festhielt.

Aufdeckung und Leugnung

> Die erste Frage ist die nach den Tatsachen und nach den Möglichkeiten ihrer Ermittlung, wenn es um Ereignisse in Ländern geht, in denen es weder politische noch Pressefreiheit gibt, die keine öffentliche Meinung, sondern nur einen offiziellen Diskurs kennen.
>
> Paul Thibaud

Die Anklage wegen Völkermords erfolgt nach einem Ermittlungsverfahren, das den Tatbestand feststellt und den – wesentlichen – Beweis für die Vorsätzlichkeit erbringt. Für den nationalsozialistischen Genozid an den Juden und später für jenen an den Zigeunern wurde dieser Beweis durch die Zusammenstellung dreier einander überschneidender Quellengruppen erbracht: der Aussagen der Beteiligten, der Schilderungen der Überlebenden und der Zeugnisse von Zeitgenossen. Vor den Enthüllungen der ersten »Nachrichtenübermittler« waren diese Fakten undenkbar. Später, als es keinen Zweifel mehr geben konnte, blieb diese »unvorstellbare Gewißheit« (Manès Sperber) noch immer unfaßbar. Im Fall der Armenier war man sich über die Vorsätzlichkeit der Massaker von Anfang an klar, sobald die ersten Augenzeugenberichte vorlagen. 1919 bezweifelte niemand die verbrecherische Absicht der Jungtürken und die Planmäßigkeit der Massaker. Doch als sich diese Wahrheit als hinderlich für den nationalen Wiederaufbau erwies, stritt die Regierung alle Beweise ab, die osmanischen Dokumente wie die Zeugenaussagen, und zwar mit solcher Hartnäckigkeit, daß man die Schilderungen der Überlebenden gar nicht mehr als Beweise heranzog, da es zu leicht war, sie als nicht objektiv abzuwehren. Die Entdeckung des kambodschanischen Völkermords erfolgte unter ganz anderen Umständen. Kambodscha war vollkommen isoliert, Nachrichten darüber beschränkten sich auf spärliche und plumpe Propaganda. Nur wenigen Personen gelang es, aus der Falle zu entkommen, doch ihre Schilderungen stimmten überein; nach dem 17. April 1975 berichteten alle von Terror und Hungersnot. Was die seltenen, sorgfältig ausgewählten Besucher anging, die nur sahen, was die *Angkar* wünschte, so waren sie zu sehr mit der Bewunderung des Systems beschäftigt, um sich Fragen über dessen verbrecherischen Charakter zu stellen. Ebenso weigerte sich die internationale Presse, die die amerikanische Intervention in Vietnam und Kambodscha verurteilt hatte, einzuräumen, daß die »Befreier« von gestern das Land jetzt zerstörten. Für die Linksintellektuellen schließlich, die seit vielen Jahren ihre Illusionen angesichts der Offenkundigkeit der Verbrechen totalitärer Regime verloren hatten und sich als letzte Rettung an den Maoismus klammerten, war dieser Genozid doppelt unvorstellbar, seinem Wesen nach und hinsichtlich der Personen, die ihn verübten. Dabei hatte es erste Informationen über die Greuel der Roten Khmer im Herbst 1974 in der *Washington Post* und der *New York Times* gegeben, doch sie hatten der Bewunderung gewisser Intellektueller für die »kleinen schwarzen Männer« keinen Abbruch getan. Die Aufmerksamkeit erwachte in Frankreich nach der Veröffentlichung des Buches von François Ponchaud, *Cambodge, année zéro* [47]. Seit seinem ersten Artikel in *Le Monde* im Februar 1976 hatte Pater Ponchaud versucht, die Medien zu alarmieren. Seine Sicht der Dinge gründete sich auf Berichte Überlebender sowie auf leicht überprüfbare Tatsachen wie die Evakuierung Phnom Penhs und die Analyse der Ideologie der Roten Khmer anhand ihrer Radiosendungen. In den USA brachten John Barron und Anthony Paul Artikel im *Reader's Digest*, die 1977 als Buch erschienen [139]. Im Januar 1977 drangen die Roten Khmer in Thailand ein und ermordeten die Bewohner von drei Dörfern. Fotos kamen in Umlauf. Im *Nouvel Observateur* vom 28. März 1977 prangerte Jean Lacouture unter dem Titel »Die kambodschanische Maßlosigkeit« das Regime Pol Pots an, das er zuvor positiv bewertet hatte. Einige Monate später hatte er den Mut und die Anständigkeit, in *Survive le peuple cambodgien* seine Scham zu bekennen, »zur Errichtung eines der härtesten Unterdrückungsregime der Geschichte beigetragen zu haben, wenn auch noch so wenig, so gering auch auf diesem Gebiet der Einfluß der Presse sein mag« [144, S. 5]. Die Stellungnahme Lacoutures hatte eine Kontroverse mit Noam Chomsky zur Folge, der sein Befremden über diesen Meinungsumschwung äußerte und die Stichhaltigkeit der Angaben Ponchauds in Frage stellte, weil er Divergenzen zwischen den Artikeln Ponchauds und dessen Buch festgestellt hatte. Diese Argumente führte er in dem 1979 erschienenen Buch *After the Cataclysm* weiter aus. Die Berichte der Flüchtlinge, behauptete er, seien nicht glaubwürdig. Wer sich darauf stütze, um einen Völkermord zu behaupten, sei entweder unredlich oder unmethodisch, denn die amerikanische Presse publiziere diese Zeugnisse nur, um die Politik der USA nachträglich zu rechtfertigen und von den Menschenrechtsverletzungen abzulenken, die von Verbündeten der Vereinigten Staaten begangen würden, etwa Indonesien, das seit 1976 einen Vernichtungskrieg in Osttimor führe.[9] Während die Debatte weiterging, besonders in den Spalten des *Nouvel Observateur*, vervielfachten sich Enthüllungen über Greueltaten der Roten Khmer. Der demokratische Abgeordnete Stephen Solarz brach das Schweigen des amerikanischen Kongresses und führte die erste offizielle Untersuchung über die Roten Khmer durch. Auf einer Konferenz in Oslo im April 1978 wurden Beweise für ihre Verbrechen von Teilnehmern aus mehreren Ländern vorgelegt. Großbritannien versuchte, die Angelegenheit vor die UNO zu bringen, doch der sowjetische Delegierte wandte sich gegen eine solche Einmischung in die inneren Angelegenheiten eines souveränen Staates. Die Verurteilung der kambodschanischen Verbrechen scheiterte an politischen Interessen, die oft widersprüchlich waren, weil die UdSSR Vietnam bedingungslos unterstützte. Erst nach den Anschuldigungen Hanois vollzog *L'Humanité*, anfangs eine glühende Bewunderin des Regimes und später etwas gemäßigter, eine Kehrtwendung und schaffte das Kunststück, sich 1979 als »die einzige Zeitung« auszugeben, »welche die von diesem Regime begangenen Greueltaten voll erfaßte« [142, S. 10].

Im Frühjahr 1978 begriff Pol Pot, daß die Vietnamesen siegen würden. Er lud ein jugoslawisches Journalistenteam ein (die Roten Khmer hatten das Tito-Modell immer als Vorbild angesehen), die Errungenschaften des Regimes zu dokumentieren. Nicolas Victorović drehte einen 52minütigen Film, der am 19. April im französischen Fernsehen ausgestrahlt wurde. Damit »wandelte sich die Information über Kambodscha schlagartig von Vermutung in Zeugnis, von Wahrscheinlichkeit in Gewißheit« [144, S. 81]. Obwohl einer zweifachen Zensur unterworfen, zuerst durch Pol Pot und anschließend durch das jugoslawische Fernsehen, zeigte dieser Dokumentarfilm den fetten, ausgelassenen Diktator, der in seinem Samtsessel doziert, und im Kontrast dazu die Geisterstädte, »das schaurige, völlig erschöpfte Gewimmel des militärisch organisierten Volkes, das die Reisfelder stampft« (Jean Lacouture), und Kinder, die auf Kisten stehend am Fließband arbeiten. Im Dezember begaben sich amerikanische Journalisten, darunter Elisabeth Becker, nach Phnom Penh. Sie stellten fest, daß Pol Pot wahnsinnig geworden war. Er faselte weiterhin von der leuchtenden Zukunft, die seine Partei aufbaue, und von der gemeinsamen Verschwörung der NATO und des Warschauer Pakts gegen Kambodscha.

Der erste offene Konflikt zwischen zwei kommunistischen Staaten war, nach der Formulierung Zbigniew Brzezinskis, ein »Stellvertreterkrieg«, den Vietnam und Kambodscha für China und die UdSSR führten [148, S. 58], aber auch eine Abrechnung zwischen zwei Todfeinden. Ende 1978 erwogen die Vereinigten Staaten die Aufnahme diplomatischer Beziehungen zu China und paßten ihre Politik den Reaktionen Chinas an, um so mehr als Vietnam bedingungslos ins sowjetische Lager eingeschwenkt war. Im Januar 1979 entdeckten die Vietnamesen die von den Roten Khmer bei der Flucht zurückgelassenen Akten, besonders jene von Tuol Sleng und der weniger bekannten Lager Wat Eik und Koch Ro Tech, außerdem die Massengräber in Cheng Enk und Tonlé Bati sowie die der Kollektive. Der öffentliche Prozeß wegen »Völkermord der Clique Pol Pot – Ieng Sary« stellte eine Farce dar. Nur diese beiden

Parteiführer wurden schuldig gesprochen und in Abwesenheit zum Tode verurteilt. Der angebliche Anwalt der Verteidigung war von der Schuld seiner Mandanten überzeugt und bezichtigte das »faschistische China« der Anstiftung. Auf diese Weise läßt sich kein Beweis für einen Völkermord erbringen.

Die mit der Fehde Chomsky – Lacouture begonnene Kontroverse lebte im September 1980 wieder auf, als in der Zeitschrift *Esprit* zwei Artikel erschienen: »Kambodscha, die Presse und ihre Feindbilder« von Serge Thion und die Erwiderung Paul Thibauds: »Kambodscha, die Menschenrechte und die internationale Presse«.[10] Thion brachte eine geharnischte Verteidigung Chomskys, prangerte die »subtile« Kampagne an, um diesen zum »polpotesken Schreckgespenst« zu machen, und versuchte, dessen Gegner durch Sarkasmen herabzusetzen. Er spottete über »die großartigen Visionen der Fertigteildenker«, die »Schiffbrüchigen der politischen Illusionen«, das »Gewissensjuckpulver«, die »wahre chinesische Klagemauer«, er wies darauf hin – und dieses Argument ist stichhaltig –, daß sich die amerikanische Haltung nach der Besetzung Kambodschas durch Vietnam geändert habe: »Gestern angeprangert, sind die Roten Khmer zum vordersten Schutzwall des Westens geworden gegen die Machenschaften des sowjetischen Imperialismus in dieser Region.« Doch das ist nicht der Zweck der Polemik. Serge Thion ist dem harten Kern des heutigen Revisionismus in Frankreich zuzurechnen. Er gehört, nach den Worten Pierre Vidal-Naquets, einer »Sekte der revolutionären Ultralinken an, La Vieille Taupe«[11] [117, S. 155–160]. Im selben Dunstkreis unterzeichnete Noam Chomsky eine Petition amerikanischer Intellektueller, die gegen die Angriffe auf den Gaskammerleugner Robert Faurisson protestierte. 1980 schrieb er das Vorwort zu dessen Buch *Mémoire en défense contre ceux qui m'accusent de falsifier l'histoire. La question des chambres à gaz* (Denkschrift zur Verteidigung gegen jene, die mich der Geschichtsfälschung beschuldigen. Die Frage der Gaskammern), das bei ebendieser Vieille Taupe veröffentlicht wurde [117, S. 93–103]. Der Artikel Serge Thions erschien in derselben Nummer von *Esprit*, in der Pierre Vidal-Naquet eine Entgegnung auf das Buch Faurissons brachte. Dieser vom Zaun gebrochene Streit veranschaulicht die Technik der Leugnung: eine Schwachstelle finden, um die Mauer zum Einsturz zu bringen. Thion hat die Schwierigkeit erkannt, die Zahl der Opfer zu bestimmen, und im Namen der Wahrheit – »Das Furchtbare bei der Wahrheitssuche ist, daß man sie findet«, lautet das Motto auf den Publikationen von La Vieille Taupe [117, S. 160] – beschuldigt er Ponchaud, Lacouture und alle, die von Völkermord sprechen, der Ignoranz und des Betrugs. Wenn Jean Lacouture schreibt: »Was Noam Chomsky und mich voneinander trennt, ist offenbar, daß ihm das Verbrechen nach Ziffern bemeßbar erscheint, wenn es als System feststeht«, ist diese Bemerkung nicht »abwegig«, wie Serge Thion meint, im Gegenteil, sie trifft genau den Unterschied zwischen den beiden. Chomsky (wie Thion) will nicht zugeben, daß diese Vorgänge *gezielt* sind, daß es sich dabei nicht um vereinzelte Ausschreitungen handelt, die sich aus der traditionellen Feindseligkeit der Bauern den Städtern gegenüber erklären ließen, sondern um vorsätzlichen Mord, geplant von einem Regime, das in den vier Jahren seiner Macht nicht aufhörte, das Volk zu säubern, indem es seine Opfer mit dem Etikett einer Gruppe versah. Was Thion nicht anerkennt, ist der »diskontinuierliche« Völkermord, der dieses Regime aus der Staatengemeinschaft ausschließt und definitiv verurteilt.[12]

Anhand dieses Streits wird deutlich, daß die »Hinauszögerungsstrategie« der Leugner des kambodschanischen Genozids im Namen der historischen Wahrheit eine hinterhältige Vertuschungsmethode darstellt. Man muß schon die ersten Opfer und Zeugen eines verbrecherischen Systems hören, denn nur so kann eine genozidäre Bedrohung erkannt und versucht werden, sie abzuwenden. Später ist dann immer noch Zeit, die Zahl der Opfer zu berichtigen.

Der Völkermordbeweis

Es wird geschätzt, daß ein bis zwei Millionen von sechs bis sieben Millionen Kambodschanern – das ist ungefähr einer von sechs – während der 45 Monate der Herrschaft der Roten Khmer ums Leben kamen, ermordet oder als Opfer der Lebensbedingungen, denen sie unterworfen waren. Selbst wenn man die Geburtenverhinderung und die Ausrottung ethnischer und religiöser Minderheiten nicht berücksichtigt, so stellt diese teilweise Vernichtung der kambodschanischen Volksgruppe unbestreitbar einen Völkermord dar. Der Neologismus »Autogenozid« ist etwas irreführend – »Endogenozid« wäre genauer –, weil er ein suizidäres Verhalten suggeriert, während wir es mit einer selektionistischen Vernichtungspolitik zu tun haben, denn die Roten Khmer behaupteten, für den Aufbau des neuen Kambodscha nur eine Million ideologisch zuverlässiger Jugendlicher zu brauchen. Manche Juristen meinen, der Ausschluß politischer Gruppen aus den in der Völkermordkonvention angeführten Kategorien verbiete es, hier von Genozid zu sprechen. Doch die Roten Khmer bezeichneten innerhalb der Volksgruppe künstliche Untergruppen, die sukzessive eliminiert wurden. Ob es sich um die Unterscheidung zwischen »neuem« und »altem« Volk handelt oder um die Ausrottung der Bewohner eines Verwaltungsbezirks, in keinem Fall kann man von politischen Gruppen sprechen. Diese Menschen wurden nur als völlig verdorben beurteilt, ausgesondert und sogar gekennzeichnet, sie wurden entwürdigt und entmenschlicht, bevor man sie auf die rationellste und billigste Weise umbrachte. Die Soldaten und Kader sagten, sie wollten sich die Mitglieder dieser Gruppen »aus den Augen zu schaffen« oder sie »bis zum letzten Mann zerstreuen« und einer »soziologischen Auflösung« unterwerfen. Die übrigen, deren Arbeitskraft noch ausgenutzt werden sollte, lebten unter Bedingungen, die ihren Tod durch Überarbeitung, Selbstmord, Unterernährung, Krankheit und fehlende medizinische Versorgung herbeiführten. Diese »Behandlung« des neuen Volkes beruhte auf dem Prinzip der natürlichen Auslese.

Ohne sich auf irgendein Vorbild zu berufen, verwandten die Roten Khmer ein aufschlußreiches Vokabular mit Formeln, die in den Umerziehungsversammlungen ständig wiederkehrten: Beherrschung, Säuberung, Prüfung, Initiative, Arbeit, Produktion. Sie veranschaulichen, was Jean-Pierre Faye die »Verschiebung der Worte« nennt. Die in den Kollektiven nach und nach getöteten Personen »teilen zwei Meter Reisfeld« oder »gehen düngen«, sie werden einer »Sonderbehandlung« unterworfen, »versammeln sich unter Bäumen« oder »bauen ein Haus in den Bergen«. Die systematischen Todesurteile während der Anklageversammlungen erklärt man folgendermaßen: »Lieber töten wir zehn Freunde, als einen Feind am Leben zu lassen« oder »Wenn Unkraut wächst, muß man es mit der Wurzel ausreißen«.

Neben der teilweisen Vernichtung der nationalen Gruppe wurden Gruppen, die in Artikel II der Konvention angeführt sind, ganz oder teilweise vernichtet. Die religiöse Gruppe der Buddhisten wurde als solche ausgerottet, die hohe Geistlichkeit ermordet, die Bonzen aus ihren Klöstern verjagt, getötet oder zu manueller Arbeit gezwungen, was ihnen ihre Religion untersagt. Die Tempel und Buddhastatuen wurden zerstört oder geschändet, Pali, die Sprache der buddhistischen Khmer, verboten, wie überhaupt Gebete, Meditationen und jede Form des Kults. Vor 1975 lebten 60 000 Mönche in Kambodscha, nach 1979 zählte man nicht einmal 3000 Überlebende. Die übrigen waren tot oder gaben ihre Identität nicht zu, vor allem, wenn sie zur Heirat gezwungen worden waren. Die Verfassung des Demokratischen Kampuchea dekretierte die Auslöschung der Minderheiten und verbot jede Bekundung ethnischer Zugehörigkeit. Am schlimmsten betroffen waren die Cham.

Eine Ermittlungskommission über Kambodscha unter der Leitung von David Hawk, bestehend aus Flüchtlingen, Menschenrechtsexperten und Juristen, befaßt sich seit 1982 mit den Verbrechen der Roten Khmer. Sie verfügt über Hunderte Stunden Tonbandmaterial mit Aussagen Überlebender, die in thailändischen Lagern, in den USA und in Kanada aufgenommen worden sind, über Fotografien von Folter- und Vernichtungsanstalten, von Massengräbern und zerstörten Tempeln. Ferner besitzt sie das Archiv von Tuol Sleng und die Korrespondenz zwischen dem Politbüro des Zentralkomitees der Kommunistischen Partei und den Leitern dieser Anstalt sowie die Propagandasendungen von Radio Phnom Penh, die den ideologischen Wahn der Führer der Roten Khmer dokumentieren [1, Bd. 1, S. 137–154]. 1986 drängte die Regierung Australiens die Minister des Verbandes Südostasiatischer Staaten, die Bildung eines internationalen Tribunals in Betracht zu ziehen. In New York forderten die Überlebenden der Genozide des 20. Jahrhunderts, Kambodschaner, Juden und Armenier – darunter Elie Wiesel, David Hawk, Dith Prean, Haing Nor (der in *Killing Fields* die Rolle Preans spielte) und Ross Vartian (Präsident der armenischen Nationalversammlung) – die Nationen auf, erstmals in der Geschichte die Bestimmungen der Völkermordkonvention in Anwendung zu bringen, um die Schuldigen an diesen »abscheulichen Verbrechen« zu bestrafen.

In der Tat sind alle Voraussetzungen gegeben, um Anklage gegen den Demokratischen Staat Kampuchea wegen Völkermords zu erheben und die Hauptverantwortlichen (die Mitglieder des Politbüros, das gesamte Zentralkomitee, die militärischen Kommandanten, die leitenden Beamten der Folter- und Vernichtungslager) vor ein internationales Gericht zu stellen, gemäß Artikel IX der Konvention. Aber die UNO hat die Hypothese eines Völkermords der Roten Khmer nie aufgegriffen. Weder der Demokratische Staat Kampuchea noch Individuen wurden je wegen Verbrechen gegen die Menschheit zur Verantwortung gezogen, nicht einmal wegen Verstößen gegen das Völkerrecht. Im Gegenteil, im September 1979 stimmte die Vollversammlung der UNO für die Zulassung der Roten Khmer als Vertreter Kambodschas. Die internationale Gemeinschaft sieht in ihnen lieber die Repräsentanten einer souveränen Nation als die Verantwortlichen für einen Völkermord. 1980 war Khieu Samphan der Sprecher der Roten Khmer bei den Vereinten Nationen. Innerhalb von zehn Jahren mehrfach zu den Massenmorden befragt, stritt er hartnäckig alles ab. Er gab nur einige Ausschreitungen und ein paar Fehler zu, insgesamt 3000 Tote, doch er leugnete die politische Vernichtungsabsicht und behauptete, die meisten Opfer gingen auf das Konto der Vietnamesen und ihrer kambodschanischen Agenten. Der Sitz der Roten Khmer in der UNO wurde 1982 von der Mehrheit der Vollversammlung bestätigt.

Kambodscha nach 1979

Nach der Besetzung Kambodschas durch Vietnam flohen Tausende nach Thailand, das im Oktober 1979 seine Grenze öffnete. Unter Aufsicht der thailändischen Regierung, des Hochkommissariats für Flüchtlinge, der UNICEF und des Internationalen Komitees vom Roten Kreuz wurden Lager eingerichtet. In der allgemeinen Verwirrung zog sich ein Teil der Khmerarmee nach Thailand zurück. Die »Befreiung« durch die Vietnamesen stellte in Wirklichkeit eine Besatzung dar und das von Überläufern beherrschte Regime nur eine andere Form des Kommunismus. Epidemien und Hungersnot breiteten sich aus, und im Juli 1979 appellierte Heng Samrin an die Welt, ohne internationale Hilfe würden 2,5 Millionen Kambodschaner sterben. Sein Appell löste eine außergewöhnliche humanitäre Welle aus, unterstützt von strategischen und politischen Erwägungen, denn die Hungersnot wurde den Vietnamesen zur Last gelegt, deren Herrschaft bereits den Exodus der *boat people* bewirkt hatte. Man sprach von einer »unermeßlichen Tragödie« und von einem »modernen Holocaust«. Die internationale Meinung, die während des Völkermords geschwiegen hatte, bekam nachträglich ein schlechtes Gewissen. Das Fernsehen führte ihr vor, daß Kambodscha ein Leichenhaus sei und die Überlebenden unter entwürdigenden Bedingungen in thailändischen Lagern lebten. Man hörte, daß der Genozid in den von Roten Khmer kontrollierten Zonen im Westen und Süden des Landes weitergehe, wo Tausende Menschen ohne Lebensmittel zusammengepfercht seien. François Ponchaud beschuldigte Vietnam, in Kambodscha einen »subtilen Völkermord« zu begehen: Verfolgung der Buddhisten, Gleichschaltung des Denkens, Menschenrechtsverletzungen, Einrichtung politischer Gefängnisse. Man sprach von Lagern der Roten Khmer in Thailand, von massiver Unterschlagung der Hilfsgüter in diesen Lagern und in Kambodscha. Es herrschte totale Verwirrung, die Informationen waren widersprüchlich und Falschmeldungen häufig. Die meisten Journalisten, die über Kambodscha schrieben, hatten keine Ahnung von dessen Kultur und Geschichte. Dann erklärte Phnom Penh, die Gefahr einer Hungersnot sei überschätzt worden, denn die Kambodschaner hätten sich durch Fischen und Sammeln ernährt. Das Hilfsprogramm allerdings war das umfangreichste, das bis dahin organisiert worden war, mit über einer Milliarde Dollar in drei Jahren für eine Bevölkerung von sechs Millionen. Doch wenn die humanitäre Hilfe Flüchtlinge und Einwohner rettete, darf man andererseits nicht vergessen, daß sie das Regime Heng Samrins konsolidierte, die Kontrolle Vietnams über das Land verstärkte und den Roten Khmer erlaubte, ihren Widerstand auszubauen.

Der angeblich kranke Pol Pot verschwand von der Bühne, und Khieu Samphan übernahm die Führung der Partei des Demokratischen Kampuchea, die 1981 an die Stelle der aufgelösten Kommunistischen Partei trat. Sihanouk begab sich nach Peking, wo er sowohl die Henker der Roten Khmer als auch die vietnamesischen Besatzungstruppen beschuldigte. Im März 1981 gründete er die Nationale Einheitsfront für ein unabhängiges, neutrales, friedliches und kooperatives Kambodscha, die mit den Roten Khmer und anderen Opponenten Heng Samrins eine Koalitionsregierung bildete. Diese nahm den Sitz Kambodschas bei der UNO ein. Trotzdem mordeten die Banden Ta Moks weiter und setzten ihren Guerillakrieg in den Wäldern fort.

Nach dem Abzug der vietnamesischen Truppen wurde im Anschluß an die Pariser Abkommen vom Oktober 1991 eine neue Regierung unter Norodom Sihanouk gebildet, an der Khieu Samphan beteiligt war. Die Roten Khmer kontrollierten entlang der Grenze zu Thailand noch 15 Prozent des Territoriums, die Rubinvorkommen und der Handel mit Edelhölzern sicherte ihnen wirtschaftliche Unabhängigkeit. In den »befreiten« Gebieten blieb die Ordnung dieselbe wie zwanzig Jahre zuvor, sie gründete sich auf Terror und Kult des Bodens und des Wassers. 1992 definierte Pol Pot, nach wie vor Führer der Roten Khmer, seine Strategie, die sich nicht geändert hatte: politische Offensive durch Propaganda auf dem Land, Schüren des Hasses gegen die Vietnamesen, militärischer Vormarsch auf Phnom Penh in einer Zangenbewegung. In ihren Stützpunkten verschanzt, hielten die Roten Khmer die UNO zum Narren, indem sie der Durchführung der Pariser Abkommen immer neue Hindernisse in den Weg legten und ihre Entwaffnung durch die vom Sicherheitsrat im Februar 1992 eingesetzte Übergangsverwaltung der Vereinten Nationen in Kambodscha verweigerten.

Trotzdem war der UN-Einsatz hier beispielhaft, denn er zeigte, daß die Roten Khmer nicht in der Lage waren, den Friedensprozeß zu verhindern. In den unter UN-Überwachung im Mai 1993 abgehaltenen Wahlen und in der im November verkündeten Verfassung kam der Wille des kambodschanischen Volkes zum Ausdruck, und die Roten Khmer wurden verdrängt. Dennoch bleibt ihre Zerstörungskraft erhalten, und sie scheinen geduldig und entschlossen zugleich, die Macht zurückzuerobern. Paradoxerweise bewiesen die Vereinten Nationen ihre Fähigkeit, zur Erhaltung des Friedens beizutragen, gerade in jenem Land, wo fünfzehn Jahre früher ein Völkermord begangen worden war, den sie weder zu verhüten noch zu bestrafen in der Lage waren.

Der Völkermord in Ruanda

Nach dem Aufschrei ist die Analyse
einer verwickelten Situation die erste
Äußerung des Respekts.

Olivier Mongin

Ruanda und Burundi: genozidäre Voraussetzungen

Die Historiographen, die die Geschichte Ruandas und Burundis fabrizierten und dabei ihre rassistischen Vorstellungen hineinbrachten, trifft eine schwere Verantwortung für den Ausbruch der brudermörderischen Kämpfe, die die Gesellschaft dieser beider Länder zerrissen. Ein zweitausendjähriges soziales Gefüge, eine reiche Bantu-Kultur gingen vor den Augen des bornierten Westens zugrunde, den doch eine Mitschuld an dieser Tragödie trifft, weil er es war, der die tödlichen Vorurteile einführte. Die Zugehörigkeit zu den Hutu oder Tutsi spielte vor der Kolonialisierung kaum eine Rolle, die Größe des Weidelands, die Stückzahl Vieh, die mündlich überlieferte Geschichte der jeweiligen Sippe waren in höherem Maße identitätsbegründend als die Ethnie, die als nebensächlich galt. Das soziale Feld dieser beiden Länder wurde mit Mythen infiziert, die »ethnische Ideologien als historische Wahrheiten erscheinen ließen« [190, S. 19]. Die Geschichte wurde zunächst von den Europäern manipuliert und dann von den lokalen »Eliten« übernommen. »Die Trennung einer Gesamtheit, die sich weder durch die Sprache noch durch geographische Gegebenheiten, weder durch die Religion noch durch die überkommene Kultur unterschied, in gegnerische ethnische Gruppen« wurde behauptet, gelehrt und absorbiert, »bis sie einen Glaubenskodex darstellte, den sich eine gebildete Minderheit zu eigen machte, ein Dogma, das nicht nur den unmittelbar kolonialen Formen der sozialen Ungleichheit eine historische Schicksalhaftigkeit verlieh, sondern auch den privilegierten Zugang zu europäisierten Lebensweisen begründete« [190, S. 21].

Neben diesem aus dem europäisch-rassistischen Schema abgeleiteten Szenario kamen zum Zeitpunkt der Unabhängigkeit politische Interessen mit ins Spiel. Die ethnische Unterscheidung wurde durch Spannungen aufrechterhalten und verschärft. Ein irreversibler Prozeß von Furcht und Rache hat die ursprüngliche Fiktion in eine Realität verwandelt. Jeder ist heute, in Burundi wie in Ruanda, ethnisch gekennzeichnet und je nach den Umständen Opfer oder Mörder. Um diesen durch koloniales Blendwerk geschaffenen Teufelskreis zu durchbrechen, der von Parteien ausgenutzt wird, deren Macht auf einem regelrechten ethnischen Integrismus gründet, ist es unerläßlich, die Geschichte dieser beiden Länder so darzustellen, wie sie gewissenhafte und mit den afrikanischen Verhältnissen vertraute Forscher nachgezeichnet haben. Dann würden die Medien vielleicht aufhören, die Glut zu schüren, indem sie die Ereignisse aus rassistisch-ethnozentrischer Sicht kommentieren.[13] Es muß gelingen, schreibt Jean-Pierre Chrétien, »sich aus den Fallstricken eines fremden Blicks zu lösen, geschminkt mit Lokalkolorit und völlig kurzsichtig..., um einen inneren Blick zu finden, der die Luft der ›Hügel‹ atmet, aber offen ist für die Welt, angefangen vom Horizont der ostafrikanischen Weiten« [184, S. 10].

Ruanda und Burundi, mit jeweils 26 338 und 27 800 Quadratkilometern Fläche, gehören zum geographischen und kulturellen Raum der Großen Seen im Osten Afrikas. Der Bevölkerung dieser beiden Länder, über 7 148 000 Einwohner in Ruanda nach der Volkszählung von 1991 und damit die größte Bevölkerungsdichte Afrikas, 5 800 000 in Burundi, kommen günstige Klimabedingungen zugute, die drei Ernten im Jahr erlauben. Ihre Geschichte vor dem Auftauchen der ersten europäischen Erforscher (und damit der Schrift) kann nur dank mündlicher Überlieferungen zurückverfolgt werden. In Burundi, wo nie von »uralten Stammesfehden« die Rede ist, entstand im 16. Jahrhundert, inmitten von einander bekriegenden Reichen, ein monarchischer Staat, der die nationale Identität begründete. Der König ist der Vermittler zwischen zwei Welten, der imaginären und der alltäglichen. Als Hüter der heiligen Trommel – dasselbe Wort bezeichnet das Königreich und die Trommel – ist der *mwami* der Garant des natürlichen und sozialen Gleichgewichts und zugleich der Sündenbock, denn er zieht alle Kräfte des Bösen auf sich. Er ist eine Maske, ein Medium zwischen der Gesellschaft und ihrer Umwelt, er schlichtet auch die Konflikte zwischen Ackerbauern und Viehzüchtern. Die »Gesellschaft besitzt den König«, doch sie besitzt auch das Königtum, und wenn der König seiner Rolle nicht gerecht wird, »erhebt sich das Königtum gegen den König« [184, S. 59–78]. In Burundi stellen fünf bis sechs bedeutende Geschlechter der Tutsi die königlichen Gemahlinnen – der König ist polygam. Die religiösen und höfischen Ämter werden von einer Reihe bestimmter Sippen ausgeübt, Hutu und Tutsi, sie bilden ein »heiliges Netz«, das die Trommeln bewahrt und Leopardenfelle trägt. Im 16. Jahrhundert befreit sich der Monarch von der religiösen Überwachung und vom Geschlechterzwang. Ntaré, der Löwe, der Begründer der Dynastie, einigt die politischen Bestrebungen. Von nun an ist die »Trommelfolge« durch einen Viererrhythmus bestimmt, die ersten vier Könige heißen Ntaré, Mwesi, Mutaga und Mwambotsa, dann wechselt die Dynastie. Es soll zwei bis vier solcher Dynastien gegeben haben.

Während in Burundi die Vergangenheit verschwommen bleibt, ist die Geschichte Ruandas strukturierter. Die mündliche Überlieferung weiß von Herrschergenealogien und schildert herausragende Ereignisse. Ruanda entstand aus der Eroberung von Tutsi-Reichen im Osten und Hutu-Reichen im Westen, die zu einem Staat unter der Herrschaft der Tutsi-Dynastie der Banyiginya verschmolzen wurden. Die »schwindelerregenden Manipulationen der dynastischen Chronologie«, die der ruandische Pater Alexis Kagame unternahm, um den ersten König zur selben Zeit wie Karl V. regieren zu lassen, sind als ein indirekt durch die Kolonisation beeinflußter Versuch entlarvt worden, eine aristokratische Vergangenheit Ruandas zu konstruieren [190, S. 44–61].

Vor der Ankunft der deutschen Kolonisten 1896 beruhte die Unterscheidung in Hutu und Tutsi auf einer alten Klassifikation der Sippen und einer »Definition der Gesellschaft nach einer erblichen Rangordnung« [184, S. 13]. Die Batutsi waren Viehzüchter, die Bahutu Ackerbauern, die Batwa Sammler und Jäger (die Vorsilbe »Ba« bezeichnet den Plural). Es gab keine Barrieren zwischen Hutu und Tutsi, und der Unterschied Viehzüchter–Ackerbauern »wies bei weitem nicht alle Merkmale der Knechtschaft auf« [190, S. 22]. Die Twa dagegen, pygmäischer Abstammung, stellten eine verachtete Kaste dar. Aus diesem vielgestaltigen Clangefüge ging in Burundi eine neue Kategorie hervor, die von den Tutsi abstammte, aber teilweise mit Hutu vermischt war: das Fürstengeschlecht der Baganwa, das die Könige stellte. Dieser Vielschichtigkeit entsprach die soziale Hierarchie, die durch den Besitz von Großvieh und die Ausübung der Macht bestimmt war. Es gab vor der Kolonisierung »eine faktische Ethnizität ohne Ethnien« (Jean-Pierre Chrétien). Von den ersten Beschreibungen der europäischen Geographen und Ethnologen an wurden diese sozialen Unterschiede fixiert und mit ethnischen Kriterien identifiziert, aus denen sich rassistische Schemata herausbildeten.

Ende des 19. Jahrhunderts fiel der Beginn der deutschen Kolonisierung mit einer Reihe Katastrophen zusammen, die das Gebiet der Großen Seen verheerten: Rinderpest, Pocken- und vor allem Schlafkrankheitepidemien und Heuschreckeneinfall. Diese Geißeln, dynastische Streitigkeiten und Razzien der Sklavenhändler von der Ostküste und aus Sansibar zerstörten den Wohlstand der beiden Länder. Die deutsche Kolonisation wurde als brutale Episode empfunden, der das belgische Mandat nach dem Ersten Weltkrieg ein Ende setzte. Die beiden Länder wurden nun vereinigt zu Ruanda-Urundi, das man 1925 verwaltungsmäßig dem Kongo angliederte. Zwei Residenten, einer für Ruanda und einer für Burundi, bevormundeten den König, der mit beschränkten Machtbefugnissen weiterregieren durfte.

Die Mandatarmacht formte das Land um »nach einer Feudalphantasie, die auf die Dauer zur Geschichtsvorstellung werden sollte« (Jean-Pierre Chrétien). Von den dreißiger Jahren an, als im Gefolge der Weltwirtschaftskrise die Ausbeutung der Kolonien forciert wurde, wählte die belgische Verwaltung eine »aufgeklärte Elite« aus, die sie europäisierte, in Burundi im Königsgeschlecht der Baganwa und in beiden Ländern unter den Batutsi. Nach diesen rassistischen Kriterien hatte man den Batutsi schon in den ersten Mandatsjahren

Zugang zu den Schulen und zu höherer Bildung gewährt, weil ihnen »Führungsqualitäten angeboren waren«. Eine »Rasse«, die Mututsi (»Mu« bezeichnet den Singular), hatte das politische Monopol inne, während die Bahutu verurteilt waren, »subalterne Hilfskräfte« zu bleiben. Das Ergebnis war deutlich: 1959 waren in Ruanda 43 von 45 Häuptlingen und 549 von 559 »Unterhäuptlingen« Tutsi.

Die Auswahl der Anführer ging also von einer ethnischen Differenzierung aus, die teils in der Sippenstruktur verwurzelt war, teils von der Kolonialmacht künstlich erzeugt wurde. Letztere, die Ruanda und Burundi zu einigen strebte, interpretierte die Geschichte dieser Länder aus einer äußeren Sicht – dem rassistischen Schema Europas und der Feudalvorstellung vom Königtum – und unternahm eine Umformung der Machtverhältnisse. Auf der Basis der hamitischen These, die in Europa seit dem 19. Jahrhundert ihre Blüten trieb, rekonstituierte die Historiographie eine rein fiktive Vergangenheit: die Hamiten seien die Nachkommen von Cham, dessen Söhne die Genesis verflucht. Zunächst wurden sie als Vorfahren der Schwarzen ausgegeben, doch die Entdecker stellten bald physische und kulturelle Unterschiede zwischen den Afrikanern fest. Um das Postulat der Vorherrschaft der weißen Rasse aufrechtzuerhalten, verfiel Gobineau auf eine erste Wanderung der kaukasischen Rasse von Mesopotamien nach Afrika, 5000 Jahre vor der christlichen Zeitrechnung. Außerdem stützte man sich auf die Untersuchungen deutscher und französischer Sprachwissenschaftler, und die Hamiten wurden zu den »Nichtnegern«, den Ariern Afrikas. Als Ergebnis all dieser Manipulationen galten die Tutsi als aus Äthiopien oder Ägypten mit ihrem Vieh eingewanderte Hamiten. Schließlich bezeichnete man sie als die »Juden Afrikas«. Den entscheidenden »Beweis« lieferte die Anthropologie, die die Rassen nach Wuchs, Hautfarbe, Haar und Schädelform bestimmt.

In Ruanda diente das politische und soziale Gefüge des Königreichs als Bestätigung für diese »Ungleichheitsprämisse« (Jean-Pierre Chrétien), die von der kulturellen Elite allmählich angenommen wurde. Ebenso ließen sich in Burundi die historischen Unterschiede in der Gesellschaft durch diese neue, rassische und rassistische Interpretation erklären. Ende der fünfziger Jahre kam es in Ruanda zu einem Umsturz des politischen Kräfteverhältnisses. Die ursprünglich in einer rassistischen Perspektive verfälschte Geschichte wurde nun in einer sozialen Perspektive verfälscht. Neue Mythen, gefischt aus dem Teich der feudalen Gemeinplätze, entstanden unter dem Einfluß des Klerus, der die Meinung vertrat, die »Rasse« der Tutsi sei »dem Bolschewismus geweiht«. Daraufhin bremste die Kolonialmacht die Heranbildung von Tutsi-Eliten und stützte sich auf eine Gegenelite von Hutu, die in christlichen Schulen und Seminaren erzogen worden war. Die Missionare, die dieses Land in einem halben Jahrhundert zu einem christlichen Königreich gemacht hatten, erklärten, die europäische Zivilisation verkünde eine religiöse Botschaft und die Hutu-Mehrheit sei christlich. Damit entstand die Ideologie der Hutu, die auf dem Gegensatz der beiden Rassen beruhte: die eine, eingeborene, hatte »das Recht, hier zu leben«, die andere, fremde, hatte es nicht. Die Hutu-Bauern wurden zu den legitimen Bewohnern Ruandas, von der Feudalherrschaft der Tutsi geknechtete Bantus. Die Partei der Emanzipationsbewegung der Hutu (Parmehutu) forderte den Ausschluß der Tutsi von der politischen Macht, deren Monopol sie bis dahin besaßen. Einer ihrer Gründer, der ehemalige Seminarist Grégoire Kayibanda, wurde nach der Unabhängigkeit am 1. Juli 1962 Präsident der Republik. In Burundi, wo sich König Mwambutasa 1930 mit einer getauften Prinzessin vermählt hatte, zeigte sich die Umkehrung der Machtverhältnisse weniger deutlich, aber die rassischen und sozialen Gegensätze bestanden hier wie dort.

Bei der Unabhängigkeit 1962 traten die verhängnisvollen Folgen der Konstruktion einer ethnischen Identität zutage. Der geschürte Haß bewirkte die Rebellion der »geknechteten Gruppen«: Ackerbauer standen gegen Viehzüchter auf, die Mehrheit gegen die Minderheit (90 Prozent Hutu in Ruanda, 80 Prozent in Burundi, während die Twa nur 1 Prozent der Bevölkerung ausmachten), die Sklaven gegen die Herren, die kleingewachsenen, schwarzhäutigen Hutu gegen die großen, hellhäutigen Tutsi. Das Erbe dieser höllischen Erfindung, die der Mentor seinen erwachsen gewordenen Schülern vermachte, bestimmte die letzten Jahre des belgischen Mandats. In diesem »symbolischen Raum« bildete sich in Ruanda die »vierte Ethnie«. Tatsächlich dachten die Hutu-Führer nicht daran, sich am marxistischen Modell oder an der afrikanischen Tradition zu orientieren, sondern stellten sich unter das Banner der katholischen Kirche. Sie bildeten innerhalb der ruandischen Gesellschaft eine »fremde Welt«, die den europäischen Lebensstil übernahm und unter Berufung auf ihre Fortschrittlichkeit die Herrschaft über die Bauern an sich riß. Diese neue »Elite« machte sich die Klischeevorstellungen des Kolonialismus zu eigen, sie »projizierte die soziale Gegenwart in eine phantastische Ahnenwelt«. Die »wackeren Bantu-Bauern« seien von den »hamitischen Eindringlingen«, den »hinterhältigen nilotischen Hirten« ausgebeutet worden. Nach der Unabhängigkeit enthielten die ruandischen Personalausweise den Vermerk »Hutu« oder »Tutsi«, diskriminatorische Maßnahmen verschärften die ethnische Spaltung und schufen »ein günstiges Klima für rassistische Umtriebe und Aufhetzungen« [190, S. 28–39]. In einem Land, das vor den rassistischen Vorurteilen keinen Unterschied zwischen Hutu und Tutsi kannte, wurde der Personalausweis, wie einst der Judenstern in Europa, zum Todesurteil, als 1994 Milizsoldaten die Passagiere von Autobussen aussortierten und die Tutsi töteten.

Die Massaker begannen 1959 in Ruanda, wo die ethnische Kristallisierung weiter fortgeschritten war. Nachdem der Staat unabhängig geworden war, ließ die Hutu-Regierung 1963 über 10 000 Tutsi niedermachen. Die Tutsi flohen daraufhin massenweise in die Nachbarländer, nach Burundi, in den Kongo und vor allem nach Uganda. Bertrand Russell betrachtete diese Massaker als »die furchtbarsten und systematischsten, deren Zeugen wir seit der Vernichtung der Juden durch die Nationalsozialisten geworden sind« [10, S. 386].

Ganz anders war die politische Konstellation in Burundi, wo das Königtum, das traditionell den Prinzen von Geblüt aus der Dynastie der Baganwa zustand, und die Kolonialherrschaft die Tutsi privilegierte. Die Nationale Partei, die für eine friedliche Koexistenz eintrat, ging als Sieger aus den Wahlen hervor. 1962 war Burundi ein unabhängiges Königreich mit einem Tutsi-König. Im Oktober 1965 wurde der König abgesetzt und der Kronprinz zum Regierungschef erklärt, der seinerseits im November 1966 von Tutsi-Offizieren unter Ministerpräsident Michel Micombero verjagt wurde. Nach diesem Staatsstreich teilten sich Tutsi und Hutu in die Regierungsgeschäfte, doch von 1965 bis 1972 wuchsen die Spannungen. Die Minderheit der Tutsi fühlte ihre Macht bedroht, sie beschuldigte Hutu-Politiker der Verschwörung gegen das Regime und ließ sie verhaften. Nun kam es zur »Katastrophe«, wie man in Burundi sagt, für deren Ausbruch das Beispiel Ruandas eine entscheidende Rolle spielte. Ein Hutu-Putsch, begleitet von Massakern an Tutsi-Bauern im mittleren Westen des Landes, stürzte Burundi 1965 in den Teufelskreis des »durch ethnische Vorwände gerechtfertigten Brudermords«. Die darauffolgende Unterdrückung führte zur Machtergreifung durch die Tutsi und setzte einen unaufhaltsamen Prozeß von Furcht und Haß in Gang. Die aus dem Süden stammenden Tutsi-Politiker unter der Führung Micomberos, die für das Massaker von 1972 verantwortlich waren, eliminierten allmählich alle ihre Gegner. Am 29. April 1972 brach in den südlichen Provinzen ein Aufstand von 10 000 Hutu mit kongolesischer Unterstützung aus, die systematisch alle Tutsi niedermachten und verstümmelten, deren sie habhaft werden konnten, sowie jene Hutu, die sich an ihren Verbrechen nicht beteiligen wollten. Die fanatisierten, primitiv bewaffneten Rebellen standen unter Rauschgift und waren, wie die Maji-Maji in Deutsch-Ostafrika 1905, von ihrer Unverwundbarkeit überzeugt. Ein paar Tage später begann eine unerhört gewaltsame Repression, bei der die Armee und Milizen der Jungrevolutionäre in koordinierten Vernichtungsaktionen gegen die Rebellen im Süden des Landes vorgingen. Mobutu, der Präsident Zaires, bot Micombero Luftunterstützung und Truppen an, der Präsident Tansanias, Nyerere, lieferte ihm leichte Waffen. Im übrigen Land verlief das Massaker nach selektiven Kriterien. Die einfache Tatsache, einen auch nur elementaren Unterricht genossen zu haben, bedeutete für die Hutu das Todesurteil. Die Beobachter zeigten sich bestürzt angesichts der »Geschwindigkeit, mit der die Unterdrückung in völkermordähnliche Aktionen ausartete, die schlicht und einfach darauf abzielten, nahezu die Gesamtheit der gebildeten oder halbgebildeten Hutu zu liquidieren« [187, S. 13]. Alle Hutu, die eine potentielle Elite darstellten, Studenten, Gymnasiasten, Zivil- und Armee-beamte, Haus- oder Geschäftsbesitzer, wurden eliminiert, man verschonte keinen Gebildeten, nicht einmal Ärzte und Priester. Man tötete sie an Ort und Stelle oder brachte sie in Gefängnisse und Lager, die Leichen wurden mit Lastwagen zu Massengräbern geschafft, die von Bulldozern ausgehoben wor-den waren. Die Unterdrückung traf auch die politischen Feinde des Regimes unter den Tutsi. Die Bilanz: 80 000 bis 100 000 Tote in vier Monaten, das heißt 3 Prozent der Bevölkerung Burundis zu diesem Zeitpunkt. 200 000 Hutu flohen nach Ruanda, Tansania und Zaire, und die Massaker gingen nach 1972 weiter.

In einem *Weißbuch*, das im Juni 1972 veröffentlicht wurde, beschuldigte die burundische Regierung die Hutu des versuchten Völkermords an den Tutsi und erklärte, ihre Armee habe bei den Rebellen Verschwörerlisten gefunden, aufgrund derer sie ihre politischen Feinde gestellt und hingerichtet habe. Dieser offiziellen Version widersprechen alle ausländischen Berichterstatter. Es ist er-wiesen, daß die Regierung schon vor der Rebellion Listen besaß, daß sie über die bevorstehende Empörung der südlichen Provinzen informiert war und nichts unternahm, um sie zu verhindern. Der Aufstand lieferte ihr einen will-kommenen Vorwand für »prophylaktische Gewalt«, die jede Gefahr für die herrschende Tutsi-Minderheit für mindestens eine Generation beseitigen sollte. Es handelte sich dabei also durchaus um ein genozidäres Massaker, das nach ethnischen Prinzipien ausgeführt wurde und in erster Linie die politische Elite traf.

Diese Vorgänge wurden nie vor internationale Instanzen gebracht. Auch wenn sie verwickelt und viele Punkte noch unklar sind, überrascht die Reak-tion der Staaten. Einige Wochen vergingen zwischen den Ereignissen und den ersten Meldungen in der französischen und belgischen Presse. Die Weltöffent-lichkeit war schlecht über das Problem unterrichtet, und es mußte erst zu Massakern kommen, bis man von der seit langem schwelenden Krise sprach. Die belgische Regierung unter Gaston Eyskens teilte im Mai mit, daß es sich um einen regelrechten Völkermord handle und drohte Burundi mit der Einstel-lung der Wirtschaftshilfe. Aber kein Staat folgte dem belgischen Beispiel und unternahm ernsthafte Schritte, um dem Massenmord Einhalt zu gebieten. Alle waren durch ihre ökonomischen und politischen Interessen gelähmt: Frank-reich, das mit Hubschraubern diskrete Luftunterstützung gewährte, die für die Säuberungsoperationen in den südlichen Provinzen entscheidend war; die USA, die drei Viertel der Kaffeeproduktion Burundis kauften; die afrikani-schen Staaten, die unverzüglich – und zu Recht – die Vereinten Nationen mobilisierten wegen der portugiesischen Verbrechen in Mosambik oder der Apartheid in Südafrika, aber fürchteten, eines Tages selbst ähnliche Krisen zu erleben, und keinen Präzedenzfall schaffen wollten, der ihre künftige Handlungsfreiheit beschränken könnte. Die Schlußresolution der Gipfelkonferenz der Organisation für Afrikanische Einheit (OAU), die im Juni 1973 in Rabat stattfand, enthält Glückwünsche an die Regierung in Bujumbura, weil sie die nationale Einheit gefestigt und die territoriale Integrität Burundis gewahrt habe. Die katholische Kirche, deren Geistliche vorwiegend den Tutsi angehören, zeigte sich hin und her gerissen zwischen ihrem Gewissen und ihren Interessen. Papst Paul VI. forderte in einer Ansprache, man müsse eine Lösung finden für diesen »gnadenlosen und grausamen Kampf zwischen Brüdern desselben Volkes«. Die Bischöfe Burundis machten den Egoismus der Hutu- und Tutsi-Eliten für die Ausschreitungen verantwortlich.

Die Massaker von 1972 veranschaulichen, auf welche Weise die ethnische Fiktion von einer Führungsschicht ausgebeutet wird, die ihre Macht bedroht sieht und zu ihrer Erhaltung zu allem entschlossen ist, sogar zum Selbstmord ihrer Nation. Jean-Pierre Chrétien stellte fest: »Es war kein Stammeskampf, der dieses Land zerrissen hat, sondern die Entfesselung und der Triumph des zur Politik erhobenen Stammestums« [184, S. 432]. Nach 1972 hielt sich das Regime Micomberos noch einige Jahre. Im November 1976 wurde er von Jean-Baptiste Bagaza gestürzt, der die Diskriminierungspolitik gegen die Hutu fortsetzte, denen die Armee und öffentliche Ämter verschlossen blieben. Als Pierre Buyoya 1987 an die Macht kam, zeichnete sich die Herstellung eines ethnischen Gleichgewichts ab: Regierungs- und Verwaltungsbehörden setzten sich aus mindestens 50 Prozent Hutu zusammen. Doch die Gewalttätigkeit war nicht erloschen. Auf ein Gerücht über einen bevorstehenden Tutsi-Angriff hin rotteten sich 1988 junge Hutu zusammen, um »Tutsi zu metzeln«. Als Vergeltung wurden Hutu von vorwiegend aus Tutsi bestehenden Truppen niedergemacht, 50 000 Hutu flohen nach Ruanda. International Alert betonte, daß die Lage in Burundi genozidär sei und bleibe und daß Maßnahmen getroffen werden müßten, um das Kastensystem zu beseitigen und eine Versöhnung zwischen Tutsi und Hutu zustande zu bringen. Im Oktober 1988 begann eine Periode des Dialogs. Der Premierminister war ein Hutu, seine Regierung strebte eine friedliche Koexistenz an – angefangen in den Institutionen – und die Beseitigung jeder Diskriminierung, um zu einem wahren ethnischen Pluralismus zu gelangen. Aber dieser Wille zum Wandel wurde von den Extremisten abgelehnt, die schließlich geradezu einen ethnischen Integrismus mit verheerender Wirkung vertraten. Das Mehrparteiensystem wurde im März 1992 eingeführt, im Juni 1993 fanden freie Wahlen statt, und im Juli wurde ein Hutu, Melchior Ndadaye, zum Präsidenten gewählt. Doch in der Nacht vom 20. zum 21. Oktober 1993 überfielen Angehörige eines Panzerbataillons die Residenz des Präsidenten, Ndadaye und mehrere Regierungsmitglieder wurden ermordet. Zwei Tage später war der Putsch beendet, die Anführer, subalterne Tutsi-Offiziere, flohen nach Zaire. Aber der Tod Ndadayes, des ersten gewählten

Präsidenten, der überdies ein Hutu war, löste eine rassistische Raserei aus. Das »Freie Radio der tausend Hügel« des rassistischen Flügels der in Ruanda herrschenden Partei rief offen zur Ermordung der Tutsi auf und ihrer »Komplizen«, der oppositionellen Hutu, die nicht der Demokratischen Front Burundis angehörten, die seit Juni 1993 an der Macht war. Ethnische Säuberungen fanden in ganzen Provinzen statt, vor allem im Norden, im Osten und in der Mitte des Landes, die von Tutsi »gereinigt« wurden. Das Rote Kreuz schätzte die Zahl der Opfer auf 100 000. Ungefähr 10 Prozent aller Tutsi in Burundi wurden innerhalb weniger Tage getötet. Die Medien standen dieser Tragödie gleichgültig gegenüber, sie interessierten sich mehr für den Putsch und dessen Scheitern als für die Planmäßigkeit eines Massakers, das eine regelrechte Generalprobe für den Völkermord in Ruanda im April 1994 darstellte. Nach dem gescheiterten Putsch wurde ein neuer Hutu-Präsident ernannt, Cyprien Ntaryamira. Er kam im April 1994 zusammen mit dem ruandischen Präsidenten Habyarimana ums Leben. Seit den Geschehnissen in Ruanda ist Burundi ein Pulverfaß, das beim geringsten Funken ethnischen Hasses explodieren kann.

Der Völkermord von 1994

Derselbe Prozeß der Radikalisierung einer extremistischen Gruppe lief im April 1994 in Ruanda ab. Präsident Juvénal Habyarimana, ein Hutu, der 1973 als Kommandant der Nationalgarde Präsident Kayibanda gestürzt hatte und seither an der Macht war, gründete seine Herrschaft auf die Hutu-Rassenideologie, die die »Eliten« durchdrang. Die Entwicklung der Patriotischen Front Ruandas (FPR), die ihre Basis in Uganda hatte, wo sie von emigrierten Tutsi nach den Massakern von 1963 gegründet worden war, ließ die Gefahr eines Bürgerkriegs entstehen. Im Oktober 1990 ging die FPR in die Offensive, und als Vergeltung wurden Tausende Tutsi von der Armee niedergemacht. Eine demokratische Bewegung versuchte nun, dem Morden ein Ende zu machen. Im Juni 1991 sah sich Habyarimana gezwungen, das Mehrparteiensystem zuzulassen. Er unterzeichnete im August 1993 mit der PFR die Abkommen von Arusha (Tansania), die eine Übergangsregierung und eine internationale Friedenserhaltungstruppe vorsahen, die Hilfsmission der Vereinten Nationen für Ruanda (UN Assistance Mission for Rwanda – UNAMIR). Doch unter dem Einfluß von Hutu-Extremisten aus dem Norden des Landes steuerte das Regime einen härteren Kurs und versuchte den Demokratisierungsprozeß zu blockieren. Der harte Kern um den Präsidenten unter Führung seiner Gattin errichtete ein immer blutigeres Unterdrückungsregime und führte ethnische Säuberungen durch. Agathe Habyarimana baute die Milizen der Organisation Null (für null Tutsi) auf, die diese Terroroperationen durchführten. Dennoch unterstützte

Frankreich Präsident Habyarimana, lieferte Waffen, gewährte Finanzhilfe und bildete die Armee aus. Ein Bericht der Menschenrechtskommission aus dem Jahr 1993 enthüllte, daß die Organisation Null von Lagern aus operierte, in denen französische Soldaten als Ausbilder tätig waren. Die Veröffentlichung dieses Berichts bewog Frankreich, seine Politik zu revidieren und bei den Verhandlungen in Arusha Druck auszuüben.

Als Habyarimana am 6. April 1994 tötlich verunglückte – sein französisches Flugzeug mit französischen Piloten wurde von zwei Raketen getroffen –, wurden keinerlei Ermittlungen eingeleitet, um die Verantwortlichen für das Attentat festzustellen. Sofort begannen die ersten Massaker. Wie 1972 in Burundi handelte es sich um gezielte Morde, doch diesmal waren die Täter Hutu. Sie verfügten über vorbereitete Listen, auf denen sowohl oppositionelle Hutu als auch intellektuelle Tutsi standen, die samt ihren Familien ermordet wurden. Eines der ersten Opfer war die Hutu-Ministerpräsidentin Agathe Uwilingiyimana, die für ihren Schutz zuständigen belgischen Soldaten der UNAMIR starben mit ihr. Erst in einer zweiten Welle begann die systematische Tötung aller Tutsi. In einer unerhörten Entfesselung von Gewalt wurde ein Blutbad angerichtet, dessen Opfer auf 200 000 bis 500 000 Tote und eine Million Flüchtlinge geschätzt werden. Seit April waren zunächst die gemäßigten Kräfte der Opposition, Hutu wie Tutsi, vernichtet worden, dann folgte die planmäßige Ausrottung der Tutsi, die 10 Prozent der ruandischen Bevölkerung ausmachten. Die Mörder, Männer und Frauen, wußten nicht mehr, wen sie töteten und warum, oder aber sie wußten es sehr gut und beglichen gefahrlos alte Rechnungen des Hasses und des Neids. Aber hinter dieser Anarchie, deren Wahnsinn an den Amok der indonesischen Massaker 1965 gemahnt, standen als Drahtzieher die Männer der Garde, die wahrscheinlich das Flugzeug des Präsidenten abschossen, die erste Hetzjagd durchführten und dann ihre Milizen, die *Interahamwé* (die »solidarischen Kämpfer«), auf die Bevölkerung losließen. Der Brand, den sie entfachten, verschlang alles und tilgte die Spuren ihres verbrecherischen Vorhabens. Wenn sie fürchteten, identifiziert zu werden, verloren sich die Mörder in der anonymen Flüchtlingsmasse der Lager in Zaire und Tansania.[14]

Die in Ruanda 1994 begangenen Verbrechen waren Völkermord. Ihre erste Ursache ist in den rassistischen Vorstellungen zu suchen, die von der Mandatarmacht und der katholischen Kirche Ruandas vermittelt und an einen Staat vererbt wurden, der ab 1962 eine auf ethnischen Unterschieden beruhende Ideologie verkündete. So wurden die Bürger Ruandas in zwei Gruppen geteilt, während sie doch dieselben Städte und Hügel bewohnten (es gibt keine Dörfer, sondern nur Sippenverbände in den Hügeln) und dieselbe Sprache sprachen. Das durch diese Unterscheidung geschaffene Völkermordrisiko verschärfte sich durch die soziale und wirtschaftliche Krise im Gefolge der Bevölkerungsexplosion: 57,5 Prozent der Einwohner waren 1991 unter zwanzig Jahren. Die Gefahr präzisierte sich 1990 bis 1993 mit den Einfällen der PFR-Soldaten, »englischsprachiger Tutsi«, die dem analphabetischen Volk, über das der Rundfunk beträchtliche Macht besaß, als dämonische Geschöpfe hingestellt wurden. Die Massaker, die nun stattfanden, wurden nicht als Völkermordbedrohung erkannt. Die Verantwortlichen für diese Verbrechen gehörten dem extremistischen Flügel der Regierung und der Verwaltung an. Sie waren es, die ihre Soldaten und Milizen ausschickten, um in selektiver Weise Bürger des eigenen Landes auszurotten. Die Ideologie stellte nur noch einen Vorwand dar, das wahre Motiv ist in ihrer Machtgier und in ihrem Bestreben zu suchen, die ihnen daraus erwachsenden Vorteile zu wahren.[15]

Während der Völkermord in Ruanda weiterging, rückten die Truppen der FPR von Osten aus vor und besetzten das Land, die Streitkräfte der Regierung wurden in den Westen zurückgedrängt. In den Monaten Juni und Juli 1994 war die Lage chaotisch, die Gewalt kannte keine Grenzen mehr: Hutu-Soldaten töteten Tutsi-Kinder in Waisenhäusern, Hunderte Leichen wurden in einer Kirche entdeckt. Der Westen erfuhr aus Presse und Fernsehen von den Greueln. Selbst wenn die Flut solcher Bilder beim Zuschauer eine Abstumpfung bewirkt, war die Toleranzschwelle überschritten, man forderte eine Intervention der internationalen Gemeinschaft, die sich zurückhaltend zeigte. Nur Frankreich erklärte sich bereit, eine Eingreiftruppe zu entsenden, die im Südwesten Ruandas eine Sicherheitszone für die Flüchtlinge und die dortige Bevölkerung schaffen sollte. Es erhielt ein zweimonatiges Mandat von der UNO, und von Stützpunkten in Zaire aus überwachten 2500 französische Soldaten ein Gebiet, das in diesem Zeitraum von Krieg und Massakern verschont blieb. Doch die FPR, die im Juli den militärischen Sieg errang, prangerte die zweideutige Rolle an, die Frankreich in Ruanda gespielt hatte, und verlangte den Abzug der Franzosen, die nach Ablauf ihres Mandats von Soldaten der UNAMIR II abgelöst wurden. Vor den Aprilereignissen hatten die Oppositionsparteien in einem Abkommen einen gemäßigten Hutu, Faustin Twagiramungu, als Ministerpräsidenten designiert, und gemäß diesem Abkommen wurde die neue Regierung gebildet.

Angesichts der drohenden Niederlage forderten die Regierungstruppen die Hutu-Bevölkerung auf oder zwangen sie, sich nach Zaire zurückzuziehen. Die Massenflucht von über einer Million Menschen in ein Gebiet, wo nichts für ihre Aufnahme vorbereitet war, führte zu einer Katastrophe, die nur teilweise durch die massive internationale Hilfe gemildert werden konnte, die in aller Eile organisiert wurde und natürlich die Mängel der Improvisation aufwies. Die meisten Soldaten und Milizangehörigen, die den Völkermord begingen, halten sich heute zweifellos unter der Bevölkerung der Lager in Zaire versteckt. Hier haben wir auch ein weiteres Beispiel für die Leugnung, die gewöhnlich auf einen Völkermord folgt: In den Lagern versuchen jene, die den Völkermord planten und ausführten, die Hutu zu überzeugen, daß sie selbst die Opfer seien. Die FPR habe den Bürgerkrieg angezettelt und sei für die Massaker verantwortlich. In Ruanda kontrolliert die FPR ein ruiniertes, entvölkertes Land. Nur langsam kehren Flüchtlinge aus Zaire zurück. Die Ernte ist nicht eingebracht, der Boden nicht bestellt worden. Die Hutu-Flüchtlinge fürchten Säuberungen und Unterdrückung von seiten des neuen Regimes.

Tatsächlich wurde der Exodus der Hutu aus Ruanda – zunächst nach Tansania, dann Anfang Juli in die Sicherheitszone, schließlich Mitte Juli nach Zaire – von den Urhebern der Massaker manipuliert. Die 800 000 Flüchtlinge im Lager Goma (Zaire), wo Unterernährung und Cholera herrschten, erschütterten die Weltöffentlichkeit, die ihnen massive humanitäre Hilfe zukommen ließ. Doch Soldaten der Präsidentengarde und der *Interahamwé*, der Anstifter und Ausführenden des Völkermords, übernahmen die heimliche Leitung der Lager, sie paßten ihre Medienpolitik der neuen Lage durch Desinformation an und täuschten sowohl die Flüchtlinge als auch die humanitären Hilfswerke (zumindest die meisten) und die internationalen Beobachter. Während sie sich einer Rückkehr der Geflohenen – notfalls durch Mord – widersetzen und Gerüchte über Massaker der FPR, die seit Juli in Ruanda an der Macht ist, in Umlauf setzen oder aufbauschen, belügen sie die internationalen Organisationen über die Zahl der Flüchtlinge und unterschlagen einen Teil der Hilfsgüter, um eine Rückeroberung Ruandas vorzubereiten, was die Vernichtung der Tutsi bedeuten würde.

Zu dieser Zweideutigkeit der humanitären Hilfe, die die Tatsachen des Völkermords vergessen machen und das schlechte Gewissen wegen der Nichtintervention beruhigen soll, kommt noch die verfälschte Vorstellung von einem doppelten Genozid. Sie findet sich in der Presse, die von zyklischen und unvermeidlichen ethnischen Massakern spricht, von einer unabwendbaren Katastrophe, und die über die in Ruanda und Burundi seit über dreißig Jahren verübten Gewalttaten berichtet, ohne die jeweilige spezifische Lage zu analysieren und ohne zu erwähnen, daß nur die Massaker in Ruanda von April bis Juli 1994 als Völkermord bezeichnet werden können. Sie findet sich auch auf dem französisch-afrikanischen Gipfeltreffen in Biarritz am 18. November 1994, wo man in Abwesenheit der nicht geladenen ruandischen Regierung versuchte, den Völkermord von April bis Juli 1994, die Bürgerkriegskämpfe und die lokalen Ausschreitungen nach der Machtübernahme der FPR über einen Kamm zu scheren. Diese Banalisierung – Beschwörung uralter Stammesfehden und zwischenethnischen Hasses – stellt eine neue Form des Revisionismus dar. Mit der Erfindung eines Genozids an den Hutu rechtfertigt man jenen tatsächlichen an den Tutsi, der zum »Präventivschlag« stilisiert wird. Dieses Amalgam ist um so unheilvoller, als die ruandische Regierung mit Schwierigkeiten zu kämpfen hat, die aus der Rückkehr der Tutsi aus langem Exil auf dieselben Ländereien wie die der heimkehrenden Hutu-Flüchtlinge erwachsen und aus dem Umstand, daß sie ihre Extremisten nicht unter Kontrolle hat. So töteten ruandische Soldaten im April 1995 in Kibeho 2000 Menschen als Vergeltung für den Überfall einer Hutu-Bande. Eine Untersuchungskommission des Sicherheitsrates entlastete im Mai die Regierung und machte Extremisten für dieses Massaker verantwortlich. Innerhalb der FPR ist eine bedeutende Fraktion zur Rache entschlossen, ohne es der Justiz zu überlassen, zwischen Schuldigen und Unschuldigen zu unterscheiden, und es steht fest, daß seit Juli 1994 umfangreiche Säuberungen stattgefunden haben. Die Rückführung der Flüchtlinge von Goma kann daher erst nach sorgfältiger Vorbereitung erfolgen und nach einer Klärung der juristischen Probleme, die oft nur durch Kompromisse zu lösen sind. Eine internationale Konferenz über den Völkermord in Ruanda fand in Kigali vom 1. bis 5. November 1995 statt. Sie betonte die Notwendigkeit eines Engagements der internationalen Staatengemeinschaft, um die Wiederaufnahme des Zusammenlebens zu ermöglichen.

In Burundi ist die Lage seit den genozidären Massakern im Oktober 1993 explosiv. Auch hier stehen zwei extremistische Lager einander gegenüber: Hutu-Milizen, die aus Zaire von den *Interahamwé* unterstützt werden, und Tutsi-Aktivisten, die die Armee unterwandern. Der schwelende ethnische Konflikt kann jeden Moment wieder aufflammen. Obwohl die Macht zur Zeit aufgeteilt ist – Präsident Sylvestre Ntibantunganya gehört den Hutu, Ministerpräsident Antoine Mduwate den Tutsi an –, lassen unaufhörliche Ausbrüche von Gewalt eine Katastrophe befürchten. Diese ist jedoch nicht unvermeidlich. Die Völkergemeinschaft muß dringend Maßnahmen ergreifen, um diese Krise einzudämmen.

Der Internationale Strafgerichtshof

Am 11. Mai 1994 ersuchte der Sicherheitsrat den Generalsekretär der Vereinten Nationen, ihm einen Bericht über die schweren Verstöße gegen das Völkerrecht in Ruanda vorzulegen. Am 25. Mai beauftragte die Menschenrechtskommission einen Untersuchungsausschuß, die Fakten zu ermitteln und Informationen zu sammeln. Der Sonderberichterstatter dieses Ausschusses, René Degni-Segui, verfaßte seinen ersten Bericht am 26. Juni und legte im August, November und im Januar 1995 drei Ergänzungen vor. Sein Urteil stützte sich auf Beweise (Identifizierung von Massengräbern und »so zahlreiche wie vielfältige« Dokumente): Er stellte fest, daß die Massaker offenbar geplant waren und systematisch und grausam durchgeführt wurden. Er unterschied den Völkermord an den Tutsi von der Ermordung gemäßigter Hutu und kam zu dem

Schluß, daß die Schuld der Organe des ruandischen Staates nicht zu bezweifeln sei. Er empfahl die Einrichtung eines internationalen Ad-hoc-Tribunals, das »die Fakten ermitteln und die Schuldigen verurteilen« solle. Parallel dazu ernannte der Sicherheitsrat in der Resolution 935 vom 1. Juli 1994 einen eigenen Untersuchungsausschuß, der in seinem Bericht vom 2. Oktober von unwiderleglichen Beweisen für Völkermord sprach. Dies war um so bedeutsamer, als der Sicherheitsrat erstmals ein Geschehen als Völkermord einstufte. Aber erst am 8. November 1994 begründete er mit seiner Resolution 955 das Internationale Tribunal für Ruanda. Die Statuten dieses Gerichts sind eine Anpassung der Richtlinien des Tribunals für das ehemalige Jugoslawien an Ruanda, welch letztere in der Resolution 808 des Sicherheitsrats vom 22. Februar 1993 festgelegt wurden (vgl. unten »Die Tragödie in Jugoslawien«). Seine Zuständigkeit ist zeitlich auf das Jahr 1994 begrenzt (was die Planung des Genozids vor dem 6. April einschließt) und örtlich auf Ruanda und dessen Nachbarstaaten. Die Resolution 977 vom 22. Februar 1995 bestimmte den Sitz dieses Gerichts in Arusha. Es umfaßt drei Kammern, zwei der ersten Instanz und eine Berufungsinstanz, einen Ankläger, Richard Goldstone, der dieses Amt bereits beim Jugoslawien-Tribunal innehatte, und eine Gerichtskanzlei. Schließlich ersuchte der Sicherheitsrat in der Resolution 978 vom 27. Februar die Mitgliedsstaaten, verdächtige Personen zu inhaftieren. Bis heute wurden über 2000 Akten zusammengestellt. In Arusha hatte das Gericht beträchtliche materielle und logistische Schwierigkeiten zu überwinden, und erst am 8. Januar 1996 konnte dort die erste Vollsitzung stattfinden, bei der elf Richter, der Ankläger Goldstone und dessen Stellvertreter Honoré Rakotomanana in Anwesenheit des neuen ruandischen Ministerpräsidenten Pierre-Célestin Rwigema und von Vertretern der OAU berieten. Es gab auch Probleme, der Schuldigen habhaft zu werden, denn nur Kanada, Belgien und die Schweiz nahmen Verhaftungen vor, während sich Hunderte gesuchte Verdächtige in Zaire, Kamerun, Gabun, Zentralafrika, aber auch in Frankreich aufhalten, wo es den Justizbehörden widerstrebt, Anklage zu erheben.

Daneben soll auch die ruandische Justiz gegen die Kriegsverbrecher vorgehen. Doch die massiven Inhaftierungen durch die neuen Behörden nach dem 14. Juli 1994, die zahllosen Übergriffe in den überfüllten Gefängnissen, in denen Tausende Gefangene unter immer schlechteren Bedingungen zusammengepfercht sind (54 000 im September 1995), das Fehlen von Verfahrensvorschriften, einer Justizstrategie und einer Definition der Kompetenzen machen die nationale Strafverfolgung problematisch.

Es gibt also bedeutende Verzögerungen zwischen der fast sofortigen Völkermordbezichtigung der Medien, ihrer relativ raschen Bestätigung durch Untersuchungsausschüsse und der Langsamkeit des internationalen Justizapparats. Immerhin funktionierte er für Ruanda schneller als im ehemaligen Jugoslawien, und das Internationale Tribunal für Ruanda vefügt über ein ausreichendes Instrumentarium zur Verfolgung der Verbrecher. Das Versagen nationaler Rechtsprechung und die Begrenztheit eines Ad-hoc-Tribunals, das von den Kräfteverhältnissen im Sicherheitsrat abhängt und zwangsläufig verspätet einberufen wird, macht die Gründung eines Ständigen Internationalen Strafgerichtshofs wünschenswert, den die Parteien unabhängig von den Staaten anrufen könnten.

Völkermorde in der Sowjetunion?

Über den Titel dieses Kapitels – das Fragezeichen, den Plural und seine Einordnung in die Genozide des 20. Jahrhunderts – ließe sich streiten. Der Völkermord an den Juden, Zigeunern, Armeniern und Kambodschanern wurde jeweils in einem begrenzten Zeitraum von weniger als vier Jahren und unter bestimmten Umständen begangen, nämlich während oder am Ende eines Krieges. Die Welle der sowjetischen Verbrechen dagegen erstreckt sich auf das Jahrhundert und auf zwei Kontinente. Sie traf ein Land, das durch 40 Jahre hindurch eine der beiden Großmächte der Welt verkörperte. Die Zahl der Zivilopfer dieses Regimes, das heißt der vorsätzlich vom Staat getöteten Menschen, beläuft sich auf Millionen, es war sogar die Rede von Dutzenden Millionen, was unglaublich erschien. Diese skeptische Einstellung hat viele indirekt das Leben gekostet, weil die Empörung der Weltöffentlichkeit ausblieb. Sie bestärkte die Überzeugung der sowjetischen Führung, daß sie in ihrem Lande tun konnte, was sie wollte, sofern sie nur die Geheimhaltung wahrte. Die Feststellung der ungeheuren Dimensionen der Tragödie trägt dazu bei, den Verdacht der Banalisierung zu beseitigen, der immer auftaucht, wenn man Vergleiche zwischen den beiden Totalitarismen anstellt, die unser Jahrhundert prägten, selbst wenn man die tiefgreifenden ideologischen und strukturellen Unterschiede zwischen dem Nationalsozialismus und dem sowjetischen Kommunismus betont. Um einen Gesamtüberblick über die sowjetischen Verbrechen zu geben, müßte man sich eines neuen Konzepts bedienen, des »Demozids«, wie Rummel vorschlägt, ein Begriff, der die Todesopfer der Massaker, Exekutionen, Deportationen, Vertreibungen und Inhaftierungen in Arbeitslagern erfaßt und nur die Toten des Bürgerkriegs und des Zweiten Weltkriegs ausschließt. Wurden unter all diesen Morden ein oder mehrere Genozide begangen? Die Haltung der sowjetischen Delegierten, die bei der Abfassung der Konvention mitwirkten, läßt diese Vermutung zu. Sie bestanden auf der Notwendigkeit, die nationalsozialistischen »Faschisten« als einzige Urheber eines Völkermords anzusehen und lehnten die Aufnahme politischer Gruppen in die Liste der Betroffenen ab. Es war nicht allein das Gespenst von Katyn, das sie einen Bumerangeffekt der Konvention befürchten ließ, sondern auch ihr Wissen um die Verbrechen des Regimes.

Das Fragezeichen am Ende des Titels bringt nur Zweifel hinsichtlich des Plurals des Wortes »Völkermord« zum Ausdruck. Sowjetologen haben das Regime in vielen Fällen und bei verschiedenen Gelegenheiten des Völkermords bezichtigt und ihre Anklage auf gute Gründe gestützt. Doch sehr oft reichen die Beweise nicht aus, und es wäre besser, von einer »genozidären Situation« zu sprechen, wenn sich Komponenten eines Völkermords feststellen lassen, aber wesentliche Elemente für den Tatbestand fehlen. In der Tat ist zwischen dem Substantiv und dem Adjektiv zu unterscheiden. Weisen wir noch einmal darauf hin, daß das Substantiv das vorsätzliche Handeln einer Regierung voraussetzt, das die physische Ausmerzung einer bestimmten Gruppe voraussehen läßt und so viele Opfer fordert, daß das Überleben dieser Gruppe bedroht ist. Schließlich bezeichnet es eine vollendete Tat: ein Völkermord hat stattgefunden, er wird erst identifiziert, wenn er zu Ende ist oder zumindest fast. Das Adjektiv »genozidär« dagegen »bezieht sich nur auf die Politik und die Praktiken im Zusammenhang mit einem Völkermord« [12, S. 64]. Die Adjektivform kennzeichnet auch eine Tendenz, eine Gesamtheit von Indizien, die einen Genozid befürchten lassen. Wenn ein Massenmord begangen wird, fungiert dieses Adjektiv wie ein Alarmsystem, das die Bedrohung einer Gruppe anzeigt. Und eine Maßnahme oder eine Politik ist dann genozidär, wenn sie sich gegen eine bestimmte Gruppe richtet mit der Absicht, sie als solche zu vernichten. Diese semantische Klärung erlaubt die Unterscheidung verbrecherischer Systeme, die einen Völkermord begangen haben, von jenen, die Massenmorde vorbereiteten oder anfingen, welche gewisse Merkmale des Völkermords aufweisen und von denen im nächsten Teil dieses Buches die Rede sein wird. An der Grenze zwischen diesen beiden Verbrechenskategorien steht die von der KPdSU geführte Regierung der SU, die Millionen ihrer Bürger umbrachte. Diese starben weder in einem Krieg noch während eines Aufstands, sie waren keine Kriminellen, sondern nur »schuldig«, einer ethnischen, religiösen, nationalen, sozialen oder politischen Gruppe anzugehören oder Verwandte und Freunde dieser Unschuldigen zu sein. Mehr als die Hälfte von ihnen kamen in Zwangsarbeitslagern oder Strafkolonien um, wo man nicht eines natürlichen Todes und selten an Altersschwäche starb.

Die Freigabe der Archive der ehemaligen UdSSR erfolgte erst teilweise, die Archive des KGB und des Präsidiums sind noch immer unzugänglich. Trotzdem steht ein – wenn auch umstrittenes – »statistisches Corpus« (Nicolas Werth) zur Verfügung, das eine vorläufige Klärung verschiedener Fragen zur Unterdrückung in der UdSSR erlaubt, insbesondere eine Korrektur der ursprünglich angenommenen Zahlen nach unten. In der Tat wurden die ersten Statistiken mit Hilfe von Vergleichen und Extrapolationen auf der Grundlage des Bevölkerungswachstums und der Aussagen von Dissidenten und ehemaligen Häftlingen erstellt. Robert Conquest [156] oder Alexander Solschenizyn

[169] schätzten die Opfer des Stalinismus auf mehrere Dutzend Millionen, Ende der dreißiger Jahre soll es rund zehn Millionen Gefangene im Gulag gegeben haben. Conquest meinte, der Häftlingsdurchschnitt habe von 1937 bis 1953 bei acht Millionen jährlich gelegen, die jährliche Sterberate habe 10 Prozent betragen. Er schloß daraus, daß von 1937 bis 1953 zwölf Millionen Menschen in den Lagern gestorben waren. Unter Hinzurechnung der Opfer der Kollektivierung und der Hungersnot gelangte Conquest zu einem Gesamtergebnis von nahezu 20 Millionen Toten. Diese in den siebziger Jahren veröffentlichten Zahlen wurden damals von verschiedenen Sowjetologen bezweifelt, aber von den berühmtesten sowjetischen Dissidenten, besonders Alexander Solschenizyn und Roy Medwedew [164], bestätigt, die diese Schätzungen sogar für zu niedrig hielten. Solschenizyn sprach von 70 Millionen Häftlingen im Gulag und von 25 Millionen Sowjetbürgern, die außerhalb der Lager getötet worden seien. Er kam zu dem Schluß, daß die stalinistische Repression mehrere Dutzend Millionen Opfer gefordert habe. Doch die jüngsten Veröffentlichungen zeigen eine Gulagbevölkerung, die deutlich unter diesen Schätzungen lag, so daß man annehmen kann, daß auch die Zahl der außerhalb der Lager Getöteten niedriger ist, als anfangs befürchtet. »Selbst ›nach unten korrigiert‹ gegenüber den Extrapolationen aus den Zeugnissen der Überlebenden, dürfen die heute ans Licht gebrachten kalten und nackten Zahlenkolonnen uns nie vergessen lassen, daß jede Einheit ein zerbrochenes, verstümmeltes, geopfertes Menschenleben bedeutet« [170, S. 50].

Warum all diese Toten? Weil die marxistische Ideologie eine kompromißlose Ideologie ist, die behauptet, die Wahrheit zu besitzen, das Gute und das Böse zu erkennen, die Not und die Ausbeutung der Menschen durch Menschen zu beseitigen und den Weg der Gleichheit und des Wohlergehens aller zu weisen. Weil diese Ideologie nach 1917 von einem Staat verkörpert wurde, der die alte Gesellschaft zerstörte, um eine neue aufzubauen und dabei all jene eliminierte, die sich diesem Aufbau widersetzten und die die marxistische Ideologie »Klassenfeinde« nannte. Wenn in der Theorie nicht von physischer Ausmerzung die Rede war, so schrieb sie doch vor, die Existenzbedingungen für den Feind als Klasse zu beseitigen. Das Konzept des »Klassenfeinds« oder »Volksfeinds« erlaubte die Tötung jeder Person, die als antisowjetisches Element verdächtigt wurde, ohne daß ein Beweis für ihre angebliche Schuld erbracht werden mußte – weil der Staat sich mit einer Partei identifizierte. Der Mythos der allmächtigen, allwissenden und über allem stehenden Partei gründete sich auf den Glauben an historische Kräfte, die im Namen des Fortschritts und der Freiheit Opfer an Menschenleben erforderten. Weil zwei »Menschenfresser« nacheinander die höchste Macht innehatten, die zwar verschieden, aber gleichermaßen entschlossen waren, dem Zweck die Mittel unterzuordnen: der eine, Lenin, war überzeugt, im Interesse der Partei zu handeln, der andere,

Stalin, zu allem bereit, um die Macht an sich zu reißen und sie zu erhalten, ein Genie der Lüge und des Verbrechens. In einer tragischen Sinnverkehrung trieb der sowjetische Kommunismus, der den Massen eine »leuchtende Zukunft« versprach, in die schlimmsten Exzesse. Während des eindreiviertel Jahrhundert dauernden Alptraums beseitigte der kommunistische Staat alle Hindernisse, zunächst die wirklichen, die Lenin durch die Umstände in den Weg gelegt wurden, später die fiktiven, die das verbrecherische Gehirn des »Egokraten« gebar. Weder der eine noch der andere hatten die geringste Achtung vor dem Menschen. Nach dem Tod Stalins kam die Maschine erst zum Stillstand, als man einsehen mußte, daß die Utopie so viele Menschen nur vernichtet hatte, um nichts zu erschaffen.

Der Kriegskommunismus und die NEP

Sechs Monate nach der Oktoberrevolution schien die Lage der Bolschewiki verzweifelt. Das Land versank in völliger Anarchie, der Bürgerkrieg tobte, das Volk empörte sich. Zur Rettung der Revolution blieb Lenin nur die Wiederherstellung »des Staats mit seinen herkömmlichen Machtorganen: Armee und Polizei ... Die Revolutionäre wichen pünktlichen und autoritären Verwaltern« [155, S. 99]. In den Landgebieten teilten die Bolschewiki die Bevölkerung künstlich in zwei Gruppen ein: die Armen und die Kulaken. Arbeiterkommandos beschlagnahmten mit Unterstützung der Armenkomitees die landwirtschaftlichen Erzeugnisse. Sie ließen den Bauern nur das Nötigste zum Überleben und zur Saat. 1917 wurde eine Außerordentliche Allrussische Kommission gegründet, die Tscheka, deren Befugnisse nach dem Attentat auf Lenin im August 1918 zunahmen. Die Tscheka war nach den Worten ihres Chefs Dserschinski »nichts als eine kluge und vernünftige Organisation des revolutionären Proletariats« gegen die Feinde des Volkes und der Revolution [165, S. 66]. Sie bekämpfte nicht einzelne, sondern ganze Gruppen und Gesellschaftsschichten: Bourgeoisie, Aristokratie, Klerus, Kulaken. Die Gründung der Tscheka eröffnete die Herrschaft der Utopie: »Die Diktatur des Proletariats muß das kommunistische Individuum aus dem Menschenmaterial der kapitalistischen Epoche schaffen« (Bucharin). Dies war der Geist des »Roten Terrors«, den der Staat befahl, um Furcht und Schrecken zu verbreiten. Von 1918 bis 1922 durchsuchten, verhafteten, erschossen die fanatischen, grausamen Männer und Frauen der Tscheka einzelne oder Massen, mit oder ohne Verfahren. In letzterem Fall kam es fast immer zur Exekution, »Höchstmaß« des »sozialen Schutzes« genannt [169, Bd. 1, S. 400]. Die Unterdrückung erwies sich als wirksam, um den Preis von Hunderttausenden Menschenleben wurde die Revolution gerettet. In dieser Zahl sind Opfer der Hungersnot nicht inbegriffen, die von den Getreiderequisitionen 1922 und 1923 vor allem in der Ukraine verursacht wurde.

»Die Unterdrückung des im Sommer 1919 ausgebrochenen Aufstandes der Kosaken des Don-Gebiets nahm die Ausmaße eines Genozids an«, behaupten Heller und Nekrich unter Hinweis auf einen Befehl des Zentralkomitees der bolschewistischen Partei, der »gegen die ›gesamte Oberschicht der Kosaken den einzig richtigen Krieg, den völlig rücksichtslosen Krieg zu führen bis zu ihrer völligen Ausrottung‹« anordnete [160, S. 80]. Ein solcher Befehl ist zwar genozidärer Art, aber er genügt nicht zur Behauptung eines Völkermords, genauso wenig wie in anderen Fällen die Befehle zur Ausrottung oder Vernichtung der »Feinde der Revolution« in den von den Bolschewiki besetzten oder rückeroberten Gebieten während des Bürgerkriegs. Das Massaker an den Don-Kosaken – wie die Judenpogrome in der Ukraine, die von den Anhängern Petljuras oder von den Weißen begangen wurden – gehört zu den tragischen Ereignissen dieser anarchischen Jahre, in denen Armeen und Banden einander bekämpften und Hungersnot und Elend allein schon Millionen Tote forderten, zusätzlich zu den vier Millionen Opfern des Weltkriegs. Diese Massenmorde können nicht als Genozide qualifiziert werden, denn es bestand keine Absicht eines Staates, sie zu organisieren.

Nachdem er die wesentlichen Teile des alten russischen Reiches in einer zentralisierten Föderation geeinigt hatte, in der sich, wie er glaubte, der nationalistische Geist auflösen würde, traf Lenin eine Anzahl Maßnahmen, die als »Neue Ökonomische Politik« (NEP) bezeichnet wurden: Einstellung der Requisitionen, freie Verfügung der Bauern über einen Teil ihrer Produktion, während der Rest zu Festpreisen an den Staat geliefert werden mußte. Diese Liberalisierung brachte eine neue Schicht besitzender Kleinbauern hervor, deren Produktion die von den Requisitionen ruinierte Wirtschaft sanierte. Dank günstiger Witterungsverhältnisse erreichte die Ernte 1927 wieder den Stand von 1913, 70 Millionen Tonnen Getreide, so daß die UdSSR den »Überschuß« exportieren konnte.

Doch das im Juli 1918 eingerichtete System der Arbeitslager, eine organisierte Sklaverei, wurde zur Institution, jede Empörung durch gnadenlose Unterdrückung unterbunden. Nach Krankheit und Tod Lenins bahnte sich Stalin Schritt für Schritt den Weg zur absoluten Macht. Im Namen der NEP schaltete er den linken Flügel der Partei aus und verbündete sich vorläufig mit der Rechten. Doch im Verlauf des Winters 1927/28 gab eine Nahrungsmittelknappheit, die zum Teil auf die amtliche Senkung der Getreidepreise zurückzuführen war, Anlaß zur Sorge, denn man erinnerte sich, was 1917 geschah, als die Arbeiter hungerten. Statt die Tarife wieder auf das vorige Niveau anzuheben, beschloß die Partei, die Getreidevorräte der Spekulanten zu beschlagnahmen, was in Wirklichkeit aber auf neuerliche Requisitionen hinauslief. Eine folgenschwere Wende kündigte sich an, die mit den Prinzipien der NEP brach. Die Ernte des Jahres 1928 war schlecht, vor allem in der Ukraine. »Wieder stellte sich das Problem, welche Mittel zu verwenden seien, um Druck auf die Bauernschaft auszuüben ... Der Klassenkrieg tobte auf dem Land, und zwar nicht, wie gehofft, zwischen besitzlosen und besitzenden Bauern, sondern zwischen der gesamten Bauernschaft und der Partei« [155, S. 224]. Auf dem XVI. Parteitag im April 1929 wurde der erste Fünfjahresplan verabschiedet, der den Einsatz aller Mittel zur Industrialisierung des Landes vorsah, was notwendig die Beseitigung der Marktwirtschaft und die Kollektivierung nach sich zog. Um im vorgegebenen Zeitraum eine Schwerindustrie aufzubauen, brauchte es allerdings Maschinen, Lizenzen und Experten, das heißt Devisen, die sich der Staat nur durch Rohstoffexporte beschaffen konnte, vor allem von Getreide. Überdies erforderte die Planung eine Konzentration der Produktionsmittel in Händen des Staates sowie Zentralisierung und Entwicklung der Bürokratie, also den Übergang zum Totalitarismus. Die Annahme des Plans bestätigte auch den politischen Sieg Stalins, der nun den rechten Flügel der Partei kaltstellte, um das von der Linken geforderte Programm durchzuführen.

Kollektivierung und »Entkulakisierung«

Die Anwendung des Fünfjahresplans bedeutete eine Umwälzung der Strukturen der ländlichen Gesellschaft, die zwei Drittel der sowjetischen Föderation ausmachte. Die NEP trug dem individualistischen Wesen des russischen Bauern Rechnung. 1929 betrug der Anteil der Staatsfarmen (Sowchosen), deren Erträge direkt dem Staat zuflossen, und der Kolchosen, in welche die Bauern ihr Land und ihre Produktionsmittel einbrachten, unter 3 Prozent der Agrarfläche. Die Kollektivierung war ursprünglich als Maßnahme gegen die Kulaken gedacht, sie sollte stufenweise stattfinden und am Ende des Fünfjahresplans 20 Prozent des Bodens betreffen. Doch im Januar 1930 beschloß das Zentralkomitee die sofortige und vollständige Kollektivierung, das heißt die Verstaatlichung des Grundbesitzes von 25 Millionen bäuerlichen Familien und die Einrichtung von 250 000 Kolchosen und Sowchosen, denen Land, Vieh und landwirtschaftliche Geräte übergeben werden mußten. Zur Durchsetzung dieses Programms schickte die Partei Kommissionen indoktrinierter Aktivisten aus, die die Bauern als Klassenfeinde betrachteten. Ihre Aufgabe war es, mit Hilfe eines Spitzelnetzes die Kulaken aufzuspüren, die beschuldigt wurden, den großartigen Aufbau des Sozialismus zu sabotieren. »Wir sind von der Beschränkung der Klassenmachenschaften der Kulaken zur Liquidierung der Kulaken als Klasse übergegangen«, erklärte Stalin. Unterstützt von der Polizei, der Armee und einem Propagandaapparat, der die Zwangskollektivierung als freiwillig erfolgt darstellte, hatten die Kommissionen freie Hand, die Kulaken und deren Familien zu töten oder entweder nach Sibirien oder in eines der ersten großen Arbeitslager des Archipels Gulag zu deportieren, den Belomorkanal, der die Ostsee mit dem Weißen Meer verband, wo sie an Hunger, Kälte oder Erschöpfung starben.

Die Definition der Kulaken – schätzungsweise 4 Prozent der Bauern, nachdem die Großgrundbesitzer bereits während des Bürgerkriegs getötet worden waren – erfolgte aufgrund sehr unbestimmter Kriterien: Ackerfläche, Viehbestand, Erträge, Anzahl der beschäftigten Landarbeiter. Tatsächlich handelte es sich um jene Bauern, die sich während der NEP als am produktivsten, also als am fähigsten erwiesen hatten und die oft von neidischen Nachbarn denunziert wurden. Aufgrund der vagen Definition konnten die Kommissionen, die Propagandabrigaden und die GPU, die Nachfolgerin der Tscheka, letztlich wen sie wollten als Kulak, als »Klasse« oder als »Volksfeind« töten. Gleichzeitig mit der »Entkulakisierung« kollektivierten die Kommissionen allen Besitz der übrigen Bauern, bis hin zu Haus und Kleidung. Angesichts des passiven Widerstands der Bauern, der vor allem in der Schlachtung ihres Viehs bestand, sah sich die Partei bald zu einem Rückzieher gezwungen. Am 2. März 1930 veröffentlichte die *Prawda* einen Artikel Stalins, der den »Erfolgsrausch« kritisierte und die Kommissionen warnte, die aus Übereifer den Gleichgewichtssinn verloren hätten. Mit berechnetem Zynismus wies Stalin darauf hin, daß die Eliminierung der Kulaken zwar notwendig sei, Lenin aber gesagt habe, die Kollektivierung müsse freiwillig erfolgen. Ein Dekret erlaubte nun den mittleren und armen Bauern, die Kolchosen zu verlassen, was die Flucht der Hälfte von ihnen bewirkte. Ein weiteres Dekret versprach ihnen ein Stück Land und eine Kuh innerhalb der Kolchosen, so daß ein Teil zurückkehrte. Doch die Unterbrechung war von kurzer Dauer, 1931 setzte die Kollektivierung wieder ein, langsamer zwar, aber unausweichlich.

Die »Entkulakisierung« hat, nach den Worten Solschenizyns, das Rückgrat des russischen Volkes gebrochen. Sie war ein Mittel, um die Bauern zu zwingen, sich der Kollektivwirtschaft einzugliedern, eigentlich sie wieder an die Scholle zu binden, siebzig Jahre nach der Abschaffung der Leibeigenschaft. Eine der Leitlinien der Kulakenvernichtung war die Vorgabe von Quoten für jede Region und sogar für jedes Dorf. Die Kommissionen mußten eine bestimmte Anzahl angeblicher Kulaken verhaften, nach Listen, die vor Ort erstellt wurden. Die Kulaken galten nicht mehr als Menschen, man konnte sie nach Belieben töten oder mit ihren Familien in plombierten Waggons nach Sibirien, in den Ural oder nach Kasachstan verfrachten.

Die Bilanz war grauenhaft. Stalin gab später, im August 1942, Churchill gegenüber zu, daß zehn Millionen Bauern getötet oder deportiert worden seien.[16] Diese Zahl entspricht den Schätzungen der Sowjetologen, denen zufolge zehn bis elf Millionen Kulaken aus ihren Dörfern entfernt worden sind: ein Drittel an Ort und Stelle getötet, ein Drittel deportiert, ein Drittel in Arbeitslagern inhaftiert, schließlich sei ein Teil der Deportierten unterwegs gestorben. In Kasachstan, wo Nomadenvölker der Kollektivierung unterworfen wurden, was einer Zwangsseßhaftmachung gleichkam, soll es 1930 eine Million Tote bei einer Bevölkerung von vier Millionen gegeben haben. Die Volkszählung von 1939 registrierte einen Rückgang von 21 Prozent im Vergleich zu 1926 in Kasachstan [157, S. 234; 168, S. 6 f.]. Die Kasachen hatten auf die Zwangskollektivierung reagiert, indem sie ihr Vieh schlachteten, doch die Hungersnot brach ihren Widerstand. Stalin vergaß diese Lektion nicht: Hungersnot konnte als Waffe gegen ländliche Aufstände dienen.

1988 schrieb Ambartsumow in den *Moskauer Novellen*: »Das kam einem Völkermord gleich, zwischen fünf und zehn Millionen Menschen wurden während der Zwangskollektivierung Anfang der dreißiger Jahre getötet« [167, S. 85]. »Dieses Gemetzel von ungefähr 15 Millionen sowjetischer Bauern auszuklammern, die teilweise an Ort und Stelle massakriert, teilweise allmählich in den Zwangsarbeitslagern vernichtet wurden, hieße, den juristischen Begriff des Völkermords abzuschwächen und sogar seines Sinnes zu entleeren«, meinte Lyman Legters [12, S. 65]. Selbst wenn die Ziffer von 15 Millionen sicherlich zu hoch gegriffen ist, drängt sich die Frage nach einem Völkermord auf. Gewiß lassen die heute verfügbaren Dokumente auf deutlich niedrigere Zahlen schließen, nämlich 381 026 »entkulakisierte« Familien in den Jahren 1930 bis 1931, das wären 1 803 392 Personen. 1932 wurden 1 317 022 Kulaken in den Arbeitslagern registriert, was annehmen läßt, daß eine halbe Million auf dem Weg dorthin starben. Freilich werden in diesen Akten die an Ort und Stelle Getöteten oder einfach Vertriebenen nicht erwähnt. Während die ersten Kulaken, »Sondersiedler« genannt, in den »Arbeitsdörfern« sich selbst überlassen blieben und die Sterblichkeitsrate hoch war (bis zu 14 Prozent insgesamt und 50 Prozent bei Kindern zwischen ein und sechs Jahren), wurden die »Sonderzonen« 1934 reorganisiert und die Kulaken in der Land- und Forstwirtschaft oder in der Industrie beschäftigt, was einen deutlichen Rückgang der Sterblichkeit zur Folge hatte. Schließlich hörte der Strom der Sondersiedler mit dem Abschluß der Kollektivierung nicht auf, von 1932 bis 1940 wurden 2 176 791 Personen deportiert [170, S. 44–46].

Aber der Tatbestand des Völkermords beruht nicht auf Zahlen. Im Fall der »Entkulakisierung« fabrizierte der Staat, dessen Ideologie sich auf das Klassenprinzip gründete, eine fiktive Klasse, die er als dem Proletariat feindlich gesinnt und dem Sozialismus gegenüber rebellisch bezeichnete. Seine Häscher sollten alle Mitglieder dieser Gruppe als solche vernichten, wobei er diesem Programm noch eine Neuheit hinzufügte, die Vorschreibung von Mindestquoten. Eine Politik kann nur dann als genozidär bezeichnet werden, wenn sie gegen eine spezifische Gruppe gerichtet ist mit der Absicht, sie als solche zu vernichten. Genau dies war aber der Fall. Genozidäre Mittel wurden gegen die angeblichen Kulaken eingesetzt, um die übrigen Bauern zur Kollektivierung zu zwingen. Handelte es sich um Völkermord? Die Frage muß gestellt werden. Eindeutig bejaht werden kann sie in einem besonderen Fall der Zwangskollektivierung, der organisierten Hungersnot in der Ukraine 1932 bis 1933.

Völkermord durch Hungersnot in der Ukraine

»Es ist offenkundig, daß der Tatbestand des Völkermordes durch Handlungen der Sowjetunion in der Ukraine verwirklicht worden ist. Das war zumindest die Meinung von Professor Raphael Lemkin, der die Konvention entworfen hat« (Robert Conquest) [157, S. 333]. »Die ukrainische Hungersnot war vorsätzlicher Völkermord, ungefähr von denselben Ausmaßen wie der Völkermord an den Juden während des Zweiten Weltkriegs, sowohl was die Zahl der Opfer angeht als auch nach dem menschlichen Leid, das sie verursachte«, schrieb James Mace [168, S. 11]. Solche Feststellungen von Experten der Sowjetunion und des Völkermords können nicht ignoriert werden, um so weniger, als sie die Untersuchung der Tatsachen erhärtet.

Der Genozid in der Ukraine läßt sich mit jenem in Kambodscha vergleichen. In beiden Fällen versuchte ein kommunistisches System, das angeblich durch einen »Klassenfeind« bedroht wurde, eine nationale Gruppe »als politischen Faktor und als sozialen Organismus« zu vernichten [12, S. 67]. Im Fall der Ukraine erfolgte die Ausrottung an Ort und Stelle, indem man die Bevölkerung aushungerte. Der Staat organisierte dabei eine Hungersnot in einem der fruchtbarsten Gebiete der Erde, das die Sowjets selbst »die Kornkammer der UdSSR« nannten. Die Bolschewiki fürchteten die nationalen Bestrebungen in der Ukraine, die sich seit 1917 geäußert hatten. Nach dem Bürgerkrieg hatten sie einen Kompromiß akzeptiert: Sie ließen den Ukrainern einen gewissen Grad an kultureller Identität, was den Vorteil hatte, den Irredentismus zu befördern und damit die Annexion der Westukraine vorzubereiten. Die Führer der Ukrainischen SSR bewahrten diese kulturelle Identität als Ersatz für die Unabhängigkeit und blieben Nationalisten, was Stalin nicht zulassen konnte. 1928 ging er zum Angriff über. Für ihn war die Bauernschaft der Herd der nationalen Tradition, und die Kollektivierung erschien ihm das sicherste Mittel, den ukrainischen Nationalismus zu zerschlagen. Anders als der russische Muschik hatte der ukrainische Bauer keine Leibeigenschaft gekannt. Als freier Mann hatte er einen ausgeprägten Eigentumssinn für den Boden, den er bestellte. Deshalb erfolgte die Kollektivierung in der Ukraine auf brutalere Weise als in Rußland. Conquest schätzt, daß von 1928 bis 1932 eineinhalb bis zwei Millionen

Ukrainer als Kulaken deportiert und eine halbe Million niedergemacht wurden. 1932 waren drei Viertel der privaten Landwirtschaften verschwunden. Das Regime zeigte nun seine Entschlossenheit, »die soziale Basis des ukrainischen Nationalismus zu zerstören«. In allen Dörfern schlossen die Kommissionen die Kirchen und verhafteten Priester und Lehrer. In den Städten wurde die Intelligenzija ins Gefängnis geworfen, die ukrainische Kultur verboten. Die Bauern reagierten mit einer Verlangsamung der Produktion, worauf die Regierung die Quote anhob. 1930 lieferte die Ukraine, die 27 Prozent des Getreides der UdSSR erzeugte, dem Staat 7,7 Millionen Tonnen (38 Prozent der Gesamtlieferungen) von ihrer sich auf 23 Millionen Tonnen belaufenden Ernte. 1931, während das Anbaugebiet aufgrund der Kollektivierung geschrumpft war und die Erwartungen bei 18 Millionen Tonnen lagen, erhielt Moskau das Liefersoll aufrecht, obwohl man wußte, daß es unmöglich erfüllt werden konnte. Trotzdem wurden 7 Millionen Tonnen abtransportiert, allerdings unter Beschlagnahmung eines Teils des Saatguts. Im Mai 1932 konnte die Quote durch Verhandlungen auf 6,6 Millionen Tonnen herabgesetzt werden, doch die Ernte war schlecht. Aber Moskau beharrte nicht nur auf dem Anteil, sondern ergriff überdies drakonische Maßnahmen gegen die Bauern (die angeblichen Kulaken waren verschwunden, die meisten arbeiteten in Kolchosen), die einem Todesurteil gleichkamen. Ein »Gesetz über die Unverletzbarkeit des sozialistischen Eigentums« erklärte alle Güter der Kolchosen, darunter die Ernte, zu Staatseigentum, so daß Personen, die Ähren lasen oder eine Rübe ausrissen, mit dem Tod oder mit Deportation bestraft werden konnten. Eine schwarze Liste jener Dörfer wurde veröffentlicht, die man beschuldigte, die Requisitionen zu sabotieren, was für deren Bewohner die Sperrung der Kredite, die Schließung der Läden und den Verbot jedes Handels bedeutete, also die Unmöglichkeit, das Allernötigste zu beschaffen. Im August wurde die gesamte Ernte beschlagnahmt und das Getreide zu den Bahnhöfen gebracht, wo es oft in Silos verfaulte. Im Oktober verhängte die Regierung eine weitere Requisition, Brigaden plünderten alle Reserven, auch das Saatgut. Auf der Suche nach »verstecktem Brot« stellten sie den Bauern nach. Anfang 1933 schließlich gab man den Bauern mit einer dritten Requisition den Gnadenstoß. Da es noch Überlebende gab, mußten auch Nahrungsmittel dasein, behaupteten die Henker.

Die Hungersnot breitete sich seit dem Frühjahr 1932 aus. Während des Winters 1932/33 wurden die Dörfer entvölkert, die Überlebenden gruben nach Wurzeln, aßen Baumrinden und die Sohlen ihrer Schuhe. Es kam zu Kannibalismus, wie bei jeder großen Hungersnot. Die Bauern zogen zu den Bahnhöfen, wo sie etwas zu essen zu finden und in eine Stadt zu gelangen hofften. Die Regierung führte daraufhin Pässe für die Stadtbewohner ein, die den Bauern verweigert wurden. Ein Militärkordon riegelte die Grenze zur russischen Republik ab, um die Wirtschaftsblockade zu garantieren. Die Behörden vereitelten jeden Versuch, sich etwas Eßbares zu beschaffen, sie ließen Hunde und Katzen töten, das Wild, die Vögel und deren Nester vernichten. Die ukrainischen Bauern verhungerten neben gefüllten Silos, die von Soldaten bewacht wurden. Von 1931 bis 1933 exportierte die UdSSR mehr Getreide und Butter als in den Vorjahren. Während der Hungersnot der Jahre 1921 bis 1923 wurden Millionen Menschen durch die humanitäre Hilfe der American Relief Association gerettet, doch nun gab es offiziell keine Not, denn die Sowjetunion konnte nicht gleichzeitig Getreide exportieren, um sich Devisen zu beschaffen, und um humanitäre Unterstützung bitten. Die ukrainischen Bauern sahen sich dreifach isoliert: Absperrungen um die Städte, Schließung der Grenze (Reisende aus Rußland wurden durchsucht und durften keine Lebensmittel in die Ukraine bringen), Nachrichtensperre. »Das ungeheure Land war mit einem Teppich des Schweigens zugedeckt, und niemand außerhalb des kleinen Kreises der Eingeweihten konnte sich ein faßbares Bild von der Lage machen. Ein zweiter Gürtel des Schweigens schnitt das Land von der Berührung mit der Außenwelt ab. Die ausländischen Vertretungen und Zeitungskorrespondenten waren in Moskau konzentriert«, schreibt Arthur Koestler.[17] Das Geheimnis wurde gewahrt. Sickerte etwas durch, wurde es sofort als Verleumdung hingestellt. Die UdSSR widersetzte sich der Entsendung einer Untersuchungskommission des Völkerbunds, empfing aber im September 1933 Edouard Herriot zur Unterzeichnung eines französisch-sowjetischen Abkommens. Dem begeisterten französischen Minister wurden Potemkinsche Dörfer voll lächelnder Polizeiangehöriger vorgeführt, eine jener Possen, die totalitäre Regime regelmäßig inszenieren, um die »Lügen der bourgeoisen Presse« zu dementieren.

Stalin wußte, was er tat. Er weitete die Praxis der organisierten Hungersnot auf andere Gebiete aus, auf den Norden des Kaukasus, wo zahlreiche Ukrainer lebten, auf die Kuban-Kosaken, die auf seiten der Weißen Armee gekämpft hatten (der Name »Kosaken« wurde 1930 verboten, ein Teil von ihnen deportiert, die übrigen 1932 bis 1933 ausgehungert), und sogar auf die Wolgadeutschen. Es war dies eindeutig eine politisch motivierte Hungersnot bei nationalen Gruppen, die Stalins Willen zur Schaffung einer homogenen Nation mit Schwerpunkt Rußland im Wege standen oder stehen könnten. Betroffen waren nicht alle getreideerzeugenden Regionen, das Massensterben läßt sich auch nicht allein aus den aberwitzigen Requisitionen erklären. In Zentralrußland gab es keine Hungersnot, nur in jenen Republiken, die die ethnische Zentralisierung in der Sowjetunion gefährdeten. Im übrigen schickte man Russen zur Wiederbevölkerung der leeren Dörfer in die Ukraine, und sie erhielten Lebensmittel. Im Mai 1933 wurde der Erste Sekretär der Ukraine Skrypnik, dem nationalistische Abweichung vorgeworfen wurde, von Postyschew abgelöst. Postyschew erklärte, man habe den Nationalismus ausrotten müssen, denn er sei für die Schwierigkeiten bei der Erfüllung der Quoten verantwortlich gewesen. Die Vernichtung der ukrainischen Bauernschaft erfolgte gleichzeitig mit der Dezimierung der Intelligenzija, der Russifizierung der Städte und der Ausrottung des orthodoxen und katholisch-unierten Glaubens in der Ukraine. Sie diente also der Unterbindung des ukrainischen Nationalismus. Im Mai 1933 hörte die Ukraine auf, als Nation zu existieren.

Wenn die Akten der sowjetischen Archive die Vorsätzlichkeit dieses Verbrechens beweisen – im Augenblick schweigen sie noch zu diesem Thema[18] –, so waren die ukrainischen Bauern 1932 und 1933 Opfer eines Völkermords. Der genozidäre Charakter des Verbrechens ergibt sich aus der Zugehörigkeit der Betroffenen zur nationalen Gruppe der Ukrainer, selbst wenn der sowjetische Staat versuchte, die nationale und religiöse Identität seiner Opfer durch ein Klassenkonzept zu kaschieren und die ethnische Säuberung hinter der Zwangskollektivierung zu verbergen. Vom Beginn der Hungersnot im Frühjahr 1932 an bis zum Abbruch der Requisitionen im März 1933 verhungerten drei bis zehn Millionen (fünf nach Schätzung von Historikern, die sich auf den Bevölkerungsschwund berufen), weil sie Bauern und weil sie Ukrainer waren. 1933 trugen Vertreter der internationalen Presse dazu bei, die Hungersnot in der Ukraine zu verschleiern.[19] Im Oktober 1985 geißelte ein Historikerkongreß in Kiew die »bürgerliche Geschichtsfälschung« im Zusammenhang mit der Kollektivierung der Landwirtschaft. Keiner der Teilnehmer erwähnte die Hungersnot von 1932 bis 1933 [158, S. 329].

Der Große Terror (1936–1938) [156]

Die Säuberungswelle, die Stalin unumschränkte Macht sicherte, wies drei wesentliche Merkmale auf: ihre Ausmaße, denn Millionen fielen ihr zum Opfer, ihre Methode öffentlicher Geständnisse, Verrat und/oder Sabotage begangen zu haben, ihre Tarnung durch Schauprozesse, die den Westen irreführten, so daß er bereitwillig die sowjetische Behauptung einer Verschwörung gegen die Parteileitung und des Opfers akzeptierte, das für die Vollendung eines großen Vorhabens und für die Entwicklung der Wirtschaft notwendig sei.

Seit der Oktoberrevolution, in der ein paar Tausend Genossen, die »Altbolschewiki«, durch Disziplin und Kühnheit die Macht ergriffen, hatte sich die Partei in einen zentralisierten bürokratischen Apparat verwandelt, der von seiner proletarischen Basis abgeschnitten war. Auf dem XVII. Parteitag im Januar/Februar 1934 zogen einige Delegierte in Betracht, Stalin als Generalsekretär abzusetzen. Er reagierte darauf mit einem stufenweisen Staatsstreich, den er so plante, daß die Verantwortung für den »Großen Terror« beim Chef des NKWD Jeschow zu liegen schien. Manche der Opfer dieses Staatsstreiches glaubten daher auf dem Höhepunkt des Terrors immer noch, Stalin sei darüber nicht informiert. Indessen lenkte er die Unterdrückung bis ins kleinste Detail, nach einer vollkommenen Logik und mit einer Unbarmherzigkeit, die sowohl durch Furcht als auch durch Rachgier diktiert wurde. Die von Jeschow aufgestellten Listen wurden ihm zur Bewilligung vorgelegt, die Urteile im voraus von Generalstaatsanwalt Wyschinski bestimmt. Jeder Prozeß brachte weitere hervor, denn die ersten Angeklagten enthüllten konterrevolutionäre Aktivitäten anderer Parteimitglieder, gegen die daraufhin Anklage erhoben wurde. Alle gestanden ihre Verbrechen, obwohl die Beschuldigungen einen Wust von Absurditäten und Widersprüchen darstellten und es nicht den geringsten Beweis für ein Komplott gegen Stalin gab. Um Geständnisse zu erpressen, setzte man physische und psychische Folter ein, ununterbrochene Verhöre durch mehrere Ermittlergruppen, Drohungen gegen die Angehörigen. Obwohl unwahrscheinlich, hatten diese Geständnisse doch den gewünschten Effekt, denn weite Teile der Öffentlichkeit waren der Meinung, daß etwas Wahres an den Beschuldigungen sein müsse, wenn die Angeklagten gestanden. Im Ausland hielt man die Bezichtigungen für übertrieben, wenige kamen auf die Idee, daß das Ganze ein abgekartetes Spiel sei. Stalin war gerissen genug, der Anwendung seiner Methoden keinerlei Grenzen zu setzen, so daß gerade der Exzeß sein Leugnen dieser Verbrechen glaubhaft erscheinen ließ.

Die großen Säuberungen begannen 1933 mit der Eliminierung unliebsamer Elemente aus der Partei. Eine Entspannung deutete sich 1934 an, während Stalin dabei war, einen Unterdrückungsapparat aufzubauen, der von ihm ergebenen Männern geleitet wurde. Die Ermordung Kirows am 1. Dezember 1934 war der Auftakt zum »Großen Terror«, der sich ab 1935 entwickelte. Die Säuberungen beschleunigten sich im August 1936, als der erste Schauprozeß vor dem Militärkollegium des Obersten Gerichts der UdSSR stattfand, der Prozeß gegen das »trotzkistisch-sinowjewistische Terroristenzentrum«, ein angeblich von Sinowjew und Kamenew geleiteter Block. Der zweite Prozeß gegen das »antisowjetische trotzkistische Zentrum« und dessen »Führer« Pjatakow und Radek fand im Januar 1937 statt, der dritte gegen den »Block der Rechtsabweichler und antisowjetischen Trotzkisten«, Bucharin, Rykow und Jagoda, im März 1938. Im Schatten dieser Prozesse ging die *Jeschowschtschina* gegen Millionen Personen vor. Die Führer der Roten Armee, darunter Tuchatschewski und Jakir, wurden im Juni 1937 verhaftet, verurteilt und hingerichtet. Dann nahm man 125 000 Personen fest, die Hälfte von ihnen Parteimitglieder aus Heer und Marine oder aus Spanien zurückgekehrte Militärberater, häufig mitsamt ihren Familien, und tötete sie. Im Frühjahr 1937 traf eine beispiellose Parteisäuberung alle Sowjetrepubliken, besonders die nichtrussischen Kader, um die »lokalpatriotischen Tendenzen der nationalen Parteien« auszumerzen

[155, S. 270]. Der Zyklon entwurzelte die bolschewistischen Veteranen der Revolution und des Bürgerkriegs und die linientreuen Altstalinisten, ebenjene, die die Verbrechen gegen die Bauern begangen und gedeckt hatten. »Überall werden die Exekutiven exekutiert«, schrieb Boris Souvarine zu jener Zeit.[20] Anfang 1938 waren die alten Parteikader vernichtet, 80 Prozent der von 1920 bis 1928 beigetretenen Mitglieder eliminiert. Die Überlebenden beugten sich aus Furcht. Die Gewalt richtete sich auch gegen die gewöhnlichen Bürger. Es war kein spontaner Terror mehr, wie der von Lenin während des Bürgerkriegs entfesselte, sondern ein planmäßiger, nach einem Quotensystem und auf der Basis von Kettendenunziationen in aufeinanderfolgenden Wellen. Der NKWD unterteilte die Bevölkerung in Gruppen, von denen ein bestimmter Anteil, ungefähr 5 Prozent, zu verhaften war. Die stets haltlose Anklage mußte vom Beschuldigten akzeptiert und unterzeichnet werden. Jedermann konnte festgenommen werden, es genügte, denunziert worden zu sein oder eine noch so belanglose Beziehung zu Verhafteten zu haben. Die nationalen Minderheiten der russischen Städte, wie die Armenier und Letten, die religiösen Gruppen, wie die Baptisten, Muslime, Buddhisten, Zeugen Jehovahs, wurden eliminiert.[21] Im Sommer 1937 waren die Gefängnisse übervölkert, die Gerichte arbeiteten Tag und Nacht, die Verhandlungen fanden unter Ausschluß der Öffentlichkeit statt, die Todesurteile wurden sofort vollstreckt. Das Land lebte in Furcht und Schweigen. Weiter konnte Stalin nicht gehen. Im Dezember 1938 bremste er die Säuberungen nach einer letzten Welle, der Jeschow und viele Kader des NKWD zum Opfer fielen, etwas ab. Der XVIII. Parteitag besiegelte den Triumph Stalins, er hatte keine Gegner mehr. Nach Schätzung Robert Conquests wurden von Januar 1937 bis Dezember 1938 sieben bis acht Millionen Menschen verhaftet und davon eine Million erschossen, während zwei Millionen in der Haft starben [156]. Diese Ziffern lassen sich heute nicht mehr halten. 1993 schrieb Nicolas Werth: »Bis jetzt haben die zugänglichen Archive keine maßgeblichen statistischen Angaben über den Umfang der Hinrichtungen während des ›Großen Terrors‹ gebracht.« Er fügte allerdings hinzu, über die Gesamtzahl der Erschossenen lägen zwei Dokumente vor: dem ersten zufolge, das die Verantwortlichen des Innen- und Justizministeriums Chruschtschow übersandten, hätten die sowjetischen Gerichte von 1921 bis 1954 wegen »konterrevolutionärer Betätigung« 3 777 380 Personen verurteilt, davon 642 980 zum Tode; das zweite spricht von 681 692 Hinrichtungen gewöhnlicher und politischer Verbrecher in den Jahren 1937 und 1938. Man kann also schätzen, daß 1937 bis 1938 eine halbe Million »Politische« erschossen wurden, doch es liegen keine statistischen Angaben über die Zahl jener vor, die bei der Festnahme und in den Gefängnissen getötet wurden oder auf dem Weg in die Lager ums Leben kamen [170, S. 49 f.].

Fest steht dagegen, daß alle Opfer der großen Säuberungen die Verbrechen, deren man sie bezichtigte, nicht begangen hatten. Sie gehörten keiner Gruppe an, nicht einmal einer politischen, mit Ausnahme der aus religiösen oder nationalen Gründen Verfolgten. Sie wurden einzeln, berechnend und vorsätzlich getötet, auf Befehl eines Staates, der die Säuberungsquoten im voraus festgelegt hatte. Der Große Terror ist beispielhaft für einen Massenmord an Hunderttausenden, der nicht als Genozid bezeichnet werden kann.

Die Deportationen

Der ehemalige Nationalitätenkommissar, der Georgier Iossif Wissarionowitsch Dschugaschwili, Josef Stalin genannt, verfiel immer mehr dem großrussischen Chauvinismus und war besessen von der Idee, die Völker der Föderation müßten in einem übernationalen sowjetischen Gefüge aufgehen, das im Grunde ein verstecktes Russentum wäre. Die Nichterfüllung dieses Traums rechtfertigte in seinen Augen genozidäre Maßnahmen, die mit dem ukrainischen Völkermord begannen und mit der partiellen oder gänzlichen Zwangsumsiedlung von Völkern fortgesetzt wurden. Zwar behaupten die Historiker dieser Völker gerne, es habe sich in jedem einzelnen Fall um Völkermord gehandelt, doch läßt sich dies nicht leicht beweisen. Manche Deportationen waren strategisch begründet, wenn man etwa in Friedenszeiten unzuverlässige Völker aus Grenzgebieten entfernte, weil sie in Kriegszeiten zum Feind überlaufen könnten. Andere sollten mutmaßliche Kollaboration mit der Besatzungsmacht verhüten oder nach Kriegsende bestrafen.

Die Liste der Deportierten ist lang [159]. Sie beginnt Anfang der dreißiger Jahre im Fernen Osten mit Chinesen und Koreanern. Ab 1940 überschwemmten die »Fluten des Egokraten« zehn Jahre lang den Gulag, Sibirien und Mittelasien. Am 17. September 1939 überfiel die Rote Armee Polen, im Juni 1940 das Baltikum, im August 1940 Bessarabien und Moldawien. Der Armee folgte der NKWD in die besetzten Gebiete mit Listen von »Volksfeinden«, die verhaftet, getötet oder deportiert wurden. So wurden 15 000 polnische Offiziere in drei Lagern erschossen, davon 4143 in Katyn, wo die Deutschen 1943 die Massengräber entdeckten und der neutralen Presse präsentierten. 380 000 Polen wurden von 1939 bis 1941 ans Weiße Meer oder nach Mittelasien deportiert, 32 000 aus dem Baltikum, 10 000 aus Bessarabien.

Der Zweite Weltkrieg forderte 18 bis 20 Millionen sowjetische Opfer: 7 Millionen auf dem Schlachtfeld, 7,5 Millionen von den Nationalsozialisten umgebracht, darunter 2 Millionen Juden, 1 Million Hungertote in der Ukraine unter der deutschen Besatzung, 2 bis 3 Millionen russische Kriegsgefangene, die erschossen wurden oder in NS-Lagern umkamen, 500 000 Zivildeportierte, die der Zwangsarbeit in Deutschland erlagen. Doch während des Krieges und danach intensivierte Stalin die Deportationen. Im August 1941 wurden sämtliche Wolgadeutschen, deren Familien dort seit zwei Jahrhunderten ansässig waren, nach Sibirien und Kasachstan deportiert, insgesamt 1 225 000 Personen. Nach dem Vormarsch der Roten Armee wurden ab 1944 die »verbrecherischen Bevölkerungen« der Krim und des Kaukasus massenweise nach Sibirien und Mittelasien geschickt, weil sie angeblich mit dem Feind kollaborierten, obwohl sie sich im großen und ganzen der Sowjetunion gegenüber loyal verhalten hatten. Die Deutschen hatten zwar versucht, die dortigen Behörden zur Kollaboration zu bewegen, aber mit mageren Erfolgen. Dagegen kämpften in diesen Gebieten Partisanenverbände, die sich aus nationalen Minderheiten zusammensetzten, gegen die Besatzungstruppen. Die einzig haltbare Beschuldigung gegen Minderheiten betraf Völkerschaften türkischen Ursprungs, denn in Berlin bemühten sich vereinzelte Emigrantengruppen, den Pantürkismus wiederzuerwecken. Doch die Bewohner dieser Gebiete wußten nichts von solchen Projekten, sie hatten auch nichts mit der Rekrutierung einiger Mitglieder ihrer Nationalität durch die Waffen-SS zu tun. Die »Bestrafung« dieser Völker erfolgte systematisch, innerhalb von wenigen Tagen, unter strengster Geheimhaltung, ohne jede Meldung in der lokalen oder nationalen Presse. Zuvor wurde die männliche Bevölkerung, die in der sowjetischen Armee diente, in Arbeitsbrigaden eingegliedert, so daß der Großteil der Deportierten aus Frauen, Kindern und Alten bestand. Bei den sorgfältig vorbereiteten Operationen riegelte die Armee zunächst das betroffene Gebiet ab und schickte Lastwagen, während lokale Parteikader den Abtransport organisierten. Am 17. und 18. Mai 1944 wurden 194 000 Krimtataren deportiert, Griechen, Armenier und Bulgaren der Krim mit ihnen. Im November 1943 hörte die autonome Region Karatschajewo-Tscherkessien zu bestehen auf, die Karatschaier wurden deportiert, die Tscherkessen nicht. Am 23. Februar 1944 wurden sämtliche Tschetschenen und Inguschen abtransportiert, die jeweils 50 und 5,8 Prozent der Bevölkerung der Tschetschenisch-Inguschischen Republik stellten, die von nun an nicht mehr existierte. Die Ortsnamen wurden geändert, die Tschetschenen und Inguschen Nordossetiens und Dagestans ebenfalls umgesiedelt. Am 8. März 1944 deportierte man alle Balkaren der autonomen Republik der Kabardiner und Balkaren nach Kirgisistan und Kasachstan, die Republik wurde kabardisch. Dieselben Maßnahmen trafen die Mezcheten, teilweise türkisierte Georgier, die mit den Lasen Adschariens und den Kurden Südgeorgiens nach Usbekistan umgesiedelt wurden, um jeden Kontakt muslimischer Völker mit der benachbarten Türkei zu vermeiden: 86 000 Personen im Jahre 1944. Die Kalmückische Autonome Republik wurde aufgehoben, nachdem 81 475 Kalmücken vom 27. bis 30. Dezember 1943 in Güterwagen nach Sibirien und Zentralasien befördert worden waren. Manche deutsche Historiker behaupten, die Kalmücken hätten die Besatzungstruppen unterstützt, tatsächlich kollaborierten aber nur 3 Prozent von ihnen, und ein kalmückisches Kavalleriekorps kämpfte auf deutscher Seite. Es gab keine besondere Besatzungspolitik im Kaukasus. Es kam dort zu weniger Verbrechen der Nationalsozialisten als in der Ukraine, weil die Besatzungsdauer kürzer war, aber das Unterwerfungs- und Plünderungssystem war desselbe wie überall [166, S. 83; Zahlen berichtigt nach 170, S. 46]. Insgesamt wurden fast eine Million Personen unter nahezu identischen Umständen wie bei der »Entkulakisierung« 15 Jahre zuvor wegen »Schwerverbrechen gegen das Vaterland« in »Sonderbesiedlungszonen« deportiert. Keine militärische Notwendigkeit machte die Umsiedlungen erforderlich, die häufig Monate nach der Rückeroberung der Republiken stattfanden. Auf dem XX. Parteitag 1956 sprach Chruschtschow von »brutalen Verstößen gegen die leninistischen Grundprinzipien der Nationalitätenpolitik des sowjetischen Staates« und machte den »Personenkult« Stalins für diese »Willkürakte« verantwortlich.

Doch die Zwangsumsiedlungen hörten nach dem Krieg nicht auf. Aus den von der UdSSR eroberten Gebieten oder Satellitenstaaten erfolgten Massendeportationen in Straflager oder »Sonderzonen«: 140 000 Balten, 36 000 Rumänen aus Moldawien, 175 000 Westukrainer, die beschuldigt wurden, die Organisation der Ukrainischen Nationalisten zu unterstützen, sowie eine hohe, aber schwer zu schätzende Zahl von Polen, Rumänen aus Bessarabien und der Nordbukowina, Tschechen, Slowaken, Bulgaren, Ungarn, Ostdeutschen und Japanern von der Insel Sachalin. 1947 bis 1949 ging Stalin erneut gegen die nationalen Minderheiten in der Sowjetunion vor: 57 000 Griechen von der Schwarzmeerküste, 20 000 Armenier (manche von ihnen waren nach 1945 freiwillig nach Sowjetarmenien zurückgekehrt), 11 700 Georgier, Muslime aus Turkvölkern und Kurden wurden nach Mittelasien und Sibirien geschickt [170, S. 46 f.]. Schließlich ist an das Schicksal der 2,3 Millionen sowjetischen Kriegsgefangenen zu erinnern, die die Gefangenschaft in Deutschland überlebt hatten und mit Hilfe der Alliierten repatriiert worden waren. 80 Prozent von ihnen wurden getötet, in Lager oder in die Verbannung geschickt, ebenso jene Zivilisten, die in Deutschland Zwangsarbeit geleistet hatten. Nur 20 Prozent durften nach Hause zurückkehren. Zu diesen Opfern kommen noch eine Million Tote während der Hungersnot 1946/47, die durch Getreiderequisitionen verursacht wurde. Die 1946/47 einsetzende antisemitische Propaganda sollte zur Vernichtung oder Deportation der Juden führen, doch Stalins Tod setzte den geplanten Massendeportationen ein Ende. 1957 bis 1967 rehabilitierte der Oberste Sowjet einen Teil der kaukasischen Völker und gestattete ihre Repatriierung, die Wolgadeutschen dagegen bekamen nur ihre Bürgerrechte zurück, nicht ihre Republik. Die Krimtataren, früher »auf der Krim ansässige Bürger tatarischer Nationalität« genannt, durften nicht in ihre Heimat zurückkehren. Erst am 14. November 1989 stimmte der Oberste Sowjet für die vollkommene Wiederherstellung der Rechte aller deportierten ethnischen Gruppen, allerdings ohne den Vorschlag Andrej Sacharows aufzugreifen, den Familien der Deportierten die Rückkehr in ihr Land zu ermöglichen.

Der Gulag

Der Gulag (Lagerhauptverwaltung, gegründet im Juli 1934) war, wie Solschenizyn zeigte, das Zentrum des sowjetischen Unterdrückungssystems, das dem dreifachen Zweck des gesellschaftlichen Ausschlusses, der Wirtschaftsproduktion und der Vernichtung diente. Der Gulag verband, wie in Rußland Tradition, Haft mit Verbannung. Die Furcht, die er einflößte, machte die Bevölkerung gefügig und verwandelte Individuen – oft ganze Gruppen – in unterwürfige Arbeitermassen. Schließlich war er mörderisch: die Hauptfunktion der Zwangsarbeitslager war nicht, zu produzieren, sondern zu töten, erklärt Lyman Legters [12, S. 60]. Die Lager wurden erfunden, um zu vernichten, behauptet Solschenizyn: »All das ist *Völkermord* ... Oder haben die linken Labour-Vertreter eine andere Bezeichnung dafür?« [169, Bd. 3, S. 488]. Auf die Gefahr hin, als »linker Arbeiterparteiler« (sic) angesehen zu werden, kann man diese Behauptung nicht gelten lassen. Gewiß weist das Gulagsystem genozidäre Komponenten auf: der hohe Prozentsatz deportierter nationaler Minderheiten und eine Sterblichkeitsrate auf den Transporten und in den Lagern, die auf Absicht der sowjetischen Regierung schließen läßt. Die kürzlich entdeckten Statistiken des Gulags erlauben einen besseren Überblick über dieses äußerst komplexe Haftsystem. Sie betreffen vor allem die »Arbeitsstraflager«, im Unterschied zur anderen Verwaltungskategorie der »Arbeitsstrafkolonien«, die kleinere Einheiten umfaßten und für Häftlinge mit Strafen bis zu fünf Jahren vorgesehen waren. Sie enthalten auch nicht die »Sonderzonen« mit ihren »Arbeitsdörfern«, wohin die »Arbeitssiedler« und »Sondersiedler« zwangsverschickt wurden. Im Zuge der Massendeportationen nach sozialen und ethnischen Gesichtspunkten wurden »Umsiedler« in diese Sonderzonen befördert, wo sich bereits die Opfer der »Entkulakisierung« befanden, während man andere in Arbeitslagern inhaftierte. Schließlich blieben die Grenzen zwischen Lagern und Sonderzonen immer unscharf, die »Umgesiedelten« befanden sich in einer Zwischensituation zwischen Haft und Freiheit. Statistiken erweisen, daß der Wechsel der Lagerbevölkerung beträchtlicher war, als in der Literatur beschrieben. Er erklärt sich aus der hohen Zahl von Strafen unter fünf Jahren, 15 Millionen innerhalb von 14 Jahren (1934–1949), und sechs Millionen Freigelassene, und aus der unterschiedlichen Sterblichkeit je nach Haftort und Zeitpunkt – die mörderischsten Jahre waren 1938, 1942, 1943 und 1944. Überdies gab es im Gulag zwei große Häftlingskategorien: die gewöhnlichen Kriminellen und die »Konterrevolutionäre«, und es läßt sich nicht feststellen, wie viele »Gewöhnliche« in Wirklichkeit politische Gefangene waren.

In der Perspektive unserer Untersuchung ist es unerheblich, zwischen dem Gulag und den Sondersiedlungszonen zu unterscheiden, in denen die Deportierten sich durchschlagen mußten, um unter einer feindlichen Bevölkerung zu überleben, die sie als Eindringlinge abwies.

Der Archipel erstreckte sich von der Behringstraße bis zum Schwarzen Meer, er umfaßte die unwirtlichsten Gebiete des sibirischen Nordens. Die beiden umfangreichsten Kolonien waren Komi und ab 1932 Kolyma, ein Goldfördergebiet mit der vierfachen Fläche Frankreichs. In der Arktis gelegen, ist Kolyma von einem doppelten Tundra- und Waldgürtel umgeben. Im Winter herrscht extreme Kälte und Dunkelheit, im Sommer geht die Sonne nicht unter, die Moskitoplage ist unerträglich. Die Sterblichkeitsziffer lag viel höher als anderswo und erreichte 50 Prozent, wenn die Häftlinge Sibirien im Winter in Güterwagen durchquerten. Die durch die Repression bewegten Menschenmassen wurden nämlich in Güter- oder Lastwagen befördert, in Durchgangslager gepfercht und dann auf die Lager verteilt, die sie manchmal in den Laderäumen von Kähnen, die die sibirischen Flüsse hinauffuhren, anderswo auf Karren oder sogar zu Fuß erreichten. Häufig wurden sie »von Insel zu Insel« verlegt und selten nach Verbüßung ihrer Strafe freigelassen, die man beliebig verlängerte. Die *Seki* lebten zusammen und erhielten Essen entsprechend ihren Leistungen.

Der Gulag umfaßte höchstens zwei Millionen Häftlinge gleichzeitig, doch die Sterblichkeitsrate war so hoch (2,5 bis 18 Prozent jährlich), daß sich seine Bevölkerung ständig erneuerte. Das ursprüngliche »Krebsgeschwür« der Solowezki-Inseln wucherte nach den zwanziger Jahren und entwickelte Metastasen, die den Archipel bildeten. Die Schätzungen Conquests über die Zahl der Lagerinsassen – 30 000 Häftlinge 1928, 600 000 im Jahre 1930, 2 Millionen 1931 bis 1932 und 5 Millionen 1933 bis 1935 und (das wären 9 Prozent der Erwachsenenbevölkerung in Arbeitslagern oder Gefängnissen) – sind nicht mehr aufrechtzuerhalten [156, S. 360], genauso wenig wie die Näherungswerte, die man ausgehend von 3 bis 20 Millionen Häftlingen zwischen 1940 und 1950 erhielt [167]. Mit ebendiesen Berechnungsmethoden gelangte Rummel zu dem Ergebnis, man könne »in den 34 Jahren nach Stalins Tod die Zahl der in den Lagern Gestorbenen auf 6 872 000 schätzen, die meisten in den ersten Jahren des Poststalinismus«. Tatsächlich errechnete er einen Mittelwert zwischen der niedrigsten Ziffer, 1 695 000, und der höchsten, 12 467 000, und zählte die Opfer des Afghanistankrieges dazu, über eine Million Afghanen [167, S. 217–232].

Es steht heute fest, daß die Schätzungen der Gulagbevölkerung zu hoch gegriffen waren. Aus den Archiven geht hervor, daß die Zahl der Häftlinge beider Kategorien von einer halben Million 1934 auf 1,9 Millionen 1939 stieg, um

1945 auf 1,5 Millionen zu fallen, vor allem wegen der hohen Sterblichkeitsrate während des Krieges, aber auch aufgrund von Freilassungen, bevor sie mit dem Zustrom neuer Deportiertenkategorien 1950 auf 2,5 Millionen stieg: sowjetische Kriegsgefangene, Angehörige der Wlassow-Armee, »Nationalisten« aus den der UdSSR angegliederten Territorien. Von 1934 bis 1947 registrierte die Verwaltung allein in den Arbeitslagern eine Million Tote. Durch Extrapolation gelangt man für die Gesamtheit des Haftsystems, Arbeitskolonien und -lager zusammen, zu einer Summe von mindestens zwei Millionen Toten [170].[22] Die Zahl der »Arbeitssiedler« lag 1932 bei 1 317 022 und ging bis 1940 kaum zurück (997 513). Dann stieg sie mit den Deportierten an und betrug 1953, vor dem Tod Stalins, 2 750 000 Personen. Um die Zahl der Opfer der Zwangsumsiedlung zu bestimmen, muß man die Todesfälle während des Transports – manchmal 10 bis 25 Prozent der Deportierten – zur Sterblichkeit während der ersten Jahre rechnen: 25,5 Prozent von 1944 bis 1948 bei den Deportierten aus dem Nordkaukasus, 20 Prozent bei jenen aus der Krim. Nach dem Tod Stalins im März 1953 gab es noch zwei Millionen Häftlinge, dann ging ihre Zahl wie die Sterblichkeitsrate allmählich zurück, selbst wenn der Gulag noch bis 1987 bestand.

Doch die Zahlen besagen nichts für die Natur der Verbrechen des Sowjetstaats, sie bedeuten nicht, daß ein oder mehrere Genozide stattfanden. Auch wenn mehr als die Hälfte der Häftlinge starben, sollte der Gulag nicht der Ausrottung einer bestimmten Gruppe dienen, sondern der Ausbeutung und Vernichtung einer anonym gewordenen Masse aus der Gesellschaft Ausgeschlossener, deren ursprüngliche Identität wenig zählte. Genausowenig können die Säuberungen und der Große Terror 1937/38 als Völkermord bezeichnet werden, wohl aber die Liquidierung der Kulaken als Klasse und die Deportation Dutzender nationaler Minderheiten. Die Frage nach Völkermorden in der UdSSR scheint also in direktem Zusammenhang mit der Politik Stalins von 1928 bis 1953 zu stehen, und die Vermutung erhärtet sich, wenn man die Entwurzelungs- und Entnationalisierungspolitik gegenüber den nationalen Minderheiten betrachtet und den Aufbau des Sozialismus durch Kollektivierung der Landwirtschaft und brutale Industrialisierung. Indiskutabel ist zumindest der Tatbestand des Völkermords in der Ukraine 1932/33, als eine Hungersnot planmäßig herbeigeführt wurde, um eine nationale Gruppe teilweise zu vernichten.

VIERTER TEIL

Genozidäre Massaker

Ob aus Revolutionen, der Zersplitterung eines Reiches oder aus Unabhängig-keitskämpfen hervorgegangen, der Nationalstaat ist zum Einheitsmodell für die gesamte Menschheit geworden. Er gründet sich auf das Prinzip des Selbst-bestimmungsrechts der Völker, das den unveräußerlichen Rechten des Individ-uums auf Leben, Freiheit und Streben nach Glück vergleichbar ist. Aber Nationen und Völker sind nicht dasselbe. Die Nation sieht ihre Einheit gefähr-det, sie wacht eifersüchtig über ihre Souveränität und spricht den Völkern, aus denen sie besteht, das Recht ab, über sich selbst zu bestimmen. Sie hat gute Gründe, vor separatistischen Tendenzen ihrer Minderheiten auf der Hut zu sein, die ihre Nachbarn allzugern schüren, um sie zu schwächen und zu destabilisieren. Der Nationalstaat bestimmt über das Leben seiner Bürger und hält internationalen Organisationen den heiligen Grundsatz seiner Souveräni-tät entgegen.

Das Minoritätenproblem ist die Urquelle der Konflikte, die den Staat erschüttern. Statt von nationalen Minderheiten, einem unpräzisen Begriff, sollte man besser, in Anlehnung an Artikel 27 des Internationalen Paktes über bürgerliche und politische Rechte der UNO von 1966, von ethnischen, religiö-sen oder sprachlichen Minderheiten sprechen (wobei diese drei Elemente einzeln oder zusammen eine Minderheit begründen).[1] Diese Minderheiten können Opfer von Diskriminierung, religiöser oder rassischer Verfolgung, wirtschaftlicher oder kultureller Unterdrückung und physischer Gewalt bis hin zum Völkermord werden. Nach dem Buchstaben des Artikels II der Konvention von 1948 gab es unzählige Genozide in der Geschichte der Völker und Zivilisationen. Jede Diskriminierung einer der vier aufgeführten Grup-pen, die zu Mord oder Massaker führte, wäre streng juristisch gesehen Völker-mord, was den Begriff seines Sinnes berauben würde. Entweder stellt der Genozid die äußerste Form des Massenmordes dar und bleibt die schwerste Anklage, die gegen einen Staat erhoben werden kann, oder man muß einen anderen Begriff dafür finden, was die Problematik nur verschieben würde. Gewiß ist die Konvention eine Rechtsgrundlage, aber die UNO, die sie verabschiedete, hat in dem halben Jahrhundert ihres Bestehens weder den Willen noch die Mittel gehabt, eines ihrer Mitglieder anzuklagen, geschweige denn zu bestrafen. Stellt eines von ihnen flagrante Verstöße gegen das Völkerrecht fest, ist ihm mehr daran gelegen, seine nationalen Interessen zu wahren, als sich zum Hüter der Prinzipien zu machen, auf denen die UNO beruht. Die Staaten verteidigen das Selbstbestimmungsrecht der Völker nur dann, wenn es ihrer Politik nützt. Eine Nation sieht ihre Minderheiten nicht so, wie sie sich selbst als Minderheit sah, was oft genug der Fall war. Sie lehnt jede Vorstellung von einer Abtrennung ab und ist zu den schlimmsten Maßnahmen bereit, um diese Gefahr abzuwehren.

Die Kontroverse um die Erweiterung oder Einengung des Völkermordbegriffs ist noch nicht ausgetragen. Wenn ich die Genozide des 20. Jahrhunderts auf die Juden, Zigeuner, Armenier, Kambodschaner, Ruander und vielleicht Ukrainer beschränke und die strittigen Fälle als genozidäre Massaker bezeichne, schließe ich mich der einengenden Richtung an, was jedoch nicht heißt, daß ich das weitere Konzept anerkannter Autoren, wie Leo Kuper, Israel Charny, Frank Chalk oder Kurt Jonassohn, die Pioniere der Völkermordforschung waren, nicht würdige. Ihnen kommt das Verdienst zu, völlig unparteiisch die problematischen Fragen aufgeworfen und ihre Untersuchungen auf unser ganzes Jahrhundert ausgedehnt zu haben, die beiden letztgenannten sogar auf die Universalgeschichte.

Mit der Einengung des Begriffs nehme ich den Vorwurf in Kauf, auf ein Adjektiv auszuweichen, »genozidär«, das weniger diffamierend ist als das Substantiv. Das lag nicht in meiner Absicht, aber ich gebe gerne zu, daß ich zum besseren Verständnis des Phänomens den absoluten, totalen Charakter dieses Verbrechens herausarbeiten wollte, wie er in den vorangegangenen Kapiteln beschrieben wurde. Zwischen dem NS-Staat, der sich auf Völkermord gründete und ihn an Juden und Zigeunern beging, dem Jungtürkenstaat, der Genozid als Mittel zur Lösung politischer Schwierigkeiten betrachtete, dem Staat der Roten Khmer, der innerhalb von drei Jahren ein Viertel seiner Bevölkerung ausrottete, dem aus Lenins Gleichheitstraum hervorgegangenen Staat, der Millionen seiner Bürger mordete, und den als genozidären Massakern eingestuften Verbrechen besteht ein mehr qualitativer als quantitativer Unterschied, der im folgenden aufgezeigt werden soll.

Die Aufzählung dieser strittigen Fälle ist oft unvollständig. Auf dem 12. Kongreß von Amnesty International 1979 nannte Sean MacBride acht Beispiele völkermordähnlicher Massaker, erwähnte aber so blutige wie zum Beispiel Bangladesch nicht. In einer Reihe von Fällen ist man sich einig, daß die moralischen Hemmungen zwar herabgesetzt sind, doch das Risiko einer Eskalation zum Völkermord gering bleibt. Es handelt sich dabei um Konflikte religiöser Art wie in Nordirland, wo sich genozidäre Tendenzen in terroristischen Anschlägen äußern, oder rassistischen Charakters wie in Südafrika, dessen Apartheidgesetze von ihrem haßerfüllten Inhalt her auf Völkermord hinzielten, dem sich jedoch ein demographisches Hindernis in den Weg stellte, so daß mit der Verweigerung der Bürgerrechte und mit der Zersplitterung der Bevölkerung ein Ersatz gefunden wurde [32, Kap. X].

Seit dem Ende des Zweiten Weltkriegs werden die meisten genozidären Massaker begangen, um der Gefahr einer territorialen Abtrennung zu begegnen. Nachdem der Verbrecherstaat in einem Bündnissystem mit den anderen Staaten steht, das deren Beurteilung seiner Handlungen beeinflußt, wird die Solidarität erst aufgekündigt, wenn das Maß des Erträglichen überschritten wurde. Die Kunst besteht darin, unterhalb dieser Schwelle zu bleiben. Andererseits halten sich die Staaten an die etablierten Grenzen, um nicht eine unkontrollierbare Kettenreaktion auszulösen. Sie wissen, daß diese Grenzen, vor allem in Afrika, durch Verträge gezogen wurden, die den Antagonismen zwischen ethnischen, sprachlichen und religiösen Gruppen in keiner Weise Rechnung trugen, und daß in diesen willkürlichen nationalen Gebilden eine Glut schwelt, die der geringste Windhauch entflammen kann. Es ist zunächst der angestaute Haß, der genozidäre Massaker hervorruft. Doch die Erklärung der Massaker aus Haß und uralten Fehden ist oft vereinfachend und dient als Vorwand, nicht zu intervenieren. Die Untersuchungen in jedem einzelnen Fall müssen umsichtig und zurückhaltend sein. Jede Partei versucht, die Ermittler zu täuschen. Weißbücher wie Schwarzbücher werden geschrieben, um den Gegner anzuschwärzen und den Verfasser weißzuwaschen. Die objektivsten Beobachter und die kompetentesten Experten können hinters Licht geführt werden. Die von internationalen Organisationen entsandten Kommissionen werden von den Mördern oft an der Nase herumgeführt, während jene, die die Berichte von Flüchtlingen entgegennehmen, den Anteil an Übertreibung berücksichtigen müssen, den Not und Leid bedingen. Ist eine Typologie der Massaker, die ein Element auf Kosten anderer betont, nicht zweckmäßig, so sind diese Verbrechen doch durch die Geschichte, durch Kräfteverhältnisse, durch wirtschaftliche und politische Strategien bestimmt, auf internationaler Ebene, aber auch auf kontinentaler. Eine wirklichkeitsgetreue Darstellung kann daher am besten durch ein sukzessives Studium der Fälle nach Kontinenten erfolgen. Die Massenmorde der modernen Staaten unterscheiden sich von jenen der Vergangenheit, deren Erbe diese Staaten zwar übernommen haben, die aber nicht als Vorspiel zu den Geноziden des 20. Jahrhunderts gewertet werden können.

Genozide der Vergangenheit

Es wäre ebenso zwecklos, ein Inventar des Völkermords in der Geschichte erstellen zu wollen, wie zu bestimmen, welchen Anteil Massaker und Genozide ausmachen. Beweise sind spärlich oder fehlen ganz, die Hypothesen unsicher. Die Vernichtungsabsicht wurde als Zeichen der Macht geäußert, die betroffene Gruppe war eher eine Stadt, eine Insel oder ein Gebiet als ein Volk oder eine Religion in Zeiten, als die Nation noch nicht begründet, der Rassenbegriff unbekannt und die Moral anders war, als die Gebräuche des Krieges dem Sieger das Recht verliehen, die geschlagenen Soldaten niederzumachen und die Frauen und Kinder zu verschleppen oder als Sklaven zu verkaufen. Kriterien für Völkermord sind weder die Zahl der Opfer noch der Grad an Grausamkeit der Tötungspraktiken, sondern die Vorsätzlichkeit und Planmäßigkeit der Massaker und die Identität der Opfer. Einige bezeichnende Beispiele, Schlaglichter auf eine aus Gemetzeln und Vertreibungen bestehende Vergangenheit, sind aufschlußreicher für den Wandel der Massaker an Zivilbevölkerungen von der Frühzeit bis ins 20. Jahrhundert als eine um Vollständigkeit bemühte Liste.

Archäologie des Völkermords

Hat es in der Antike Genozide gegeben? Wahrscheinlich ja, nach den Inschriften in Mesopotamien zu schließen, in denen sich die Könige dieses Gebietes, vor allem die Assyrer, rühmten, ihre Feinde ausgerottet zu haben. Die großen Reiche des Orients hörten nicht auf, Kriege zu führen, um ihre Vorherrschaft gegenüber Nachbarn zu behaupten, die bedrohlich wurden oder auf ein Zeichen der Schwäche lauerten, um keinen Tribut mehr abzuliefern. Ihre Größe hing von ihren Eroberungen ab. Kein moralischer Zwang, kein religiöses Verbot untersagte die Vernichtung des Feindes. Beschloß ein Kaiser oder König, die Besiegten zu verschonen, sie zu Sklaven zu machen, zu vertreiben oder zu töten, so folgte er dabei politischen Interessen. Seine Wahl konnte durch ethische oder religiöse Gebräuche beeinflußt werden (die Assyrer waren grausamer als die Ägypter, manche Völker erbarmungsloser als andere), aber auch durch praktische Überlegungen: Es lag nicht im Interesse des Siegers, Güter zu zerstören, und Menschen, die man versklaven oder besteuern konnte, waren ein Gut. Schließlich nutzte sich der Terroreffekt ab, denn man konnte nicht unaufhörlich Völker vernichten, um anderen Furcht einzujagen. Die politischen Systeme jener Zeit lassen sich nicht mit der Elle unserer Moralvorstellungen messen, den Besiegten erschien es selbstverständlich, getötet zu werden. Es wäre müßig, die Antike zu durchforsten, um herauszufinden, ob das eine oder andere Ereignis als Völkermord bezeichnet werden kann. Nach dreitausend Jahren ist es wichtiger zu verstehen, als zu urteilen, und herauszufinden, warum die meisten Völker Mesopotamiens verschwunden sind, ohne Spuren zu hinterlassen.

In der Antike wird der Beweis für einen eventuellen Völkermord von den Ausführenden selbst geliefert, die den Umfang der Massenmorde gewöhnlich übertrieben. Die Bibel wäre eine unerschöpfliche Quelle, suchte man darin nach genozidären Massakern. Sie berichtet, daß mehrere Völker von Israel ausgerottet worden seien. Der Gott Israels unterscheidet sich von den anderen Göttern, er ist ein Gott der Tat, der sein Volk aus Ägypten herausführte, durch die Wüste geleitete und ihm die Eroberung des Gelobten Landes ermöglichte. Nach dem Exodus »wurde der gütige und friedfertige Gott der Patriarchen zum ›Krieger‹, ein Gott des Sturmes und der Eroberung« (S. W. Baron). Von seiner Niederlassung in Palästina an ist Israel in Kriege mit den Amalekitern und Midianitern verwickelt. Die Weisung Jahwes ist klar, sie sollen vernichtet werden (Numeri 31, 1–24). Von der Ausrottung der Amalekiter, eines Nomadenvolks im nördlichen Sinai und in der Wüste Negev, wird unmißverständlich berichtet, einem exemplarischen Fall von Völkermord, den Jahwe gebot: »Verkünde Josua, daß ich die Erinnerung an die Amalekiter völlig unter dem Himmel austilgen werde« (Exodus, 17, 14). »Du sollst das Andenken an Amalek unter dem Himmel austilgen! Vergiß das nicht!« (Deuteronomium 25, 17–19). Saul erhält den Befehl: »Nun ziehe hin und schlage Amalek und vollstrecke den Bann an ihm sowie an all seinem Besitz. Schone seiner nicht, sondern töte Mann und Weib, Kind und Säugling, Rind und Schaf, Kamel und Esel!« (1. Samuel 15, 3). Saul geht selektiv vor und sagt zu den Kenitern, die Israel freundlich gesinnt waren: »Auf! Zieht euch zurück und entfernt euch aus dem Bereich der Amalekiter, damit ich euch nicht mit ihnen vertilge« (1. Samuel 15, 3). Weil Saul Agag, den König von Amalek, verschonte und einen Teil des Viehs als Beute behielt, entzog ihm Jahwe die Königswürde, und Samuel hieb Agag nieder. Die Übertreibung ist offenkundig, denn die Amalekiter tauchen auch später noch in der Heiligen Schrift auf. David bekämpft sie und führt außerdem weitere Vernichtungskriege. »David aber schlug sie von der Dämmerung bis zum Abend, indem er den Bann an ihnen vollzog« (1. Samuel 30, 17). Die Praxis der Vernichtung beruhte auf Gegenseitigkeit, der Gott der Moabiter, Astar-Kamosch, befahl seinem Volk, die Hebräer zu töten und ihm zu opfern: »Und ich tötete alle, nämlich siebentausend Männer und Kinder, und freie Frauen und junge Mädchen und Sklaven, die ich Astar-Kamosch opferte«, steht auf dem Denkmal Mesas, des Königs der Moabiter (9. Jahrhundert v. Chr.) [117, S. 169]. Neben wenigen epigraphischen Quellen überliefert nur die Bibel solche Vernichtungsbefehle. Die Exegeten erklären, das Tötungsgebot sei nicht wörtlich zu nehmen in einer mit Legenden, Mythen und Symbolen beladenen Tradition. Die Weisung an die Hebräer laute in erster Linie, wachsam zu sein und dessen eingedenk zu bleiben, was ihnen die Amalekiter, ein vielleicht mythisches Volk, nach dem Auszug aus Ägypten antaten. »Man kann das Gebot nicht als Verpflichtung verstehen, ein Volk auszumachen, sich auf es zu stürzen und es zu vernichten« [65, S. 24 und S. 57 f.]. Nichtsdestoweniger war das Gebot des Dekalogs: »Du sollst nicht töten« ein inneres Gesetz, das nur für das Volk Israel galt, nicht für die Außenwelt. Die Praxis von Massakern war üblich im Altertum, und wenn es für den Tötungsbefehl an Israel nur die biblische Quelle gibt, so ebendeshalb, weil er für die Zeitgenossen nichts Außergewöhnliches darstellte und sie es für unnötig befanden, ihn zu erwähnen.

Unter den kriegerischen Völkern des Zweistromlandes waren die Assyrer die grausamsten. Von Teglath-Phalasar I. (1114–1076 v. Chr.) über Sargon II. (731–705 v. Chr.) bis zu Assurbanipal (669–627 v. Chr.) wiederholte sich dasselbe Schema. Im Frühjahr jedes Jahres sandte der assyrische König seine Krieger aus, ein Land zu überfallen und auszuplündern. Nach beendetem Feldzug schlugen die Soldaten die Köpfe der Leichen ab, zählten sie und stapelten sie zu Pyramiden. Die Überlebenden wurden in die Sklaverei geführt oder getötet. Der Krieg wurde als Notwendigkeit erachtet, er sollte die Macht des Souveräns vergrößern und Assur verherrlichen, den vergöttlichten assyrischen Staat.

Das antike Griechenland, Rom, die Mongolen

In der Geschichte des alten Griechenlands widmen Chalk und Jonassohn einer Episode des Peloponnesischen Krieges besondere Aufmerksamkeit, weil sie sie als exemplarisch für die genozidäre Dialektik betrachten [10, S. 64–73]. Sie hat nur einen einzigen Chronisten: Thukydides.[2] 416 v. Chr., im sechzehnten Jahr des Peloponnesischen Krieges, in dem Athen und Sparta mit ihren jeweiligen Verbündeten um die Hegemonie kämpften, unternahm Athen eine Expedition gegen die Insel Melos (heute Milos) im Südwesten der Kykladen. Im Gegensatz zu den anderen Inseln weigerte sich Melos, die Oberhoheit der Athener anzuerkennen. Die Kommandanten der Expedition entsandten eine Abordnung, um mit den Honoratioren zu verhandeln. Sie führten einen Dialog, in dem jede Seite versuchte, die andere durch ihre Argumente zu überzeugen. Die

Athener erklärten, sie wünschten die Melier zum Vorteil ihrer Polis wie zu deren eigenem Vorteil zu erhalten. Die Melier erwiderten, sie wollten im Krieg zwischen Sparta und Athen neutral bleiben. Darauf meinten die Athener, ihre Neutralität und mehr noch ihre Freundschaft wäre schädlich für sie, denn die Untertanen Athens würden sie als Zeichen der Schwäche werten, während euer »Haß eines der Stärke bei unsern Untertanen bedeutet«. Angesichts der Ungleichheit der Kräfte bleibt den Meliern keine Wahl. Sie hoffen jedoch, daß die Götter sie nicht verlassen und die Spartaner ihnen zu Hilfe eilen werden. Die Athener wischen diese Argumente vom Tisch: »Wir glauben nämlich, vermutungsweis, daß das Göttliche, ganz gewiß aber, daß alles Menschenwesen allezeit nach dem Zwang seiner Natur, soweit er Macht hat, herrscht.« Die Melier müßten schon naiv sein, wenn sie Hilfe von Sparta erwarteten. Die Alternative sei einfach: entweder sie würden tributpflichtige Verbündete und blieben Herren ihres Landes, oder es käme zum Krieg. Trotz aller Warnungen lehnten die Melier ab, und die griechischen Strategen eröffneten unverzüglich die Feindseligkeiten. Nach mehrmonatiger Belagerung fiel Melos. Die Athener machten alle waffenfähigen Männer nieder und verkauften die Frauen und Kinder als Sklaven. Kolonisten aus Athen ließen sich dann auf der Insel nieder (Thukydides V, 84–116).

Das Massaker an den Meliern stellte gewiß keinen Völkermord dar. Dieser Dialog muß in seinem Zusammenhang gesehen werden. Im antiken Griechenland waren die Konflikte Gebräuchen unterworfen, Regeln, die von den Kriegführenden respektiert wurden. So verschonte man das Leben jener, die sich ergaben, und der Nichtkämpfenden, man deportierte die Besiegten und siedelte eigene Kolonisten in den eroberten Gebieten an. Diese Kriegsgebräuche begründeten ein Völkerrecht. Doch im Verlauf des Peloponnesischen Krieges fing man an, diesen Richtlinien zu spotten. Eine Epidemie der Gewalt erfaßte die Welt der Griechen. Der Krieg wurde ein totaler, »unversöhnlicher«. Er wies ein neues Merkmal auf, die Entscheidung über das Geschick der Besiegten wurde nach Maßgabe der Interessen der Polis getroffen. Der Nutzen trat an die Stelle der Gerechtigkeit. »Und den bislang gültigen Gebrauch der Namen für die Dinge vertauschten sie nach ihrer Willkür« (Thukydides III, 82). Athen, das 428 im Gefolge einer Debatte zwischen Kleon, einem Verfechter der Republik, und dem Sophisten Diodotos, der eine Realpolitik befürwortete, entschieden hatte, Mytilene zu verschonen, verschrieb sich 416 der Gewalt: Torone und Skione erlitten dasselbe Schicksal wie Melos (Thukydides III, 35–50 und V, 3 und 32). Man war einer genozidären Logik verfallen.

Aber Gewalt herrschte nicht nur auf seiten der Athener. 424/423, ebenfalls im Verlauf des Peloponnesischen Krieges, ließ Sparta aus Furcht vor einer bevorstehenden Invasion der Athener zweitausend Heloten verschwinden.

Pierre Vidal-Naquet, der dieses Beispiel einer Auswahl der Tüchtigsten – und damit der Gefährlichsten – anführt, um sie zu töten, hält fest, daß der Vorfall rätselhaft geblieben sei und »nur ein dünnes Rinnsal der Erinnerung den attischen Historiker erreichte« [117, S. 134–138]. In der lakedämonischen Gesellschaft bildeten die Heloten die Sklavenschicht, sie bestellten die Äcker der Spartiaten, der kriegerischen Elite. Verachtet und geknechtet, stellten sie die Mehrheit der Bevölkerung. Sparta konnte sie nicht entbehren, fürchtete aber einen bewaffneten Aufstand. So hieß man sie, die Mutigsten unter ihnen zu bezeichnen, die am fähigsten zu einer möglichen Empörung gewesen wären, indem man ihnen vorspiegelte, sie sollten freigelassen werden. Die zweitausend Ausgewählten hielten sich für frei, bekränzten sich und wandelten um die Tempel. Doch wenig später ließen sie die Lakedämonier verschwinden, »und wußte niemand zu sagen, auf welche Weise jeder umkam« (Thukydides IV, 80).

Das Quellenmaterial über Karthago ist reicher als jenes zu Melos, das sich auf einen einzigen Bericht beschränkt. Augenzeugen und Chronisten stimmen überein. Kann man die Zerstörung Karthagos durch die Römer im Verlauf des 3. Punischen Krieges (150–146) als erstes klassisches Beispiel für einen Vernichtungskrieg betrachten? Der Beweggrund liegt auf der Hand, Karthago war seit drei Jahrhunderten die Rivalin Roms. Es ging um die Kontrolle des Handels im westlichen Mittelmeer. Cato bekundete den Vernichtungswillen mit der ständigen Wiederholung seines »*Carthago delenda est*« und bewog den Senat, bei der ersten Gelegenheit einen Krieg anzufangen und die Stadt zu zerstören. Die Stadt widerstand drei Jahre, bis Scipio Aemilianus, ein guter Stratege, den Oberbefehl übernahm. Er eroberte die Stadt, die in Flammen aufging. Sie wurde dem Erdboden gleichgemacht, auf ihre Ruinen Salz gestreut. Die Annalen berichten wenig über das Los der Opfer, welches wohl das aller Besiegten gewesen ist. Aber die Römer wollten die Seemacht Karthago vernichten, nicht die Karthager, sie suchten nicht, deren Zivilisation auszurotten [10, S. 92 f.]. Sie machten den Bewohnern das Angebot, sie abziehen zu lassen, wenn sie an einem mindestens 15 Kilometer vom Meer entfernten Ort siedeln würden, was diese ablehnten. Utica und andere Städte wurden verschont. Nach dem Untergang Karthagos vermischte sich seine Kultur mit der numidischen, das Punische wurde zur offiziellen Sprache Nordafrikas.

Eine erstaunliche Fehlbeurteilung Sullas hat sich im Geschichtsbild eingebürgert. Man denkt an Leichenhaufen und Blutströme, und Sulla ist zum Prototyp des Massenmörders geworden, während eine objektive Untersuchung der Tatsachen, die den Gebräuchen der Zeit Rechnung trägt, zu anderen Ergebnissen gelangt. Der Bürgerkrieg zwischen Italikern und Römern, der 91 v. Chr. ausbrach, der sogenannte Bundesgenossenkrieg, war lange und gnadenlos. Für die Römer stellte der Bürgerkrieg das größte Übel dar, er

bedeutete den Verfall der Werte. Sulla siegte und ließ die Samniter niedermachen, wie diese, hätten sie die Oberhand gewonnen, die Römer massakriert
hätten, wie Marius, der Gegenspieler Sullas, die Kimbern und Teutonen oder
die mit Mithridates verbündeten Griechen vernichten ließ. Zur selben Zeit
ordnete Mithridates ein Massaker an, das eher genozidärer Art war, als die
Massenmorde Sullas. Er begann seinen Kampf gegen Rom im Jahre 88 v. Chr.
mit der Ausrottung aller Römer und Italiker im Königreich Pontos. Diese
»asiatische Vesper« wurde sorgfältig vorbereitet mit genauen Vorschriften, daß
alles, was italisches Blut besaß, zu töten sei, Erwachsene und Kinder, aber auch
Sklaven, Freigelassene und von den Römern »geschändete« Frauen. 80 000
Menschen wurden an einem Tag umgebracht, was eine rigorose Planung und
eine vorausgehende Kennzeichnung der Opfer erforderlich machte.[3]

Die Eroberung Europas und Asiens durch die Barbaren erfolgte in sieben
Jahrhunderten, vom 4. bis ins 11. Jahrhundert. Diese Barbaren, die die Chronisten als Ungeheuer malten, waren zwar räuberisch, vor allem aber Nomaden,
die aufeinanderfolgende Wellen von Völkerwanderungen in Bewegung setzten,
von der Wüste Gobi bis Südrußland, Menschen aus einer anderen Zeit mit
anderen Sitten und Werten. Dank ihrer überlegenen militärischen Taktik
unterwarfen sie Städte und wurden dann von der ansässigen Bevölkerung
integriert oder assimiliert. In ihrer Geschichte muß man nicht nach Spuren von
Genoziden suchen.

Im 13. Jahrhundert einigte Dschingis-Khan die zentralasiatischen Stämme zu
einem physisch, ethnisch und sozial homogenen Imperium und machte sich an
die Eroberung der Welt. Die Historiker haben die Gegensätzlichkeit zwischen
der Weisheit und Ausgewogenheit der mongolischen Ordnung, der berühm-
ten *pax mongolica*, und der extremen Gewaltsamkeit der Kriegszüge unterstri-
chen. Doch die Mongolen, wie alle Nomadenreiche, gehorchten anderen
moralischen und politischen Gesetzen als die seßhaften Völker, und ihre
Vernichtungswut hatte nicht dieselben Beweggründe. Der mongolischen Logik zufolge wurden zuerst die seßhaften Strukturen des Ackerbaus und des
damit verbundenen Städtenetzes zerstört, um es durch das Nomadensystem
mit wenig Menschen und vielen Herden zu ersetzen. In dieser Perspektive
verlief die Vernichtung planmäßig. Der Verbrechenskatalog der Mongolen war
eine Litanei von Plünderungen, Massakern, Vertreibungen, Verwendung von
Menschenmassen als lebende Schilde beim Sturm auf befestigte Städte. Die
Opfer der Mongolen im 13. Jahrhundert zählen nach Millionen. Ihre Eroberungen nahmen in Zentralasien genozidäre Formen an, und es ist schwierig,
den Anteil von Völkermord und Massakern zu bestimmen, aber es läßt sich
nicht leugnen, daß sie mehrere Genozide verübten.

Ebenso vernichtete Timur-Leng, der Erbe eines Teils des Mongolenreichs,
aus islamischem Eifer und religiösem Mordwahn im 14. Jahrhundert ganze

Bevölkerungen und zerstörte tausendjährige Bewässerungsanlagen, womit er Persien in eine Wüste zurückverwandelte. Die letzte Erscheinungsform dieser mongolischen Eroberer war Ende des 17. Jahrhunderts Muhammad Tughlak, der Sultan von Delhi, nach Elias Canetti »der reinste Fall eines paranoischen Machthabers«, der gleichfalls davon träumte, die Welt zu erobern.[4] Er vertrieb die Einwohner Delhis aus der Stadt und verwüstete ganze Provinzen, um Rebellionen niederzuschlagen.

Das Christentum und die Entdeckung der Welt

Die Modernität des komplexen Verbrechens des Völkermords läßt sich leichter erfassen, wenn man den Wandel der repressiven Strukturen parallel zu jenem der staatlichen Macht nachverfolgt, ob diese nun mit wirklichen oder fiktiven Bedrohungen durch tatsächliche oder imaginäre Feinde konfrontiert ist. Der moderne Staat führt selten einen Vernichtungskrieg gegen ein Volk, eine Stadt oder ein Gebiet, er bekämpft eher ein inneres Übel, das ihn zerfrißt – die Furcht vor einem identifizierbaren Gegner und unbestimmte Angst zugleich. Um diesem Übel zu begegnen, erfand er eine Institution, die über dem Gesetz stand, und bezeichnete die Mitglieder der Gruppe, die als Quelle des Übels vernichtet werden sollte. Diese wesensgemäß genozidäre Institution erschien im Mittelalter im christlichen Europa, als sich der Gottesstaat von innen bedroht sah durch Ketzerlehren, die sein Dogma in Frage stellten, und durch weltliche Mächte, die seine Vormundschaft abzuschütteln versuchten. Bis dahin war der christliche Glaube zwar Beweggrund oder Vorwand für die Vernichtung von Menschengruppen gewesen, aber der Tötungswahn der Massen, der Europa und den Nahen Osten während der Kreuzzüge erschütterte, hatte nichts gemein mit der Planung von Kollektivmorden durch eine staatliche Macht. Der Vernichtungskrieg, den das Papsttum im 12. Jahrhundert mit Hilfe des nordfranzösischen Adels gegen die Katharer führte, stützte sich noch auf dieselben Methoden, die allerdings nicht die Ausrottung der Häresie bewirkten. Die Katharer lebten inmitten einer rechtgläubigen Bevölkerung, die sie nicht als solche denunzierte. Als es in Béziers nicht gelang, die Spreu vom Weizen zu sondern, machten die Kreuzritter alle Bewohner nieder, gemäß dem – apokryphen – Befehl des päpstlichen Legaten: »Tötet sie alle, Gott wird die Seinen erkennen.« Die Kirche geriet in eine mißliche Situation, denn je mehr sie die Verbrechen der Kreuzritter deckte, desto stärker wurde das Ketzertum. Schließlich beschloß Gregor IX., eine besondere Organisation mit dessen Unterdrückung zu betrauen, eine religiöse Miliz, den von Dominikus de Guzmán gegründeten Orden der Dominikaner. Die Inquisition entwickelte einen einzigartigen und fast vollkommenen Verfolgungsapparat. Das Inquisi-

tionsverfahren entkleidete den Angeklagten seiner Rechte, beförderte das De-
nunziationswesen, führte Prozesse hinter verschlossenen Türen und Geständnisse unter Folter ein und die Aufstellung von Listen: Jeder wurde verdächtigt.
Der Inquisition und nicht militärischer Gewalt gelang in Frankreich die Ausrottung der katharischen Irrlehre.

Vom Ende des 13. Jahrhunderts an entwickelte sich in Frankreich die Staats-
idee, die sich aus dem römischen Recht herleitete und auf der Unterwerfung
des Untertanen unter den König und des einzelnen unter die Volksgemeinschaft basierte. In dem jahrhundertelangen Streit zwischen Rom und den
weltlichen Mächten schreckte das Papsttum vor keinem Mittel zurück. Es
entwickelte Tötungsmethoden im Rahmen von Ordnung und Recht, die von
den Staaten übernommen und zu ihren eigenen Zwecken eingesetzt wurden.
1307 kehrte sich die von der Kirche geschmiedete Waffe gegen sie selbst, als
Philipp der Schöne aufgrund haltloser Beschuldigungen einer Verschwörung
des Templerordens einen Vernichtungsschlag gegen diese »satanische Sekte«
unternahm, deren Macht dem König bedrohlich erschien. Es ist dies ein
Beispiel der Zerstörung einer wirtschaftlichen Macht durch legale Mittel mit
einem Minimum an Ermordeten, da der Zweck die Vernichtung der Identität
der Gruppe, nicht ihrer Mitglieder war.

Vom 15. bis ins 18. Jahrhundert brachte eine Hexenjagd Tausende, wenn
nicht Zehntausende Frauen auf die Scheiterhaufen, weil sie angeblich mit dem
Teufel im Bund standen. Diese Verfolgung, die ihren Höhepunkt zwischen
1560 und 1680 erreichte, ist bezeichnend für die Mechanismen, durch die ein
endemischer Untergrund von Vorstellungen, Mythen und Legenden, die im
kollektiven Unbewußten verankert sind, in schwierigen Zeiten hervorbricht
und sich in ein irrationales Gesamtphänomen verwandelt, das von der Staatsrä-
son manipuliert wird. »In einer langen Folge kollektiver Traumata hat das
Abendland seine augenblickliche Angst überwunden, indem es jeweils ›besondere Ängste‹ ›benannte‹, das heißt identifizierte oder sogar ›fabrizierte‹.«[5] Weil
sie die tiefsten Schichten des Irrationalen mobilisiert, ist die Beseitigung einer
imaginären Bedrohung maßloser, unkontrollierbarer als die einer wirklichen
Gefahr, deren Abwendung sich nachprüfen läßt. Die Hexenjagd ist »das
unübertreffliche Beispiel eines Massenmordes an Unschuldigen durch eine
Bürokratie, die im Einklang mit Überzeugungen handelt, welche, in den
vorhergegangenen Jahrhunderten unbekannt oder abgelehnt, schließlich für
selbstverständliche Wahrheiten gehalten wurden«.[6] Sie stillt ein Bedürfnis nach
Läuterung durch die Vernichtung einer Kategorie von Menschen, die als
Verkörperung des Bösen angesehen werden und die man dazu entmenschlicht,
ein Bedürfnis, das dem Genozid zu allen Zeiten den Weg bereitet hat.

In Spanien führten dieselben Obsessionen zur Bestimmung anderer Opfer.
Am Ende des 15. Jahrhunderts banden die Katholischen Könige mit Billigung

des Papstes die Inquisition in ihr politisches System ein. Die Mehrheit der Inquisitoren des Heiligen Offiziums waren keine fanatischen Mönche, sondern Laien, häufig Juristen, die mit der Jagd auf heimliche Juden Karriere machten. Der Thron verkehrte den Sinn der Inquisition, die er als Werkzeug der Zentralisierung und Kontrolle der Gesamtgesellschaft benutzte. Dieser seinem Wesen nach genozidäre Unterdrückungsapparat, da er ja nach dem Prinzip der Auslese funktionierte, wurde zunächst gegen die *conversos* oder *marranos* eingesetzt. Anfangs schlug er gnadenlos zu und vernichtete ganze Gemeinschaften, später verlegte sich das Heilige Offizium auf die Praxis der Folter und die Wahrung der Geheimhaltung. Es begründete das »schändliche Gedenken«, das den Verurteilten über den Tod hinaus der Verachtung preisgab. Die Zwangsvorstellung von der Reinheit des Blutes, *limpieza de sangre*, gewann die Oberhand über jene von der Reinheit der Klasse, der »Hidalguerie«. Sie erreichte ihren Gipfel im 17. Jahrhundert, als die »Abstammungsschnüffler« die Genealogien weiter zurückverfolgten als die Nationalsozialisten. Bis zum Ende des 18. Jahrhunderts blieben die heimlichen Juden das Hauptanliegen der Inquisition, doch seit ihrer Gründung erstreckte sich ihre Autorität auch auf andere Formen des Irrglaubens: die Protestanten und die *moriscos* (zwangsbekehrte spanische Mohammedaner), während andere Muslime und Juden, die sich geweigert hatten, ihrem Glauben abzuschwören, schon seit 1492 ausgewiesen worden waren.[7]

In den letzten fünf Jahrhunderten brachte vor allem der Kolonialismus Genozide hervor. Er veränderte die Besitzverhältnisse, denn der Kolonist betrachtete – als Eroberer oder Einwanderer – die Bewohner des begehrten Landes als Wilde, die unfähig waren, sich der Zivilisation anzupassen. Dies berechtigte ihn, den Eingeborenen das Land wegzunehmen, ohne gegen seine Moral zu verstoßen, und diese als Untermenschen nach Belieben auszubeuten oder zu töten. Meist wurde Massenmord als unnütz und unvernünftig betrachtet. Wenn man die eingeborenen Arbeitskräfte umbrachte, ruinierte man die Kolonialwirtschaft. So gesehen verhinderte die Ausbeutung den Völkermord, was im großen und ganzen in Afrika und Asien der Fall war.

Die Entdeckung Amerikas und Ozeaniens zog im Gegenteil die Ausrottung der Urbevölkerung nach sich. Die Gesinnung der Kolonisatoren war zwar auf allen Kontinenten dieselbe, doch die geographischen Gegebenheiten unterschieden sich. Je insularer ein Territorium, desto radikaler war die Vernichtung. Die Aborigines Australiens und Tasmaniens fielen der Ausrottung anheim. In Mittel- und Südamerika stürzten die Konquistadoren die lokalen politischen Systeme um, indem sie zuerst die Herrscher töteten und dann die Bevölkerung in genozidären Ausmaßen liquidierten. Diese allein durch Profitgier motivierte Praxis erstreckte sich über drei Jahrhunderte. Eine Untersuchung der Genozide vor dem 20. Jahrhundert müßte diesem furchtbaren Blutbad einen wesentlichen Platz einräumen. Es ist unmöglich, auf dieses gigantische Thema nicht einzugehen, und bedauerlich, es nur streifen zu können. Diese Genozide – in diesem Zusammenhang muß von Völkermord gesprochen werden – unterscheiden sich von jenen unseres Jahrhunderts und sind ihnen in vielen Punkten sogar entgegengesetzt. Deshalb erwähnen wir sie in dieser auf das 20. Jahrhundert begrenzten Untersuchung nur des geschichtlichen Vergleichs halber und um zu zeigen, wie der Staat mit der Veränderung seiner Strukturen gleichzeitig sein verbrecherisches Verhalten veränderte. Dieser Hinweis stellt also keinesfalls eine Beurteilung der Ausmaße und der Natur dieser Verbrechen dar. Die Zahl der Opfer ist umstritten, die Ergebnisse der Berkleyer Schule sind angezweifelt worden. Seuchen spielten eine große Rolle für den Bevölkerungsrückgang, denn die Europäer schleppten ungewollt Krankheitserreger ein, die sich für die Indianer ohne erworbene Immunität als tödlich erwiesen. Masern-, Grippe-, Typhus- oder Pockenepidemien richteten größere Verheerungen an als die Brutalität der Eroberer. Schließlich entvölkerten die Kolonisatoren Territorien, die besser auszubeuten gewesen wären, hätten sie es verstanden, die Instrumente der Unterdrückung schonender zu gebrauchen. Das Plädoyer des Bartolomé de Las Casas ist nur Ausdruck einer klügeren Auffassung des Kolonialismus.[8] Statt die Indios wie Vieh mit einer geschätzten Nutzungszeit von ein bis vier Jahren zu behandeln, schlug er vor, sie in Gemeinschaften leben zu lassen, in denen sie ihre kulturelle Identität wahren könnten und produktiver wären.

Die Indianer überlebten nur in zahlreichen Gemeinschaften, in denen ein Zusammenhalt gegeben war, sonst wurden sie vernichtet. Um dem Mangel an lokalen Arbeitskräften abzuhelfen, importierten die spanischen und portugiesischen Kolonisatoren riesige Sklavenkontingente aus Afrika und rekrutierten »freiwillige« Europäer durch Razzien und Entführungen. Drei Sklaventypen bevölkerten nun den amerikanischen Kontinent: die Indianer, die geknechteten Weißen, die kaum resistenter waren als erstere, und die Schwarzen, denen es gelang, Wurzel zu schlagen und trotz schwer abzuschätzender Verluste zu überleben.[9] In Nordamerika gingen die Immigranten anders vor: Sie bildeten zuerst eine Nation an der Küste, bevor sie sich an die Eroberung des Landesinneren machten. Die Vernichtung der Indianer Nordamerikas war sicher von der Washingtoner Regierung nicht beabsichtigt, genauso wenig wie jene der Indios vom König von Spanien. Sie ergab sich aus einer Politik der Massaker, Vertreibungen, Deportationen und Ansiedlung in Reservaten, entgegen den 400 bis 1868 geschlossenen Verträgen, von denen kein einziger eingehalten wurde, aber auch aus der Übertragung von Krankheiten und dem bewußten Einsatz von Alkohol. Die Zentralregierung verfügte über Mittel, diesen Zerstörungsprozeß einzudämmen, dessen Ausgang feststand. Doch hier wie in Australien war man sich über eine Tatsache im klaren, die niemals ausgesprochen wurde: Beide Gruppen, die eine auf Naturalwirtschaft gegründet, die andere auf Marktwirtschaft, konnten nicht koexistieren.

Der einzige gemeinsame Nenner der fünf Jahrhunderte Kolonialisierung ist das Verhalten der Kolonisten, die einen Freibrief erhielten, mit diesen »anthropoiden« Massen nach Belieben und guten Gewissens zu verfahren. Die physischen, sprachlichen, religiösen, kulturellen und sozioökonomischen Unterschiede beseitigten die moralischen Hemmungen, Mord galt als erlaubt. Der Rassismus nährte sich mehr aus Gleichgültigkeit als aus Haß. Indem sie dieses reine Gewissen als Schuld entlarvten, zwangen die Aufklärer die Mörder, ihre Mentalität und ihr Vokabular zu ändern.

Das perfektionierteste Terrorsystem, das je ersonnen wurde, war das des südafrikanischen Zulukönigs Chaka, der von 1816 bis 1828 herrschte. Nur mit einem dem Dolch verwandten kurzen Hassagay (Speer) bewaffnet, errichtete Chaka ein »prototalitäres« Regime, ein Modell der Schreckensherrschaft, das wirksamer war als die ausgeklügeltsten Techniken der modernen Staaten, »der vollkommenste Despotismus, den die Welt erlebte«.[10] Jeder Krieg, den Chaka führte, war ein totaler. Er bekämpfte nicht die Streitmacht seiner Gegner, sondern die Gesamtheit ihrer Ressourcen. Er vernichtete alles und ließ nur die jungen Männer am Leben, um sie zu Kriegern zu machen. Er umgab sein Reich mit einer künstlichen Wüste (*traffic dessert*), die den doppelten Vorteil bot, seine Leute an der Flucht zu hindern und möglichen Angreifern logistische Probleme aufzugeben. Jeder Widerstand wurde durch Zerstörung weggefegt, die Armee derselben Terrordisziplin unterworfen. »Wird Gewalt im Dienste der Macht gebraucht, ist ihre Grenze die Vernichtung des unterworfenen Objekts.«[11] Tatsächlich muß die Vernichtung der Gruppe vermieden werden, sofern die Macht ihre Identität erhalten will. Ist es aber Ziel der Gewalt, die gesellschaftlichen Verhältnisse zu verändern, so wird eine Gruppe ausgerottet, um andere zu terrorisieren. Chaka trieb das System der Beherrschung durch Vernichtung eines existenten oder fiktiven Feindes auf die Spitze, in dem der Völkermord als Terrormittel eingesetzt wird und das jenem der Roten Khmer ähnelt.

Häufig stehen hinter einer Genozidbeschuldigung gegen irgendein Regime politische Absichten. Den Anklägern geht es nicht um einen wissenschaftlichen Beitrag, sondern sie führen Fakten ins Feld, um ein historisches Erbe zurückzuweisen und für wertlos zu erklären. Das beste Beispiel für solche Vorgehensweisen ist das der Massaker in der Vendée, welches Thema anläßlich der Zweihundertjahrfeiern der Französischen Revolution wieder aktuell wurde.

Die Vendée

Jede große Nation trägt in ihrer Vergangenheit eine nie verheilende Wunde, ein Ereignis, das ihre objektive Sicht des Völkermords trübt, weil sie fürchtet, man könne ihr das Argument *tu quoque* entgegenhalten, wenn sie andere verurteilt. Man kann sich nicht auf seine eigenen Verfehlungen berufen, besagt ein Rechtsgrundsatz. So wurde die Vereinigung von Nord- und Südfrankreich mit Hilfe des Kreuzzugs gegen die Albigenser erreicht, und die Französische Revolution, Vorkämpferin der Menschenrechte, vernichtete die militärische Vendée, um sich selbst zu behaupten. Die Debatte über die Vendée lenkt die Aufmerksamkeit auf das unerträgliche Paradox, daß die besten Absichten zu den schlimmsten Exzessen führen können.

Die Quellen sind reich, die Tatsachen unbestreitbar, wenn auch relativ komplex. Der Bürgerkrieg in der Vendée, ausgelöst durch die Bauern der Mauges und des Bocage, die die Konskription verweigerten und die unbeschränkte Ausübung ihrer Religionsfreiheit forderten, konfrontierte die Armee der Republik mit der »Großen katholischen und königlichen Armee«. Zu Beginn des Sommers hielt letztere ein Gebiet, das vier Departements überlagerte, die sogenannte militärische Vendée. Auf einen Bericht Barères hin erließ der Konvent, der seit dem Sturz der Girondisten unter der Diktatur des Wohlfahrtsausschusses stand, am 1. August 1793 ein Gesetz zur Vernichtung der Vendée, sie sollte mit Feuer und Schwert verwüstet werden. Im Oktober schlugen die »Mainzer« Klébers die katholische und königliche Armee bei Cholet und verfolgten die Überlebenden und Zehntausende Zivilpersonen über die Loire, die in der Hoffnung flohen, einen Hafen am Ärmelkanal zu erreichen (»virée de galerne«). Am 23. Dezember wurden die Royalisten bei Savenay aufgerieben. Diese Niederlage bezeichnete das Ende des ersten Vendéekriegs, der als traditionelle Niederschlagung eines Volksaufstands geführt wurde.

Aber der Konvent wollte die Rebellion, die er als eine ständige Bedrohung ansah, restlos tilgen. Der Plan General Turreaus, gegen die Vendée die Taktik der verbrannten Erde anzuwenden, wurde von Carnot gebilligt und vom Konvent angenommen. Von Januar bis April 1794 verwüsteten die »teuflischen Kolonnen« Turreaus systematisch das Gebiet der militärischen Vendée, sie vernichteten Häuser, Bewohner, Lebensmittel, Wälder. Obwohl von den acht Kolonnen nur zwei die verbrecherischen Befehle Turreaus befolgten, wurde ein Teil der Zivilbevölkerung ohne jede militärische Notwendigkeit niedergemacht. Beunruhigt über die Greuel, die in seinem Namen begangen wurden, setzte der Konvent Turreau ab und befahl den Abzug der Truppen. Nach Thermidor handelte Hoche einen Frieden mit den Überlebenden aus, die den Kampf fortgesetzt hatten. Im Unterschied zu Carrier, den man im Dezember 1794 wegen der abscheulichen Verbrechen in Nantes zum Tode verurteilte, wurde Turreau, der seinen Prozeß verlangt hatte, im Dezember 1795 freigesprochen. Gracchus Babeuf nannte diese Tragödie ein »Entvölkerungssystem«; dieser Begriff trägt der Ausrottungsabsicht Rechnung.[12]

Seit zwei Jahrhunderten wird das Gedächtnis der Vendée pietätvoll gehütet. Einerseits haben die Ereignisse die Identität einer Region begründet, die bis dahin als solche nicht bestand, und deren Bevölkerung geprägt, andererseits wurden sie zum Symbol für die Spaltung Frankreichs in ein weltlich-republikanisches und ein katholisch-monarchistisches, für die Partei Gottes gegen jene der Revolution. Schließlich machten sich die Ultraroyalisten das Symbol zu eigen. Kurz, die Vendéekriege leben in der Erinnerung fort, die diese Gegend zu einer Gedächtnisstätte und zum Brennpunkt des Kampfes zwischen der Republik und der christlichen Ordnung werden ließ.[13]

Vor diesem Hintergrund der permanenten Erinnerung eröffneten Historiker eine Polemik, in der sie den sogenannten »französisch-französischen Genozid« als ersten ideologischen Völkermord anprangerten.[14] Sie erfolgte nicht ohne Hintergedanken, denn sie suchte sich die »emotionelle und symbolische Ladung« eines noch schlecht definierten Begriffs zunutze zu machen, um eine direkte Verbindung zwischen diesen Verbrechen und den Völkermorden des 20. Jahrhunderts herzustellen. Reynald Secher geht noch weiter, er vergleicht die Revisionisten wie Faurisson mit jenen, die einen Genozid in der Vendée leugnen. In derselben Perspektive beruft er sich auf Nolte, der zur Relativierung des Völkermords an den Juden schrieb: »In der Geschichte des modernen Europa war es die Französische Revolution, die als erste die Idee der Vernichtung einer Klasse oder Gruppe in die Wirklichkeit umsetzte.«[15] Im September 1993 verbrachte Alexander Solschenizyn vier Tage in der Vendée. Am 25. September geißelte er in Les Lucs-sur-Boulogne, einem Hort des Gedächtnisses der Vendée, die Französische Revolution, deren Verbrechen er mit jenen der Bolschewiki verglich.

Solche auf Parteilichkeit beruhenden Übertreibungen sind eine Manipulation der geschichtlichen Wahrheit (deren man die Gegner bezichtigt), sie haben in der Debatte um die Vendéekriege nichts zu suchen. Es bleibt jedoch die Frage, ob die Vorgänge in der Vendée im Jahre 1794 – nicht 1793 – einen Völkermord darstellen. Es wäre töricht, diesem Problem durch eine Entschuldigung mit außergewöhnlichen Umständen auszuweichen (der Republik drohte Gefahr von außen, ein Bürgerkrieg konnte sie vernichten) oder den teuflischen Kolonnen ähnliche Fälle gegenüberzustellen, wie zuvor die Bartholomäusnacht, die Dragonaden 1681 bis 1685, die der Aufhebung des Edikts von Nantes vorausgingen, und den letzten Kampf der Kamisarden oder danach die Massaker bei der Eroberung Algeriens und die Gemetzel der Voulet-Kolonne in Senegal und Niger. Für den ersten Vendéekrieg ist Völkermord auszuschließen, selbst wenn der Vernichtungsbefehl des Konvents vom August 1793 im

Oktober erneuert wurde und man im November den Namen Vendée durch die vielsagende Bezeichnung »Vengé« (gerächt) ersetzte. Die Bilanz der Opfer dieses »nicht zu sühnenden« Feldzugs weist ihn als Bürgerkrieg aus, wenn die Zahlen auch ungenau und umstritten sind: mindestens 200 000 Tote auf seiten der »Weißen«, ein Drittel davon während der »virée de galerne«, und 100 000 bis 200 000 bei den »Blauen«. Die Genozidbeschuldigung richtet sich gegen die teuflischen Kolonnen, die ein Gebiet entvölkerten und seine Wirtschaft ruinierten.[16] Der Konvent trug die Verantwortung für dieses Verbrechen. Seine immer wieder bekräftigte Absicht, die militärische Vendée auszurotten, wurde von Turreau ausgeführt, unter der Kontrolle von zwei Inspektoren des Konvents. Allerdings stellte der Wohlfahrtsausschuß keinen schriftlichen Befehl aus, und nichts beweist, daß Robespierre die Schandtaten Turreaus deckte. Es bleibt also ein Zweifel hinsichtlich der Absicht der Regierung. Dagegen fehlt ein Element für den Tatbestand des Völkermords: die Identifikation der Vendéebevölkerung als Gruppe. Sie war weder eine ethnische noch eine nationale Gruppe (der Name Vendée erschien erst 1790 zur Bezeichnung eines Departements der ehemaligen Provinz Poitou), auch keine religiöse und nicht einmal eine politische Gruppe, sondern ein rebellisches Gebiet, das der Konvent zu unterdrücken beschloß, indem er unterschiedslos alles vernichtete, wie die Staaten durch die Jahrhunderte Aufstände niederschlugen, indem sie das Volk einer unkontrollierbaren Soldateska auslieferten. Es ist unredlich, die Massaker in der Vendée 1794 als Archetyp der zeitgenössischen Genozide hinzustellen, selbst wenn manche bei der Vorstellung triumphieren, die Revolution hätte schon in den ersten Jahren ihren Sinn verloren, weil sie die ihr zugrundeliegenden Werte verleugnete. Das heißt aber nicht, daß die Unmenschlichkeit dieser Massenmorde in Abrede gestellt werden soll, sie gehören nur zu einer anderen Kategorie.

»Es ist an der Zeit«, schreibt François Lebrun, »dieses traurige Dossier wieder zu öffnen, mit aller ihm zukommenden wissenschaftlichen Strenge und Objektivität.«[17] Die Diskussion dreht sich nicht nur um die Bezeichnung dieses größten Blutbades der Schreckensherrschaft, sondern um seine Bedeutung. 1789 begrüßten die Bauern der Vendée die Revolution. Die Empörung wurde durch sozioökonomische wie religiöse Ursachen ausgelöst: die Konskription und das Festhalten am alten Glauben und der katholischen Kirche. Die Bauern waren es, die 1793 ihre militärischen Anführer in den Schlössern suchten und sich im Verlauf des Krieges mit den Adligen verbündeten. Bei diesem Zusammenprall zweier Welten, »die eine für die andere undurchsichtig« (François Furet), war am gefährlichsten nicht, daß die Sieger 1794 aufgrund »furchtbarer Überzeugungen« die Vendée vernichten wollten, sondern daß sie glaubten, das Recht dazu zu haben. Ohne Gewissensbisse ordnete Carnot »die Ausrottung des Räubergesindels in der Vendée« an. Gesicht und Sprache der

Utopie hatten sich verändert. Man war nicht mehr gezwungen, an das christliche Dogma zu glauben, sondern an den neuen Menschen, ein Gebot, das die Ideologien der Zukunft nährte. Die Schreckensherrschaft »demoralisierte die Revolution«, sie verkehrte deren Sinn und erneuerte »die alte Knechtschaft« (Edgar Quinet). Wie François Furet ausführt, hatte die Revolution zwei Pole, einen konstruktiven und einen destruktiven. Sie setzte das Ancien régime fort und zerstörte es gleichzeitig. Im Unterschied zur amerikanischen Demokratie, der sich kein wirklicher Gegner entgegenstellte, mußte die Französische Revolution eine Welt umstürzen, um die Demokratie zu begründen, bemerkte Tocqueville. Die Tragik lag darin, daß eine Handvoll Männer bereit waren, zur Durchsetzung ihrer manichäistischen Weltanschauung einen Teil der Menschheit zu opfern, wenn der »Zwang der Verhältnisse«, auf den sich Saint-Just berief, dies erforderte. »Schon mit der Gründungsakte [der Erklärung der Menschen- und Bürgerrechte] war die hemmende Formel gegeben, die das ganze Unternehmen belasten sollte: Sie ist der Niederschlag einer Auffassung der Freiheit, die deren Verwirklichung verhindert« (Marcel Gauchet).[18]

Asien

Befaßt man sich mit der Untersuchung von Fällen, die Völkermord vermuten lassen, so trägt man gewisse Bedenken, sich zum Richter aufzuwerfen. Die Empathie für die Opfer, ob sie sich als Trauer oder Empörung, Mitleid oder Zorn äußert, darf einem Urteil nicht im Wege stehen und es noch weniger beeinflussen. Befindet sich eine Gruppe in einer genozidären Lage, so erhöht sich das Risiko eines tatsächlichen Genozids. Wenn unter solchen Umständen ein Massaker stattfindet, steigt die Gefahr. Es ist selbstverständlich, daß die betroffene Gruppe dann der verschärften Bedrohung Rechnung trägt und den Täter des Völkermords bezichtigt. Aber wie der Richter, der in einem Verfahren ermittelt, wird der Historiker die Beschuldigung nicht unbedingt aufrechterhalten. Diese Diskrepanz zwischen der Beschuldigung des Opfers und dem ermittelten Tatbestand begründet die Formulierung »genozidäres Massaker«, wenn eine genozidäre Lage gegeben ist und sich eine Ausführung abzeichnet.

Die Anzahl der Opfer spielt dabei eine geringere Rolle als der Anteil: 10 Prozent einer Gruppe bedeuten für den Tatbestand mehr als zehn Millionen Tote. Wesentlich ist die Selektion, nicht die Zerstörung einer Stadt oder einer Region. Diskriminierung beweist die Absicht besser als Folter, Verstümmelung oder Grausamkeit. In dieser Perspektive der Zusammenstellung eines Dossiers zum Zwecke der Anklage geht es nicht um eine ausführliche Darstellung des Sachverhalts, sondern um die Herausarbeitung der Analogien unterschiedlicher Verbrechen. Wenn diese Massaker aus mannigfachen Gründen erfolgten – Revolution, Bürger- oder Unabhängigkeitskrieg, Diskriminierung einer Gruppe, Rassentrennung, Entmenschlichung –, so haben sie doch einen gemeinsamen Nenner: Der Täter ist ein Staat, für den der Zweck die Mittel heiligt.

China

Nach den Völkern der UdSSR hat kein Volk in unserem Jahrhundert so sehr unter Massakern gelitten wie das chinesische. Statistiken beweisen das Ausmaß dieser Katastrophe. Rummel gelangte durch Extrapolationen zu einer Gesamtzahl von 39 Millionen Zivilopfern [177]. Die hohen Ziffern erklären sich aus der Bevölkerungsexplosion in China. Wenn jedoch China, zusammen mit der Sowjetunion, das beste Beispiel für den Zusammenhang zwischen Totalitarismus und massiver Tötung von Zivilpersonen darstellt, so nahm das Morden dort selten die Form von Massakern an, die noch seltener genozidär waren.

Im 19. Jahrhundert erforderte die Taiping-Revolte, »der größte Bürgerkrieg der Geschichte«, über 40 Millionen Tote, die meist verhungerten, und die Niederschlagung muslimischer Aufstände in Yunnan und Xinjian zog einen starken Bevölkerungsrückgang in diesen Provinzen nach sich [43, S. 432]. Das 20. Jahrhundert begann mit den planlosen Massakern des Boxeraufstands. Nach dem Zusammenbruch der Zentralregierung 1917 versank das Land in Anarchie bis 1928, als Chiang Kaishek (Jiang Jieshi) China einte. Im folgenden Jahrzehnt töteten Nationalisten, Kommunisten und Warlords fast drei Millionen Zivilpersonen, und in diesem permanenten Bürgerkrieg verhungerten zehn Millionen Chinesen. Der chinesisch-japanische Krieg forderte zehn Millionen Tote, davon sechs Millionen Opfer der Zwangsrekrutierungen oder Exekutionen durch die Nationalisten und der Hungersnot, die durch die Vernichtung der Ernte und die Zerstörung der Staudämme hervorgerufen worden war. Die Japaner führten ihre Feldzüge mit unerhörter Brutalität. Sie begannen mit der Plünderung Nankings im Dezember 1937, bei der 340000 Chinesen getötet worden sein sollen, was die Japaner noch heute bestreiten, und wurden 1941 fortgesetzt mit der »Drei Alles«-Operation – plündert alles, verbrennt alles, tötet alles – gegen die Bevölkerung jener Gebiete, die die Guerilla unterstützten, und mit Bombardierungen der Großstädte, um deren Bewohner zu terrorisieren. Systematisch wurden Greueltaten verübt. Die japanische Regierung trug die direkte Verantwortung für die Massenmorde an Zivilisten. Armee und Polizei waren allmächtig, die Offiziere erhielten Befehle, die von den Soldaten ausgeführt wurden. Ab 1937 experimentierte Shiro Ishii in Mandschukuo mit Bakterienkulturen an chinesischen Kriegsgefangenen. Selten wurden Kriegsgefangene schlechter behandelt als von den Japanern, die sie als lebende Zielscheiben für die Ausbildung der Soldaten oder als Versuchskaninchen benutzten. Diese Verbrechen gegen die Menschheit kamen beim Militärtribunal in Tokio nicht zur Sprache und wurden erst viel später enthüllt.[19] Fremdenfeindlich und rassistisch, behandelten die Japaner sowohl Chinesen wie Koreaner und auf ihrem Archipel die unreine Kaste der Burakumin mit derselben Verachtung. Es war das Unglück der Japaner, »zum Universalvorbild den Kodex und die Sitten einer Kriegerkaste zu nehmen, die das Feudalzeitalter noch nicht überwunden hatte« [43, S. 273].

Der Bürgerkrieg 1946 bis 1949 forderte fünf Millionen Opfer unter der chinesischen Zivilbevölkerung, für die Nationalisten und Kommunisten gleichermaßen verantwortlich waren. 1949 nahm die Kommunistische Partei Chinas das größte Projekt gesellschaftlicher Umgestaltung in Angriff, das je unternommen wurde, denn 500 Millionen Bauern waren betroffen. Diese Utopie kostete Dutzenden Millionen das Leben. Der totalitäre Staat kontrollierte alles, plante alles, organisierte alles, wie in der UdSSR. Millionen Chinesen wurden als »freie Arbeiter« in öde Gebiete deportiert, Millionen andere in Zwangsarbeitslager gesperrt und einer Gehirnwäsche unterzogen. Auf diesem über ganz China zerstreuten »vergessenen Archipel« (Jean-Luc Domenach) war die Sterblichkeitsrate oft sehr hoch [174]. Archive, wie heute für die ehemalige UdSSR, sind jedoch nicht zugänglich, so daß die Zahl der Opfer schwer zu bestimmen ist. Rummel schätzt sie auf vier Millionen 1949 bis 1958, zehn Millionen 1959 bis 1967 und sechs Millionen 1967 bis 1976, also rund zwanzig Millionen insgesamt, eine drastischere Bilanz als die irrige, die er für den Gulag errechnete [177]. In den ersten Jahren des Regimes leistete die Sowjetunion technische Hilfe bei der Organisation des chinesischen Strafsystems. Wie in der UdSSR wurden die »Konterrevolutionäre« erbarmungslos verfolgt: Bauern, politische Gegner, nationale und religiöse Minderheiten. Sobald China zentralisiert und geeint war, verordnete Mao Zedong dem Land einen »großen Sprung nach vorn«. Die Politik der Zwangskollektivierung entzog der Landwirtschaft über 100 Millionen Arbeitskräfte, die in der Industrie oder bei öffentlichen Bauvorhaben eingesetzt wurden. Der Produktionsrückgang und die Einstellung der Importe führten zur größten Hungersnot aller Zeiten: 15 bis 30 Millionen Menschen starben. Sie war aber nicht beabsichtigt, wie in der Ukraine, sondern das Ergebnis einer verfehlten Politik. Genauso war die Kulturrevolution (1966–1969) der Kampf zweier politischer Linien, die zahllosen Opfer wurden nicht auf Befehl der Zentralregierung ermordet. Der Westen verschloß die Augen vor den Massenmorden, die unter dem Regime Mao Zedongs begangen wurden. Sie störten auch die Wunschträume seiner Intellektuellen bezüglich der Umwandlung des Menschen und der Gesellschaft. Und schließlich handelte es sich nicht um Völkermord.

In einem Fall jedoch wurde China des Genozids bezichtigt, in Tibet. Ursprünglich aus drei Provinzen bestehend (Amdo, Kham und Ü Tsang), beschränkt sich das geographische Tibet heute auf die autonome Region Tibet, das ehemalige Ü Tsang. Sechs Millionen Tibetaner leben in China, davon 1,8 Millionen in der autonomen Region. Die tibetanische Gesellschaft ist fest in ihrer Religion, dem Tantra-Buddhismus, verankert. Jede Stadt, jedes Dorf besitzt ein Kloster und dessen Mönche, die Lamas. Nach dem Sturz der Mandschu-Dynastie 1911 erklärte der Dalai-Lama die Unabhängigkeit Tibets, das bis dahin unter chinesischer Herrschaft stand. Doch die Unabhängigkeit wurde von keiner Regierung anerkannt, und als die chinesische Volksarmee 1950 in Tibet einmarschierte, wurde der Protest des Dalai-Lamas bei der UNO auf Intervention Großbritanniens und Indiens abgewiesen. Die chinesische Regierung traf mit dem Dalai-Lama ein »Siebzehn-Punkte-Abkommen«, das die bestehende politische Ordnung und die kulturelle Besonderheit Tibets anerkannte und Religionsfreiheit garantierte. Entgegen diesem Abkommen unternahm China »demokratische Reformen« in den Agrarprovinzen Kham und Amdo, wo es Chinesen ansiedelte. Die Rebellion dieser Provinzen und die Auswanderung der Khampas nach Lhasa im Jahre 1958 führten 1959 zu einem Aufstand in der Hauptstadt, der durch Bombardierungen niedergeschlagen wurde. Der Dalai-Lama und 80 000 bis 100 000 Tibetaner suchten Zuflucht in Indien. Die Chinesen führten in Tibet den Kommunismus ein, sie zerstörten die Grundlagen der tibetanischen Kultur und versuchten, Tibet zu »sinisieren«, das heißt den Tibetanern die chinesische Kultur aufzuzwingen. 1966 vollendete das Wüten der Roten Garden die kulturelle Vernichtung. Sie beabsichtigten die Ausrottung der »vier Alten«: Tradition, Denken, Kultur und Tracht. Nach dem Tode Mao Zedongs ging der Widerstand in Tibet weiter, wo 1987 und 1988 Aufstände blutig niedergeschlagen wurden.

Die vorsätzliche Zerstörung von Religion und Kultur ist erwiesen, von drei- bis viertausend Klöstern und religiösen Monumenten sind nur noch dreißig übrig. Trotz der Kluft zwischen den amtlichen Angaben Chinas und jenen der Exilregierung des Dalai-Lamas scheint festzustehen, daß es in den Jahren 1955 bis 1959 65 000 Tote gegeben hat, darunter 40 000 Opfer der Luftangriffe, daß die Chinesen nach 1959 über 100 000 Kinder deportierten und 87 000 Tibetaner hinrichteten und daß die Provinz Kham durch Mord und Deportation teilweise entvölkert wurde.

Die nichtstaatliche Internationale Juristenkommission in Genf erörterte 1959 die von der Exilregierung des Dalai-Lamas erhobene Genozidbeschuldigung. Sie prüfte den Bericht eines Untersuchungsausschusses, der im Sinne der Völkermordkonvention von 1948 zu dem Schluß gelangte: »Die Regierung der Volksrepublik China unternahm in Tibet die Vernichtung einer religiösen Gruppe als solcher: der religiösen Gruppe der Buddhisten ... Morde und Kinderdeportationen wurden mit dem unzweifelhaften Ziel begangen, die buddhistische Gruppe Tibets auszurotten.« Diese Fakten stellten »einen Akt des Völkermords im Sinne des internationalen Gewohnheitsrechts« dar [172, S. 13 und 59]. Diese Ausführungen wurden von der Kommission gebilligt, die auf »einen Fall von Völkermord *prima facie*« erkannte und Ermittlungen durch die Vereinten Nationen empfahl. Tatsächlich anerkannte die Kommission einen *actus reus* von Völkermord, konnte aber die *mens rea* nicht nachweisen, nämlich die Absicht, die Tibetaner als nationale und religiöse Gruppe ganz oder teilweise zu vernichten [41, S. 244–251]. Die Kontroverse ging mit Wortgefechten weiter. Die chinesische Propaganda leugnete die meisten der evidenten Fakten und rechtfertigte die übrigen mit dem Feudalismus und der wirtschaftlichen Rückständigkeit Tibets. Ein 1989 gebildetes Internationales Juristenkomitee für Tibet dagegen sprach von dem »schlimmsten Genozid nach dem Zweiten

Weltkrieg« und beschuldigte China, eine Million Tibetaner gefoltert oder getötet zu haben.[20] In Tibet zerstörte die chinesische Regierung die Kultur und die religiösen Bezugspunkte eines Volkes durch Maßnahmen, die nicht auf seine physische Ausmerzung hinzielten, sondern auf die Ausrottung seiner nationalen und religiösen Identität, auf eine Gleichschaltung, eigentlich eine »Sinisierung«, welches Ziel beinahe erreicht ist, weil es in Tibet heute mehr Chinesen als Tibetaner gibt. Dasselbe verbrecherische Verfahren wurde in der autonomen Region Xinjiang angewandt, dem ehemaligen chinesischen Turkestan, gegen die muslimischen Völker: Uiguren, die fast die Hälfte der Bevölkerung ausmachten, aber auch Kasachen, Tadschiken, Kirgisen und Hui-Chinesen. Aufstände begannen 1959 und haben seither nicht aufgehört. Man versucht, diese Bevölkerung zu unterdrücken, deren Mehrheit für eine Sezession und gegen die Zwangssinisierung kämpft.

Indien

Am Vorabend der Unabhängigkeit, die für den 15. August 1947 geplant war, wies Indien eine genozidäre Gesellschaftsstruktur auf, die eine Eskalation der Gewalt erwarten ließ [32, S. 63–68]. Das Kastensystem und die Religionen des Landes verboten jede ethnokulturelle Vermischung. In einem ungeteilten Indien hätten die Hindus alles kontrolliert, denn sie stellten die große Mehrheit, 300 Millionen Hindus gegenüber 100 Millionen Muslimen, und saßen bereits an den Hebeln der politischen Macht. Eine Teilung erschien daher unvermeidlich, doch nichts dergleichen war jemals versucht worden, und die geographische Zersplitterung der religiösen Gruppen erlaubte keine saubere Trennung in ein hinduistisches Indien und ein muslimisches Pakistan.

Die Teilung führte zum Ausbruch der angestauten Spannungen, der indische Kontinent ging in Flammen auf, ein gegenseitiges Morden der Bevölkerungsgruppen setzte ein. Die Massaker begannen in Kalkutta im August 1946, ein Jahr vor der Unabhängigkeit, und breiteten sich endemisch über das Land aus. In Punjab, wo die Muslime 57 Prozent der 34 Millionen Einwohner ausmachten, war die Lage besonders explosiv. Sie forderten die gesamte Provinz für sich, doch Punjab war auch die historische Heimat der Sikhs, die einen eigenen Staat mit Amritsar, ihrem religiösen Zentrum, als Hauptstadt verlangten. Der Teilungsplan sprach Lahore Pakistan, Amritsar Indien zu. Er beließ fünf Millionen Sikhs und Hindus in der pakistanischen Hälfte Punjabs und fünf Millionen Muslime in der indischen. Ähnliche Verhältnisse herrschten in Bengalen, von wo 1300000 Muslime nach Ostpakistan, östlich von Bengalen, gingen, während 3300000 ostbengalische Hindus das künftige Ostpakistan verließen. Als »der größte Umzug der Geschichte« (Lapierre und Collins) begann, acht Millionen muslimische Flüchtlinge und acht Millionen Sikhs und Hindus, während zehn Millionen Muslime in Indien und zehn Millionen Hindus in Ostbengalen blieben, erschien ein gewaltsames Aufeinanderprallen der beiden Konfessionen unvermeidlich.[21] In Kalkutta, einer in zwei Gruppen gespaltenen Stadt, in der traditionell Gewalt herrschte, erwartete man ein furchtbares Blutbad. Doch 36 Stunden vor der Unabhängigkeit traf Gandhi in Kalkutta ein, und es gelang ihm, die Gegner im gemeinsamen Gebet zu versöhnen. Aber das »Wunder von Kalkutta« blieb in Punjab aus, das von einer Krise geschüttelt wurde und explodierte. Millionen ließen ihre Habe zurück, um in Schutzzonen Zuflucht zu suchen, die anderen waren dem Mordwahn der Massen preisgegeben. Das Fehlen einer Ordnungsmacht (die Engländer verhielten sich neutral und griffen nach dem 15. August nicht mehr ein) setzte den in Jahrhunderten akkumulierten Haß frei. Die in Pakistan herrschende Muslim-Liga hatte die Bevölkerung einigermaßen in der Hand, die Hinduregierung dagegen wurde mit den Ultranationalisten nicht fertig, die ihre Mordkommandos aussandten. Auf beiden Seiten unternahmen die vom Haß angesteckten Polizeikräfte nichts oder beteiligten sich sogar an den Gewaltakten. Die soziale Struktur Punjabs, ein Mosaik aus Dörfern und Kleinstädten der Muslime, Hindus oder Sikhs, machte es leicht, die Opfer zu lokalisieren. Die Massaker begannen schon vor der Teilung, vorbereitet von den Führern der Sikhs. In Amritsar und in den muslimischen Dörfern töteten und verstümmelten die Sikhs die Männer, vergewaltigten und ermordeten die Frauen. In Lahore wurden Hindus und Sikhs von der muslimischen Masse niedergemetzelt. Überall mordeten die Stärkeren die Schwächeren, die Flüchtlingstrecks wurden dezimiert. Eines der schlimmsten Massaker richteten pakistanische Truppen unter Sikhflüchtlingen an, die sie eskortieren sollten. Mörderkommandos beider Seiten überfielen die Eisenbahnzüge. Fünf Tage lang kamen die Waggons leichenbeladen in Lahore und Amritsar an. Erst am 22. August, eine Woche nach der Unabhängigkeit, rafften sich die beiden Staaten dazu auf, die Rechte ihrer Minderheiten zu garantieren, ohne jedoch die Gewalttätigkeiten abstellen zu können, die erst allmählich abnahmen. Diese Massenmorde forderten eine Million Tote, drei Viertel von ihnen Muslime, ein Drittel bis die Hälfte in Punjab. Das Verschulden lag auf allen Seiten und blieb undurchsichtig. Britische Beobachter meinten, das Blutbad unter den Muslimen in Ostpunjab habe an Umfang und Grausamkeit die Massaker der Hindus und Sikhs in Westpakistan übertroffen.

Seither haben sich Rassenhaß und religiöser Fanatismus nicht beruhigt. Bei den »Kleinmassakern«, die sporadisch vorkommen, vor allem in Punjab und Kaschmir, läßt sich schwer beurteilen, welcher Anteil dabei der Massenhysterie und welcher mörderischen Absichten des Staates zukommt. Im mehrheitlich muslimischen Kaschmir ließ die Hinduregierung 1947 von der Armee Tausende Muslime niedermachen. Ein halbes Jahrhundert danach brechen in Kaschmir noch immer Unruhen aus. Im Juni 1993 erklärten zwei amerikanische Menschenrechtsorganisationen, die indischen Behörden setzten in Kaschmir ihre Politik des »Terrors gegen den Terrorismus« fort, um die muslimischen Guerillas auszuschalten, die entweder für die Selbständigkeit Kaschmirs kämpfen oder für seinen Anschluß an Pakistan.[22]

Bangladesch

Bei der Auflösung der britischen Kolonialherrschaft entstand Pakistan als ein Staat in zwei Teilen, die 2000 Kilometer voneinander entfernt waren und die nur die muslimische Religion verband. Tatsächlich unterschieden sich die beiden Teile in allem. Westpakistan mit 55 Millionen Einwohnern, die Urdu sprachen, hatte die politische Macht inne und kontrollierte die Wirtschaft. Dieses gebirgige Land wandte sich naturgemäß für seine Handelsbeziehungen dem arabischen Mittleren Osten zu. Ostpakistan, wo über 95 Prozent der 75 Millionen Einwohner Bengali sprachen, war ein vom Hochwasser des Ganges und des Brahmaputra bedrohtes Monsungebiet, wo Elend herrschte und die Geburten- und Sterbeziffer sowie die Quote der Analphabeten zu den höchsten der Erde gehörten. Mit der Unabhängigkeit änderte sich für Ostpakistan nur der Gebieter, es fühlte sich als ausgebeutete Kolonie. Die Awami-Liga, die sich in dieser Krisenzeit entwickelte, forderte Demokratie und regionale Autonomie innerhalb einer pakistanischen Föderation, ein Vorspiel zur Ablösung Bengalens. Bei den Wahlen 1970 gewann die Liga fast alle Ostpakistan vorbehaltenen Sitze. Die Trennung schien unvermeidlich. Um sie zu verhindern, suspendierte Präsident Yaya Khan am 1. März 1971 die Nationalversammlung. Die Awami-Liga rief daraufhin den Generalstreik aus. Die Vorkämpfer für ein freies Bengalen – Bangladesch – beherrschten die Straße. Die in Dacca begonnenen Verhandlungen zwischen Yaya Khan und dem Präsidenten der Liga, Scheich Mujibur Rahman, wurden am 25. März abgebrochen. Der »Rachefeldzug«, den die pakistanische Regierung vorbereitete und General Abdul Khan Niazi führte, begann in der Nacht vom 25. zum 26. März 1971. Die Armee schoß mit Schnellfeuerwaffen auf die Menge und zerstörte das Hinduviertel. Nachdem sie Hilfsmilizen rekrutiert hatte, die Razakars, besetzte sie die Häfen, schloß die Grenzen, schlug den bewaffneten Aufstand der Awami-Liga nieder und tötete Zivilisten. General Tikka, der Militärgouverneur Bengalens, soll erklärt haben: »Ich werde diese Mehrheit zu einer Minderheit machen.« Doch die Soldaten erschossen vor allem Hindus, die beschuldigt wurden, eine fünfte Kolonne zu bilden. Die Massaker gingen weiter, ohne daß die Völkermordbeschuldigungen der internationalen

Presse die pakistanische Regierung gestört hätten. Um die Verantwortung abzuwälzen, veröffentlichte sie ein *Weißbuch* über die Greueltaten der Awami-Liga.

Der Zustrom der Flüchtlinge machte eine Intervention Indiens dringend erforderlich. Indira Gandhi erreichte die bedingungslose Unterstützung der UdSSR, die das mit Pakistan verbündete China neutralisierte und das Risiko einging, einem Gegner der islamischen Staaten Beistand zu leisten. Gewappnet mit diesem russisch-indischen Bündnis, besuchte die indische Ministerpräsidentin die Hauptstädte des Westens, um die Notwendigkeit einer politischen Regelung in Bengalen darzulegen. »Was in Bengalen geschieht, ist kein Bürgerkrieg im gewöhnlichen Sinn des Wortes«, erklärte sie. »Es ist ein Völkermord, um Millionen Menschen zu bestrafen, deren einziges Verbrechen darin besteht, auf demokratische Weise gewählt zu haben.« Vom 2. bis 15. Dezember führte die indische Armee mit einer erdrückenden Übermacht einen Blitzkrieg und zwang die pakistanische Armee Bengalens zur Kapitulation. Bangladesch war geboren. Zum ersten Mal seit dem Zweiten Weltkrieg errangen separatistische Bestrebungen die Souveränität und die Opfer den Sieg über die Täter [10, S. 396].

Kaum zum selbständigen Staat geworden, eröffnete Bangladesch die Jagd auf die Razakars und die Bihari. Letztere wurden zum zweiten Mal Opfer eines Siegers. Die Bihari lebten im Osten Indiens im heutigen Bundesstaat Bihar, wo sie eine muslimische Minderheit bildeten. Bei der Teilung Indiens emigrierten sie nach Ostpakistan. Die urdusprachige Volksgruppe hielt an der Einheit Pakistans fest. Im März 1971 wurde sie als Symbol der Herrschaft der Pakistani zur Zielscheibe von Massakern. Deshalb traten junge Bihari in die Hilfsmiliz der Razakars ein. Nach der Unabhängigkeit betrachtete Bangladesch die Bihari als mitschuldig an den Verbrechen der pakistanischen Streitkräfte. Die indische Armee schützte sie bis zu ihrem Abzug im Januar 1972, dann wurden Tausende Bihari verhaftet, ins Gefängnis geworfen oder verschwanden. Den übrigen blieb die Wahl, sich zu assimilieren und in Bangladesch zu bleiben oder nach Indien oder Pakistan auszuwandern. Doch diese wollten sie nicht aufnehmen, so daß man 730 000 Bihari in Lager oder Enklaven einwies [181]. Später betrieb Bangladesch eine Diskriminierungspolitik gegenüber den nichtmuslimischen Minderheiten der Provinz Chittagong an der birmanischen Grenze. Es gewährte ihnen keine regionale Autonomie und weigerte sich, ihre sprachliche, kulturelle und religiöse Identität zu respektieren. Ihre diesbezüglichen Forderungen wurden als separatistische Bestrebungen ausgelegt und militärisch unterdrückt. Die Regierung versuchte auch, die demographischen Strukturen durch Umsiedlung der Minderheiten und Kolonisierung mit Bengalen zu verändern.[23] Doch die Verbrechen von gestern berechtigen die Opfer nicht, nun ihrerseits als Mörder aufzutreten.

1972 ermittelte die Internationale Juristenkommission über die verschiedenen Unterdrückungsmaßnahmen der pakistanischen Armee in Ostpakistan im Jahre 1971: wahllose Massaker unter der Zivilbevölkerung, Verhaftung, Folter und Hinrichtung ohne Gerichtsverfahren von Aktivisten der Awami-Liga, versuchte Ausrottung der Hindus. In letzterem Fall hielt sie den Tatbestand des Völkermords für gegeben: »Die Greueltaten der Armee gehörten zu einer planmäßigen Politik einer disziplinierten Streitmacht« [32, S. 80]. Dagegen wies sie die Beschuldigung zurück, die Bengalen hätten einen Völkermord an den Nichtbengalen begangen: »Die spontane, entfesselte Gewalt einer Menge gegen einen bestimmten Teil der Bevölkerung, den die Menge als Bedrohung empfindet und dessen Feindseligkeit sie wahrnimmt, darf nicht als das notwendige Element für den Beweis der bewußten Absicht gewertet werden, die das Verbrechen des Genozids konstituiert« [ebenda]. Aber das sind spitzfindige Argumente und fragwürdige Nuancen. Der Fall Bangladesch ist gewiß komplex, aber weder das genozidäre Massaker, das die Pakistani verübten, um die Bevölkerung zu terrorisieren, noch die genozidäre Rache der pakistanischen Armee an den Hindus wegen des »gegenseitigen Gemetzels« von 1947 oder die ebenfalls genozidären Vergeltungsschläge der Bengalen stellen einen Völkermord dar, denn die Absicht, eine Gruppe zu vernichten, läßt sich nicht beweisen, und die Durchführung dieser Vernichtung wurde nur begonnen.

Bei diesen Vorgängen ist die UNO ihren Aufgaben nicht gerecht geworden. Der Sicherheitsrat, den der Generalsekretär schon im Juli alarmierte, befaßte sich mit ihnen erst im Dezember 1971, nach der indischen Intervention. Die UNO war durch widersprüchliche Interessen und Bündnisse gelähmt: die USA und China unterstützten Pakistan, die Sowjetunion Indien. In einer Debatte der Menschenrechtskommission rechtfertigte der pakistanische Delegierte die Massaker mit der unbehinderten Ausübung der nationalen Souveränität seines Landes. Seine Argumentation war beispielhaft für die Unredlichkeit eines souveränen Staates, der des Massenmordes an einer Minderheit beschuldigt wird: das Selbstbestimmungsrecht finde keine Anwendung auf Gebiete, die integrierender Bestandteil eines Mitgliedsstaates seien.[24]

Birma [175]

Im Jahre 1948 erlangte Birma, das bis dahin britische Kolonie war, die Unabhängigkeit. Von 1948 bis 1962 war das Land eine parlamentarische Demokratie. Doch obwohl die Verfassung den ethnischen Minderheiten gestattete, die birmanische Union nach 1958 zu verlassen, forderten diese nur einen Status interner Autonomie. Diese Minderheiten machten ein Drittel der 40-Millionen-Bevölkerung aus. Karen (67 Prozent der Minderheiten), Shan (9 Prozent),

Kachin, Mon und Rohingya leben in den gebirgigen Randgebieten und im Süden des Landes. Nach der Erklärung des Buddhismus zur Staatsreligion (bei 85 Prozent Buddhisten) entstanden Selbständigkeitsbewegungen. Mit einem Staatsstreich begründete General Ne Win (eigentlich Shu Maung) 1962 eine Militärdiktatur mit einer Einheitspartei. Im April 1978 verwüstete die Armee die Dörfer der muslimischen Rohingyas in der Westprovinz Arakan. Mehr als 200 000 flohen nach Bangladesch, das sie weder ernähren konnte noch seine birmanischen Nachbarn verärgern wollte und sie daher dem UN-Hochkommissariat für Flüchtlinge übergab. Ab 1983 suchten die Karen in Thailand Zuflucht, wo sie in Lager gepfercht wurden. Nachdem er eine große Studentendemonstration in einem Blutbad erstickt hatte, übernahm im September 1988 ein Staatsrat für die Wiederherstellung von Recht und Ordnung (*State Law and Order Restoration Council – SLORC*) die Macht. Sein Präsident, General Saw-Maung, war eine Marionette Ne Wins und wurde 1992 durch General Than Shwe ersetzt. Der SLORC verpflichtete sich, freie Wahlen durchzuführen, doch er ließ die Spitzenkandidatin der wichtigsten Oppositionspartei verhaften, Aung San Suu Kyi, Tochter des Helden der nationalen Unabhängigkeit, Aung San, der 1991 der Friedensnobelpreis verliehen wurde. Im Mai 1990 wurde diese Oppositionspartei mit überwältigender Mehrheit gewählt, doch der SLORC trat die Macht nicht an die neue Nationalversammlung ab.

Die Militärjunta Myanmars – der neue Name Birmas – betreibt seit 1988 eine genozidäre Politik, die an jene der Roten Khmer erinnert, die Ideologie abgerechnet, denn der SLORC tötete nur, um an der Macht zu bleiben. Vier bis fünf Millionen Menschen, die Bewohner ganzer Stadtviertel wurden in ungesunde Landgebiete deportiert, in Lager unter militärischer Bewachung, die man »neue Städte« nannte. Der Chef des militärischen Nachrichtendienstes, General Khin Nyunt, ließ illegale Verhaftungen vornehmen, denen Folterungen und summarische Exekutionen folgten. Die Lage der ethnischen Minderheiten ist katastrophal, sie werden systematisch ausgerottet. 1992 wurden im Nordosten des Landes die Dörfer der Kachin zerstört, was 500 000 Menschen obdachlos machte. 225 000 Rohingya flohen nach Bangladesch, 60 000 Karen und Mon nach Thailand. Im Nordwesten suchten Tausende Angehörige des Stammes der Naga Hills in Indien Zuflucht.

In Myanmar herrscht eines der repressivsten und grausamsten Regime der Erde. Der Lagebericht, den der japanische Sonderberichterstatter Yozo Yokota 1993 bei der 49. Sitzung der Menschenrechtskommission vorlegte, bestätigte dies [175, S. 109–162]. Über seine genozidären Praktiken hinaus ist der SLORC eine Narkodiktatur, er kontrolliert die Opiumerzeugung der Mohnkulturen und gewinnt wachsende Bedeutung im internationalen Heroingeschäft. Außerdem unterhält er einen Mädchen- und Kinderhandel mit den thailändischen

Sexfabriken. Angesichts der Ausbreitung von Aids bedient er sich drastischer Methoden. Die aus Thailand ausgewiesenen HIV-positiven Prostituierten werden teils vom birmanischen Grenzschutz getötet, die übrigen verschwinden nach ihrer Rückkehr. Es besteht der Verdacht, daß man ihnen Zyankali verabreicht.

Der SLORC nimmt den Sitz Myanmars bei den Vereinten Nationen ein. Er unterhält politische und wirtschaftliche Beziehungen zu den meisten Staaten, besonders zu Thailand, das mit Teakholz und Halbedelsteinen aus Birma handelt, und zum Waffenlieferanten China. Eine französische Gesellschaft beabsichtigt, birmanisches Erdgas zu fördern, sobald die Fernleitungen fertiggestellt sind. Aber nur internationaler Druck unter Führung der Vereinigung südostasiatischer Nationen (ASEAN) oder der UNO könnte der genozidären Situation ein Ende bereiten.

Indonesien

Das größte muslimische Land der Welt (90 Millionen Muslime von 120 Millionen Einwohnern 1959) ist ein gigantischer Archipel, auf dem dreihundert Ethnien zusammenleben, die zweihundertfünfzig Sprachen sprechen. 1950 wurde die Republik Indonesien zum souveränen Staat unter Präsident Sukarno, dem historischen Chef der Nationalen Unabhängigkeitspartei (PNI), der als einer der Führer der Dritten Welt galt. In dieser »autoritären Demokratie« lag die Macht in den Händen der PNI, aber ihr Gegner, die Kommunistische Partei (PKI), infiltrierte den Staatsapparat. Mit zehn Millionen Mitgliedern im Jahre 1965 wurde sie zu einer unmittelbaren Bedrohung für die Armee, die Großgrundbesitzer und die CIA, der die kommunistische Expansion in Südostasien ein Dorn im Auge war. Am 30. September 1965 setzte der Putsch eines Oberstleutnants der Luftwaffe einen »Revolutionsrat« ein, der angeblich Präsident Sukarno schützen sollte. Am nächsten Tag wurde dieser Rat gestürzt, und General Suharto errichtete eine Militärdiktatur. Die Landstreitkräfte profitierten von dem Staatsstreich, um sich ihres einzigen politischen Gegners, der PKI, zu entledigen, die sie nicht zu Unrecht beschuldigten, Luftwaffe und Marine eingesetzt zu haben, um selbst an die Macht zu gelangen. Um ihr Handeln zu legitimieren und zu zeigen, daß sie das indonesische Volk vertrat, stützte sich die Armee auf die religiösen Parteien, vor allem auf die mächtige muslimische Partei NU (*Nahdatul Ulama*). Sie übergab ihnen schwarze Listen führender Kommunisten, die getötet werden sollten. Doch wenn feststeht, daß das indonesische Militär die Absicht hatte, die PKI zu vernichten, so sah es wahrscheinlich nicht voraus, daß die den Fanatikern ausgestellte Tötungserlaubnis eine unkontrollierbare Welle der Gewalt auslösen sollte, die bald ethnischen, religiösen und Klassenfeinden galt, denn jede Mörderbande war durch ihre jeweiligen Haß- und Neidgefühle motiviert. Dann bewaffnete die Armee Milizkommandos, die auf der Insel Java ausschwärmten, wo zwei Drittel der Indonesier lebten, um die »Rache des Volkes« (wie sich Admiral Sudomo, der Chef der nationalen Sicherheitskräfte, ausdrückte) an den Kadern und Aktivisten der PKI zu vollstrecken. Im Zentrum und im Ostteil der Insel, wo die auf schwarzen Listen erfaßten Führer und die von Nachbarn denunzierten Mitglieder der Partei samt ihren Familien ermordet wurden, gab es viele Gründe für das Gemetzel. Ein den Kommunisten angeschlossener Bauernverband wartete auf eine Agrarreform, um den Grundbesitzern, die meist Mitglieder der muslimischen NU-Partei waren, das Land wegzunehmen [32, S. 152]. Auf Bali und in Aceh, dem religiösen Mittelpunkt der indonesischen Muslime im Norden Sumatras, tobten die Massaker besonders furchtbar, ganze Dörfer wurden dem Erdboden gleichgemacht. Muslimische Milizen töteten die »Atheisten«, das heißt die Kommunisten mit deren Familien, führten aber auch, ohne sich um die Widersprüchlichkeit ihrer Motive zu kümmern, einen heiligen Krieg gegen die Hinduminderheit und einen Klassenkampf gegen die aus Java immigrierten Arbeiter und die chinesischen Geschäftsleute, die man beschuldigte, die Armen auszubeuten und gleichzeitig Agenten des kommunistischen Chinas zu sein. Mitte November versuchte die Armee, »die Ordnung wiederherzustellen«, doch im Dezember fanden die schlimmsten Massaker statt. Präsident Sukarno blieb bis 1967, als er abgesetzt wurde, in seinem Palast gefangen. 1968 übernahm Suharto die Präsidentschaft.

Die Zahl der Opfer, die offiziell alle Kommunisten waren, wird auf eine halbe Million geschätzt. Diese Ziffer gab Admiral Sudomo 1967 zu, und auch die *Washington Post* nannte sie 1968. Doch diese Zahl berücksichtigt nicht die Welle der Verhaftungen und extralegalen Gefängnisstrafen, die über 500 000 Personen betrafen und von denen die meisten erst 1978 freikamen. Die Zerschlagung der PKI durch das indonesische Militär stellt keinen Völkermord im Sinne von Artikel II der Konvention von 1948 dar, weil die Opfer eine politische Gruppe waren. Chalk und Jonassohn allerdings betrachten sie als einen Genozid [10, S. 378–383]. Die UNO hat diese Frage nicht aufgegriffen, für die USA besaß die Beseitigung der kommunistischen Gefahr absoluten Vorrang. 1991 gaben amerikanische Behörden erstmals zu, der indonesischen Armee Listen der kommunistischen Kader zur Verfügung gestellt zu haben.[25]

Ost-Timor

Seit ihrer Unabhängigkeit gebärdet sich die ehemalige Kolonie Indonesien als Kolonialmacht. Dank der ihm von den USA übertragenen Polizeifunktion in Südostasien verstößt Indonesien gegen das Völkerrecht und bietet der UNO die Stirn. 1963 verliehen ihm die Vereinten Nationen die Souveränität über Irian Jaya (Westteil Neuguineas) mit der Auflage, 1969 eine Volksabstimmung durchzuführen. Diese war nichts als eine Farce. Seither bekämpft die Regierung die Organisation für die Unabhängigkeit des freien Papua, eine separatistische Bewegung, die die Vereinigung Irian Jayas mit dem Ostteil der Insel, dem seit 1973 unabhängigen Papua-Neuguinea, anstrebt.

In Ost-Timor verfolgt Indonesien eine genozidäre Logik. Die Tatsachen sprechen für sich. Die im Osten Javas gelegene Insel Timor, die mit ihren Bergen und Wäldern ein ideales Guerillagelände darstellt, war zwischen Holländern und Portugiesen aufgeteilt gewesen, letztere besaßen den Ostteil. Die 680 000 Bewohner Ost-Timors gehörten zahlreichen Ethnien an, waren aber mehrheitlich Animisten oder Katholiken. Nach der portugiesischen Revolution im April 1974 zog Portugal in Betracht, das Gebiet in die Unabhängigkeit zu entlassen, und sein Recht auf Selbstbestimmung wurde damals von Indonesien anerkannt. Die Revolutionäre Front für die Unabhängigkeit Ost-Timors (FRETILIN) gewann die Wahlen vom März 1975 und erkärte am 28. November die Unabhängigkeit des Landes. Mit Billigung der Vereinigten Staaten – Ford und Kissinger reisten im November nach Jakarta – bombardierten indonesische Streitkräfte am 7. Dezember die Hauptstadt Dili und besetzten Ost-Timor. Auch Australien, das Erdölinteressen in der Region hatte, unterstützte Indonesien. Am 22. Dezember 1975 forderte der Sicherheitsrat den Abzug der Truppen (Resolution 384). Indonesien ignorierte dies, tötete 60 000 Menschen und setzte in Dili eine »Provinzregierung« ein, die am 30. Mai 1976, trotz einer erneuten Verfügung des Sicherheitsrats (Resolution 389), um den Anschluß an Indonesien nachsuchte. Am 17. Juli wurde Ost-Timor zur 21. Provinz Indonesiens. Die Vollversammlung der UN verurteilte dieses Fait accompli im November 1976 und bekräftigte alljährlich bis 1982 das unveräußerliche Recht des osttimoresischen Volkes auf Selbstbestimmung und Unabhängigkeit.[26]

Die indonesische Regierung führt seit 1976 einen Vernichtungskrieg in Ost-Timor. Sie bemüht sich, die Bevölkerung durch Massaker, Hungersnot, Unterernährung und Geburtenbeschränkung zu dezimieren. Die Landwirtschaft ist zerstört, die Bauern werden vertrieben, in Lager und strategische Dörfer gebracht, wo man sie verhungern läßt. Die Kindersterblichkeit nimmt zu. Die 1980 verordnete Familienplanung (Begrenzung der Geburten und Sterilisierung) wurde 1985 verschärft [180, S. 159]. Die indonesische Armee ist in einen Konflikt verwickelt, den militärisch zu beenden sie nicht in der Lage ist.[27] Mehrfach geschlagen, setzt die FRETILIN mit Unterstützung des Volkes und der katholischen Kirche den Kampf fort. Aber Ost-Timor ist zu einem riesigen Gefängnis geworden, in dem die terrorisierte Bevölkerung unter ständiger Bewachung steht. Das Ausmaß des Elends ist schwer abzuschätzen. Die Regierung ignoriert die Vorwürfe der Menschenrechtskommission und untersagt die Entsendung von UN-Beobachtern nach Ost-Timor. Die Verurteilung der Besatzung dieses Landes durch das Europäische Parlament (März 1988) und seine Bekräftigung des Selbstbestimmungsrechts dieses Volkes (September 1988) beeindruckten die indonesische Regierung nicht, die im März 1991 eine umfassende militärische Operation einleitete.

Infolge der Nachrichtensperre ist die Zahl der Opfer nicht leicht zu bestimmen. Die Bilanz wird von Jahr zu Jahr katastrophaler: 1975 hieß es, 10 Prozent der Einwohner seien getötet worden, 15 Prozent 1979, 30 Prozent 1988. Das State Department schätzt 100 000 bis 200 000 Tote durch Hunger (wegen der Zerstörung der Landwirtschaft), chemische Kampfstoffe und Entlaubungsmittel.[28]

Auch ohne genaue Zahlen steht fest, daß die 680 000 Einwohner Ost-Timors bezüglich der Anzahl der Opfer unter der indonesischen Besatzung mehr gelitten haben als andere Völker, die seit dem Zweiten Weltkrieg von einer fremden Macht besetzt wurden. Die indonesische Regierung kann diesen Krieg nur gewinnen, wenn sie die osttimoresischen Überlebenden endgültig durch Massaker oder Deportationen niederwirft, durch einen Völkermord, der von der Weltöffentlichkeit ignoriert wird, die dieser Krieg am Ende der Welt nichts angeht, und den sie gewinnen wird, wenn die internationalen Organisationen keine drastischeren Maßnahmen ergreifen, um sie daran zu hindern.

Sri Lanka

Die sporadischen Ausbrüche einer latenten Gewalt zwischen der Mehrheit buddhistischer Singhalesen und der Minderheit hinduistischer Tamilen sind noch nicht zum Völkermord ausgeartet, stellen aber eine ständige Gefahr einer genozidären Entwicklung dar.

Die Insel Ceylon war englische Kolonie, wurde 1948 unabhängig und 1972 zur Republik Sri Lanka. Bei einer Bevölkerung von 12,7 Millionen stellten die Tamilen mit 2,6 Millionen die Minderheit. Sie bildeten zwei getrennte Volksgruppen: die 1,4 Millionen autochthonen Tamilen Ceylons, die im Norden des Landes und an der Ostküste lebten, und die 1,2 Millionen aus Indien eingewanderten Tamilen, die im 19. Jahrhundert von den Engländern als Arbeitskräfte für die Teeplantagen im Inneren der Insel importiert wurden. Die eingesessenen Tamilen betrachten sich als alte Nation drawidischen Ursprungs, die seit 25 Jahrhunderten die Insel mit den arischen Singhalesen teilt.

Die Macht im Staat hatten die Singhalesen, die die Autonomiebestrebungen der Tamilen zurückwiesen. Die Verfassung von 1972 machte Singhalesisch zur Staatssprache, und die Singhalesen bekundeten offen ihre Absicht, die Tamilen zu absorbieren, was eine Radikalisierung der Einheitsfront zur Befreiung der

Tamilen bewirkte, die nun nicht mehr Autonomie, sondern Sezession forderte. Eine Welle der Gewalt erregte 1977 die Aufmerksamkeit der Weltöffentlichkeit. Präsident Julius Jayawardene, der Vorsitzende der Vereinigten Nationalen Partei (UNP), machte den Tamilen 1978 verfassungsrechtliche Zugeständnisse, das Tamilische wurde Staatssprache. Doch mit der Rezession verschärften sich die Spannungen zwischen den beiden Volksgruppen. Das 1979 erlassene Gesetz zur Verhütung von Terrorismus gestattete Inhaftierungen ohne Gerichtsverfahren in Gefängnissen und Arbeitslagern. 1983 brach der Bürgerkrieg aus, ein Teufelskreis von Terror und Unterdrückung, der einen Teil der über die Insel verstreuten Tamilen in den Norden trieb, während andere nach Südindien emigrierten.

International Alert, eine 1985 in London gegründete Organisation, die sich mit Konflikten von Volksgruppen befaßt, um Genozide und Massenmorde zu verhüten, behandelte 1986 den Bürgerkrieg in Sri Lanka als vordringlichen Fall (weitere Fälle waren Uganda, Irian Jaya, Tibet, und 1987 wurde die Situation in Punjab, nach der Erstürmung des Goldenen Tempels in Amritsar und der Ermordung Indira Gandhis, 1984, behandelt). *International Alert* hält Konferenzen ab, zu denen die Konfliktparteien eingeladen werden, um eine friedliche Lösung zu suchen. Die Organisation entsandte auch zwei Missionen nach Indien und Sri Lanka.

Die Ausweitung des Bürgerkriegs 1987 zeigte, daß ein so tief verwurzelter ethnischer Konflikt militärisch nicht beigelegt werden konnte, und man suchte weiter nach einer politischen Lösung. Nach Interventionen von Amnesty International, der Menschenrechtskommission und des Unterausschusses für Minderheitenschutz akzeptierte Indien, als Vermittler aufzutreten. Die Landung indischer Truppen auf der Halbinsel Jaffna, wo sich die Guerillakämpfer der tamilischen »Befreiungstiger« verschanzt hatten, beendete die Kämpfe, und Präsident Jayawardene gestand den mehrheitlich tamilischen Nord- und Ostprovinzen die Selbstverwaltung zu, wogegen die muslimischen und singhalesischen Volksgruppen im Osten des Landes protestierten. Im September 1989 wurden die indischen Truppen abgezogen. Der Konflikt schwelt weiter, im Norden halten sich Guerillazonen.

Das Beispiel Sri Lankas ist aufschlußreich für das Paradox, das dem Prinzip des Selbstbestimmungsrechts der Völker innewohnt, auf dem die Weltordnung beruht. Nur Staaten sind Subjekte des Völkerrechts, und nur sie können die Identität einer Gruppe wahren. Gestützt auf ihre Besonderheit und ihren Zusammenhalt, behauptet eine Gruppe deshalb häufig, ein Volk zu sein und verlangt das Recht nationaler Unabhängigkeit. Die allgemeine Anwendung dieses Prinzips würde daher einen kontinuierlichen Auflösungsprozeß der Staaten bewirken, der zu einer Zersplitterung führte, die die Erhaltung eines funktionsfähigen internationalen Gefüges unmöglich macht.

Iran

300 000 Baha'i leben in Iran, der Heimat des Bâb, der im 19. Jahrhundert die prophetische Lehre verkündete, aus der der Bahaismus entstand, der keine Sekte ist, sondern eine Universalreligion ohne Dogma, ohne Priester. Wichtigstes Anliegen der Baha'i ist die Einheit der Menschheit. Sie erhoffen eine Weltregierung, die frei von nationalen, rassischen, sozialen, geschlechtlichen und religiösen Vorurteilen wäre. Die internationale Gemeinschaft der Baha'i hat weltweit 5,5 Millionen Anhänger in 165 Ländern. Geleitet wird sie durch die Lehren ihres Propheten Baha'ullah, eines Schülers des Bâb, und den Kommentaren seines Sohnes Abul-Bahr. Die Bezeichnung »Baha'i« kommt von *baha*, was Ruhm oder Glanz bedeutet, ihr Weltzentrum befindet sich in Israel, weil der 1892 verstorbene Baha'ullah im damals osmanischen Haifa beigesetzt wurde.

Seit seiner Gründung wurde der Bahaismus im Iran verfolgt, besonders durch die Sawak, die politische Polizei des Schahs. Nach der islamischen Revolution von 1979 begann die Regierung eine Kampagne gegen die Baha'i, die beschuldigt wurden, Anhänger des Schahs und Agenten des Zionismus zu sein. Man verhaftete ihre Führer, nahm Exekutionen vor, beschlagnahmte Vermögen, zerstörte heilige Stätten und versprach den Gläubigen Leben und Freiheit, wenn sie abschworen. Die seltenen Bekehrungsfälle wurden von der Propaganda ausgeschlachtet. Seither sind die Baha'i in einem Land, wo das Zivilrecht auf dem islamischen Recht beruht, jedes rechtlichen Schutzes beraubt.

Die ständige Information der Weltöffentlichkeit über die Lage der Baha'i im Iran und der Appell an internationale Organisationen sind die einzigen Mittel, über die diese Religionsgemeinschaft verfügt, um die gefährdete Existenz ihrer Mitglieder zu schützen. Der Unterausschuß für Minderheitenschutz legt seit 1980 Berichte über religiöse Intoleranz und Verstöße gegen Menschenrechte vor, deren Opfer die Baha'i sind. In zahlreichen Resolutionen hat die Menschenrechtskommission festgestellt, daß Baha'i wegen ihrer religiösen Überzeugungen inhaftiert und hingerichtet worden sind. In den Jahren 1980 bis 1983 verurteilte der Europarat diese fanatischen Verfahrensweisen, und tatsächlich sind die Exekutionen seit 1983 seltener geworden. Der iranische Staat unternimmt zwar keine Massenmorde, doch die 1979 gegen die Baha'i eingeleitete Kampagne ist genozidär. Die Menschenrechtskommission stellte eine Verschlimmerung der Lage fest und formulierte die von der Vollversammlung der Vereinten Nationen im Dezember 1985 geäußerte Besorgnis. Sie warf die Frage auf, ob das islamische Recht mit dem Völkerrecht vereinbar sei: »In der islamischen Republik Iran kommt es noch zu Akten, die unvereinbar sind mit den internationalen Abkommen bezüglich der Menschenrechte ... Die Situation in diesem Land rechtfertigt weiterhin die Wachsamkeit der Völkergemeinschaft.«[29]

Afrika

Beschäftigt man sich mit Afrika, muß man sich vom Blick des weißen Mannes lösen, der schematisch ein vorkoloniales Afrika, zerrissen von unaufhörlichen Stammeskriegen, und ein entkolonisiertes Afrika unterscheidet, in dem die angestaute Gewalt der Vergangenheit freigesetzt wird. Gewiß war die Kolonisierung vor dem 20. Jahrhundert eine der menschlichen Unternehmungen, die am meisten Opfer erforderte und irreparable Katastrophen anrichtete. Eineinhalb Jahrhunderte lang breitete sich Europa in Afrika aus, nachdem es den Kontinent mit dem Lineal unterteilt hatte, das den Krümmungen der Geschichte und Geographie nicht Rechnung trug. Die Gewalttaten der Franzosen in Algerien (von der Plünderung und Verwüstung des Landes durch Bugeaud und seine Truppen über die Massaker von Sétif und Guelma im Mai 1945 bis zum Krieg 1954 bis 1962), in Westafrika und Madagaskar 1947, jene der Portugiesen in Guinea, Angola und Mosambik, der Briten in Kenia, der Spanier und Deutschen in ihren jeweiligen Kolonien verdeutlichen, daß die brutalen Methoden der Kolonisation von Profitgier diktiert wurden. Die Europäer haben die afrikanischen Völker verwandelt, weil sie sie in Furcht und Schrecken versetzten und ein Minderwertigkeitsgefühl erzeugten, das ihre Entwicklung hemmte. Sie haben sie umgeformt, indem sie ihnen ihre Weltanschauung und ihren Glauben aufoktroyierten. Sie haben ihre Geschichte umgeschrieben und eine reiche mündliche Überlieferung durch ihre westlichen Vorstellungen von Gesellschaftsformen und einer linearen Chronologie der Ereignisse ersetzt. Sie haben neue Strukturen eingeführt. »Auf einem traditionellen Hintergrund zeichnen sich nie gekannte Formen des Politischen ab (Parteien, Gewerkschaften, parlamentarische Einrichtungen), als ob in der Vergangenheit die Rechtfertigung für die zukünftigen Veränderungen gefunden werden sollte« [187, S. 6]. Die Entkolonisierung hinterläßt Afrikaner, »gleichzeitig Erben der abgestumpften Werte ihrer Kultur und der weißen Maske auf ihrer schwarzen Haut, die ihnen die Fremdherrschaft anlegte«, deren Gesellschaftsstrukturen zersetzt sind und die keine Hoffnung auf eine Rückkehr zu einstigen Formen haben [43, S. 359]. Dazu kommt ein niedriges Produktionsniveau und die »Unfähigkeit, ein den lokalen Verhältnissen angemessenes politisches, ökonomisches und kulturelles Modell zu finden« (Gérard Chaliand).[30] Man muß diesen vielfachen Faktoren Rechnung tragen, will man die verschiedenen Fälle situieren, die jeweils durch ihre geographische und geschichtliche Besonderheit geprägt sind. So wird Afrika von einer Linie durchzogen, die ungefähr entlang des 16. Breitengrades verläuft und die arabischen Berber im Norden von den Schwarzafrikanern im Süden scheidet, deren Zusammenleben konfliktträchtig war und ist. Auf beiden Seiten dieser Linie versuchen außerdem die letzten Nomadenvölker zu überleben, wenn sie auch die Entwicklung der Staaten dazu verurteilt, seßhaft zu werden.

Läßt man die Vernichtung der Herero in Südwestafrika beiseite, die einer anderen Epoche angehört, so beruhen genozidäre Massaker im Afrika des 20. Jahrhunderts auf drei Faktoren, die mit der Entkolonisierung zusammenhängen: Verhinderung einer Gebietsabtrennung, Konflikte zwischen den Ethnien und Paranoia eines Staatsoberhaupts. Der erste Faktor ergibt sich aus dem Paradox, das dem Prinzip des Selbstbestimmungsrechts der Völker innewohnt. Rupert Emerson schreibt: »Die Doktrin der Selbstbestimmung kann in heutiger Sicht in fast allen praktischen Fällen definiert werden als das von der UNO verbriefte Recht, das jedem Kolonialvolk gestattet (sofern es als einzigartiges, unteilbares Ganzes angesehen wird), seine Unabhängigkeit so schnell und so vollständig wie möglich zu erlangen« [34, S. 77]. Die Vielvölkerstaaten sind oft von der Kolonialmacht auf den Föderalismus vorbereitet worden. Sie versuchen, die verschiedenartigen Ethnien, aus denen sie bestehen, in ein politisches Ganzes zu integrieren, und separatistische Bestrebungen einer Gruppe stellen eine Zersplitterungsgefahr dar, die eine unkontrollierbare Kettenreaktion auslösen würde, an deren Ende Afrika nur noch aus einer Myriade von Volksgruppen bestehen würde. Wenn das Selbstbestimmungsprinzip von der UNO als Mittel zur Entkolonisierung angesehen wird, so berechtigt es nicht zur Sezession. Die Organisation für Afrikanische Einheit (OAU) sprach sich gleich nach ihrer Gründung 1963 für die Unantastbarkeit der aus der Kolonialzeit übernommenen Grenzen aus. Für sie ist das Recht der Völker dasselbe wie das Recht der Staaten. Leo Kuper schrieb 1985: »Die meisten Länder der Dritten Welt, besonders in Afrika, brauchen eine Periode der Stabilität, um ihre Unabhängigkeit zu konsolidieren, ihre Wirtschaft zu entwickeln und ihre Völker zu integrieren. Sie haben gute Gründe, separatistische Konflikte zu fürchten und eine ›Balkanisierung‹, die sie verwundbarer machen würde für eine auswärtige Intervention und eine neokoloniale Herrschaft« [34, S. 80].

Der zweite Faktor, die »Konflikte zwischen Ethnien« (früher sprach man von Stammesfehden), erfordert eine Erklärung. Das Vorhandensein ethnischer Spaltungen ist evident, doch das soziale Gefüge des afrikanischen Kontinents ist vielschichtig. Es gibt Stämme und Völker, die Staatsgrenzen überlagern und die jeweils einen kulturellen Raum darstellen, andererseits waren sie ständig in Bewegung. Die Kolonisatoren haben nicht versucht, diese subtilen Unterschiede zu erfassen, sie haben auch dem Trauma keine Rechnung getragen, das jahrhundertelanger Sklavenhandel vor der Kolonisierung bei den afrikanischen Völkern verursachte. Sie zwangen ihnen ihr rassistisches Gesellschaftsmodell auf und projizierten ihre Vorstellungen auf eine Geschichte, die sie nicht zu erforschen suchten. Aber was noch schlimmer ist, die Kolonialverwaltung mit ihren Missionaren formte ein neues Bewußtsein der »afrikanischen Eliten«. Die künftigen Führer der Nationalstaaten machten sich die kolonialistischen Anschauungen zu eigen und akzeptierten die »Ethnisierung« der Afrikaner, die zur Quelle von Mißverständnissen und Intoleranz wurde. So erlitten Ruanda und Burundi mit ihrer ethnisch gleichartigen Bevölkerung verhängnisvolle Anfälle von Stammesfieber infolge einer künstlichen Spaltung durch die Mandatarmacht.

Der dritte Faktor, der Fall des paranoiden Potentaten, titelsüchtig und machtgierig, ist in gewisser Weise mit dem vorhergehenden verbunden. Die Weltöffentlichkeit hat sich lustig gemacht über all diese Könige, Kaiser, Obersten und Marschallpräsidenten auf Lebenszeit. Man betrachtete sie mit dem Blick des Gesunden für den Irren, und das durch die Brille des Rassismus. Es gab keine Entrüstung, und wenn, so wurde sie von den internationalen Organisationen der Staaten nicht geteilt, die aus solchen Delirien Vorteile für die wirtschaftlichen Interessen und politischen Strategien ihrer Mitglieder herausschlugen. In Afrika gab es eine Unzahl politischer Morde, das heißt »vorsätzliche Morde außerhalb jeder Legalität, die auf Befehl einer Regierung oder mit ihrer Komplizenschaft aus politischen Motiven begangen wurden« [2, S. 21], die von der Staatengemeinschaft so lange ignoriert wurden, bis sie solche Ausmaße annahmen, daß sich die Medien erregten und von Völkermord sprachen.

Die auf diesen Faktoren beruhenden Fälle sind jedoch nicht immer genau zu unterscheiden. Welche Motive ein Staat auch für seine Verbrechen haben mag – Furcht vor einer Gebietsabtrennung, Bedrohung einer an der Macht befindlichen Minderheit, Wahnvorstellungen eines Tyrannen –, seine Ängste stammen aus einer oft imaginären Vergangenheit des Hasses, der mehr ethnischer und religiöser Art als klassenbezogen ist, und er bedient sich der Waffen, die ihm die Kolonisatoren vermachten: auf Unterdrückung gedrillte Polizei- und Sicherheitskräfte.

Im Rahmen unserer Untersuchung gehen wir weder auf die durch Bürgerkriege hervorgerufenen Tragödien ein, in Zaire, der Zentralafrikanischen Republik, Liberia, im Horn von Afrika (Somalia, Eritrea, Ogaden), in Mosambik und Angola, noch auf extralegale Hinrichtungen (ein anderes Wort für politische Morde), die in vielen Ländern Afrikas noch eine Regierungsmethode darzustellen scheinen. Die Rede ist auch nicht von dem Massaker an den Arabern Sansibars durch ihre ehemaligen Sklaven 1964, bevor die Insel mit Tanganjika zur Republik Tansania vereinigt wurde, von Südafrika, bei dem sich viele Juristen, Soziologen und Historiker die Frage stellen, ob die Apartheid zur Kategorie des Völkermords gehöre, oder von der noch wenig bekannten Verfolgung der Nomadenvölker der Sahara durch die Regierungen Algeriens und Malis.

Südwestafrika

Theorie und Praxis des europäischen Kolonialismus in Afrika – sein Sendungs-bewußtsein und sein Paternalismus, der stets in unerbittliche Gewalt umschlug, wenn es die Lage erforderte – waren günstige Voraussetzungen für Völkermord. Der Fall der Herero siedelt sich an der Grenze zwischen genozidärem Massaker und Völkermord an.

In den achtziger Jahren des 19. Jahrhunderts erklärte Deutschland Südwest-afrika (das heutige Namibia), wo der Kaufmann Lüderitz 1883 eine Bucht erworben hatte, zum Schutzgebiet. Es schickte ein paar tausend Siedler, Vieh-züchter, die auf eine Bahnverbindung zur Küste angewiesen waren. Mit dem Bau des Schienennetzes wurden deutsche Unternehmen beauftragt, die 20 Kilometer Land diesseits und jenseits der Linie und Zugang zu Wasserstellen erhielten. Auf diesem 500 000 Quadratkilometer großen Gebiet lebten 200 000 Eingeborene, viehzüchtende Nomadenstämme, die vom deutschen Einfluß nicht berührt wurden: die Ovambo im Norden, die Herero und Nama im Süden des Landes. Herero und Nama setzten bis 1892 ihre herkömmlichen Stammesfehden fort. Mit der Kolonialmacht kam es höchstens zu Scharmützeln wie jenen, die Hauptmann von François dem Hottentottenhäuptling Hendrik Witbooi lieferte.

Doch von 1893 an, als die deutschen Siedler Land und Vieh beschlagnahmten oder auf Kredit aufkauften, wurden die Eingeborenen rebellisch. Sie genossen keinerlei Rechtsschutz, denn die Gerichte gaben stets den Kolonisten recht, und sie fühlten sich als Sklaven im eigenen Land. Der deutsche Gouverneur Leutwein suchte die Stämme zu beschwichtigen, indem er mit ihnen verhandelte, ohne die Abkommen je einzuhalten, und ihre Streitigkeiten ausnutzte. Im Zuge der Errichtung neuer Bahnlinien wurden die Eingeborenen systematisch enteignet, die deutsche Regierung sah vor, sie in Reservate umzusiedeln. Der Hererohäuptling Samuel Maharero sah nun keinen anderen Ausweg mehr als den Krieg. Er profitierte vom Abmarsch der kleinen Schutztruppe nach Süden, um am 12. Januar 1904 einen Aufstand zu entfachen: 6000 Krieger überfielen die Farmen und ermordeten die Siedler. Die Deutschen wurden überrumpelt, sie verschanzten sich, um Verstärkungen abzuwarten. Der Kaiser und der deutsche Generalstab beauftragten Generalleutnant von Trotha, der bereits in Ostafrika Rebellionen unterdrückt hatte, mit der Niederschlagung der Revolte. Dieser steckte sich zum Ziel, die Herero auszurotten. Er traf im Juni 1905 mit einer großen Truppe ein und schlug im August die Herero am Waterberg vernichtend. Nicht genug damit, ergriff er brutale Maßnahmen, um die Überlebenden zu liquidieren und das Volk der Herero auszulöschen. Sie wurden umzingelt und von den Truppen in die wasserlose Sandwüste Omaheke gedrängt, wo sie langsam verdursteten oder von Patrouillen niedergemacht wurden. Das von Wilhelm II. am 26. Dezember 1905 unterzeichnete kaiserliche Dekret befahl die Beschlagnahme aller beweglichen und unbeweglichen Güter der Eingeborenen Deutsch-Südwestafrikas, also auch jene der Nama, die den Guerillakrieg fortsetzten, und das Hererogebiet wurde Kronland. Als die Sozialdemokraten 1906 im Reichstag verlangten, die Regierung solle das Land zurückgeben, erhielten sie zur Antwort, das sei undenkbar, »da die Hereros mit dem Lande ohne Vieh nichts machen können« [185, S. 257]. In Deutsch-Ostafrika, dem heutigen Tanganjika, vereinigte der Maji-Maji-Aufstand (die Bezeichnung bedeutet »Wasser« und stammte von den Zauberern, die den Kriegern weismachten, ein Trank aus Wasser, Sorgho und Mais würde sie unverwundbar machen) 1905 bis 1908 verschiedene Stämme, die sich der Kolonialmacht nicht unterwerfen wollten. Die Massaker nahmen genozidäre Ausmaße an, 120000 Tote, und hörten erst auf, als sozialistische Abgeordnete vor dem Reichstag intervenierten [43, S. 33].

»Lieber kämpfend sterben als Opfer von Mißhandlungen, Gefängnis oder anderen Unglücks zu werden«, schrieb Samuel Maharero an Witbooi. Er machte sich keine Illusionen über das Geschick, das sein Volk in diesem ungleichen Kampf erwartete, mit einem Gegner, der über unerschöpfliche Reserven an Soldaten und Material verfügte [185]. Zu Beginn des Aufstands gab es 80000 Herero, 1911 blieben nur noch 15000 übrig. 75 bis 80 Prozent des Volkes waren von deutschen Truppen getötet worden, in der Wüste verdurstet oder in Gefängnissen gestorben. Die Überlebenden wurden in Lagern konzentriert oder nach Südafrika abgeschoben. Ziel war also die physische Ausmerzung eines Volkes. Die Herero wurden die Opfer eines verbrecherischen Staates, der jene beseitigte, die seinen wirtschaftlichen Interessen im Wege standen. Handelte es sich um ein genozidäres Massaker oder um Völkermord, und in letzterem Fall um einen des 19. Jahrhunderts, einen Auswuchs des Kolonialismus, oder um einen Genozid des 20. Jahrhunderts, nachdem er 1905 stattfand? Noch heute gedenken die Herero jedes Jahr des Massakers. Doch viele Deutsche sind in Namibia geblieben und versuchen, Samuel Maharero als einen ehrgeizigen Häuptling hinzustellen, der einen Aufstand anzettelte, um persönliche Interessen zu verfolgen. Der Fall verdient daher, wieder aufgerollt zu werden.

Nigeria

Nigeria ist der bevölkerungsreichste Staat Afrikas mit 37 Millionen Einwohnern 1963 und 89,7 Millionen 1994. Als Schöpfung der Briten vereinigt das Land beiderseits des Nigers drei Volksgruppen, die sich in allem unterscheiden: Geographie, Sprache, Religion, Gesellschaftsgefüge, wirtschaftliche Entwicklung. Im nördlichen Buschgebiet leben die seit dem 10. Jahrhundert muslimischen Haussa in Städten unter der Herrschaft von Emiren. Im Südwesten bilden die Joruba eine vielschichtige Gesellschaft, hervorgegangen aus alten Königreichen und auf Sippen gegründet. Im Südosten erstreckt sich ein Savannengebiet mit Wäldern und Lagunen, das Land der Ibo, zu denen der Islam nicht vordrang, die aber von den Europäern christianisiert wurden. Weltaufgeschlossener als der Norden, nahm der Süden westliche Bildung an und damit auch nationalistische Ideen. Doch gleichzeitig war er ärmer, und das durch Übervölkerung verursachte Elend trieb eine Million Ibo in die Städte des Nordens, wo sie von den Muslimen ausgeschlossen und in Vororten zusammengepfercht wurden. 1945 hatte die englische Verwaltung Nigeria eine föderative Verfassung gewährt, die es ermöglichen sollte, die ethnischen Widersprüchlichkeiten zu überwinden. Das Land wurde in drei Regionen unterteilt, und diese Gliederung auch 1960 beibehalten, als Nigeria die Unabhängigkeit innerhalb des Commonwealth erlangte. Die Republik war von Anfang an vom Auseinanderbrechen bedroht. Drei Voraussetzungen für einen genozidären Konflikt wirkten hier zusammen: die Existenz einer Geiselgruppe, der in den Norden immigrierten Ibo, Machtkämpfe zwischen ethnischen Gruppen in einem föderativen Staat, wobei der Norden eine Beherrschung durch die Ibo fürchtete, und die drohende Abspaltung des Ibo-Gebiets. Das labile Gleichgewicht der Verbindung eines Ministerpräsidenten der Haussa mit einem Ibo-Staatspräsidenten wurde im Januar 1966 gestört, als der Ministerpräsident bei einem Militärputsch, dessen Anführer hauptsächlich Ibo waren, den Tod fand. Der Putsch scheiterte, und General Ironsi, den das Parlament mit der Wiederherstellung der Ordnung beauftragte, errichtete eine Militärdiktatur und ernannte einen Militärgouverneur für jede Region. Anscheinend wollte er den Föderalismus abschaffen und einen zentralisierten Staat schaffen. Ein Mißverständnis löste eine Kettenreaktion aus, denn die Haussa interpretierten die Ereignisse als Ibo-Verschwörung, um die Macht an sich zu reißen. Die muslimischen Massen veranstalteten Pogrome gegen die Ibo, die Massaker breiteten sich von Kano bis Lagos aus und erreichten ihren Höhepunkt Ende September 1966, als die Menge mordend und plündernd die Ibo-Viertel der Stadt zerstörte. Im Juli wurde General Ironsi mit seinen Offizieren und Soldaten aus dem Südosten ermordet, und die Nordisten brachten General Gowon an die Macht, der einer ethnischen Minderheit des Nordens angehörte und Christ war. Aber das Unheil war geschehen, das Blutbad hatte 30 000 Opfer gefordert. Zwei Millionen Ibo verließen den Norden und kehrten durch 1500 Kilometer Buschgebiet in ihr Land zurück, während die Haussa in einer Gegenwelle aus dem Süden flohen, um den Rachemassakern der Ibo zu entgehen. Erleichtert durch diesen Bevölkerungsaustausch, wurde die Abtrennung des Südostens Ende 1966 faktisch vollzogen, der nur noch Ibo und ethnische Minderheiten umfaßte. Sein Regionalparlament verkündete am 27. Mai die Autonomie der Region. General Gowon, der die Sezession zunächst befürwortet hatte, glaubte inzwischen, das ganze Land beherrschen und die Erdölvorkommen des Südostens behalten zu können und reagierte mit einer Neugliederung Nigerias in zwölf Staaten statt der vier Regionen (die vierte, Mitte-West, war 1963 gebildet worden). Dieser Plan machte die Ibo zur Minderheit in zwei der drei Staaten ihres Gebiets und beraubte sie des Erdöls um Port Harcourt. Oberstleutnant Ojukwu, der ehemalige Militärgouverneur des Südostens, erklärte am 30. Mai 1967 die Unabhängigkeit der Region, die zur Republik Biafra wurde.

Mit der Intervention der Bundestruppen begann der Bürgerkrieg. Nach anfänglichen Erfolgen, vor allem im Westen, wo sie versuchten, die Joruba ebenfalls zur Verselbständigung zu bewegen, wurden die Biafraner von der nigerianischen Armee geschlagen, die zahlen- und bewaffnungsmäßig überlegen war. Sie besetzte Biafra, nahm dessen Hauptstadt Enugu ein, umzingelte den Rest der biafranischen Truppen und schnitt sie vom Meer und vom Rückzug nach Kamerun ab. Doch die Biafraner ergaben sich nicht und führten im Zentrum ihres Landes in den Wäldern einen hartnäckigen Guerillakampf gegen die nigerianische Armee, die zwar militärisch gesiegt hatte, aber den Krieg nicht beenden konnte. In ihren Schlupfwinkeln verschanzt, blieb den Biafranern nur ein Ausweg: die internationalen Organisationen für ihre Sache zu gewinnen. Erstmals wurde ein genozidärer Konflikt in die Massenmedien gebracht. Zweieinhalb Jahre lang, von 1968 bis 1970, wurde die Weltöffentlichkeit über das Drama in Biafra auf dem laufenden gehalten. Unerträgliche Szenen verhungernder Kinder, Frauen und Männer wurden direktübertragen, man konnte das Sterben der Biafraner miterleben. Bilder sind eindringlicher als Worte. Das Fernsehen zeigte, daß Gowon versuchte, Biafra durch Hunger niederzuwerfen, und daß er humanitäre Hilfe verweigerte.

Dabei wollten alle dem vom Aussterben bedrohten Volk helfen. Die deutschen Kirchen errichteten im Februar 1968 eine Luftbrücke von der portugiesischen Insel São Tomé aus, und das Internationale Komitee vom Roten Kreuz (IKRK) organisierte Lebensmittelsendungen. Doch unter den humanitären Hilfsgütern befanden sich auch Waffenlieferungen, so daß Nigeria alle Flüge nach Biafra untersagte und Lieferungen über den Landweg, den »Korridor der Menschlichkeit«, unterband. Verhandlungen 1968 in Kampala, Niamey und später in Addis Abeba scheiterten. Das IKRK mußte seine Lieferungen einstellen, Tausende Biafraner verhungerten täglich. Auf Vorschlag Großbritanniens, das wie die UdSSR und die muslimischen Länder Nigeria unterstützte, lud General Gowen Beobachter ein, die ermitteln sollten, ob Nigeria sich des Völkermords schuldig gemacht habe, was die Biafraner behaupteten, aber auch der Delegierte des Roten Kreuzes und Präsident Nixon im Verlauf seiner Wahlkampagne. Trotz intensiver Medientätigkeit, um die öffentliche Meinung vom tatsächlichen Vorliegen eines Genozids zu überzeugen, schwiegen die internationalen Organisationen. Für die UNO stellte der Biafrakrieg eine innere Angelegenheit Nigerias dar. Die Ereignisse im Kongo nach dessen Unabhängigkeit 1960 hatten die Vereinten Nationen bewogen, ihren Standpunkt gegenüber separatistischen Bewegungen zu überdenken.[31] Sie lehnten es ab, eine Aktion zugunsten der Abspaltung eines Teilgebiets eines Mitgliedsstaats zu unterstützen. Der letzte Versuch, einen Waffenstillstand zu erwirken, scheiterte im Dezember 1969 in Addis Abeba. Die Lage der Kämpfer in Biafra war verzweifelt. General Ojukwu verließ das Land, und sein Generalstabschef Effiong kapitulierte im Januar 1970. Der Biafrakrieg war beendet, die Sieger unterließen Vergeltungsmaßnahmen. In diesem Krieg starb über eine Million Zivilisten, »um die Einheit eines Völkerkonglomerats zu erhalten, das die Kolonisation künstlich geschaffen hatte« [32, S. 75].

Die Ibo beschuldigten die nigerianische Regierung, einen Völkermord geplant zu haben. Ihre Vorgehensweise war offenkundig genozidär, aber die Absicht konnte nicht nachgewiesen werden. Eine aus Furcht geborene Verkettung von Umständen bewirkte den Bürgerkrieg, in dessen Verlauf man zur Blockade griff, um den Gegner auszuhungern. Nigeria führte diesen Krieg, um die Sezession zu verhindern, nicht um das Volk der Ibo auszurotten. Selbst wenn ihn die Welt als Völkermord betrachtete – Richard Marienstras sprach von einem »Autogenozid« –, gehört der Tod von über einer Million Ibo zu einer anderen Verbrechenskategorie. Nach 1968 scheint es dem Regime gelungen zu sein, durch eine geschickte Politik der Dezentralisierung und überethnischer Umgruppierungen die Ibo in den nigerianischen Staat zu integrieren [184, S. 409].

Sudan

Der Sudan mit 13 Millionen Einwohnern 1963 und 25 Millionen 1993 umfaßt 600 Ethnien. Der Norden (18 Millionen) ist arabisch-islamisch, 70 Prozent der Sudanesen sind Muslime, aber nur 40 Prozent Araber. Der schwarzafrikanische Süden zählt sieben Millionen Animisten und Christen. Die Teilung in diese beiden Gruppen erfolgte seit dem 16. Jahrhundert durch die Islamisierung einerseits und den Sklavenhandel andererseits. Der animistische Süden blieb

bis Ende des 19. Jahrhunderts ein Sklavenreservoir, aus dem die islamischen Händler schöpften. Der Norden verachtet den Süden, der ihn umgekehrt fürchtet und haßt. Während des 1899 beginnenden ägyptisch-englischen Kondominiums unterhielt Großbritannien diese Spaltung. Es erwog eine Zeitlang, den Südsudan seinen ostafrikanischen Besitzungen einzuverleiben, weil er zu diesem Kultur- und Klimaraum gehörte, verwarf dann aber diese Abtrennung, die den arabischen Mittleren Osten destabilisiert hätte. Die Unabhängigkeitserklärung des Sudans erfolgte am 1. Januar 1956, gleich nach der ägyptischen Revolution. Die Folge war die politische, administrative, wirtschaftliche und kulturelle Herrschaft des Nordens über den Süden, der sich, abhängig und unterentwickelt, als Kolonie des Nordens betrachtete. Diese Verhältnisse waren so deutlich voraussehbar, daß der Bürgerkrieg schon 1955 einsetzte, als bekannt wurde, daß Großbritannien die Macht an die islamische Mehrheit abgeben würde. Dieser von beiden Seiten erbarmungslos geführte Krieg dauerte bis 1972 und forderte 500 000 bis 700 000 Opfer, fast alle auf seiten des Südens. Die Völkermordbeschuldigung, die daraufhin gegen den Norden erhoben wurde, gründete sich auf die Behauptung, die Anführer der Rebellion und die Gebildeten seien systematisch liquidiert worden, um den Süden seiner Elite zu berauben. Doch der Konflikt, den die Medien vollkommen ignorierten, war zwar »äußerst zerstörerisch und wies zahlreiche Fälle genozidärer Massaker auf«, kann aber nicht als Völkermord qualifiziert werden [32, S. 73].
Der Militärputsch General Numeiris im Mai 1969 und die Annäherung zwischen dem Sudan und den USA 1971 ermöglichten im Februar 1972 die Unterzeichnung des Abkommens von Addis Abeba, das den drei Südprovinzen Autonomie gewährte und Religionsfreiheit zusagte. Diese Garantien wurden in der Verfassung vom Mai 1973 festgeschrieben, deren Artikel 1 verkündet, die Sudanesen »bilden eine einzige Nation« und seien geeint durch gemeinsame Werte, aber »unterschieden durch die Vielfalt der religiösen und kulturellen Zugehörigkeiten«. Dennoch besserte sich im folgenden Jahrzehnt die wirtschaftliche Lage des Südens nicht. Und als dort Erdöl entdeckt wurde, brach Präsident Numeiri im April 1983 das Abkommen: Er revidierte die Grenzen, um die Erdölfelder dem Norden zuzuschlagen. Der Friede dauerte jedoch noch an, bis im September 1983 unter dem Druck der in die Regierung zurückgekehrten Muslimbruderschaften (ihr Führer Hassan al-Turabi war seit 1978 Justizminister) ein islamisches Strafrecht verkündet wurde, das die Scharia zur Rechtsquelle machte. Daraufhin meuterten die schwarzafrikanischen Truppen der nationalen Streitkräfte und flohen nach Äthiopien, wo sie die Sudanesische Volksbefreiungsarmee (*Sudan People's Liberation Army – SPLA*) unter Führung von John Garang gründeten. Das Wiederaufflammen der Guerillakämpfe im Süden trieb zahlreiche Bewohner in den Norden, die mehr vor ihren »Befreiern« flüchteten als vor den Regierungstruppen. Die Lage schien

sich zu beruhigen, nachdem die Nationalversammlung im Juli 1984 eine auf der Scharia beruhende Verfassung abgelehnt und die Revolution vom April 1985 ein demokratisches Regime eingeführt hatte. Tatsächlich nützte die Regierung die ethnischen Gegensätze und die Feindschaft der verschiedenen Volksgruppen aus. Sie stellte Stammesmilizen auf, um gegen das Volk der Dinka vorzugehen, dem die meisten Rebellen angehörten. Eine Dürreperiode, auf die Überschwemmungen und Heuschreckeneinfälle folgten, verursachte 1988 eine Hungersnot, der 250000 Menschen zum Opfer fielen. Eine neue Flüchtlingswelle erreichte den Norden und Äthiopien.

Am 30. Juni 1989 begründete eine Militärjunta unter General Omar al-Beshir ein fundamentalistisches islamisches Regime, was den Bürgerkrieg erneut entfachte, der genozidäre Formen annahm. Das Regime schloß Opponenten und Frauen aus dem öffentlichen Dienst aus, gleichzeitig verfolgte es eine planmäßige Politik ethnischer und religiöser Säuberungen durch Massendeportationen und Massaker an der Zivilbevölkerung, die von Armee und Stammesmilizen durchgeführt wurden. Nicht allein der Süden war von solchen Entvölkerungsmaßnahmen betroffen, sondern auch andere als kritisch beurteilte Gebiete wie die Westprovinz Darfur und die Nuba-Berge im südlichen Kordofan, wo sich die SPLA festzusetzen versuchte. In den Nuba-Bergen, wo 500000 schwarzafrikanische Bauern lebten (je zu einem Drittel Animisten, nichtarabische Muslime und Christen), zog die Regierung ein Vernichtungs- und Deportationsprogramm durch: Dörfer wurden zerstört, Männer ermordet oder als Zwangsarbeiter verschickt, Frauen vergewaltigt, »damit sie arabische Nachkommen haben«, und als Sklavinnen verkauft, Kinder entführt und verkauft oder in Lager gepfercht, wo man sie islamisch unterrichtete und militärisch drillte. Dieser für 250000 Personen vorgesehene Entvölkerungsplan ist heute fast durchgeführt, und arabische Stämme nehmen das Land in Besitz. Die humanitäre Hilfe für die Nuba wurde systematisch unterschlagen, die mit 1,5 Millionen Flüchtlingen aus dem Süden überfüllten Elendsviertel Khartums riß man nieder. 500000 Menschen wurden in die Wüste südlich der Hauptstadt gebracht, und einzig die muslimischen nichtstaatlichen Organisationen hatten Zugang zu den Lagern. Nur wer zum Islam konvertierte, bekam Nahrungsmittel.

Im Süden zwang die Regierung den Christen und Animisten die Scharia auf. Die südistische Guerilla, die bis 1990 den größten Teil des Südens kontrollierte, zerbrach in rivalisierende Gruppen, die sich gegenseitig bekämpften, was das Chaos nur noch verschlimmerte. Mit dem Sturz Mengistus im Mai 1991 verlor die SPLA ihre Hochburg und ihre logistische Basis in Äthiopien. Der Regierungsoffensive, die mit Hilfe von Panzern die Kontrolle über die Städte des Südens errang, konnte sie nur wenig Widerstand entgegensetzen. Die Zivilbevölkerung wurde niedergemetzelt, in die Flucht getrieben oder in Sammellager gebracht, während eine Kala-Azar-Epidemie das Land heimsuchte.

Der erste Bürgerkrieg war geheimgehalten worden, und über das Wiederaufflammen der Rebellion im Süden gab es nur spärliche Informationen. Seit 1992 dagegen, alarmiert durch die Bischöfe Ostafrikas, die nichtstaatlichen Organisationen und durch Journalisten, begannen sich internationale Instanzen zu regen. Dieser Krieg hatte in zehn Jahren bereits mindestens 600 000 Tote gefordert. Wenn man noch nicht von Völkermord sprechen kann, so handelt es sich doch um »politische Maßnahmen staatlichen Terrors, die zusammengenommen auf einen Quasigenozid hinauslaufen«, schreibt Rony Brauman, der in einem »Mitleidsprotokoll« zehn aktuelle Fälle von Genozidgefahr verzeichnet und feststellt, daß unzweifelhaft dem Sudan die »Siegespalme des Schreckens« zukomme.[32]

Nur eine Informationskampagne kann diese »gefährdeten Völker« retten, indem sie den Sudan innerhalb der Völkergemeinschaft isoliert. Die Vollversammlung der UNO (Dezember 1992), das Europäische Parlament (Oktober 1992), der amerikanische Kongreß (Oktober 1992), die Internationale Arbeitsorganisation (wegen der Sklaverei im Sudan), Amnesty International verurteilten den Sudan wegen Menschenrechtsverletzungen und Verstößen gegen Abkommen, die er unterzeichnet hatte, insbesondere bezüglich der Rechte des Kindes. Die Menschenrechtskommission ernannte einen Sonderberichterstatter, den ungarischen Juristen Gaspar Biró, um die Situation im Sudan zu erkunden. Während die Regierung ein idyllisches Bild von der sudanesischen Gesellschaft zeichnete (Rede Präsident al-Beshirs beim Papstbesuch im Februar 1993), bemühte sie sich, die Unterdrückung weniger sichtbar zu machen und akzeptierte Verhandlungen mit John Garang in Nigeria sowie die Entsendung eines Untersuchungsausschusses. Der Bericht, den Gaspar Biró am 1. Februar 1994 der Menschenrechtskommission in Genf vorlegte, ist erdrückend.[33] Er enthält Angaben über Hinrichtungen im Schnellverfahren und Todesurteile wegen Abtrünnigkeit, willkürliche Verhaftungen, Vergewaltigungen, Entführung von Frauen und Kindern in die Sklaverei oder zur Zwangsarbeit, Massaker an der Zivilbevölkerung, Verstümmelung, körperliche Züchtigung, Diskriminierung der Frauen und Zwangskonversionen, vor allem in den Deportiertenlagern. Präsident Omar al-Beshir nannte den Bericht »gotteslästerlich«. Im Februar 1994 verurteilte das Europaparlament den Sudan wegen seiner fortgesetzten Verletzungen der Menschenrechte, und der Europarat verhängte ab März 1994 ein Waffenembargo. Die Zwangsumsiedlungen gingen 1994 weiter. Nach Schätzung des U.S. Committee for Refugees starben seit 1993 1,3 Millionen Südsudanesen an Hunger, Krankheiten und den Folgen der Zwangsumsiedlungen, dem Konflikt soll ein Fünftel der Bevölkerung des Südens zum Opfer gefallen sein, drei Millionen Menschen seien deportiert worden und 300 000 aus dem Land geflohen.

Die ersten Verhandlungen zwischen Regierung und SPLA in Nigeria scheiterten. Die beiden Fraktionen der SPLA unterzeichneten im Oktober 1993 in Washington ein Übereinkommen, und die Verhandlungen mit der Regierung wurden Anfang 1994 in Nairobi wiederaufgenommen. Am 23. März erfolgte die Unterzeichnung einer Vereinbarung über humanitäre Hilfe für die Bevölkerung des Südens. Die Standpunkte der Parteien sind zwar unvereinbar, doch die einzige Lösung wäre eine Rückkehr zum Abkommen von Addis Abeba und zur Verfassung von 1973. Ein Friedensvertrag, der auf eine Abtrennung des Südens hinausliefe, wäre nicht wünschenswert, denn damit würde die Militärdiktatur im Norden bestätigt und die Bevölkerung des Nordens wäre ihr ausgeliefert; im Süden käme es hingegen zu Konflikten zwischen der Dinka-Mehrheit und den anderen Ethnien.

Uganda

Uganda ist eine Schöpfung der britischen Kolonisatoren. Seit 1894 Protektorat, umfaßte es bantusprachige Völker im Süden und Südwesten, die Königreiche bildeten, und nilotischsprachige im Norden, in denen Häuptlinge herrschten. Während der Kolonialzeit kam es zu Spannungen zwischen diesen beiden Volksgruppen, die noch von religiösen Konflikten zwischen Protestanten und Katholiken verschärft wurden. Bei seiner Unabhängigkeit 1962 war Uganda eine Föderation von vier Reichen unter dem Zepter von König Mutesa II. von Buganda. Milton Obote, nilotischer Herkunft, rief 1966 die Republik aus und begründete ein sozialistisches Einparteiensystem. Sein Generalstabschef, Idi Amin Dada, der ebenfalls einer nilotischen Ethnie angehörte, kam 1971 durch einen Putsch an die Macht und errichtete ein Terrorregiment mit Hilfe der Sicherheitskräfte, die er in seiner Volksgruppe, den Kakwa, rekrutierte oder aus Söldnern, ehemaligen südsudanesischen Rebellen und Palästinensern zusammenstellte. Der Fall Ugandas zeigt, zu welchen Absurditäten eine Politik auf radikal ethnischen Grundlagen führen kann. Statt die führende Stellung der Ganda gegenüber den anderen bantusprachigen Gruppen und gegenüber den nilotischsprachigen wiederherzustellen, fand sich Idi Amin aufgrund fortwährender Säuberungen schließlich isoliert, nur noch umgeben von Angehörigen seiner kleinen Ethnie und von ausländischen Söldnern [184, S. 409]. Die Aufmerksamkeit der internationalen Staatengemeinschaft wurde erst im August 1972 geweckt, als die 75 000 Inder Ugandas, von denen ein Drittel die Staatsbürgerschaft besaß, den Befehl erhielten, das Land innerhalb von drei Monaten zu verlassen. Dies waren die Auswirkungen eines traditionellen Rassismus in Ostafrika, wo die Inder ein kaufmännisches Kleinbürgertum bildeten und seit jeher als Ausbeuter galten. Man erfuhr nun, daß das Regime seit 1971 all seine Gegner und die Anhänger Obotes hatte umbringen lassen und daß die von den Sicherheitskräften willkürlich begangenen Morde auf die Zuspitzung der nationalen, ethnischen und religiösen Widersprüche zurückzuführen seien, die das Land seit Beginn des Jahrhunderts zerrissen. Doch ab 1977 nahmen die Massaker, die zur Regierungsmethode geworden waren, genozidäre Ausmaße an. Aus ethnischen Gründen verfolgte man die Angehörigen der Volksgruppe Präsident Obotes, die Lango, und die benachbarte der Acholi und zerstörte im Norden ganze Dörfer, aus religiösen Gründen verfolgte man die Katholiken. Sein Ehrgeiz brachte Idi Amin zu Fall. Als er 1978 Tansania überfiel, wurde er von der tansanischen Armee geschlagen, die eine Koalitionsregierung Oppositioneller einsetzte. Die Zahl der Opfer dieses schauderhaften Despoten ist schwer abzuschätzen, 100 000 bis 500 000 nach Ansicht von Amnesty International, aus allen Gesellschaftsschichten, allen Berufen, allen Bekenntnissen.

Die Greueltaten Idi Amins waren der ganzen Welt bekannt, die sich über die Narrheiten des Marschallpräsidenten amüsierte und nicht einmal protestierte, wenn dieser seine Bewunderung für Hitler offen zur Schau trug. Die Behauptung ist nicht übertrieben, er habe die Bevölkerung Ugandas unter dem Schutz der UNO und der OAU hingemordet. Tatsächlich erhielt die OAU Anfang 1973 das Memorandum eines ehemaligen ugandischen Ministers, der ausführte, die Massaker seien ein »systematischer Genozid«. Diese Beschuldigung wurde im Mai 1974 von der Internationalen Juristenkommission erneut erhoben, die eine Untersuchung der Vorfälle in Uganda unternahm und zwei Jahre hindurch Proteste an die Menschenrechtskommission und den Generalsekretär der UNO richtete. 1977 wiesen das Commonwealth und die Europäische Gemeinschaft auf die Menschenrechtsverletzungen in Uganda hin, aber erst im März 1978 beschloß die Menschenrechtskommission, Ermittlungen anzustellen und einen Sonderberichterstatter zu ernennen. Die OAU nahm Idi Amin ganz offen in Schutz. Sie wählte ihn für ein Jahr zu ihrem Präsidenten und Kampala als Tagungsort für ihren 12. Kongreß. Der Diktator wies alle Beschuldigungen zurück und behauptete, die »Verschwundenen« hätten das Land verlassen, die Morde seien von »Imperialisten« und »Agenten des Zionismus« und tansanischen Guerilleros Obotes begangen worden. Tansania weigerte sich, am Gipfel in Kampala teilzunehmen, »an diesem Blendwerk einer Verurteilung des Kolonialismus, der Apartheid und des Faschismus im Hauptquartier eines schwarzen faschistischen Mörders und offenen Bewunderers des Faschismus« [34, S. 139f.].

Im Dezember 1980 kehrte Milton Obote nach freien Wahlen an die Macht zurück, aber nur, um die Mordpolitik Idi Amins fortzusetzen. Die Nationale Befreiungsarmee, die den Despoten gestürzt hatte, wurde nun zur Liquidierung seiner Anhänger eingesetzt und gegen die Zivilbevölkerung jener Gebiete, in denen der Guerillakampf noch weiterging. Das fruchtbare »Luwero-Dreieck« im Norden Kampalas, Bunyoro und das westliche Nilgebiet wurden verwüstet. 100 000 bis 200 000 Menschen fanden den Tod (auch von einer halben Million war die Rede), Hunderttausende flohen aus Uganda. Nichtsdestotrotz beteuerte Obote, die Menschenrechte zu respektieren, und da ihn Großbritannien und Tansania unterstützten, konnte er sich bis Juli 1985 halten. Das Blutvergießen ging bis zur Einnahme Kampalas durch die Nationale Widerstandsarmee unter Bantu-Führung im Januar 1986 weiter. Seither verspricht die Regierung Präsident Musevenis die Demokratisierung Ugandas. Er setzte eine Untersuchungskommission zur Aufklärung der Verbrechen der beiden vorigen Regime ein, die an die Stelle der internationalen Organisationen trat. Uganda scheint die zwanzigjährigen Massaker und Greueltaten überwunden zu haben, wenn auch einem Bericht Amnesty Internationals zufolge sich die Lage im Norden und Nordosten verschlimmerte, wo Guerillakämpfe und Deportationen stattfanden.[34]

Äquatorial-Guinea

Das kleine Spanisch-Guinea erlangte 1968 die Unabhängigkeit und wurde dann von Francisco Macias Nguema regiert, einem Paranoiker, der sich neben anderen hochtrabenden Titeln den des »einzigen Wunders Äquatorial-Guineas« zulegte. Bis zu seinem Sturz im August 1979 führte er ein Terrorregime mit Einzel- und Massenmorden an politischen Gegnern, das aber genozidäre Züge annahm, als er begann, die Volksgruppe der Bubi und die Katholiken zu vernichten. Bei einer Gesamtbevölkerung von 400 000 Einwohnern wurden 50 000 getötet, 100 000 flohen ins Ausland [34, S. 133]. Die Weltöffentlichkeit interessierte sich nicht für die Verbrechen Macias, und da Äquatorialafrika das Revier Spaniens war, intervenierte weder die UNO noch die OAU, um die Massaker zu beenden, über die die Menschenrechtskommission seit 1970 laufend informiert wurde. Während die internationalen Organisationen den Fall auf spätere Sitzungen verschoben, wies Macias die Beschuldigungen gegen ihn, die Subjekte in Diensten des Kolonialismus und Imperialismus verbreiteten, als Verleumdungen zurück.

Nach seiner Entmachtung wurde Macias des Völkermords angeklagt und hingerichtet. Dies ist bisher der einzige Fall der Verurteilung eines Staatschefs wegen Völkermords durch ein Gericht des Landes, in dem er seine Verbrechen begangen hatte, wie dies Artikel VI, Absatz 1 der Konvention von 1948 vorsieht.

Äthiopien

Äthiopien ist das einzige afrikanische Land, das von der Kolonisation verschont blieb und sein Herrschaftsgebiet sogar Ende des 19. Jahrhunderts ausdehnte, indem es Kolonialgebiete der Italiener eroberte. Nach der italienischen Besatzung 1935 bis 1941 und der Rückkehr Kaiser Haile Selassies wurde Eritrea dem äthiopischen Staat einverleibt, was den längsten Guerillakrieg des 20. Jahrhunderts auslöste. Er dauerte 30 Jahre – bis zur Unabhängigkeit Eritreas 1993. Mit der Absetzung des Negus und der Machtergreifung Mengistu Haile-Mariams 1977 begann eine Zeit des Terrors, angefangen mit der Hinrichtung Tausender Schüler und Studenten im Jahre 1978. Freilich befand sich Mengistu in einer schwierigen Lage in einem durch lange Dürren ausgehungerten Land (1982 bis 1985 fielen 2 bis 3 Millionen Menschen der Hungersnot zum Opfer), das von Guerillakämpfen verwüstet war, nicht nur in Eritrea, sondern auch in Ogaden, Tigray und Gondar. Doch er unternahm systematische Säuberungen gegen die ethnischen und religiösen Minderheiten (wie die jüdischen Falasha 1979) und begann 1985 eine massive Bevölkerungsumsiedlung: 500 000 bis 600 000 Familien wurden aus den Hochebenen in den Südwesten des Landes verschleppt und in großen Dörfern angesiedelt. Dieses Programm, das sich an der stalinistischen Kollektivierung orientierte, sollte die rebellischen Regionen entvölkern und 800 000 Männer für Armee und Milizen zur Bekämpfung der Aufständischen ausheben. Es wurde 1986 abgebrochen, nachdem ihm zwei Millionen Menschen erlegen waren. Die Massenmorde unter Mengistu nahmen überall genozidäre Formen an: in Eritrea und Tigray fanden Massenhinrichtungen von Zivilisten statt, Verhungernde wurden in Gruben geworfen und mit Panzern niedergewalzt, Hunderttausende Bauern der Provinz Gondar in Malariagebiete transportiert. Mengistu trat 1991 zurück, ohne je von der OAU verurteilt worden zu sein. Auch die UNO hat dieses verbrecherische Regime nie des Völkermords beschuldigt.

Amerika

Als Präambel zu diesem Kapitel muß die Verantwortung der Regierungen der Vereinigten Staaten für die Behandlung der Indianer erwähnt werden, die vor der Eroberung dieses Territorium bewohnten. Vom Beginn der europäischen Kolonisierung an bis ins 20. Jahrhundert – vor allem nach der amerikanischen Revolution, die einen unabhängigen Staat auf diesem Kontinent schuf –, waren die Indianer Opfer eines Völkermords, denn sie verschwanden nach und nach mit Wissen und Wollen von Regierungen, die ihre Ausrottung zwar nicht anordneten, aber geschehen ließen. Diese Vorgänge ereigneten sich vor dem 20. Jahrhundert und liegen außerhalb des Rahmens dieser Untersuchung, doch würde diese diskreditiert, wenn sie keine Erwähnung fänden. Im 20. Jahrhundert dagegen wurde im Zusammenhang mit dem Vietnamkrieg Anklage wegen Völkermordes gegen die USA erhoben, gestützt auf Dokumente, die dem Bertrand Russell-Tribunal 1967 in Stockholm vorlagen, das seine moralische Legitimation aus dem Geist von Nürnberg bezog. Doch die Verbrechen der amerikanischen Armee in Vietnam, von den Massakern an der Zivilbevölkerung bis zur Zerstörung der Umwelt (Ökozid), waren ebensowenig Völkermord wie jene, die die französische Armee in Algerien oder Indochina beging, was natürlich keine Entschuldigung darstellt, wie nicht oft genug wiederholt werden kann.

Überdies deckten die Vereinigten Staaten in der ganzen Welt und insbesondere in Mittel- und Südamerika verbrecherische Regime, die sich genozidärer Massaker schuldig machten. Bei so vielen Gelegenheiten haben sie, unter dem Vorwand ihrer Sicherheit, ihren Interessen Vorrang vor der Moral gegeben, daß es nicht zulässig ist, zwischen Demokratien zu unterscheiden, in denen es ethische Schranken gibt, und Totalitarismen, wo diese durchbrochen sind. Es läßt sich jedoch nicht leugnen, daß es in den Vereinigten Staaten immer eine öffentliche Meinung, einen Senator oder eine politische Gruppierung gibt, die hier und da für die Opfer eintreten und den Kongreß anrufen. Aber solche Interventionen erwecken regelmäßig den Zorn des State Department, und die Proteste bleiben wirkungslos. Erst am 19. Februar 1986 ratifizierten die USA die Völkermordkonvention von 1948, und seit dem 4. November 1988 ist Völkermord für die amerikanischen Bürger oder auf dem Territorium der Vereinigten Staaten ein Verbrechen, das mit Gefängnis über zwanzig Jahren bestraft wird [127, S. 225].

Im 19. Jahrhundert befreiten sich die Staaten Mittel- und Südamerikas vom kolonialen Joch der Spanier und Portugiesen und begründeten eher diktatorische als demokratische Regime. Im Verlauf des 20. Jahrhunderts folgte in diesen Ländern eine Militärdiktatur auf die andere. In den sechziger und siebziger Jahren führten manche Staaten politischen Mord und extralegale Hinrichtungen als Regierungsmethode ein. Die Anwendung dieser Unterdrückungsmittel ist mehrfach als Völkermord qualifiziert worden. Doch auch hier, wie in Asien und Afrika, muß zwischen genozidären Methoden und genozidärer Absicht unterschieden werden.

In **Guatemala** geht die systematische Praxis politischer Morde auf die Unterdrückung der Guerillabewegungen durch die Zivilregierung von Méndez Montenegro 1966 zurück. Unter den Präsidenten Arana Osorio (1970–1974), Laugerud García (1974–1978), Lucas García (1978–1982), Ríos Montt (1982–1983), Mejía (1983–1985) und Arévalo (1985–1991) wurden Zehntausende Guatemalteken von regulären Einheiten der Armee und Polizei oder von Geheimorganisationen, den »Todesschwadronen« getötet. Dieser Ausdruck machte in ganz Lateinamerika Schule. Bei jedem Regierungswechsel beruhigte sich die Mordwelle einige Monate lang, um dann noch gewaltsamer wiedereinzusetzen, trotz aller Interventionen von Amnesty International, der UN-Menschenrechtskommission und der Interamerikanischen Menschenrechtskommission. Im Juni 1983 wurde vor dem Ständigen Tribunal der Völker ausdrücklich Anklage wegen Völkermord erhoben, das diesen Tatbestand bestätigte. Wenn die Opfer der Unterdrückung nämlich sämtlichen Gesellschaftsschichten angehörten (Führer von Oppositionsparteien, Gewerkschafter, Journalisten, Priester, Rechtsanwälte), so traf sie doch vorzugsweise die indianischen Bauern, Nachkommen der Maya, die mit 4,3 Millionen über 60 Prozent der Bevölkerung ausmachten. Zweck der Massaker war, die Guerilla der bäuerlichen Unterstützung zu berauben. Dazu ließ die Regierung Dörfer zerstören, ganze Familien ausrotten und Bevölkerungsgruppen umsiedeln [2, S. 42–50]. Es wird geschätzt, daß 100000 indianische Bauern von 1965 bis 1990 in Guatemala getötet wurden. Doch hier wie anderswo bestreitet die Regierung die Vorsätzlichkeit der Verbrechen und reagiert mit der Beschuldigung, das Ausland unterstütze die Guerilla. Dasselbe Argument brachte die Regierung von El Salvador vor, um die rasche Zunahme bewaffneter rechtsextremer Gruppen zu erklären, die ebenfalls »Todesschwadronen« heißen.

Bei einer Bevölkerung von fünf Millionen wurden in **El Salvador** in den Jahren 1980 und 1981 über 200000 Menschen getötet oder sind »verschwunden«, 250000 wurden deportiert und 200000 bis 300000 flohen nach Mexiko und Guatemala [51, S. 142–147]. Die Vereinigten Staaten beschuldigten Kuba, die

Guerilla zu unterstützen, und engagierten sich nachhaltig für das Duarte-Regime. Sie setzten die Hilfe für Nicaragua aus, das der salvadorianischen Guerilla Beistand leistete, und finanzierten die *Contras*, die Opposition gegen die Sandinisten in Nicaragua, die von Honduras aus operierten.

Seit dem Ende des 19. Jahrhunderts herrscht in **Kolumbien** ein unterschwelliger Bürgerkrieg. Die schwache Zentralregierung und die Privilegien einer Oligarchie verwandelten den Staat in eine Mördergesellschaft, auf 1000 Einwohner kommen 33,8 Morde. Vor diesem Hintergrund kommt es zu Ausbrüchen der Gewalt, die Zehntausende Opfer fordern [29, S. 51]. Nach dem Staatsstreich von 1980 wurden in **Bolivien** zahllose Menschenrechtsverletzungen beobachtet. Im Juli 1991 verurteilte das Europaparlament die Kindermassaker in **Brasilien**: Die »Todesschwadronen« hatten 4000 Kinder niedergemacht. Die brasilianische Regierung lehnte jede Verantwortung ab und beschuldigte private Milizen, ohne allerdings zu versuchen, solche Morde, die noch heute die Öffentlichkeit erschüttern, zu verhindern.

Nicht nur geben die Regierungen Lateinamerikas ihre Verantwortung für die Massentötungen nicht zu, sondern sie verleihen ihnen auch noch einen Anschein von Legalität, indem sie den Ausnahmezustand verhängen, das Standrecht verkünden oder dringende Sicherheitsmaßnahmen vorschützen. In **Argentinien** wurde die politische Gewalt 1973 mit dem Auftauchen der »Todesschwadronen« und anderer paramilitärischer Kommandos entfesselt, die in aller Öffentlichkeit rund 1500 Oppositionsmitglieder töteten. Nach dem Staatsstreich von 1976 zog die Militärjunta die Lehre aus den schädlichen Konsequenzen einer offenen Unterdrückung, die zu internationaler Ächtung führt, wie im Fall General Pinochets in Chile. Sie wahrte die Geheimhaltung, unter dem Deckmantel einer Notstandsgesetzgebung, und führte eine neue Unterdrückungsmethode ein, die andere südamerikanische Diktaturen übernahmen: das »Verschwindenlassen«. Von 1976 bis 1979 wurden mindestens 10 000 Menschen, darunter Kinder, entführt und verschwanden. Es handelte sich um politisch Verdächtige oder deren Angehörige, die gefoltert, getötet und dann in aller Heimlichkeit in den Krematorien der Friedhöfe verbrannt oder mit dem Vermerk NN (Nec Nomina) begraben wurden. Für die Argentinier bedeutete NN *Noche y Niebla* (Nacht und Nebel).[35] Die argentinischen Militärs, unverhohlene Hitlerverehrer und Antisemiten, ließen sich tatsächlich von nationalsozialistischen Praktiken leiten, die nicht getöteten »Verschwundenen« kamen in geheime Konzentrationslager. Man konnte weder erfahren, wo sie sich befanden, noch was aus ihnen geworden war. Hunderte Kinder, die mit den Eltern verschleppt oder in solchen Lagern geboren worden waren, wurden von den Mördern ihrer Eltern oder von deren Komplizen adoptiert. Zwar täuschte die Verschleierung dieser Morde durch Spurenverwischung niemanden, doch waren solche Verbrechen im argentinischen Strafrecht nicht vorgesehen, und die Junta nützte diese Gesetzeslücke. Da Argentinien der Völkermordkonvention nicht beigetreten war, fielen sie auch nicht unter das Völkerrecht, wie immer man sie auch bezeichnen mochte. Allerdings hat die entschlossene Haltung der UNO angesichts der Gewalttaten und Menschenrechtsverletzungen lateinamerikanischer Regierungen in den achtziger Jahren zum allmählichen Rückgang von Militärdiktaturen und zu einem Demokratisierungsprozeß geführt. »Es kam zu einer Abnahme verbrecherischer Verhaltensweisen auf ein für die Mitgliedsstaaten annehmbares oder geduldetes Maß« [34, S. 147].

Die Lage der Indios

Die Vernichtung der Indianer hat in unserem Jahrhundert nicht aufgehört. Von den Konquistadoren niedergemacht, von aus Europa eingeschleppten Krankheiten heimgesucht, langsamer durch Sklavenarbeit dezimiert, ging ihre Zahl in katastrophalen Dimensionen zurück, ob sie nun entwickelten Kulturen angehörten oder primitiveren Stämmen. Über 500 Völker sind für immer vom amerikanischen Kontinent verschwunden. Dutzende Millionen sind im Verlauf von fünf Jahrhunderten Opfer eines gewaltsamen Todes oder von Seuchen geworden. Genozid und Ethnozid vermischten sich in der Geschichte des nachkolumbianischen Amerika. Gewiß änderten sich die Anschauungen mit der Zeit, man wurde sich zunächst der Ungerechtigkeit der Indiomassaker bewußt, dann versuchte man, die westliche Zivilisation bei ihnen einzuführen. Doch gegen Ende seines Lebens hatte Las Casas begriffen, daß die Eingliederung der Indianer in von Weißen verwaltete Dörfer ihren Untergang bedeutete. Auch die Jesuiten in Paraguay waren der Meinung, daß die Zivilisierung der Indianer nicht bedeute, sie zu Arbeitskräften der Kolonisten zu machen.

Nichtsdestoweniger blieben von den 70 bis 80 Millionen Indianern 1492 (nach manchen, umstrittenen Schätzungen) Mitte des 17. Jahrhunderts nur noch 3,5 Millionen übrig. Doch welche Zahlen man auch errechnen mag und selbst unter Berücksichtigung der Epidemien, war das Massaker an den Indianern Mittel- und Südamerikas vom 15. bis ins 18. Jahrhundert das größte Massaker der Menschheitsgeschichte. Einige Stämme in den Tiefen des Urwalds blieben verschont, anderswo, in öden und wirtschaftlich uninteressanten Gebieten, hielten sie stand, wie im Süden Argentiniens und Chiles, oder rebellierten, wie die Inka in Peru. Doch die Profitgier ließ die Europäer im 19. Jahrhundert immer tiefer in diese Zufluchtsregionen vordringen. Als der Westen 1880

Kautschuk benötigte, kamen Handelsgesellschaften nach Amazonien und töteten alle Eingeborenen, die sich der Ausbeutung des Regenwaldes widersetzten. Sie nahmen ihr Land und zwangen die Überlebenden, unter sklavischen Bedingungen für sie zu arbeiten. Der durch die asiatische Konkurrenz bewirkte Preisverfall erlaubte den Indianern, ihr Gebiet wieder in Besitz zu nehmen. Aber 1940 erschienen Erdölfirmen im tropischen Regenwald. Die ersten Bohrungen waren zwar vergeblich, doch 1970 entdeckte man Erdölvorkommen im Amazonas-Tiefland.

Heute leben 6 bis 7 Millionen Indianer in den Anden, 500 000 in Chile, 100 000 im Zentrum und Süden Argentiniens und mehrere Millionen in Mittelamerika. Sie bekommen den Rassismus der Weißen und Mestizen zu spüren, sind aber nicht von Völkermord bedroht, nicht einmal in Guatemala. Dies gilt nicht für die Stämme, die im Amazonasbecken und den umliegenden Tiefebenen zu überleben suchen, insgesamt 1,3 Millionen Menschen: 250 000 in Peru, 150 000 in Venezuela, 60 000 in Ecuador, 30 000 in Guyana, 300 000 in Kolumbien, 120 000 in Bolivien, 50 000 in Nordargentinien, 175 000 in Brasilien, 100 000 in Paraguay. Ihnen gegenüber verfolgen die verschiedenen Regierungen dieselbe Politik: Sie suchen sie in den Staat zu integrieren, ohne dem komplexen Gefüge ihrer Gesellschaft Rechnung zu tragen. In Wirklichkeit ist das Bild von Eingeborenenstämmen, die seit der Steinzeit auf dieselbe Weise im tiefsten Dschungel leben, eine falsche Klischeevorstellung, erzeugt, um die Überlegenheit des westlichen Zivilisationsmodells zu beweisen. Die Indianergruppen sind vielschichtig und beweglich. Im Verlauf der Jahrtausende sind sie gewandert, haben sich mit anderen Gruppen verschmolzen oder aufgesplittert, fremde Kulturen absorbiert. Seit vier Jahrhunderten hat die kulturelle Berührung mit den Weißen zu neuen Konzepten und neuen Kulturformen geführt. Doch wenn der Einfluß westlicher Zivilisation diese Stämme verwandelt hat, so war es nicht ihr Wunsch, assimiliert zu werden.

Die Präsenz der Weißen hat den Indianern immer geschadet. Die Missionare, ob katholisch oder protestantisch, suchten sie zu bekehren. Die Siedler und Goldsucher, meist arme Mestizen und Parias, haben sie immer verachtet, während sie von ausländischen Handelskompanien ausgebeutet oder mit Hilfe der Armee ausgerottet wurden, um Platz für Straßen und Erdölförderungsanlagen zu schaffen. In Südamerika ging der Fortschritt der Zivilisation stets mit dem Verschwinden der »Nichtzivilisierten« einher. Diese Schlacht im Namen der Zivilisation wird von Menschen geführt, die sich selbst als »Vernunftmenschen« bezeichnen und die anderen, denen sie diese Eigenschaft absprechen, als Tiere oder Wilde einstufen, die schmutzig und faul seien [41, S. 53]. Die Einstellungsänderung der katholischen Kirche nach dem Zweiten Vatikanischen Konzil und das Engagement des Weltkirchenrats für die Freiheit der Indios – wie es etwa in der Barbados-Erklärung von 1971 zum Ausdruck kam – läßt das

Überleben der indigenen Kulturen erhoffen. Doch es ist dringend erforderlich, die Indios gegen das seit der Konquista andauernde Prinzip zu schützen, demgemäß das von ihnen bewohnte Land verfügbar ist und der Kolonisierung offensteht. Die Zeit der Missionen, die den Indiovölkern fremde Denk- und Verhaltensmodelle aufzwangen und unter dem Vorwand der Verbreitung des Glaubens an ihrer Ausbeutung teilhatten, ist vorüber, wie auch jene einer gewissen Anthropologie, die ihre Beherrschung wissenschaftlich rechtfertigte. Die Aktionen zugunsten der Indianer, wie sie etwa Survival International in London unternimmt, haben nicht nur zum Ziel, die Gewalttaten gegen diese Völker abzustellen und ihre territorialen Rechte zu gewährleisten, sondern vor allem ihre soziale und kulturelle Identität zu bewahren, ihre wirtschaftliche Unabhängigkeit zu sichern und ihnen zu ermöglichen, ihr Schicksal selbst zu bestimmen [195, S. 32–25]. Man muß die Vorstellung zurückweisen, die einzige Überlebenschance für die Indianer sei ihre Integrierung in eine Gesellschaft nach westlichem Muster. Diese Völker können in ihrer Eigenart nur überleben, wenn ihre Gesellschaftsstruktur erhalten bleibt. Gewiß brauchen sie medizinische Versorgung und Ausbildung, aber sie dürfen keiner fremden Kontrolle unterworfen werden, sie müssen frei über ihr Land verfügen und ihren politischen Willen durch eigene Vertreter bekunden. Um dies zu ermöglichen, ist es Aufgabe der Ethnologen, die Medien über die Lage der bedrohten Völker zu informieren. Nur so kann der langsame Völkermord an den Indios verhindert werden, den das Dokumentationszentrum Simon Wiesenthals in Wien anprangert. Die erste Etappe dieses Ethnozids ist die Wegnahme des Landes, mit der die Beziehung der Indios zu ihrer Umwelt zerstört und in ihre Lebensweise eingegriffen wird. Die zweite Etappe, die Umsiedlung, verändert die Ernährungs-, Kleidungs- und Wohngewohnheiten, vor allem aber die zwischenmenschlichen Beziehungen, während Seuchen und Alkoholismus das Vernichtungswerk vollenden.

Die Situation der Indios ist von Staat zu Staat verschieden. In Peru und Venezuela haben die Indiogemeinschaften eine rechtliche Existenz und sind eine juristische Person. In Ecuador bilden die Shuara (von den Weißen Jivaro genannt) eine Föderation, in der ihre Rechte anerkannt sind. In Kolumbien und Bolivien herrschen Militärdiktaturen, die auf seiten der Kolonisten sind. Letztere veranstalteten 1967 Treibjagden, um die Urbevölkerung auszurotten, während Farmer wildernde Indios kurzerhand vergifteten. In Brasilien besteht akute Völkermordgefahr, und in Paraguay wurden die Aché in den siebziger Jahren Opfer eines wahrhaftigen Völkermords.

Paraguay

Mit der Frage der Aché-Indianer in Paraguay beschäftigt sich ein eigenes
Kapitel dieser Untersuchung des Völkermords im 20. Jahrhundert. Warum
wurde es nicht in die Liste der Genozide aufgenommen, in die es doch
offensichtlich gehört? Weil die Anzahl der Opfer unter tausend lag, während in
den anderen Fälle eine oder mehrere Millionen betroffen waren? Doch Zahlen
spielen keine Rolle für den Tatbestand des Völkermords. Vielmehr war der
Genozid an den Aché eine Extremlösung jener Art, wie sie südamerikanische
Regierungen mehr oder weniger zynisch suchen, wenn sie mit dem Problem
der Urwaldindianer zu tun haben. Deshalb wurde er in die Gesamtanalyse des
Schicksals der Indios einbezogen, die ermordet werden, weil sie dem Vormarsch der Zivilisation im Wege stehen.

Die Aché Paraguays – auch Guayaki genannt, ein rassistisch gefärbtes Wort,
das »tollwütige Ratte« bedeutet – gehören zur Tupí-Guaraní-Sprachfamilie.
Diese zählte vor 1492 über eine Million und lebte im gesamten brasilianischen
Küstengebiet und im heutigen Paraguay. Mit der Kolonisation sind sie fast
gänzlich verschwunden. Die Jesuiten faßten die Überlebenden in Gemeinschaften zusammen, die schließlich einen Staat im Staate bildeten. Diese Bevöl-
kerungskonzentration war eine Brutstätte für Epidemien, und von 200000
blieben 1767, als die Jesuiten vertrieben wurden, nur noch ein paar tausend
Guaraní übrig [14]. Die Unabhängigkeit 1813 lieferte Paraguay einem Wahnsinnigen aus, Francia, dessen Grausamkeit nur jene General Alfredo Stroessners
gleichkam, der sein Terrorregime 1954 bis 1989 auf die Armee stützte. Seit 1940
wurde diese von nationalsozialistischen Agenten infiltriert, und nach 1945
gelangten geflohene Nazis in Polizei und Armee. Zwar war das Schema in ganz
Lateinamerika dasselbe – Kolonisten töten die Indios, befreien sich von den
Spaniern und vollenden dann die Vernichtung der Urbevölkerung, wenn das
ihr wirtschaftliches Interesse erfordert –, doch das nationalsozialistische Trans-
plantat verlieh hier der Vorgehensweise genozidäre Züge.

Nach 1965 erlebte Paraguay eine rasche wirtschaftliche Entwicklung. Zwan-
zig Unternehmen teilten sich in 30 Prozent der Nutzfläche. Straßen wurden
durch den Regenwald gebaut, die ihn der Ausbeutung durch Holzfäller und
Farmer preisgaben. 1968 erreichte die Straße, die von Coronel Oviedo zu den
Guaira-Fällen führen sollte, das bis dahin unzugängliche Gebiet der Aché, eines
Nomadenvolks, dessen wirtschaftliches und kulturelles System auf der Jagd

beruht. Der Jäger ernährt seine Familie, man bewundert ihn, und wenn er stirbt, erfolgt seine Reinkarnation teilweise in einem Baum, teilweise in einem Tier. Die Bewegungsfreiheit in seinem Reich, dem Dschungel, ist lebensnotwendig für ihn. Die Aché störten die Gesellschaften, und offiziell ordnete die Regierung an, sie in einem Reservat seßhaft zu machen. Doch die Wirklichkeit sah viel schlimmer aus. Ein deutscher Ethnologe, Mark Münzel, legte 1973 der Internationalen Arbeitsgruppe für indigene Völker mit Sitz in Kopenhagen einen Bericht vor, demzufolge die Aché Opfer eines Völkermords waren. Die Internationale Juristenkommission und die britische Liga gegen Sklaverei ließen sich von diesem Bericht überzeugen. Die Internationale Liga für Menschenrechte übersandte dem Generalsekretär der UNO im März 1974 ein Schreiben, in dem er die Regierung Paraguays des Völkermords, der Sklaverei und der Folter bezichtigte. Diese leugnete die Tatsachen, und das State Department akzeptierte ihre Version, trotz Interventionen von Senator Abourezk und 44 anderen Senatoren, die die amerikanische Regierung aufforderten, die Subventionen an Paraguay einzustellen. Paraguayanische Ethnologen, die ein von der katholischen Universität Asunción finanziertes Hilfsprogramm für die Indios organisierten (Marandu-Projekt), um sie über ihre Rechte aufzuklären und ihnen bei juristischen Maßnahmen gegen ihre Verfolger behilflich zu sein, wurden im Dezember 1975 verhaftet, katholische Priester und protestantische Missionare 1976 ausgewiesen.

Weitere Beschuldigungen erhoben Norman Lewis in einem Artikel der *Sunday Times* vom 26. Januar 1975, der von »Todeslagern« berichtete, und ein von Richard Arens 1976 herausgegebener Sammelband [191]. Ihre Darstellungen stützten sich auf Münzels Bericht und viele andere Enthüllungen. Sie erklärten: Die Aché sind Opfer von Menschenjagden, die vom Aché-Reservat oder von *estancias* ausgehen. Mit Unterstützung der Armee treiben Jäger und Holzfäller die Indios wie Wild zusammen, machen sie mit dem Gewehr oder der Machete nieder oder sperren sie in Reservate. Hauptverantwortlich für diese Hetzjagden ist der Verwalter des Reservats, Manuel de Jésus Pereira, der Oberst Tristan Infanzon direkt untersteht, dem Minister für Indianerangelegenheiten, der seinerseits dem Außenminister, General Samaniego verantwortlich ist, dem ergebenen Handlanger Präsident Stroessners. Die meisten Aché werden für 1,5 bis 5 Dollar als Sklaven verkauft, die Männer als Hilfsarbeiter, die Frauen als Prostituierte, die Kinder als Dienstboten. Das Reservat Cecilio Baez ist ein Konzentrationslager nach nationalsozialistischem Vorbild. Die Aché hungern und werden gefoltert. Man treibt sie schrittweise in die Verzweiflung und in den Tod. Es ist ihnen verboten, ihre Sprache zu sprechen, ihre Mythen zu singen, ihre Riten zu zelebrieren, den *beta* zu tragen, einen Zungenring, der ihre Zugehörigkeit zum Menschengeschlecht symbolisiert, ihren Kindern Aché-Namen zu geben. Ihrer kulturellen Identität beraubt und orientierungslos, verfallen sie in Apathie und sterben. Um dieses Volk endgültig zu vernichten, unterscheidet Pereira zwei Gruppen: die »Hoffnungslosen« und die »Gezähmten«, die sich mit ihren Peinigern identifizieren und an den Menschenjagden teilnehmen. Manche werden in Asunción als Paradestücke für die Reservatspolitik zur Schau gestellt. Münzel schätzt, daß von 1968 bis 1972 900 Indios im Reservat starben, getötet oder als Sklaven verkauft wurden und daß es im Urwald noch 800 bis 1200 Überlebende gab, »die sich als menschliche Wesen betrachten konnten«. Die Vernichtung der Aché-Kultur war ein Ethnozid, doch dieser wird zum Genozid, wenn er der Absicht dient, eine Gruppe ganz oder teilweise zu vernichten.

Im August 1977 luden die paraguayanischen Behörden Richard Arens ein, sich an Ort und Stelle zu überzeugen, daß seine Schilderung nicht der Wahrheit entspreche. Er besuchte das Lager Cecilio Baez und Missionsstationen, änderte aber sein Urteil über die Lage der Indios nicht: die Regierung verfolge eine planmäßige Politik der »Endlösung« der Indianerfrage unter dem Vorwand, sie behinderten die wirtschaftliche Entwicklung des Landes [41, S. 237]. Das Paraguayanische Institut für Humanwissenschaften behauptet die rassische Minderwertigkeit der Aché. Es leistet damit ihrer Vernichtung ideologischen Vorschub und bereitet jene anderer Indianerstämme im Gran Chaco vor, etwa der Moro, Ayoreo und Tomarxa, die Erdölbohrungen im Wege stehen. Eine argentinische Propagandakampagne stellt die Aché als biologisch minderwertig dar und unfähig, sich der modernen Gesellschaft anzupassen. Sie bestärkt die Vorstellung von einem »überflüssigen Volk«, wie Eichmann von den Juden sagte.

Schuldig ist der paraguayanische Staat, und die Verantwortung läßt sich von den Menschenjägern leicht bis Stroessner zurückverfolgen. Aber die amerikanischen Banken und Firmen (Erdölgesellschaften im Chaco, Wasserkraftwerke im Aché-Gebiet) tragen eine Mitverantwortung an diesem Verbrechen. Es ist leicht, ein ethisches Problem mit Nützlichkeitserwägungen zu überspielen und einen Völkermord durch seine Unvermeidlichkeit zu rechtfertigen. Paraguay lag im amerikanischen Einflußbereich, und die Regierung der Vereinigten Staaten schickte massive Wirtschaftshilfe in dieses Land, wo sie über Militärbasen verfügte. Das Leiden des Aché-Volkes »im Schatten der amerikanischen Macht ist eine dramatische Herausforderung an die amerikanische Menschlichkeit« (Elie Wiesel) [191, S. 170].

Brasilien

Wie die australischen Aborigines und die Indianer Nordamerikas wurden die brasilianischen Indios Opfer des Fortschritts, der alles der wirtschaftlichen Entwicklung opfert, ohne den sozialen und ökologischen Folgen Rechnung zu tragen. Angesichts zweier unvereinbarer Wirtschaftsformen, der Natural- und der Marktwirtschaft, haben die Nationen im 20. wie im 19. Jahrhundert den vollendeten Tatsachen ihren Segen gegeben. Wie so viele andere, trieb die brasilianische Regierung ein doppeltes Spiel: ein moralisches, indem sie behauptete, die Indios schützen zu wollen, und ein politisches, das genozidäre Massaker zuließ, die in ihrem Interesse lagen.

Zu Beginn der portugiesischen Eroberung, im Jahre 1500, zählte die Bevölkerung Brasiliens 2,5 bis 5 Millionen. Es waren die aus Europa und Afrika eingeschleppten Krankheiten, die die brasilianischen Indianer dezimierten und zu einer »tragischen Minderheit am Rande einer blühenden europäischen Gesellschaft« machten [193, S. XV]. Heute gibt es noch ungefähr 200 000 (0,15 Prozent der Bevölkerung Brasiliens). Trotzdem haben 80 Prozent ihre soziokulturellen Traditionen und ihre Vielfalt bewahrt. Ende des 19. Jahrhunderts wurde der jungen brasilianischen Nation die Notwendigkeit bewußt, die Indianervölker zu schützen. Randon hatte Amazonien erforscht und der Regierung empfohlen, das Recht der Indios anzuerkennen, auf ihrem Gebiet nach ihrer Lebensweise zu leben und gleichzeitig brasilianische Staatsbürger zu werden. 1910 gründete die Regierung einen Indianerschutzdienst (SPI), um sie »vor der zerstörerischen Auswirkung der Grenzausdehnung zu bewahren und ihr Leben, ihre Freiheit und ihr Eigentum gegen Vernichtung und Ausbeutung zu schützen« [192, S. 3]. Zwanzig Jahre lang wachte der Schutzdienst über die Verwirklichung der Ideen Randons, nicht ein Indianer wurde von den Behörden getötet oder verletzt. Freilich starben sie überall dort, wo sie in Berührung mit der brasilianischen Gesellschaft kamen, an Krankheiten. Einem Bericht von 1967 zufolge war die indigene Bevölkerung von 1 Million 1900 auf 200 000 geschrumpft, die unter elenden Bedingungen überlebten.

Seit Präsident Vargas 1940 Amazonien bereist hatte, war die staatliche Führung entschlossen, den phantastischen Reichtum dieser Region nutzbar zu machen. Langsam erfolgte die Besiedlung von Westen nach Osten. Nach dem Militärputsch von 1964 ließ das Regime die amerikanische Montanindustrie ins Land und förderte die Niederlassung von Ackerbauern und Viehzüchtern im Amazonasbecken unter der Ägide der *King Ranch of Texas*. Schließlich begann der Bau eines Autobahnnetzes mit Hilfe internationaler Finanzierung. Die Transamazônica und ihre Zubringer zerschnitten den tropischen Regenwald. Diesseits und jenseits der Straßen wurden 100 Kilometer breite Landstreifen gerodet und an Siedler vergeben. Fünf Millionen Bauern aus dem Nordosten kamen, um den »menschenleeren Boden« Amazoniens zu bewirtschaften.

Nachdem dieses Programm angelaufen war, enthüllte der Innenminister 1968 die Korruptheit der SPI: ihre Vertreter hätten sich aktiv an der Vernichtung der Indianerstämme des Mato Grosso beteiligt, die entweder direkt mit Dynamit und Maschinengewehren ausgerottet wurden oder durch vorsätzliche Ansteckung mit Pocken-, Masern- und Grippeviren, aber auch mittels arsenvergifteter Nahrungsmittel. Der Bericht, den Ärzte und Journalisten verbreiteten, löste in der ganzen Welt eine Protestwelle aus. Die brasilianische Regierung wurde des Völkermords an den letzten Indianerstämmen Amazoniens beschuldigt.[36] Dabei war sie es gewesen, die diese Verbrechen aufgedeckt hatte, und sie versuchte nicht, sie zu vertuschen. Sie ließ die Schuldigen verhaften und vor Gericht stellen,[37] löste die SPI auf, versprach, den Indios ihr Land zurückzugeben und lud mehrere internationale Organisationen ein, Beobachter zu entsenden. An die Stelle der SPI trat die Nationale Indianerstiftung (FUNAI), die großräumige Indianerparks, nach dem Vorbild des Nationalparks Xingu, den die Brüder Villas Boas 1952 im Mato Grosso gegründet hatten, vorschlug. In diesem Park von den Ausmaßen eines Staates waren die Indios unter sich geblieben, geschützt vor dem tödlichen Kontakt mit der brasilianischen Gesellschaft. Trotz aller Vorsichtsmaßnahmen suchte eine Masernepidemie die Stämme heim. Obwohl das Experiment eine Zeitlang erfolgreich zu sein schien, gestanden Orlando und Claudio Villas Boas 1973 das Scheitern ihres Projekts ein: »Wir geben dieses Leben als Urwaldmenschen auf, denn wir sind überzeugt, daß wir, wann immer es uns gelingt, Verbindung zu einem Stamm aufzunehmen, zur Zerstörung der höchsten Werte beitragen, die er besitzt ... Alle ›befriedeten‹ Indianer verlieren allmählich ihre Besonderheit, und ihre Kultur geht durch den Kontakt mit der äußeren Zivilisation zugrunde« [195, S. 21]. Sie räumten die Notwendigkeit ein, die Indios in die brasilianische Gesellschaft zu integrieren, doch wünschten sie, den Zeitpunkt so weit wie möglich hinauszuschieben, um eine Chance bestehen zu lassen, »die Indianer als Volk zu retten«.

Während sie vorgab, die Indios schützen zu wollen, war die brasilianische Regierung nicht bereit, die Konsequenzen dieser Protektion zu tragen, und entzog der FUNAI Zug um Zug ihre Privilegien. Die Schutzpolitik wurde wegen des Autobahnprojekts aufgegeben, und der neue Status der Indianer, der 1973 verkündet wurde, gestattete die Zwangsumsiedlung eines Stammes, wenn die Behörden sein Territorium als lebensnotwendig für die wirtschaftliche Entwicklung des Landes betrachteten. Im selben Maße wie sich das Straßennetz ausdehnte (finanziert durch den Staat mit Hilfe der Weltbank), wurden die Indianerstämme vernichtet oder deportiert. Die Wälder wurden abgeholzt, der Boden umgepflügt, die Vegetation niedergebrannt, das Wasser von Goldsuchern verseucht. Nach der Fertigstellung der Straßen vergab man das Land. Farmer, Holzfäller und Bergwerksbetreiber beuteten illegal die Indianerreservate aus. Um ihre guten Absichten zu beweisen, unternahm die Regierung eine großangelegte Informationskampagne, in deren Rahmen sie die Londoner Gesellschaft zum Schutz von Urbevölkerungen einlud, eine Untersuchungskommission zu entsenden. In ihrem Bericht (1972) sprach diese die

FUNAI und die Regierung frei und stellte die wahren Verantwortlichen fest: »Die wirklichen und unmittelbaren Gefahren, von denen die brasilianischen Indianer bedroht sind, gehen nicht von Böswilligkeit oder vorsätzlicher Grausamkeit aus. Sie gründen sich auf zwei Faktoren, die oft miteinander verbunden sind: Unwissenheit einerseits und andererseits die Unbarmherzigkeit materieller Interessen. Ihre Habgier ist so groß, daß sie lieber Versprechen und Garantien mit Füßen tritt und selbst der kleinsten Indianergemeinschaft Gewalt antut, als zu riskieren, daß ihr auch nur der geringste Profit entgeht ... Die wahren Feinde der Indianer können sich sehr wohl in New York, London oder Frankfurt befinden ... Statt die brasilianischen Behörden des Völkermords zu bezichtigen, wäre es besser, das unersättliche Wirtschaftssystem vor Gericht zu stellen, das dabei ist, der empfindlichen Ökologie des amazonischen Regenwalds erheblich zu schaden. Wir sind überzeugt, daß die FUNAI keineswegs am Völkermord beteiligt ist, sondern kämpft, um den Indianern zu helfen, um die sie sich zu kümmern hat« [195, S. 21–23]. In einem 1974 veröffentlichten Werk zog Norman Lewis die Bilanz der Überlebenden, nur noch 50 000 bis 100 000. Und er erhob Anklage wegen Völkermords, weil einige Stämme gänzlich untergegangen, andere um 90 bis 95 Prozent zurückgegangen waren und manche nur noch aus einer Familie oder ein bis zwei Personen bestanden [194, S. 9 f.].

Die Weltbank und die brasilianische Regierung gestanden ihre verfehlte Politik ein, kündigten aber erst 1988 einen neuen Kurs an. Es fand sogar ein Verfahren gegen fünf Männer statt, die beschuldigt wurden, die Ausrottung der Volksgruppe der Xacriaba beabsichtigt zu haben [10, S. 414]. Doch die Vernichtungsgefahr verstärkte sich mit der intensiven Erschließung von Rohstoffen in Amazonien. So durchstreiften die Urueu-wau-wau, ein Stamm von Jägern und Sammlern, in kleinen Gruppen weite Gebiete der Provinz Rondonia. Seit zwanzig Jahren hatte sich ihre Zahl durch eingeschleppte Krankheiten um die Hälfte reduziert. Nach der Entdeckung eines Kassitorit-Vorkommens, eines der bedeutendsten der Erde, wurde das 183 200 Quadratkilometer große Reservat, das man ihnen 1985 zugesprochen hatte, aufgehoben. Eine Welle Profitgieriger überschwemmte ihr Territorium, sie vernichteten die Wildbestände, verwüsteten den Boden, verseuchten das Wasser und brachten Infektionskrankheiten mit. 1950 gab es noch 30 000 Urueu-wau-wau, heute sind es nur mehr ungefähr 1000.[38]

Der größte »nichtzivilisierte« Indianerstamm Südamerikas, die Yanomani, 20 000 Menschen, die teils in Venezuela, teils in Brasilien leben, ist heute bedroht. Bis 1950 waren sie verschont geblieben, und in den siebziger Jahren schuf die FUNAI in der Provinz Roraima ein weitläufiges Reservat mit 94 000 Quadratkilometern. Doch dann entdeckte man dort Uranvorkommen, die Gewinnung begann 1975. Eine Elephantiasis-Epidemie wütete unter den Yanomani, doch es gab kein Zögern bei der Entscheidung zwischen ihrer Erhaltung und den Atomprojekten Brasiliens. Der Gouverneur der Provinz Roraima erklärte der Presse: »Ein so reiches Gebiet wie dieses, mit Gold, Diamanten und Uran, kann sich den Luxus nicht leisten, ein halbes Dutzend Indianerstämme zu schonen, die die Entwicklung Brasiliens behindern« [192, S. 103]. 1992 ordnete Präsident Collor die Ausweisung von 30 000 *Garimpeiros* (Goldgräbern) an, die für ein Massensterben der Yanomani an Malaria und Masern verantwortlich waren. Doch im August 1993 machten *Garimpeiros* 70 Yanomani an der venezuelanischen Grenze nieder.[39]

Die Rettung der letzten Indianer fängt an, die Weltöffentlichkeit zu bewegen. Wissenschaftler erklären die Auswirkung der Abholzung auf die Ökologie der Erde und die entscheidende Rolle der Indianer, der Urbewohner des Regenwalds, die allein seine Geheimnisse kennen. Als einzige Experten werden sie selten konsultiert, während sie doch den Schlüssel zum Amazonas-Land darstellen. Mit ihrem Untergang würde ein immenses Erbe für immer verlorengehen. So wurden die Vorstellungen über die Indianer auf den Kopf gestellt: Man hatte ihre Ökonomie als Raubbau bezeichnet, weil sie nicht produzierten, während sich die modernen Staaten nun als viel räuberischer erweisen. Diese bedrohen jede Kultur, die sich nicht ihrem System der Nationalstaaten einpaßt. Sie zerstören empfindliche Strukturen, die die Indianer ihrerseits seit undenklichen Zeiten schützten. Dabei ist die Lösung einfach: die letzten Indianer auf ihrem Territorium leben zu lassen, mit ihrer Kultur und ihren Traditionen, und den Zugang zu ihren Reservaten nur medizinischen, pädagogischen und wissenschaftlichen Delegationen zu gestatten, die auf ihre Teilnahme an einem gemeinsamen Leben freier Bürger, die die Gesetze achten, hinarbeiten müßten.

FÜNFTER TEIL

Die Problematik der Intervention

Die Zeiten haben sich geändert. Eine bipolare Weltordnung, die sich auf das Gleichgewicht des Schreckens und die Furcht vor atomarer Vernichtung gründete, geht zu Ende. Eine andere ist im Entstehen begriffen, die auf dem Gleichgewicht zwischen Nationalstaaten beruht und vielleicht gefährlicher, weil labiler ist. Nach dem Untergang der europäischen Kaiserreiche erwies sich das neue Programm Präsident Wilsons als unfähig, einen dauerhaften Frieden zu sichern. Obwohl sich die Nationen nach dem Zweiten Weltkrieg zusammenschlossen, um eine friedliche Koexistenz zu versuchen, galt weiterhin Macht vor Recht. Ist der Fall der Berliner Mauer 1989 ein symbolisches Ereignis, das eine neue Epoche ankündigt?

Die größte Gefahr für die Zukunft der Menschheit ist die Bevölkerungsexplosion. Alle zehn Jahre nimmt die Weltbevölkerung um eine Milliarde zu. Das Menschengeschlecht ist dabei, seinen Planeten zu vernichten, und unter dem Druck der Massen sind die politischen Systeme vom Verfall bedroht. Die internationalen Organisationen – die UNO und die zwischenstaatlichen Zusammenschlüsse auf kontinentaler oder transkontinentaler Ebene wie die Europäische Union, die KSZE, die OAU oder die ASEAN (Verband Südostasiatischer Staaten) – verfügen über keine geeigneten Instrumentarien, um der Bevölkerungsexplosion zu begegnen. Dabei ist jede internationale Kooperation, die sich nicht gleichzeitig mit diesem Problem und jenem der Beziehungen zwischen den Staaten befaßt, zur Ohnmacht verurteilt.

Solange es keine Weltregierung gibt, die alle Schwierigkeiten beilegt (und nichts deutet darauf hin, daß sie möglich und wünschenswert wäre), kann die internationale Ordnung nur auf den Staaten aufbauen und auf dem Prinzip, das ihnen zugrunde liegt, ihre jeweilige Souveränität. Wenn diese zusammenbricht, treten lokale anarchische Kräfte in Erscheinung – Milizen, Banden, Mafias –, die jeden nationalen und mehr noch übernationalen Aufbau verhindern. Das Fehlen einer staatlichen Macht ist noch verhängnisvoller als deren Exzesse. Um diesen beiden Übeln vorzubeugen, bemühen sich die Nationen, in einer Gemeinschaft zu leben, in der jeder die Existenz eines universellen Naturrechts anerkennt (Völkerrecht, Menschenrechte), das über dem internen Recht der Staaten steht. Ohne ein Übereinkommen über gemeinsame Grundwerte ist jede internationale Organisation sinnlos. Doch diese Übereinkunft setzt voraus, daß die Völkergemeinschaft über Mittel verfügt, Verstöße gegen das Naturrecht zu bestrafen und mutmaßliche Verbrecher vor einen internationalen Gerichtshof zu stellen. Doch bis jetzt gibt es keinen Konsens der Staaten, der es erlauben würde, einem internationalen Gerichtshof solche Kompetenzen zu übertragen. Angesichts einer mangelnden Durchsetzungsinstanz überträgt man die Verfolgung von Verstößen gegen internationales Recht politischen Instanzen wie dem Sicherheitsrat, dessen Aufgabe das nicht ist. Diese Übertragung juristischer Funktionen an ein Machtorgan verzerrt die Problematik der Intervention. Nachdem man schon nicht in der Lage ist, solche Verbrecher vor ein internationales Gericht zu stellen, was ist dann zu tun, wenn ein Staat, geschützt durch seine Souveränität, darangeht, eine Gruppe seiner eigenen Bürger zu töten und gewillt scheint, ihre Ausrottung zu betreiben? Die Antwort ist einfach: intervenieren, wenn immer möglich.

Um dieser Problematik auf den Grund zu gehen, veranstaltete die *Académie Universelle des Cultures* ein internationales Forum über die Intervention, das am 16. und 17. Dezember 1993 unter dem Vorsitz von Elie Wiesel in der großen Aula der Sorbonne stattfand. Die Teilnehmer an diesem Forum hatten sich die Aufgabe gestellt, Notwendigkeit und Grenzen der Intervention zu bestimmen, eines Konzepts, das angesichts der wachsenden Kriminalität der Staaten dringend definiert werden mußte.[1] Intervenieren, erklärte Mario Bettati, heißt in einen Prozeß eingreifen, um ihn abzubrechen. Der Eingreifende im Rahmen einer internationalen Maßnahme ist eine öffentliche oder zivile Instanz. Bis ins 19. Jahrhundert erfolgten Interventionen stets im Eigeninteresse von Staaten, daher haftet dem Begriff etwas Negatives an, besonders für die Länder der Dritten Welt, weil er an die schlimmsten Momente des Imperialismus und Kolonialismus erinnert. »Die Gewalt war in der Geschichte die Quintessenz der Intervention« (Brodislaw Geremek), und erst in unseren Tagen kann diesem Begriff ein anderer Sinn beigelegt werden, nachdem allgemein anerkannt wird, daß in bestimmten Fällen eine Nichtintervention schädlicher ist als eine Intervention. Die Frage nach der Legitimität von Interventionen stellt sich also im vollen Bewußtsein ihrer illegitimen Geschichte. Außerdem ist es nicht zielführend, einen verfänglichen Begriff beiseite zu schieben und auf einen weniger belasteten auszuweichen. Das Konzept der Intervention ist dem der Einmischung verwandt, allerdings mit einer Nuance: Der Eingreifende spricht gern von Intervention, während der Betroffene diese als Einmischung bezeichnet. Die sich daraus ergebenden Probleme sind fast identisch.

Die Legitimität der Intervention (und wir sprechen hier nur von einer ihrer Dimensionen, nämlich der Intervention auf dem Territorium eines souveränen Staates), ihre ethische Rechtfertigung, beruht auf zwei Voraussetzungen: auf einem Gesuch desjenigen, zu dessen Gunsten interveniert werden soll, und auf der Zweckmäßigkeit, die abzuwägen ist zwischen dem Leiden der Opfer und dem Ausmaß an Gewalt, das gegen die Täter erforderlich wäre. Der Interventionspflicht liegt die Verpflichtung zur Hilfeleistung gegenüber gefährdeten Personen zugrunde, das natürliche Recht der Opfer auf Beistand. Eine Mindestforderung stellt der Zugang zu den Opfern dar, bei der man die »Lücken der Zwischenstaatlichkeit« (Pierre Hassner) ausnützt. Diese Mindestintervention, das Recht auf humanitäre Einmischung, ist der einzige Spalt, den die Staaten in der Mauer ihrer Souveränität zu öffnen bereit sind, den sie aber nach Belieben schließen, wenn sie eine Bedrohung dieser Souveränität befürchten. Dieses Recht kann auch mit geringfügiger Gewalt geltend gemacht werden, wenn Minderheitenkulturen vom Aussterben bedroht sind, denn ein solcher Verlust würde das Erbe der gesamten Menschheit betreffen. Doch es gibt Fälle, in denen höchste Dringlichkeit geboten ist, in denen jede Verzögerung einer Intervention tödlich wäre, nämlich in Situationen, in denen ein Völkermord stattfindet oder droht. Selbstverständlich müssen die Informationen darüber verifiziert und die Art und Schwere der Aggressionen gegen eine Gruppe bestimmt werden; die Glaubwürdigkeit jener, die bereit sind, in Übereinstimmung mit der internationalen Staatengemeinschaft und der öffentlichen Meinung zu intervenieren, ist zu überprüfen. Nachdem es nicht gelungen ist, die Grenzen des Unerträglichen abzustecken, können keine Dringlichkeitsnormen fixiert werden, die Notwendigkeit eines Eingreifens ist von Fall zu Fall zu untersuchen. Andererseits können solche Interventionen nur selten und in Extremfällen erfolgen, denn es wäre illusorisch, die Schaffung einer internationalen Polizei in Aussicht zu nehmen, die auf Abruf an den verschiedensten Stellen des Planeten eingreift. Dies würde völkerrechtliche Grundlagen und finanzielle und logistische Mittel voraussetzen, über die die internationale Gemeinschaft nicht verfügt. Die Intervention muß also einer geopolitischen Logik folgen. Immerhin erkennen alle Staaten an, daß es Verbrechen gibt, die man nicht ungestraft geschehen lassen darf. Ohne sich der Gefahr der Selbstzerstörung auszusetzen, kann die internationale Gemeinschaft nicht dulden, daß ein Staat einen Teil seiner Bürger vernichtet. Sie kann nicht untätig zusehen, wenn ein Völkermord begangen wird.

»Die theoretische Gewißheit beseitigt nicht immer die Zweideutigkeit des Handelns« (Adonis). Die moralische Rechtfertigung genügt nicht, um die Problematik einer Intervention zu bereinigen, sie ist nur einer ihrer Aspekte. Tatsächlich gibt es drei Legitimationsquellen für eine Intervention, wie Paul Ricœur ausführte: eine moralische, eine politische und eine juristische, die sich gegenseitig durchdringen. Die erste siedelt sich auf dem Gebiet des Altruismus und der Humanität an, die zweite auf dem der Macht und Stärke. Die Unvereinbarkeit zwischen diesen beiden Quellen läßt sich nur durch die Schaffung einer dritten überwinden, die juristischer Art ist. Ohne sie, das heißt ohne ein gegenseitiges Einverständnis der Parteien, läßt sich die moralische Legitimität der Intervention schwer begründen. Seit Hobbes, Locke und Spinoza ist die Notwendigkeit der Gewalt nur im Rahmen eines Vertrags zwischen Rechtsstaaten denkbar, die Gewalt im voraus, eben in diesem Vertrag, akzeptiert haben für den Fall, daß sie gegen Rechtsnormen verstießen, zu denen sie sich selbst verpflichtet hatten. Allerdings grenzt diese utopische Vision von einem goldenen Zeitalter an Naivität, wenn es um die brutale Wirklichkeit eines drohenden Genozids geht.

Ist man nicht bereit, Gewalt anzuwenden, um das Recht zu verteidigen, so bleibt man im Bereich der Moral, ist man es jedoch, so betritt man den Bereich der Politik. Die politische Legitimität einer Intervention geht aus dem Konflikt zwischen dem internen Recht der Staaten und dem Naturrecht hervor. Wenn es nicht gelingt, diesen Konflikt durch Verhandlungen beizulegen oder die Intervention auf wirtschaftliche Zwangsmaßnahmen oder humanitäre Hilfe mit oder ohne Begleitschutz zu beschränken, muß sich die Staatengemeinschaft darauf vorbereiten, einem zur Vernichtung einer Gruppe entschlossenen Gegner militärisch entgegenzutreten. Auf eine solche Situation extremer Notwendigkeit und extremer Dringlichkeit zugleich muß die internationale Gemeinschaft gefaßt sein, über hinreichende Streitkräfte verfügen und genügend Entschlossenheit aufbringen, damit jedes an diesem Interventionskrieg beteiligte Volk – denn um Krieg handelt es sich – akzeptiert, Soldaten zu opfern, um einer Gruppe von Menschen zu Hilfe zu kommen, an denen es meist weder wirtschaftliches noch politisches Interesse hat. Kein Staat darf intervenieren ohne den Auftrag und die Unterstützung seiner öffentlichen Meinung, die einen der Faktoren der Intervention bildet, was Gérard Chaliand »die soziale Dimension der Strategie« nennt. Schließlich muß das Interventionsverfahren der Dringlichkeit angepaßt sein, die bei internationalen Organisationen stets langwierigen Abwicklungen müssen verkürzt werden. Aber die internationale Gemeinschaft ist kein Staat, und eine internationale Eingreiftruppe ist eine militärische Macht, die nicht einem einzelnen Staat untersteht. Mit ihrer Intervention wird sie Konfliktpartei, deren Verluste sich schwer abschätzen lassen.

Dieser Sachverhalt führt die Überlegungen in »ein Labyrinth der Vorbehalte und Ungewißheiten« (Umberto Eco). Ob der Beweggrund moralischer oder politischer Natur ist, eine Intervention birgt immer Entgleisungsrisiken. Selbst wenn sie von einem internationalen Übereinkommen ausgeht, das am spontansten durch die Empörung angesichts menschlichen Leidens hervorgerufen wird, ist eine Intervention Manipulationen und Zwängen unterworfen. Jederzeit kann ein Rollentausch stattfinden, der Helfer zum Aggressor und der Mörder zum Opfer werden. Wenn die internationale Gemeinschaft das Völkerrecht nur durch Gewalt aufrechterhalten und die Menschenrechte nur durch militärisches Eingreifen schützen kann, verfügt sie dann überhaupt über die Mittel zu einer Intervention? Wann und wie soll sie eingreifen, innerhalb welcher Grenzen (bei Notwehr muß die Verteidigung dem Angriff entsprechen), mit welchen finanziellen Mitteln und, vor allem, in welchem Zeitraum? Es gibt einen kritischen Moment für die militärische Intervention, den der äußersten Dringlichkeit, einen günstigen Moment wie bei einem chirurgischen Eingriff, wenn dieser notwendig ist und unter optimalen Bedingungen für den Patienten verlaufen kann. Um ihre Wirksamkeit zu gewährleisten, muß die Intervention rasch, gezielt, zeitlich begrenzt und auf die Dauer der Zustimmung einer öffentlichen Meinung berechnet sein, auf die gewiß nicht mehr zu zählen ist, wenn nicht sofort Erfolge erzielt werden. Doch die internationale Staatengemeinschaft muß auch langfristig disponieren und den Schutz der Gruppe gewährleisten, die durch die Intervention gerettet wurde. Auf diese Forderungen entgegnete Pierre Hassner, daß die Völkergemeinschaft doppelt unfähig zu einer Willensbildung sei, weil sich einerseits in jedem Staat divergierende und oft widersprüchliche Absichten finden und andererseits die Interessen und Parteinahmen überall Schwankungen unterworfen sind [209, S. 87]. Muß man also eine »Ohnmachtsbescheinigung« ausstellen und zugeben, auf der Suche nach einem »fehlenden Organ« zu sein, da es keine Möglichkeit gibt, einen Völkermord zu bestrafen, einzudämmen oder gar zu verhüten?

Seit 1989, während die internationale Staatengemeinschaft eine vielleicht nie wiederkehrende Chance hat, jene neue Weltordnung zu begründen, von der die Demokratien träumen, sind zwei Genozidgefahren aufgetreten, die ihr Eingreifen erforderten. Die beiden Fälle beleuchten auf entgegengesetzte Weise die Facetten der erwähnten Problematik. Der erste ließ die Illusion einer Weltordnung aufkommen, der zweite zeigte die Unfähigkeit, sie zu verwirklichen. In beiden Fällen trat ein neuer Faktor zutage: Die öffentliche Meinung wie die Staatengemeinschaft verfügten über genügend Informationsmaterial, um die Notwendigkeit, die Dringlichkeit und das Risiko einer Intervention zu erkennen.

Die Kurdenfrage

Im Verlauf des 20. Jahrhunderts sind die Kurden Opfer genozidärer Massaker geworden, ohne daß das die internationale Staatengemeinschaft berührt hätte. Erst 1991 geriet die Kurdenfrage, die doch eine der ältesten der Dritten Welt ist, ins Rampenlicht der Öffentlichkeit und wurde zum Prüfstein für die Verpflichtung zu humanitärer Einmischung. Gehen wir kurz auf die historischen Wurzeln dieser Frage ein.

Abkömmlinge iranischsprachiger Stämme, bewahrten die Kurden, ein Jäger- und Hirtenvolk, das sich zwischen dem 7. und 16. Jahrhundert zum Islam bekehrte, ihre Stammesstruktur bis ins 20. Jahrhundert. 20 bis 22 Millionen Kurden (mangels Volkszählungen muß man sich mit Schätzungen begnügen) bewohnen Kurdistan, ein 530 000 Quadratkilometer großes Gebiet, das die Grenzen von fünf Staaten überlappt: den Osten der Türkei, den Süden Transkaukasiens, den Norden Syriens und des Iraks und den Westen des Irans. Tatsächlich sind diese Grenzen so unscharf wie jene des historischen Armeniens, und mehr als die Hälfte des türkischen Kurdistans war vor dem Völkermord des Jahres 1915 von Armeniern besiedelt. Desgleichen existieren noch kleine assyrisch-chaldäische Gemeinschaften, die ebenso von Massakern dezimiert wurden, in Kurdistan, wo sie das Los der Kurden teilen. Schätzungsweise leben die Hälfte der Kurden in der Türkei, wo sie 20 Prozent der Bevölkerung ausmachen, sechs Millionen im Iran und vier Millionen im Irak (hier ebenfalls 20 Prozent der Gesamtbevölkerung). In Syrien gibt es 800 000 Kurden, in Transkaukasien 200 000 und 600 000 in der Diaspora.

Das Fehlen eines konsequenten kurdischen Nationalismus, der die Bildung eines einzigen Kurdenstaates zum Ziel hätte, erklärt sich aus den Wandlungen der kurdischen Gesellschaft, die irreparable Spaltungen bewirkten. Im 19. Jahrhundert hatte die Hohe Pforte versucht, die Selbstverwaltung der kurdischen Emirate abzuschaffen und sie in ihrem Kampf gegen die Armenier als Stammesmilizen einzusetzen. Nach dem Untergang des Osmanischen Reiches, wo die meisten Kurden lebten, wurden diese zur Minderheit gegenüber den Türken, Arabern und Persern, die ihrerseits über einen Staat verfügten. Mit der Seßhaftwerdung, der Verstädterung und den Umsiedlungen brach die Stammesstruktur zusammen. Die Kurden unterteilen sich in verwandte, aber unterschiedliche Sprachgruppen (Kurmandschi, Gurani, Zaza) und haben zwar dieselbe Religion – sie sind mehrheitlich Sunniten hanefitischen Ritus –, doch gehören die Stämme verschiedenen Sufi-Orden an (Naqsbandi- und Qadri-Bruderschaft). Die religiöse und soziale Vielfalt spiegelte sich in den Parteien, die jedoch vom Stammesbewußtsein, dem Sufismus und der Blutrache zwischen den Sippen geprägt blieben. Aber obwohl Kurdistan einen Kulturraum darstellt, ist die kurdische Bevölkerung über mehrere Staaten zerstreut, die häufig in Konflikt miteinander geraten und diese gegensätzlichen Tendenzen ausnutzen. Trotz des Fehlens eines nationalen Projekts, das allen Kurden gemeinsam wäre (und das ist der Hauptwiderspruch ihrer Bewegung), nährt eine von der Stammesstruktur und von den Bruderschaften unterhaltene Dynamik den kurdischen Nationalismus, der traditionell im bewaffneten Kampf zum Ausdruck kommt und seit einem dreiviertel Jahrhundert nicht erloschen ist, obwohl er mehr Niederlagen als Erfolge zu verzeichnen hatte [201, S. 97–112].

Nach dem Ersten Weltkrieg brachen kurdische Aufstände im Irak, damals unter britischem Mandat, sowie im Iran aus, die von den jeweiligen Machthabern niedergeworfen wurden. In der Türkei war die Kurdenrebellion differenzierter. Der Vertrag von Sèvres hatte 1920 die Schaffung eines unabhängigen Kurdenstaates vorgesehen, doch er war nicht ratifiziert worden, und der Vertrag von Lausanne besiegelte den Sieg des Kemalismus in der Türkei. Die Säkularisierung des Landes und das Verbot der kurdischen Sprachen lösten 1925 einen Aufstand aus, der mit aller Härte unterdrückt wurde. Die türkische Regierung unternahm nun eine großangelegte Zwangsumsiedlung, wie sie erstmals beim Völkermord an den Armeniern und während des griechisch-türkischen Krieges von 1922 gegen die Pontus-Griechen angewandt worden war. Dabei handelte sich um eine getarnte Form der Tötung, denn die meisten Deportierten verschwanden unterwegs. 1927 gründeten die Kurden der Türkei die Hoybun-Partei (Unabhängigkeit), die sie militärisch organisierte. Sie griffen die türkischen Streitkräfte im Araratgebiet an, wo sie nach einjähriger Belagerung geschlagen wurden. Danach erledigte die Regierung das Problem durch Leugnung der ethnischen Identität der Kurden. Tatsächlich beruhte der Kemalismus ja auf der Behauptung der ethnischen Einheitlichkeit der Türkei, alle Bewohner Anatoliens seien seit jeher Türken gewesen. Zur Untermauerung dieser These dekretierte die Regierung 1932, die Kurden seien »iranisierte Bergtürken«. Damit erfolgte ein beispielloser, barbarischer Ethnozid per Dekret, zu dessen Durchführung die türkische Regierung eine weitere Bevölkerungsumsiedlung inszenierte. Insbesondere sollte das Kurdengebiet Dersim in Zentralanatolien radikal entvölkert werden, ein unwegsames Gelände, das den Guerillakampf begünstigte. Innerhalb von zwei Jahren brach die türkische Armee den Widerstand der letzten kurdischen Rebellen und zerschlug die Kurdenbewegung in der Türkei auf dreißig Jahre hinaus. Zur Konsolidierung dieses Erfolgs traf die Regierung 1937 ein Abkommen mit dem Irak, dem Iran und Afghanistan, das eine koordinierte Bekämpfung der »bewaffneten Banden« in den Grenzgebieten vorsah, so daß die Ausbreitung der Aufstände verhindert wurde und sich die Kurden gezwungen sahen, auf dem Territorium ihres jeweiligen Staates zu bleiben.

Im Vielvölkerstaat Iran hätten Autonomiebestrebungen eines dieser Völker eine Kettenreaktion nationalistischer Forderungen ausgelöst, weshalb die Zentralregierung jeder Tendenz dazu aufs schärfste begegnete. Im Januar 1946 jedoch, nach dem Sturz des autoritären Regimes von Reza Khan, wurde zwischen der sowjetischen und der britischen Besatzungszone und unter dem Schutz der Sowjetunion die Kurdische Republik Mahabad ausgerufen, der einzige Kurdenstaat, den es je gab.[2] Aber mit der Unabhängigkeit war es schon im Dezember 1946 vorbei, als die iranische Armee nach dem Abzug der sowjetischen Truppen die kleine Republik besetzte. Trotz ihrer politischen Organisation ist es den iranischen Kurden nie gelungen, von Teheran einen Autonomiestatus zu erzwingen. Ihre Aufstände wurden durch Ermordung der Anführer und Zerstörung ihrer Städte und Dörfer unterdrückt.

Nach dem Zweiten Weltkrieg verlagerte sich die Kurdenfrage im wesentlichen in den Irak. »Die Auseinandersetzung zwischen der irakischen Zentralregierung und den Kurden ist seit drei Jahrzehnten demselben Schema unterworfen.« Befindet es sich in einer schwachen Position, verhandelt das Regime, gewinnt es an Stärke, schlägt es zu [197, S. 22]. Dieses Abwechseln fruchtloser Verhandlungen mit unbarmherziger Unterdrückung beweist eine doppelte Unfähigkeit: die Bagdads, mit der Kurdenrebellion fertig zu werden, und die der Kurden, endgültig ihre Autonomie zu erringen. Zwar schien diese bei der Errichtung der irakischen Republik nach dem Staatsstreich General Kassems im Juli 1958 in greifbare Nähe gerückt, der charismatische Kurdenführer Mustafa Barsani kehrte aus dem Exil zurück und trat in Verhandlungen mit der Regierung ein. 1960 wurde die Demokratische Partei Kurdistans zugelassen, doch 1961 ließ Bagdad ihre Anführer verhaften und begann eine Treibjagd auf die Widerstandskämpfer, die *Peschmerga*[3], welche, ungeachtet der Machtkämpfe im Irak, bis 1975 fortdauerte. Das Unvermögen der Bath-Partei, die seit 1968 wieder an der Macht war, den kurdischen Widerstand zu brechen, führte zur Unterzeichnung des Abkommens vom 11. März 1970 zwischen Saddam Hussein und Barsani, in dem die Existenz der kurdischen Nation und ihre kulturellen Rechte anerkannt wurden. Es sah vor, die Kurden an der Macht zu beteiligen und begründete den Status einer autonomen kurdischen Region. In einer vierjährigen Übergangsperioden sollten diese Region organisiert und ihre Grenzen festgelegt werden. Das war mehr, als die Kurden je von einem souveränen Staat erlangt hatten. Doch die Furcht vor einer solchen Autonomie führte zu einer genozidären Situation, denn die Regierung nützte die Vierjahresfrist für eine Zwangsumsiedlung der kurdischen Bevölkerung der Umgebung von Kirkuk, um das Erdölgebiet aus dem künftigen Kurdenterritorium auszuschließen und dieses von 74000 auf 42000 Quadratkilometer zu reduzieren. Die Kurden entlarvten das Manöver und weigerten sich, den endgültigen Vertrag zu unterzeichnen. Das »Gesetz über die Autonomie Kurdistans«, das weit hinter dem Abkommen von 1970 zurückblieb, wurde von Bagdad einseitig verkündet – nur 1,5 Millionen, weniger als die Hälfte der Kurden des Iraks, lebten in dieser Region. Ein regelrechter Krieg brach aus, er verlief zugunsten der *Peschmerga*, die die großen Städte Kurdistans nach und nach eroberten. Der kurdische Widerstand wurde vom Iran gefördert, der mit Hilfe der CIA Waffen lieferte und eine Rückzugsbasis bot. Bagdad verhandelte nun mit dem Schah und unterzeichnete im März 1975 das Abkommen von Algier, in dem Teheran Grenzberichtigungen zugestanden wurden, das seinerseits die Unterstützung der Kurden einstellte. Die Rebellion brach daraufhin zusammen, die Kurden mußten erkennen, wie gefährdet ihre Position war und wie sehr sie von der Bündnispolitik der Staaten abhingen. Im April 1976 feierte ein Bericht der Vereinten Nationen »die Wiederherstellung des Friedens und der nationalen Einheit im Anschluß an die Lösung der Kurdenfrage im Norden des Landes« [201, S. 91]. Nach dem Sturz des Schahs verstieß Khomeini gegen das Abkommen von Algier, indem er eine Wiedergeburt der Kurdenbewegung ermöglichte. Während des iranisch-irakischen Krieges (1980–1988) waren die irakischen Kurden zunächst entzweit, denn die Demokratische Partei Kurdistans blieb mit Teheran verbündet, während die 1975 von Jalal Talabani gegründete Patriotische Union Kurdistans versuchte, mit Bagdad zu verhandeln. Aber angesichts der Ausmaße der Unterdrückung sah sich der kurdische Widerstand zur Vereinigung gezwungen.

Seit 1975, nach dem Abkommen von Algier, betrieb die irakische Regierung ein Programm genozidärer Deportationen, das die Medien mit Schweigen und die internationale Staatengemeinschaft mit Gleichgültigkeit hinnahmen. Dieses Programm wurde von Saddam Hussein unter Mißachtung des 1974 oktroyierten Autonomiestatus geplant und durchgeführt, im Rahmen einer umfangreichen Verfolgungskampagne, die auch Kommunisten und Schiiten traf, und von Expansionsbestrebungen, die zum Krieg mit dem Iran und zur Annexion Kuwaits führten. Es begann mit der Verhaftung der Kurdenführer, besonders der Mitglieder des Barsani-Clans, dann wurden Dörfer mit Bulldozern dem Erdboden gleichgemacht, Kurden und Assyro-Chaldäer in den Süden des Iraks deportiert und die Flüchtlinge in »neuen Städten« untergebracht, die in der Nähe von Militärposten entstanden. Die kurdische Bevölkerung der Grenzgebiete, einer Zone von 30 Kilometern Breite und 120 Kilometern Länge, wurde 1978 und 1979 vertrieben, 250000 Menschen. Dann kam eine Unterbrechung durch den Krieg, doch das Programm wurde 1985 wiederaufgenommen, diesmal betraf es 500000 Personen. Städte und Dörfer wurden zerstört, ihre

Bewohner in Slums am Rande der Großstädte deportiert oder in Konzentrationslager in Wüstengebieten des Südiraks, nahe der jordanischen und saudiarabischen Grenze. Nach diesen Entvölkerungsmaßnahmen waren die kurdischen Berge verlassen, was die *Peschmerga* vor logistische Probleme stellte [197, S. 138–140]. Seit 1975 hatte die Türkei ihre Grenze für kurdische Flüchtlinge geschlossen, ein Abkommen mit dem Irak erlaubte ihrer Armee, zwischen 1983 und 1987 drei Angriffe auf die irakischen Stützpunkte der Demokratischen Partei Kurdistans und der türkischen Kurdischen Arbeiterpartei (PKK) zu führen, einer 1977 gegründeten marxistisch-leninistischen Partei, die für die Unabhängigkeit des türkischen Kurdistans kämpft. Die Verbrechen Saddam Husseins berührten die Weltöffentlichkeit erst nach der Bombardierung von Halabja am 16. März 1988, einer von iranischen Truppen besetzten Stadt im irakischen Kurdistan: Ein irakischer Mirage F1 warf Giftgasbomben ab, 5000 Menschen wurden getötet und 7000 verletzt, die Fernsehanstalten der ganzen Welt zeigten Hunderte Opfer aus der Zivilbevölkerung, darunter Kinder [198].[4] Man sprach von Völkermord, doch tatsächlich war die Bombardierung von Halabja nichts als die gewaltsame Eskalation eines genozidären Projekts, das seit dreizehn Jahren von der irakischen Regierung systematisch durchgeführt wurde, aber nirgendwo Beachtung fand. Dieses Verbrechen gegen die Menschheit war gleichzeitig ein Kriegsverbrechen, ein Verstoß gegen die Genfer Konvention von 1925, welcher der Irak 1931 beitrat. Seinen Hintergrund bildete ein totaler Krieg zwischen dem Irak und dem Iran, in dem die Kriegführenden weder Gesetze noch Gebräuche achteten und in beiden Lagern seit 1983 chemische Waffen einsetzten, trotz eines Protests der UNO im März 1984. Der Irak stritt dies stets ab, auch nach zwei Verurteilungen durch den Sicherheitsrat im Jahre 1988. Sein Leugnen wurde durch die Türkei gedeckt, die nach der Untersuchung von Giftgasopfern nicht zugab, daß chemische Waffen gegen die Kurden eingesetzt worden waren. Saddam Hussein bombardierte die kurdische Bevölkerung weiter mit chemischen Waffen, bis zur Unterzeichnung des Waffenstillstands im August 1988 und sogar noch im September, in der Gegend von Zakho. Nach Beendigung des iranisch-irakischen Krieges rechnete Bagdad mit den Kurden ab, die Unterdrückung verschärfte sich im Norden des Landes, Zehntausende Kurden flohen in den Iran und in die Türkei, die erst jetzt ihre Grenze öffnete.

Nach der Annexion Kuwaits durch den Irak im August 1990 intervenierten die USA im Golf, weil sie dort lebenswichtige Interessen verfolgten. 29 Staaten befanden sich im Krieg gegen den Irak, dessen Streitkräfte im Februar 1991 geschlagen wurden. Im März kam es zu Massenaufständen der Schiiten und Kurden, letztere besetzten Städte und nahmen Kirkuk ein. Die Alliierten befürchteten eine Teilung des Iraks und ließen die Niederschlagung der Aufstände zu. Überzeugt, daß die irakische Armee Giftgas einsetzen werde, flohen über eine Million Kurden in die Berge entlang der türkisch-irakischen Grenze oder in den Iran. Diese Vorgänge wurden von den Medien der ganzen Welt verfolgt. Die Schiiten standen zu sehr in Verbindung mit dem Iran, um annehmbare Opfer abzugeben, während die geopolitische Lage der Kurden geeignet war, ihnen Schutz angedeihen zu lassen. Die internationale Meinung wurde zu ihren Gunsten mobilisiert, man entrüstete sich und zwang die UNO zum Eingreifen. Zunächst wurde in großem Umfang humanitäre Hilfe geleistet, dann schlugen die Alliierten auf Betreiben der Türkei (die sich plötzlich zum Beschützer der irakischen Kurden machte, weil sie eine Gelegenheit sah, Stützpunkte der PKK zu eliminieren) eine internationale Schutzzone vor, die vom Sicherheitsrat im April gebilligt wurde. Die Operation *Provide Comfort* erlaubte die Rückkehr der Flüchtlinge unter der Aufsicht alliierter Truppen. Nun begannen schwierige Verhandlungen zwischen den Kurdenparteien und Saddam Hussein. Die irakischen Streitkräfte zogen Ende Oktober 1991 aus den Städten Arbil und Sulaimaniya ab, die befreite Zone erwies sich als ausgedehnter als die 1974 geschaffene autonome Region. Im Mai 1992 wurde eine kurdische Nationalversammlung gewählt, in die sich die Demokratische Partei Kurdistans und die Patriotische Union Kurdistans teilten. Im Oktober rief dieses Parlament den »Kurdischen Bundesstaat Nordirak« aus, der auf schwachen Füßen stand, denn die Nachbarn waren ihm feindselig gesinnt und die Kurden uneins. Weder die Türkei noch der Iran wünschten einen unabhängigen Kurdenstaat, denn sie befürchteten wie Syrien eine Zersplitterung des Iraks. Die Kurden werden neuerlich bedroht sein, sobald der Irak in die internationale Staatengemeinschaft zurückkehrt, denn diese ist überzeugt, daß die Türkei und der Irak Bollwerke gegen das Erstarken des islamischen Fundamentalismus darstellen, und um diese Gefahr zu bannen, ignoriert sie die Völkermordgefahr, die den Kurden droht.

Die kurdische Tragödie spielt sich heute neuerlich in der Türkei ab, wo die PKK seit 1984 einen Guerillakrieg führt, der im Begriff ist, sich zu einem totalen Krieg auszuweiten. Unterstützt von Milizen (manche nennen sich »Todesschwadronen«), terrorisiert die türkische Armee die kurdische Bevölkerung. Sechs Städte und über dreihundert Dörfer sind von der Landkarte getilgt worden. Gleichzeitig unternimmt die Regierung nach der ihr wohlbekannten Technik eine Desinformationskampagne in den Medien, die die PKK verteufeln und die Türken gegen einen jetzt identifizierten Feind mobilisieren soll – die »kurdische Realität« wurde im Dezember 1991 von der Regierung Demirel anerkannt. Am 17. Dezember 1992 verlangte das Europaparlament die Einberufung einer Tagung der KSZE über das Kurdenproblem, doch die Staatengemeinschaft ist nicht bereit, eine Situation zu entschärfen, die mörderische Konflikte in sich birgt.[5] Zu ihrem Unglück sind die Kurden schwach und uneinig und haben keinen eigenen Staat.

Die Tragödie in Jugoslawien

Auf dem europäischen Kontinent herrscht wieder Krieg, grausam, unbarmherzig, unkontrollierbar. Die Geschehnisse in Kroatien und später in Bosnien sind die größte Katastrophe, die seit dem Zusammenbruch des Nationalsozialismus über Europa hereingebrochen ist. Dieser Konflikt ist mit Symbolik beladen, denn während Europa versuchte, einen immerwährenden Frieden zu besiegeln, entpuppte sich diese Hoffnung als trügerisch. In Sarajevo schrieb die Geschichte eine Tragödie: Das Unheil unseres Jahrhunderts wurde in dieser Stadt geboren, und bevor sich der Vorhang über das zweite Jahrtausend der christlichen Ära senkt, wird dort in immer unerträglicherer Weise menschliches Leiden »inszeniert«. In Sarajevo, in einer auseinandergebrochenen Föderation erlischt der letzte Funke der Hoffnung auf ein Zusammenleben von Völkern, die zwar desselben Ursprungs, jedoch durch die Geschichte getrennt sind. Alle, Beobachter wie Konfliktparteien, erheben Genozidbeschuldigungen, die hier berechtigt, dort erlogen sind. Der internationalen Staatengemeinschaft liegen unwiderlegbare Beweise für Verbrechen gegen den Frieden, gegen die Menschheit und für Kriegsverbrechen vor (die drei Anklagepunkte von Nürnberg), doch sie verfügt nicht über die Mittel, diese Verbrechen zu ahnden. Will man sich mit dieser brisanten Frage befassen, so müssen zuerst Mißverständnisse beseitigt und verbreitete Vorurteile aufgegeben werden.

Der erste Irrtum betrifft die Kompliziertheit des Problems. Die Medien sprechen gerne von »unentwirrbaren« Verhältnissen, was von jedem Versuch einer Analyse abschrecken könnte. Sie organisieren die Entrüstung der Öffentlichkeit. Indem sie die Scheinwerfer auf Sarajevo fixieren, vermitteln sie eine unvollständige Sicht des Konflikts und lassen Bereiche im Schatten, in denen unbemerkt Verbrechen geschehen. Die Verworrenheit des Knotens verbietet nicht, ihn zu entwirren, nur muß man ihm erhöhte Aufmerksamkeit widmen und darf den historischen Faden nicht verlieren, der es allein erlaubt, die vielfältigen Mechanismen des Konflikts zu interpretieren.

Der zweite Irrtum hat mit der humanitären Hilfe zu tun. Als sofortige Reaktion auf ein dringendes Erfordernis, als »notwendiges Gegengewicht zur Herrschaft der Interessen« (Pierre Hassner), hat die humanitäre Hilfe unter militärischem Schutz im ehemaligen Jugoslawien so viele Leben gerettet, so vielen Menschen Nahrung und Wärme gebracht, so viel Opfermut erfordert, daß man nicht ohne Zorn die Beschuldigung hört, sie habe nichts geleistet. Dennoch haben sie die westlichen Regierungen als Ersatz für eine militärische Intervention mißbraucht, als Ausrede für ihre Untätigkeit. Im Tumult mörderischer Auseinandersetzungen kommt der humanitären Hilfe eine wichtige moralische Rolle zu, aber sie steht nicht im Widerspruch zu militärischem Eingreifen. Oft ergänzen sie sich sogar, wenn der Staat, auf dessen Territorium die humanitäre Intervention unter militärischem Schutz erfolgt, ihre Zusammenarbeit akzeptiert. Allerdings sind der humanitären Hilfe Grenzen gesetzt, sie kann die verbrecherischen Absichten eines Staates nicht beseitigen, nicht einmal aufhalten, im Gegenteil, dieser manipuliert und benützt sie. In einer genozidären Situation, wenn ein Staat seine Bürger mordet, Verhandlungen gescheitert sind, humanitäre Maßnahmen nicht hinreichen, um die Opfer zu retten, ja die Helfer sogar selbst in Gefahr geraten, steht die internationale Gemeinschaft vor dem Dilemma, militärisch zu intervenieren oder ihre Ohnmacht einzugestehen.

Das Übermaß an Informationen hat zwar Empörung hervorgerufen, die Vorurteile aber nicht beseitigt. Die Unfähigkeit zum Handeln beruht in erster Linie auf dem Unvermögen, die Ursachen zu verstehen und die Tatsachen zu ermitteln. Der Konflikt, der sich heute auf dem Territorium des ehemaligen Jugoslawiens (schon dieser Ausdruck läßt auf Uneinigkeit schließen) abspielt, ist weder ethnischer noch religiöser, geschweige denn rassischer Natur oder eine Auseinandersetzung zwischen Sippen. Von Sippenfehden zu sprechen, heißt Barbarei von der Zivilisation zu unterscheiden und eine Anklage wegen Verbrechens gegen den Frieden zu umgehen, überkommene Haßgefühle ins Feld zu führen, heißt die Unvermeidlichkeit der Blutrache einzuräumen. Aber das sind Klischeevorstellungen. Dieser Krieg wird von Nationen geführt, sein Zweck ist die Festlegung der Grenzen und die Umsiedlung von Bevölkerungsteilen. Wenn Haß und Furcht ihn verursacht haben und weiter schüren, so sind diese erst zu Beginn unseres Jahrhunderts erwachsen, mit dem Balkankrieg von 1913. Haß und Furcht wurden von nationalistischer Propaganda geweckt, durch Massaker untermauert und dann gelehrt, bis sie alles beherrschten. Gewiß ist dieser Konflikt verwickelt, doch kann man die Parteien nicht derselben Verbrechen bezichtigen und die Protagonisten nicht über einen Kamm scheren. Es ist ein ungleicher Krieg, von einer »erschreckenden Asymmetrie: Armeen greifen Zivilbevölkerungen an, als ob diese Armeen wären, mit denselben Mitteln, die gegen bewaffnete Streitkräfte eingesetzt werden« [209, S. 65]. Deshalb ist es wesentlich, klarzustellen, wer der ursprüngliche Aggressor war: Serbien, Regierung und Volk gemeinsam. Serbien träumte davon, einen Staat wiederherzustellen, der vor sechshundert Jahren jenseits seiner heutigen Grenzen bestand. Zur Erreichung dieses Ziels war es entschlossen, alle Hindernisse aus dem Weg zu räumen. Unter Mitwirkung der serbisch-orthodoxen Kirche, die bei der Revision der Geschichte und beim Predigen des Hasses half, wurde die Mehrheit der Serben von einer Leidenschaft verzehrt, der serbischen Version des Panslawismus, die alle moralischen Schranken durchbrochen hatte, aber sich aller Listen und Lügen bediente, welche die Erfüllung einer heiligen Sendung erleichterten. Die krankhaften Vorstellungen der Serben sind die tiefere Ursache dieses Konflikts, bei dem es darum ging, die Staatengemeinschaft vor die vollendete Tatsache eroberter Gebiete und vertriebener Einwohner zu stellen. Der Aggression ging eine Propaganda- und Desinformationskampagne voraus, deren Zweck die Verteufelung der Opfer durch eine geschickte Verdrehung historischer Tatsachen war, so daß der Angreifer als Opfer erschien. Mit Hilfe solcher Manipulationen vermittelten die serbischen Nationalisten ihrem Volk eine gefälschte Darstellung seiner Geschichte, an die sie am Ende selbst glaubten [210, S. 13]. Dabei mußte das Genozidargument herhalten, um das eigene Volk wie die Welt zu überzeugen, daß die Serben heute wie gestern Opfer eines Völkermords seien und der scheinbare Angriff in Wirklichkeit nur Verteidigung gegen eine lebensgefährliche Bedrohung. Doch selbst wenn die Tatsachen beweisen, daß die Serben den gegenwärtigen Konflikt auslösten, wäre es verfehlt, die Kroaten und Muslime freizusprechen. Bevor man darangeht, Schuldsprüche zu fällen, muß man zu verstehen suchen, warum jede Partei bis zuletzt davon überzeugt ist, im Recht zu sein und daß ihre Darstellung die richtige ist. »Eine Sozialpsychologie, die sich nicht vollkommen an der Geschichte orientiert, ist blind« (Anselm Strauss). Die Kluft, die heute Serben, Kroaten und Muslime trennt, läßt sich nur historisch erklären.

Aber die Geschichte darf nicht zu einer Desinformation mißbraucht werden, die es der internationalen Gemeinschaft erlauben würde, ihr Zögern und ihre Unschlüssigkeit damit zu entschuldigen, daß die jeweilige Verantwortung der kriegführenden Parteien unklar sei, und den Serben, die Vergangenheit zu manipulieren, um ihren Angriffskrieg zu legitimieren. Ein kurzer historischer Überblick ermöglicht es, vorgefaßte Meinungen zu berichtigen und die Ereignisse in ihrem Zusammenhang zu sehen. Die meisten Personen in diesem Drama sind Slawen, sie gehören seit Jahrhunderten verschiedenen Nationen an, die durch die wechselnden Geschicke der Reiche getrennt, einander angenähert oder vermischt wurden. Sie gehören verschiedenen Religionen an, der orthodoxen Kirche, dem Katholizismus und dem Islam, und sind durch die kulturellen Traditionen dieser Bekenntnisse geprägt. Im 9. Jahrhundert entstanden Slawenreiche auf dem Gebiet des späteren Jugoslawiens. Im 12. Jahrhundert wurde Kroatien Ungarn angeschlossen, es blieb bis ins 20. Jahrhundert Teil der Doppelmonarchie und dem römisch-katholischen Kulturkreis verwachsen. Das Königreich Serbien, das sich in der byzantinisch-orthodoxen Sphäre entwickelte, ging Ende des 14. Jahrhunderts unter, und die Serben waren fünf Jahrhunderte lang dem Osmanischen Reich unterworfen. Das ehemalige Serbien bevölkerte sich mit Albanern, und in Bosnien-Herzegowina trat ein Teil der slawischen Bevölkerung zum Islam über. Jene, die orthodox blieben, wanderten teilweise nach Kroatien aus, wo sie an der Militärgrenze Österreich-Ungarns über Freizonen verfügten, die Krajina. Als Wachposten verteidigten sie dort das Reich gegen die Osmanen. Andere zogen sich in die Schwarzen Berge zurück (Montenegro), wo sie ihre Unabhängigkeit wahren konnten.

Im 19. Jahrhundert zerfiel das Osmanische Reich auf dem Balkan. Unter dem Einfluß Rußlands erwachte das serbische Nationalgefühl, gewaltsam, intolerant, irredentistisch. Auf dem Berliner Kongreß 1878 erlangte Serbien die Unabhängigkeit, während Österreich-Ungarn »im Namen des Sultans« Bosnien-Herzegowina verwaltete. Von nun an träumte das Königreich Serbien von Großserbien. Geheimgesellschaften führten Terroraktionen durch, um den nationalistischen Forderungen Nachdruck zu verleihen. Im Verlauf der Balkankriege eröffneten Massaker an Albanern und Makedoniern den Zyklus gegenseitigen Hasses.

1914 wurde die jugoslawische Idee, die sich in der kurzen Periode der Illyrischen Provinzen (1809–1815) unter Napoleon abgezeichnet hatte, von den Kroaten und Slowenen wieder aufgegriffen. Serbien erlitt damals mit voller Wucht die Auswirkungen des Weltkriegs, der eine Million Opfer auf serbischer Seite forderte. Verhandlungen zwischen Serben, Kroaten und Slowenen führten am 20. Juli 1917 zur Erklärung von Korfu, wo das Projekt einer »konstitutionellen und parlamentarischen Monarchie« unter der serbischen Dynastie der Karageorgiević geboren wurde. 1929 wandelte König Alexander das Königreich der Serben, Kroaten und Slowenen in eine Diktatur um, die er Jugoslawien nannte. Dabei handelte es sich um keine künstliche Konstruktion, denn die drei Völker waren derselben slawischen Herkunft, zwei von ihnen sprachen dieselbe Sprache, Serbokroatisch, und sie glaubten, durch ihre Gemeinsamkeiten die religiösen, kulturellen und historischen Unterschiede überwinden zu können. Freilich hatte es von Anfang an ein Mißverständnis gegeben: Kroaten und Slowenen wollten die Vereinigung, um der Beherrschung durch Österreich-Ungarn zu entgehen, aber während die Slowenen einen Einheitsstaat akzeptierten, strebten die Kroaten eine Föderation an. Kroaten wie Slowenen wollten »den Balkan europäisieren«, nicht ihre Nationen »balkanisieren« [202, S. 25]. Jugoslawien war eine Frühgeburt, bevor man grundsätzliche Fragen erörtert hatte. Die 1921 verkündete Verfassung bestätigte die Befürchtungen der Kroaten und Slowenen, nichts blieb übrig von den alten nationalen oder Provinzstrukturen, das Land war in kleine Verwaltungseinheiten aufgesplittert, seine Bewohner gewannen allmählich den Eindruck, Europa verlassen zu haben und asiatisch geworden zu sein [202, S. 26]. Als den Kroaten die serbischen Führungsansprüche und die Serbisierung des Regimes bewußt wurden, gründete eine extremistische Bewegung die revolutionäre Organisation *Ustascha*, die sich am italienischen Faschismus orientierte und von den serbischen Geheimgesellschaften die terroristischen Methoden übernahm. Am 6. Oktober 1934 wurde König Alexander bei einem Besuch in Marseille von einem makedonischen Terroristen ermordet (die *Ustascha* hatte professionelle Terroristen angeworben). Während der Regentschaft des Prinzen Paul bekundete das Regime Sympathien für den Nationalsozialismus. 1934 stellte Robert Schuman fest, daß Jugoslawien gescheitert sei, er beschuldigte die Serben der Terrorherrschaft und das Regime der Annäherung an das nationalsozialistische Deutschland [208, S. 146–149].

Die Identität eines Individuums kann nicht ohne den Zusammenhang mit seiner kollektiven Identität bestimmt werden, erklärt Anselm Strauss zu der zwischen Serben und Kroaten herrschenden Verständnislosigkeit vor der Katastrophe 1941, und diese Feststellung gilt für alle Gruppen, insbesondere für nationale. Diese kollektive Identität beruht auf der Geschichte: »Individuen besitzen Mitgliedschaften in Gruppen, die ihrerseits selbst Produkte einer Vergangenheit sind«, ob diese Vergangenheit nun real oder fiktiv ist. In letzterem Fall wurde sie aus Mythen gewoben, die sich aus dem Wunschdenken bezüglich der Gegenwart oder Zukunft herleiten.[6] Der neue Status Jugoslawiens beruhte auf einer Täuschung. Das Unverständnis zwischen Serben und Kroaten ergab sich aus dem unterschiedlichen Verständnis beider Gruppen. Analysiert man, wie Strauss das anhand eines 1940 erschienenen Romans von Rebecca West unternahm, die jeweilige Auffassung der Mitglieder dieser Gruppen von ihrer Geschichte, so stellt man fest, daß diese entgegengesetzt und unvereinbar sind, daß jeder überzeugt ist, im Recht zu sein, wenn sie einen Dialog versuchen, und diese Überzeugung sie dazu treibt, den anderen zu töten. Die Kroaten, die sich von den Österreichern und Ungarn befreit hatten, waren der Meinung, die Serben beraubten sie nun ihrer Freiheit. Nachdem Kroatien ein Land mit westlicher Zivilisation sei, komme ihnen die führende Rolle in Jugoslawien zu. Nach jahrhundertelanger Unterdrückung durch Nichtslawen hatten die Serben den Status von Mitregierenden neben anderen Slawen erlangt. Nun hatte Serbien aber an der Seite der Entente den Sieg über Österreich-Ungarn errungen, während die Kroaten geschlagen worden waren. Sie hatten sich selbst befreit und traten als Befreier aller Slawen auf.[7]

Das von den Anfängen Jugoslawiens an bestehende Zerwürfnis vertiefte sich während des Zweiten Weltkriegs, und die Ära Titos heilte die Wunden nicht. Als Jugoslawien 1941 dem Dreimächtepakt beitrat, erhob sich das Volk, stürzte den Regenten und machte den jungen König Peter II. zum Herrscher. Am 6. April marschierten deutsche, italienische, bulgarische und ungarische Streitkräfte in Jugoslawien ein, das zwölf Tage später kapitulierte. Das Land wurde zerstückelt: Deutschland annektierte den Nordosten Sloweniens und besetzte

Serbien, Italien den Südwesten Sloweniens, das dalmatinische Küstengebiet, dem Kosovo und Montenegro. Bulgarien annektierte das westliche Makedonien, die nordöstlichen Grenzgebiete Serbiens kamen zu Ungarn. Kroatien schließlich (ohne Dalmatien) und Bosnien-Herzegowina wurden zu einem Satellitenstaat unter der Herrschaft der *Ustascha*, im Westen von Italien, im Osten von Deutschland kontrolliert. Sofort setzte der Widerstand ein. Zwei Jahre lang führten die kommunistischen Partisanen Titos einen heroischen und häufig erfolgreichen Guerillakampf. Tito war Kroate, aber er und seine Leute lehnten nationale Unterscheidungen ab. Trotzdem bekämpften sie nach einigen Monaten des Einvernehmens die nationalistischen serbischen Partisanen, die *Tschetniks* (das Wort bezeichnete serbische Bauern, die sich gegen die Türken empörten), welche einen Teil Serbiens hielten. Ihr Chef Mihailović war der Mann der jugoslawischen Exilregierung in London. Er hatte seine Truppen, die eine ethnische Säuberung des serbischen Territoriums begannen, nicht unter Kontrolle. Mihailović war mehr daran gelegen, seinen kommunistischen Rivalen zurückzudrängen, als den äußeren Feind zu bekämpfen, mit dem er bisweilen gemeinsame Sache machte. Im Verlauf des Zweiten Weltkriegs kam ein Zehntel der jugoslawischen Bevölkerung ums Leben (1,7 Millionen). Um diese furchtbare Zeit geht die »Schlacht der Erinnerung«. In Serbien wie in Kroatien wurden Juden und Zigeuner Opfer eines Völkermords. Doch der kroatische Staat verübte auch genozidäre Massaker an den Serben, die dörferweise ermordet oder deportiert und in Konzentrationslagern getötet wurden, wie in Jasenovac, wo man 60 000 bis 80 000 serbische Opfer zählte. Die auf dem Territorium des *Ustascha*-Staates getöteten Serben werden auf rund 300 000 geschätzt. Diese unbestreitbaren Verbrechen bilden die Grundlage der serbischen Überzeugungen und Sophismen: die Kroaten seien ein »Genozid-Volk«, sie hätten »den Völkermord im Blut«, seien allesamt *Ustascha*, das Böse sei kroatisch, das Gute serbisch.

Der totale Sieg seiner Partisanen sicherte Tito 1945 die Kontrolle über das Land. Das zweite Jugoslawien wurde 1946 geboren. Seine Verfassung war föderativ: sechs Republiken – Serbien, Kroatien, Slowenien, Bosnien-Herzegowina, Montenegro, Makedonien – und zwei an Serbien angeschlossene autonome Regionen, die Provinzen Kosovo und Vojvodina. Diese Föderation folgte dem sowjetischen Muster ethnischen Pluralismus, die künftige kommunistische Gesellschaft sollte den Nationalismus zum Verschwinden bringen. Tatsächlich aber leistete die föderative Struktur dem Nationalismus Vorschub, ermöglichte die Bildung politischer Eliten und begünstigte kulturelle, soziale und wirtschaftliche Spaltungen. Als sich 1971 das kroatische Nationalbewußtsein wieder bemerkbar machte, wurde der »Zagreber Frühling« von der Armee unterdrückt. Die Kroaten verlangten mehr Demokratie und waren der Ansicht, ihr politischer Einfluß entspreche nicht ihrem wirtschaftlichen Gewicht.

Um die nationalistische Gärung zu beschwichtigen, suchte das Regime, den Republiken mehr Rechte einzuräumen als dem Bund. Diese Absicht fand ihren Niederschlag in der Verfassung von 1974, die dem Kosovo und der Vojvodina Gleichstellung mit den Republiken verlieh, »eine Verlagerung des wirtschaftlichen und politischen Schwerpunkts von der Föderation zu den Republiken einleitete« [210, S. 15] und die Identifikation jeder Republik mit einer besonderen nationalen oder ethnischen Gruppe bestärkte. Die Verfassung von 1974 bereitete den Zerfall des jugoslawischen Föderativsystems vor. Eine ihrer Klauseln bestimmte nämlich, daß der Staat und der Bund der Kommunisten (die Kommunistische Partei Jugoslawiens) von einem Präsidium zu leiten sei, dessen Präsident im jährlichen Turnus von den sechs Republiken und den beiden autonomen Regionen gestellt werden sollte. Nach dem Tode Titos 1980 wurde diese Klausel angewandt, was die Zersplitterung der jugoslawischen Föderation zur Folge hatte, deren nationale Antagonismen nun zutage traten. Die Lähmung der Institutionen und das wirtschaftliche Desaster bezeugten den Schiffbruch eines Regimes, in dem die kommunistische Ideologie überhaupt keine Rolle mehr spielte.

Von da an folgte die Entwicklung einem vorhersehbaren Verlauf, beeinflußt durch serbische Ängste, die eine Handvoll nationalkommunistische oder ultranationalistische Politiker ausnutzten und manipulierten. Den Hintergrund zu diesen Ereignissen bildeten die weltweite Krise des Kommunismus, der Versuch, einen multinationalen Staat zu demokratisieren und vor allem die katastrophale Wirtschaftslage, denn von 1980 bis 1990 war der Lebensstandard in Jugoslawien um 80 Prozent gefallen. Bei der Volkszählung von 1981 wurde den Serben bewußt, daß sie in der Republik Serbien 4,9 Millionen zählten und 3,3 Millionen in den anderen Republiken, aber im Staatspräsidium nur über eine von den acht Stimmen der Republiken und Regionen verfügten. Nur eine Institution blieb der Garant der Ordnung, die Jugoslawische Volksarmee mit ihren 250 000 Mann, die gut ausgerüstet war und weitgehend von den Serben kontrolliert wurde.

Die Krise begann im Kosovo, das der serbische Nationalmythos zu einem heiligen Boden macht, zur Wiege Serbiens. Dort wurde 1389 das Königreich Serbien von den Osmanen zerschlagen. Es war im Mittelalter das Zentrum der Serben und bis ins 18. Jahrhundert der Sitz ihrer Patriarchen. Nach der Abwanderung zahlreicher Serben in den Norden besiedelten nichtslawische, muslimische Albaner das Land, wo sie heute 80 bis 90 Prozent der Bevölkerung ausmachen. Die Serben haben diese Entwicklung nie akzeptiert, 1913 und 1915 zerstörten sie albanische Dörfer und machten ihre Bewohner nieder. 1937 entwarf einer der Verschwörer von Sarajevo, der zum Nationalheld geworden war, ein genozidäres Programm für den Kosovo, in dem er vorschlug, Serbien von fremden Elementen zu reinigen und die Kosovobevölkerung nach Albanien und in die Türkei zu deportieren [208, S. 149–185]. Im Frühjahr 1981 bezeichneten die Serben albanische Demonstrationen, in denen für den Kosovo der Republikstatus gefordert wurde, als konterrevolutionär und trafen repressive und diskriminierende Maßnahmen. In einer Diffamierungskampagne beschuldigten sie die Albaner, einen Völkermord an den Serben zu planen. Sie begründeten jene »Opferlogik« (Alain Finkielkraut), auf die sie 1991 in Kroatien erneut zurückgriffen, um ihre Aggression zu rechtfertigen. Dabei bedienten sie sich einer Argumentation, die Schule machen sollte: Der Mörder gibt sich als Opfer eines Völkermords aus (ob diese Behauptung auf historischen Tatsachen beruht wie in Kroatien oder reine Lüge ist wie im Kosovo), um »präventiv« ein genozidäres Massaker oder sogar einen Völkermord zu begehen. Im Herbst 1986 prangerte die Serbische Akademie der Wissenschaften die Teilung der Republik durch Tito an und »den physischen, politischen, rechtlichen und kulturellen Genozid der serbischen Bevölkerung« im Kosovo, der eine massive Abwanderung der Serben und Montenegriner bewirkt habe. Hingegen verließen albanischen Quellen zufolge 500 000 Albaner von 1945 bis 1966 den Kosovo, als das Tito-Regime eine antialbanische Politik betrieb, weitere emigrierten nach der Niederschlagung der Aufstände von 1981 [208, S. 231–269]. Das Memorandum der Akademie der Wissenschaften zeigte die serbische Entschlossenheit, die Geschichte zu instrumentalisieren, und das hat sich seither nicht geändert. Slobodan Milošević, der Parteichef des Bundes der Kommunisten, nutzte 1987 die Unzufriedenheit der öffentlichen Meinung gegenüber Tito, der Serbien um zwei Provinzen gebracht hatte, zu seinen Gunsten und zur Stärkung seiner Macht. Er versprach, die serbische Minderheit im Kosovo zu schützen. Im Juli 1989, nach dem 600. Jahrestag der Niederlage auf dem Amselfeld, der ihm äußerst gelegen kam, erinnerte Milošević daran, daß »der Mythos des Kosovo das ganze serbische Volk einte, das über Jugoslawien verstreut war« [208, S. 271]. Er leitete eine Apartheidpolitik mit Säuberungen und Ausnahmegesetzen ein. Die Polizei erledigte die Arbeit, die Armee wachte an den Grenzen, zum Eingreifen bereit. Zur Vorbereitung der serbischen Rückeroberung des Kosovo wurde die Provinz, in der es seit Februar gärte, mit Hilfe einer Verfassungsrevision annektiert, die Vojvodina ebenfalls. Damit und mit der Gleichschaltung Montenegros sicherte sich Serbien die Hälfte der Stimmen in den Bundesgremien. Seit der Behauptung einer »albanischen Bedrohung« wurde die Lage im Kosovo genozidär für die albanische Mehrheit, die in Gefahr geriet, vertrieben odar sogar vernichtet zu werden.

Slowenien war nach den Vorgängen im Kosovo der Meinung, daß es keine Zukunft mehr in der jugoslawischen Föderation habe, und bekundete seinen Willen zur Demokratie. Kroatien nahm denselben Standpunkt ein. In beiden Ländern radikalisierten sich die Positionen, Parteien wurden gegründet und im April 1990 Wahlen abgehalten. Nach einem Volksentscheid riefen die beiden

Nationen ihre Unabhängigkeit aus, Slowenien am 23. Dezember 1990, Kroatien am 29. April 1991. Doch die Krajina, eine serbische Enklave in Kroatien, spaltete sich von Kroatien ab und boykottierte das Referendum. Diese Aussicht auf eine Abtrennung – und auf eine Zersplitterung, die sie anzukündigen schien – beunruhigte die Europäische Gemeinschaft. Die Badinter-Kommission, die den Auftrag erhielt, die Voraussetzungen für die Anerkennung der unabhängigkeitswilligen jugoslawischen Republiken festzustellen, legte ein Konzept vor, das die UNO als Verhandlungsbasis für eine friedliche Abwicklung der Teilung annahm: Die Verfassungen der neuen Staaten mußten die Rechte der Minderheiten garantieren. Nachdem sich Slowenien und Kroatien dazu verpflichtet hatten, sprach Deutschland im Alleingang innerhalb der Zwölf am 23. Dezember 1991 die Anerkennung der beiden Staaten aus. Am 15. Januar 1992 folgten die Europäische Gemeinschaft und zahlreiche weitere Staaten. Diese Anerkennung erfolgte in einem Augenblick, als ein entscheidendes Ereignis, die Aufsplitterung der UdSSR in fünfzehn selbständige Staaten, den Kalten Krieg beendete und es dem Westen erlaubte, die Unabhängigkeit jugoslawischer Teilrepubliken zu akzeptieren, ohne die internationale Ordnung zu gefährden. Nach Interventionen in Slowenien im Juni und Juli 1991 zog die Volksarmee dort ab, griff aber massiv im westlichen Teil Kroatiens an, wo 50 Prozent der Bevölkerung Serben waren. Die Krajina proklamierte ihre Abtrennung von der kroatischen Republik, und die Serben Slawoniens erklärten ihre Unabhängigkeit. Von August 1991 bis Januar 1992 führte die Bundesarmee, die offen ins serbische Lager übergegangen war und mit den rechtsextremen serbischen Milizen zusammenarbeitete, jene ethnischen Säuberungen durch, die von den Theoretikern Großserbiens seit langem gepredigt worden waren. Städte, besonders Vukovar, wurden vollkommen zerstört (Bogdan Bogdanović prägte dafür das neue Wort »Urbizid«), nichtserbische Dorfbewohner ermordet oder vertrieben, kroatische Kirchen und Kulturdenkmäler systematisch zertrümmert [204, S. 73]. Es handelte sich eindeutig um ein Verbrechen gegen die Menschheit, das erste, das in Westeuropa seit dem Zusammenbruch des Nationalsozialismus begangen wurde. Es steht fest, daß die Abspaltung Kroatiens nicht die Ursache für die serbische Aggression war, wenn sie sie auch beschleunigte, daß der Schutz der serbischen Minderheiten nicht den Grund, sondern den Vorwand für diese Aggression darstellte, daß die Massaker durch eine Verteufelungskampagne gegen die Kroaten vorbereitet wurden, in der sich die Serben als Opfer eines früheren Völkermords in Szene setzten, um die negativen Auswirkungen ihrer planmäßigen genozidären Maßnahmen abzuschwächen, und daß sie versuchten, eine unwiderrufliche Situation zu schaffen und den Westen vor die vollendete Tatsache der entvölkerten, verbrannten Erde zu stellen. Die internationale Staatengemeinschaft ist ihnen auf den Leim gegangen. Die von der EG initiierte Friedenskonferenz, die im

Haag eröffnet wurde, die Bildung einer europäischen Schlichtungskommission, die Resolution 713 des UN-Sicherheitsrats, die ein Waffenembargo für Jugoslawien verfügte, und die Ernennung von Cyrus Vance zum Vermittler der Vereinten Nationen sollten den Konflikt beilegen, der Kroatien in Brand setzte, in dessen Verlauf die Serben jedoch immer einen Vorsprung behielten. Als die Regierungen von Serbien und Kroatien die Entsendung von Militärbeobachtern akzeptierten und aufgrund der Resolution 743 des Sicherheitsrats die *UN Protecting Forces* (UNPROFOR) mit 14000 Blauhelmen geschaffen wurden, schien sich eine Lösung abzuzeichnen. Serbien nahm den Vance-Plan an, der vorsah, die umstrittenen Gebiete in Kroatien unter den Schutz der Blauhelme zu stellen und die Rückkehr der Flüchtlinge zu ermöglichen. Die erste Bestimmung wurde erfüllt, die zweite nicht, und die UNO garantierte de facto die Eroberungen der Serben.

Die bosnische Falle

Bosnien-Herzegowina stellt die jugoslawischen Verhältnisse im kleinen dar. Lange Zeit Grenzgebiet zwischen dem Osmanischen Reich und Österreich-Ungarn, war es ein Schmelztiegel der Völker, eine Kreuzung der Kulturen. Das Land ist von Bergen und Schluchten durchzogen, es gibt nur wenige Zugangswege, und die Kontrolle einer Brücke oder einer Straße bedeutet die Kontrolle eines Landstrichs oder Tals, manchmal einer ganzen Region. Verwurzelt in der Geschichte, hat Bosnien-Herzegowina durch die Jahrhunderte seine Einheit bewahrt, aber es gehört keiner Nation im besonderen. Seine 4,4 Millionen Einwohner sind Muslime (43,7 Prozent), Serben (31 Prozent) und Kroaten (17,3 Prozent), die in kleinen, über das Land verstreuten »ethnischen« Gruppen leben oder in den Städten und Bezirken vermischt sind, so daß sich ein unentwirrbares »ethnisches Puzzle« ergibt. Wollte man die drei Gruppen geographisch aufteilen, würde die Karte in Konfetti zerrissen. Innerhalb von dreißig Jahren kehrte sich das Zahlenverhältnis zwischen Serben und Muslimen aufgrund von Wanderungen und demographischem Wachstum um, letztere bilden nun die Mehrheit. Die muslimische Bevölkerung ist vorwiegend städtisch, also beständiger als die bäuerlichen Serben und Kroaten, die zur Landflucht neigen und nach Serbien und Kroatien abwandern [205, S. 84–147]. Schließlich leben die *Muslimani* – wie Tito die Jugoslawen serbischer und kroatischer Abkunft bezeichnete, deren Vorfahren sich unter osmanischer Herrschaft zum Islam bekehrt hatten, was ihnen Privilegien gegenüber den Christen einbrachte – in Bosnien-Herzegowina und nirgends sonst. Sie haben keine andere Heimstatt. Für sie, die in dieser Dreiteilung über keine absolute Mehrheit verfügen, hat der bosnische Staat multinational zu sein oder nicht zu sein. Wenn sie jedoch bereit sind, sich mit den Kroaten zu verbünden (wie sie das 1941 taten), so lehnen sie eine serbische Vorherrschaft ab, was sich aus ihrer fernen Vergangenheit als Konvertiten und ihrer jüngeren Vergangenheit als Mitglieder des *Ustascha*-Staats erklärt. In der Tat ist das Bild von einem glücklichen und friedlichen Zusammenleben der Völker Bosnien-Herzegowinas im »osmanischen Paradies« zu korrigieren, denn die fünf Jahrhunderte der Türkenherrschaft waren eine Folge von Massakern, Plünderungen, Sklaverei, Verschleppung oder Vertreibung der christlichen Bevölkerung, nicht ein pluralistisches Zusammenleben auf der Grundlage sozialer und politischer Gleichberechtigung. Die orthodoxen Serben fanden in ihren muslimischen Mitbürgern erbitterte Gegner, bedacht auf die Privilegien, die ihnen die Scharia verlieh, auf der ihre Macht über die Christen beruhte. Während des Zweiten Weltkriegs kollaborierten die bosnischen Muslime mit dem *Ustascha*-Staat. Auf Betreiben des Großmuftis von Jerusalem, Hadsch Amin al-Husseini, kämpften Muslime in mehreren deutschen Einheiten, auch in einer Division der Waffen-SS.[8]

Wie zu erwarten war, identifizierten und organisierten sich die Gruppen im Hinblick auf diese Vergangenheit nach dem Nationalitätenprinzip, als es darum ging, ein selbständiges Bosnien-Herzegowina zu schaffen. Bei den ersten freien Wahlen im November 1990 bekamen die nationalen Parteien die große Mehrheit der Stimmen: »Die Homogenisierung des Wahlverhaltens der verschiedenen Volksgruppen Bosnien-Herzegowinas zugunsten ihrer nationalen Parteien stellte eine »nationalistische Umsetzung« sozialer und politischer Frustrationen dar« (Xavier Bougarel) [205, S. 133]. Die eindeutige Polarisierung der drei Volksgruppen vernichtete jede Aussicht auf ein Zusammenleben. Sobald die Wahlergebnisse vorlagen, wurde klar, daß Bosnien-Herzegowina unter diesen Voraussetzungen kein selbständiger Staat werden konnte. Um seine Einheit zu wahren, mußte man zuvor die Vertreter der drei Gruppen an den Verhandlungstisch bringen, weil sich andernfalls die nationalistischen Leidenschaften entfesseln würden. Dies war um so evidenter, als die bosnischen Serben nach dem Beispiel der kroatischen die Autonomie der mehrheitlich serbischen Gebiete beschlossen hatten, schon bevor das bosnische Parlament im Oktober 1991 seine Souveränität und seinen Austritt aus der jugoslawischen Föderation verkündete. Sie boykottierten die Wahl zum bosnischen Parlament und proklamierten im April 1992 die Serbische Republik Bosnien-Herzegowina mit der Hauptstadt Sarajevo. Nun brach ein Souveränitätskonflikt zwischen zwei selbsternannten Staaten aus, die sich auf zwei entgegengesetzte Prinzipien gründeten: das multinationale für Bosnien-Herzegowina, das ethnische für die autonome Serbische Republik. Die serbische Erpressung war klar, wenn Bosnien-Herzegowina an der Unabhängigkeit festhielt, bedeutete das Krieg. Das Beispiel des benachbarten Kroatiens hätte als Warnung dienen sollen. Die Serben der autonomen Republik waren, wie jene der Krajina und

Westslawoniens, fanatische Nationalisten. Sie identifizierten sich mit der Serbischen Demokratischen Partei Radovan Karadžić, die auf einen kompromißlosen Clan Rücksicht nehmen mußte, womit sie sich zwangsläufig immer mehr radikalisierte. Keine moralischen Bedenken schienen die bosnischen Serben aufzuhalten. Sie waren zu allem bereit, um ihre Autonomie zu wahren, und hatten gegenüber ihren Gegnern beträchtliche Vorteile. Sie waren gute Soldaten, sie kannten ihre Berge und wurden von ihren Nachbarn in Serbien reichlich mit Waffen beliefert. Allerdings unterhielten sie zwiespältige Beziehungen zu Belgrad, denn diese extremistischen Nationalisten fühlten sich stark genug, um das nationalkommunistische Regime Miloševićs zu destabilisieren, der ihnen Zugeständnisse machen mußte.[9] Als die EG am 6. April und die USA am 7. April 1992 Bosnien-Herzegowina anerkannten, wurde das Land bereits vom Krieg verwüstet. Die bosnischen Serben bombardierten Sarajevo und wandten unverzüglich ihre Strategie an, die darauf abzielte, mehrheitlich muslimische Regionen einzukesseln und die serbischen Gebiete untereinander und mit Serbien durch Korridore zu verbinden. Dies gelang ihnen rasch, weil sie über eine Armee verfügten und ihre Gegner militärisch nicht organisiert waren.

Es ist heute schwer zu verstehen, warum die internationale Staatengemeinschaft in die bosnische Falle tappte, ja sich sogar hineinstürzte, während der Ablauf der Ereignisse doch vorauszusehen und das Beispiel Kroatiens deutlich genug war, um sie zu warnen, daß eine internationale Anerkennung Bosnien-Herzegowinas das Land in einen erbarmungslosen Krieg stürzen würde.

Vom April 1992 an konnte die Weltöffentlichkeit beinahe in Direktübertragung erfahren, was ethnische Säuberungen bedeuten. Die Zeugenaussagen, die Beobachterkommissionen der UNO und der KSZE sammelten, sowie die Berichte nichtstaatlicher Organisationen waren erdrückend: Städte wurden zerstört und alle ihre Bewohner niedergemacht, nachdem sie von serbischen Banden (»Blaue Adler«, »Tiger«) gefoltert worden waren, die sich an Grausamkeit überboten. In ganz Bosnien-Herzegowina richteten die Serben Konzentrationslager ein, im April 1992 zählte man 94. Die systematische Vergewaltigung muslimischer Frauen sollte Kinder von Serben erzeugen, um das genetische Potential der Muslime zu verringern, doch häufig wurden die Vergewaltigten anschließend ermordet. Schließlich sonderte man die männliche Bevölkerung nach dem Kriterium der Beschneidung aus. Diese Verbrechen gegen die Menschheit begingen die Milizen vor aller Welt, Männer und Frauen, die zynisch »vor den planetarischen Augen der Fernsehkameras« [209, S. 9] ihre Absicht bekundeten, dieses völkermörderische Projekt bis zum Ende durchzuführen.

Anstatt bei den ersten Schüssen unmißverständlich mit einer militärischen Intervention zu drohen, die zu diesem Zeitpunkt rein abschreckend hätte sein können, verstrickte sich die Staatengemeinschaft in eine Beschwichtigungspolitik, die die Serben überzeugte, sie könnten ihre Verbrechen ungestraft fortsetzen. Man befürchtete in der Tat, eine militärische Intervention in Bosnien würde eine Reihe von Brandherden entzünden, die den ganzen Balkan entflammen und sogar darüber hinausgreifen könnten. Das Militär seinerseits lehnte ein Eingreifen ab, solange die strategischen und logistischen Probleme nicht gelöst waren. Die internationale Staatengemeinschaft wich daher ständig der Frage aus, die der Widerspruch aufwarf zwischen der serbischen Entschlossenheit zu brutalem Kampf und den moralischen Prinzipien, auf die sich die internationalen Organisationen gründen: die Frage einer militärischen Intervention. »Man wollte Recht ohne Gewalt, man bekam Gewalt ohne Recht«, stellte Jean-François Deniau fest. Die Staatengemeinschaft verkündet Prinzipien, akzeptiert aber »Lösungen, die diese Prinzipien nur verbal respektieren und ihnen in Wirklichkeit zuwiderlaufen« (Paul Garde) [204, S. 89]. Man muß, wie Pierre Hassner ausführt, »die komplizierte Dialektik aufgeben, mit der die Regierungen zwischen ihren Prinzipien und eingegangenen Verpflichtungen und den Bedenken ihrer Militärs schwanken, zwischen dem Bemühen, den Erwartungen der vorübergehend durch das Fernsehen mobilisierten öffentlichen Meinung gerecht zu werden und der Furcht, diese könne sich im Fall von Todesopfern, Mißerfolgen oder auch nur einer Desinformation durch die Medien wandeln« [209, S. 85]. Indem sie Recht setzte, ohne es anzuwenden, sich weigerte, es gewaltsam durchzusetzen, Prinzipien verkündete, die sie mißachtete, an die humanitäre Hilfeleistung die Lösung eines militärischen Problems delegierte, verschaffte die internationale Staatengemeinschaft den Serben ständig Vorteile, auf dem Schlachtfeld wie am Verhandlungstisch. Die Resolutionen des Sicherheitsrats wie der anderen Gremien der UNO und der EG zeugten von dieser furchtsamen, risikobedachten Politik: Ein gegen Serbien und Montenegro verhängtes Embargo (30. Mai 1992) war durch seine wirtschaftlichen Konsequenzen die einzig wirksame Maßnahme. Blauhelme wurden in Sarajevo stationiert, um den Flughafen zu schützen und die Vermittlung humanitärer Hilfe zu ermöglichen, die Resolutionen 770 und 771 verurteilten die Politik ethnischer Säuberungen und forderten Zugang zu den Gefangenenlagern (13. August), die Resolution 780 vom 6. Oktober 1992 setzte eine Untersuchungskommission für Menschenrechtsverletzungen im ehemaligen Jugoslawien ein, und die Resolution 781 sperrte den bosnischen Luftraum für serbische Flugzeuge. Die Resolution der UNO-Vollversammlung vom 25. Oktober 1992 beauftragte die Völkerrechtskommission, ihre 1957 suspendierten und erst 1990 wiederaufgenommenen Arbeiten fortzusetzen. Die vom Sicherheitsrat einstimmig beschlossene Resolution 808 vom 22. Februar 1993 schuf einen internationalen Gerichtshof für Kriegsverbrechen im ehemaligen Jugoslawien, die Resolution 819 forderte die Aufhebung der Belagerung von Srebrenica, das zur Sicherheitszone erklärt wurde (16. April), und die Resolution 824 erklärte außerdem Sarajevo, Tuzla, Žepa, Goražde und Bihać zu Sicherheitszonen, die zu entmilitarisieren waren (6. Mai).

Der Vance-Owen-Plan zur Beilegung des Konflikts auf der Grundlage einer Kantonisierung von neun der zehn Provinzen Bosnien-Herzegowinas wurde, obwohl er bereits ein Zugeständnis an das ethnische Prinzip enthielt und ein Abgehen vom legitimistischen Prinzip bedeutete, das die KSZE bis dahin vertreten hatte, von den Kroaten sofort angenommen, danach widerstrebend von den Muslimen, schließlich von Serbien und vom Präsidenten der Serbischen Republik, Radovan Karadžić. Am 16. Mai 1993 wurde dieser Plan schließlich fallengelassen, weil das Parlament der Serbischen Republik, das selbsternannte Parlament eines selbsternannten Staates, sich weigerte, ihn zu ratifizieren. Diese Kapitulation des Rechts vor der Gewalt war der erste einer Reihe von Rückziehern der westlichen Diplomatie. Sie gab den Ultranationalisten Auftrieb, in Bosnien wie in Serbien, wo Milošević gezwungen war, sich bei seiner extremen Rechten reinzuwaschen, indem er gegen die Gemäßigten vorging. Im Juni 1993 einigten sich die serbischen und kroatischen Führer Bosniens in Genf auf die Teilung des Landes in drei ethnische Gebilde. Der muslimische Präsident Bosniens, Alija Izetbegović, der dieses Treffen boykottiert hatte, stimmte später Gesprächen über das Teilungsprojekt zu.

Im Dezember 1992 war in Bosnien-Herzegowina ein zweiter Krieg ausgebrochen. Am 3. Juli 1992 riefen die kroatischen Bosnier die »Kroatische Gemeinschaft Herceg-Bosna« aus, die die mehrheitlich kroatischen Gebiete in einem Teilstaat vereinte. Auf der Genfer Konferenz über das ehemalige Jugoslawien, die im August 1992 eröffnet wurde, kam es schon im September zu Divergenzen zwischen den bosnischen Kroaten, die eine »Drei-Staaten-Konföderation« anstrebten, und den Muslimen, die einen bosnischen Einheitsstaat wünschten. Ein Bericht der KSZE enthüllte zu diesem Zeitpunkt, daß alle drei Parteien Häftlingslager in Bosnien eingerichtet hatten. Während die serbische Front vom Dezember 1992 an relativ stabil blieb, nachdem die bosnischen Serben alle von ihnen beanspruchten Gebiete besetzt hatten, begann im Zentrum und Süden des Landes ein Bewegungskrieg mit ethnischen Säuberungen im Gefolge. Mehr als zehn Monate lang beschossen die Kroaten die Stadt Mostar mit Granaten, machten Dörfer dem Erdboden gleich, ermordeten deren Bewohner und verwendeten ihre muslimischen Gefangenen als Minensucher und lebende Schutzschilde in den vordersten Linien. Die Muslime unternahmen ihrerseits ethnische Säuberungen gegen die Kroaten, und die bosnischen Serben beobachteten zufrieden die Eskalation der Gewalt zwischen den ehemaligen Partnern des *Ustascha*-Staats. Die Ausweitung verbrecherischer Praktiken auf alle Konfliktparteien, die in jedem Bürgerkrieg unvermeidlich ist, stellte die Verworrenheit wieder her, die durch die rein serbischen Greueltaten eine Zeitlang gewichen war, schien den Verfechtern der These

»altüberkommener Sippenfehden« recht zu geben, ließ die öffentliche Meinung umschlagen (es gab keine unschuldigen Opfer mehr, weil sich alle Beteiligten schuldig machten) und diente der internationalen Staatengemeinschaft als Vorwand, nicht zu intervenieren. Der kroatisch-muslimische Krieg endete am 15. März 1994 mit der Unterzeichnung eines Abkommens in Washington, das die Bildung einer kroatisch-muslimischen Föderation mehrerer Kantone vorsah, die mit Kroatien konföderativ verbunden sein sollten. Mit diesem Abkommen verloren die Muslime endgültig den größten Teil der serbisch kontrollierten Territorien. Unterzeichnet unter dem Druck der USA auf die Muslime und Deutschlands auf Kroatien, teilte diese Vereinbarung der neuen Föderation 58 Prozent des bosnischen Territoriums zu statt der 51 Prozent, die ein zwei Tage früher in Genf unterzeichneter Vorvertrag vorgesehen hatte.

Dieses Übereinkommen, das auf schwachen Füßen stand und von kroatischen wie muslimischen Extremisten angefochten wurde, beendete immerhin den zweiten bosnischen Krieg. Dagegen entfachte es den ersten aufs neue und setzte die Schlacht um die Verbindungswege wieder in Gang, denn die 58-Prozent-Vereinbarung hätte den Verlust des Korridors um Brčko bedeutet, der Serbien mit dem serbischen Bosnien und der Krajina verband. Im Herbst 1993 hatte die Entrüstung der öffentlichen Meinung, besonders in Frankreich und den USA, angesichts der Unfähigkeit der internationalen Organisationen, einen Konflikt beizulegen, der sich innerhalb Europas abspielte und die europäische Einigung untergrub, sowie der Aussicht auf einen weiteren mörderischen Winter in Sarajevo die Staatengemeinschaft bewogen, ihren Druck zu verstärken. Sie verlangte die effektive Entmilitarisierung der Sicherheitszone um Sarajevo und stellte den Parteien im Februar 1994 ein Ultimatum. Die Serben gaben widerstrebend nach, allerdings setzten sie nun ihre besten Truppen auf Goražde an, eine muslimische Enklave, die nach ihrer Ansicht die Verbindung zu ihren südbosnischen Gebieten bedrohte. Die Blauhelme, deren streng humanitäre Mission ihre Neutralität vorschrieb, erhielten daraufhin die Erlaubnis, die NATO um sofortige Lufteinsätze zu ersuchen, wenn sie in Gefahr waren. Vereinzelte Luftangriffe sollten die Entschlossenheit der Serben beweisen, die jedoch endlich die Belagerung Goraždes aufhoben, aber nur, um ihre Artillerie nach Norden zu verlegen und gegen Tuzla einzusetzen.

Die Expertenkommission unter dem Vorsitz des ägyptischen Juristen Cherif Bassiouni, die gemäß der Resolution 780 vom 6. Oktober 1992 beauftragt worden war, Menschenrechtsverletzungen zu untersuchen, legte dem Sicherheitsrat im Mai 1994 ihren Bericht vor. Sie hatte 715 Gefangenenlager festgestellt, deren große Mehrheit sich auf dem serbisch kontrollierten Territorium Bosniens befanden, und sie kam zu dem Schluß, daß Kroaten und Muslime zwar nicht unschuldig seien, die Serben aber planmäßige »ethnische Säuberungen« durchgeführt hätten: Konzentrationslager, Deportationen, Folterungen, Verstümmelungen, Vergewaltigungen, Exekutionen, Zerstörung von Häusern.

Nachdem die bosnischen Serben den neuen Friedensplan, den die »Kontaktgruppe« (USA, Rußland, Frankreich, Großbritannien, Deutschland) im Juli 1994 vorgeschlagen hatte, ablehnten, brach Serbien am 4. August mit der »Serbischen Republik Bosnien« und verhängte ein Wirtschaftsembargo, das die Logistik der Armee schwächte und den Lebensstandard der Zivilbevölkerung der selbsternannten Republik senkte, deren politische Einheit zerfiel. Die inneren Spannungen führten zu Auseinandersetzungen zwischen der unnachgiebigen politischen Elite unter Karadžić und der militärischen Führung unter General Ratko Mladić, der die Verbindung zu Serbien erhalten und in der »Serbischen Republik Bosnien« eine Militärdiktatur errichten wollte, um den Krieg unter besseren Voraussetzungen führen zu können und zu einem territorialen Kompromiß zu gelangen, der ihn beenden würde.

Die muslimische Armee Bosnien-Herzegowinas, die ihre Truppen verstärkt (100 000 Mann gegenüber 60 000 auf serbischer Seite und 15 000 für den Kroatischen Verteidigungsrat), aber nicht ihre Bewaffnung verbessert hatte, startete im November 1994 von Bihać aus eine Offensive. Sie scheiterte, aber der serbischen Gegenoffensive gelang es ebensowenig, sich dieser Enklave zu bemächtigen. Einige begrenzte Operationen, die muslimische und kroatische Streitkräfte gemeinsam ausführten, bewiesen die Labilität des Kräftegleichgewichts. Im Juni 1995 griffen die Truppen Mladićs die in den Resolutionen 819 und 824 des Sicherheitsrats festgelegten Schutzzonen an: Žepa wurde in Brand gesteckt, Srebrenica wenig später zerstört, Bihać und Goražde belagert. In Srebrenica begingen Mladićs Leute genozidäre Massaker. Die männliche Bevölkerung über 16 Jahren wurde abgesondert, 5000 bis 6000 Männer verschwanden, wahrscheinlich ermordet. Die übrigen Bewohner transportierte man mit Lastwagen ab, sie wurden entweder jenseits der Front »abgeladen« oder in Lager gebracht, trotz aller Verurteilungen durch die internationalen Organisationen. Schon Ende Mai hatte die Geiselnahme mehrerer hundert Blauhelme und der verstärkte Beschuß Sarajevos gezeigt, daß die bosnischen Serben internationalen Protesten gleichgültig gegenüberstanden. Erst jetzt, nach den Verbrechen in Srebrenica und dem Einschlag von Granaten im Zentrum Sarajevos, die zahlreiche Opfer unter der Zivilbevölkerung erforderten, entschlossen sich die westlichen Regierungen zum Handeln und setzten jahrelanger Schwäche und Demütigung ein Ende. Eine Schnelle Eingreiftruppe der Franzosen und Briten – jeweils 2000 Mann – wurde aufgestellt, und die NATO bombardierte die serbischen Positionen aus der Luft und vom Boden aus.

Eigentlich war es die am 28. Juli 1995 begonnene gemeinsame Offensive der kroatischen und bosnischen Armeen, um den Belagerungsring um Bihać zu lockern, die den Umschwung bewirkte. Kroatien hatte seit 1992 eine Beschwichtigungspolitik verfolgt. Es griff nicht ein, als die bosnischen Serben im November 1994 ihre Gegenoffensive auf Bihać führten, und traf im Dezember sogar ein Abkommen mit den Serben Kroatiens. Doch am 1. Mai 1995 griff es in Westslawonien das Gebiet der »Serbischen Republik Krajina« an, das sich auf dem international anerkannten Territorium Kroatiens befand. Die zurückhaltende Kritik der internationalen Staatengemeinschaft bewog Kroatien, neuerlich gegen die serbischen Separatisten im Westen Bosniens vorzugehen, zunächst in beschränktem Rahmen, dann, am 4. August, in einer Großoffensive. Die Hauptstadt der Krajina, Knin, fiel sofort, und am 8. August wurde ein Waffenstillstand unter Aufsicht der UNO geschlossen. Der Besatzung folgte die Massenflucht von 150 000 serbischen Zivilisten nach Serbien, eine im jugoslawischen Bürgerkrieg beispiellose Flüchtlingswelle. Belgrad weigerte sich, die Emigranten aufzunehmen und versuchte, sie in die Provinz Kosovo umzulenken, um dort den Anteil der serbischen Bevölkerung zu heben.

Nachdem Bihać entsetzt war, führte die bosnische Armee ihre Offensive in den serbisch okkupierten Gebieten weiter. Das Kräfteverhältnis schien sich umgekehrt zu haben, aber tatsächlich waren die bosnisch-serbischen Streitkräfte noch immer stark. Doch das relative Gleichgewicht ließ nun Hoffnungen auf eine effektive internationale Beilegung des bosnischen Konflikts aufkommen. Diese wurde im November 1995 in die Wege geleitet, als Serben und Kroaten eine Einigung über Westslawonien erzielten, das bis zur Abhaltung freier Wahlen unter die Schirmherrschaft der UNO kam. Dann wurde auf Betreiben Bill Clintons in Dayton (Ohio) eine *pax americana* ausgehandelt und am 21. November unterzeichnet. Die Ratifizierung erfolgte in Paris am 14. Dezember durch den serbischen, bosnischen und kroatischen Staatschef in Anwesenheit der Präsidenten oder Regierungschefs der fünf Länder der »Kontaktgruppe« und des spanischen Präsidenten des Europaparlaments. Vor dem Beginn der Verhandlungen in Dayton hatte der amerikanische Außenminister Warren Christopher erreicht, daß Karadžić und Mladić, denen man Kriegsverbrechen zur Last legte, davon ausgeschlossen wurden. Dennoch verpflichteten sie sich gegenüber Milošević, die Vereinbarungen zu respektieren. Diese definierten den Staat Bosnien-Herzegowina in seinen Grenzen von 1992 mit der Hauptstadt Sarajevo. Aber wenn das Land in seiner Gesamtheit erhalten blieb, so wurde es im Inneren durch die Schaffung zweier Blöcke geteilt. Die kroatisch-muslimische Föderation erhielt 51 Prozent des Staatsgebiets, die bosnischen Serben 49 Prozent. Zwölf Anhänge legten die Durchführungsbestimmungen fest: Entsendung einer internationalen Friedenserhaltungstruppe (IFOR) mit 60 000 Mann unter dem Befehl der NATO zur Ablösung der UNPROFOR; Vorbereitung allgemeiner Wahlen; Verkündung einer Verfassung; Lösung des Flüchtlings- und Vertriebenenproblems; Stationierung einer internationalen Polizeitruppe unter dem Befehl der Vereinten Nationen; Aufhebung des vom Sicherheitsrat verhängten Waffenembargos usw. Dieser »Friede« bleibt jedoch gefährdet, denn die 20 000 amerikanischen Soldaten, die an der IFOR beteiligt sind, haben nur ein einjähriges Mandat, Slawonien wird nach wie vor von der serbischen Armee kontrolliert, die Serben in Sarajevo akzeptieren nicht, unter bosnischer Verwaltung zu stehen. Karadžić, Mladić und ihre Komplizen sind noch immer nicht vor das internationale Gericht für das ehemalige Jugoslawien gestellt worden, das 1995 im Haag ein erstes Verfahren gegen einen Serben eröffnete, der bezichtigt wird, Verbrechen gegen die Menschheit begangen zu haben.

Außerdem zementierte dieses Abkommen die Logik nationaler, religiöser und ethnischer Spaltungen, die heute Makedonien bedroht, das am 15. September 1991 nach einem Referendum seine Unabhängigkeit erklärte. Griechenland verweigert ihm die Anerkennung und verhängte im Februar 1994 eine Wirtschaftsblockade, was Makedonien, das die UNO am 8. April 1993 unter dem Namen Ehemalige Jugoslawische Republik Makedonien anerkannte, nach Übereinkommen mit Albanien, Bulgarien und der Türkei suchen läßt, um der Isolierung zu entgehen. Schließlich ist die Kosovofrage, an der sich der jugoslawische Konflikt entzündete, noch immer ungelöst. Da sie nicht in das Muster nationaler Selbstbestimmung paßt, sieht sich die albanische Mehrheit, die passiven Widerstand leistet, bedroht.

Wie das Daytoner Abkommen bestätigte, läßt die eingangs gestellte Frage – was ist zu tun, wenn ein Staat darangeht, eine Gruppe seiner eigenen Bürger zu töten und gewillt scheint, ihre Ausrottung zu betreiben? – nur eine Antwort zu: verhandeln, wenn man kann. Der internationalen Staatengemeinschaft kommt die Aufgabe zu, sich die Mittel dazu zu verschaffen und zu lernen, wie Bernard Kouchner fordert, »die Feuerwehr vor dem Brand zu schicken«. Um Verbrechen gegen die Menschheit zu verhüten würde es genügen, rechtzeitig Informationen über die lokalen Entwicklungen einzuziehen, die sie vorbereiten. Die Falle schnappt zu, um das Opfer am Entkommen zu hindern. Die Prophylaxe besteht darin, die Falle zu entdecken, um sie zu beseitigen oder zu umgehen.

Verhütung von Völkermord

Man hatte die Armenier vergessen. Man hatte nicht begriffen, was die ersten Diskriminierungsmaßnahmen gegen die Juden in Deutschland bedeuteten. Und dann kam es zum Völkermord. Nie wieder, hatten die Überlebenden gefordert. Nie wieder, hatten die Nürnberger Richter versprochen. Und dann kam der kambodschanische Genozid. Und Burundi. Dieselben rassistischen Vorurteile führten zum Völkermord in Ruanda. Wir wußten es nicht, hieß es, als man die verheerenden Auswirkungen der Unkenntnis gewahrte. Und dann kam Jugoslawien, wo man sehr wohl wußte. In Sarajevo ließ Susan Sontag Beckett aufführen: Man wartete auf Godot, aber Godot würde nicht kommen, das stand fest. Informationen dämmen Verbrechen nicht ein. Ist die Hoffnung über Bosnien endgültig entschwunden? Man könnte es meinen. Dennoch ist die Völkerrechtskommission seit 1990 neuerlich mit Statuten für einen Internationalen Strafgerichtshof befaßt. Die Mitglieder der Sechsten Kommission der UNO-Vollversammlung diskutierten dieses Projekt Ende Oktober 1993. Überdies hatte die Völkerrechtskommission 1991 die Idee eines »Strafgesetzbuchs für Verbrechen gegen den Frieden und die Sicherheit der Menschheit« aufgegriffen, war aber der Meinung, es müsse der Schaffung des Internationalen Strafgerichtshofes nachgeordnet werden. Ein solches Tribunal hätte auch Präventivfunktion, weil es eine Warnung für solche Verbrecher wäre, die heute unter dem Schutz ihrer nationalen Souveränität Massenmorde begehen. Aber selbst wenn diese Idee aufgrund der Vorgänge im ehemaligen Jugoslawien und in Ruanda Fortschritte machte, läßt ihre Verwirklichung noch auf sich warten. Seit Oktober 1993 treten im Haag Juristen zusammen, um ein internationales Gericht zu bilden, das die Verbrechen im ehemaligen Jugoslawien ahnden soll. Sie ermittelten und sammelten Beweismaterial, während in Genf die Hauptverantwortlichen für diese Verbrechen, deren Schuld erwiesen ist, unter der Schirmherrschaft derselben Organisation verhandelten, die diesen Richtern ihren Auftrag gab. Dieses Paradox zeigt die Unfähigkeit der internationalen Staatengemeinschaft, Verstöße gegen das von ihr gesetzte Recht zu bestrafen, während sie doch über die dazu notwendigen Strukturen verfügt. Aber wenn sie Völkermord schon nicht bestrafen kann, ist sie dann wenigstens in der Lage, die andere Aufgabe zu erfüllen, die ihr die Konvention von 1948 stellte: Völkermord zu verhüten? Wie kann man der Herrschaft der nationalen Egoismen entgehen und eine übernationale Autorität begründen? Wie lassen sich der Friede und die Achtung der Menschenrechte durchsetzen, wie kann man humanitäre Anliegen mit militärischen, juristische mit politischen, Allgemeininteressen mit Einzelinteressen versöhnen? [209, S. 110].

Man kann eine Antwort versuchen auf diese Fragen, für die es keine zu geben scheint, wenn man feststellt, was sich seit Nürnberg verändert hat. Diese verzweiflungsvolle Welt des Hasses, der Intoleranz und der Gewalt ist dabei, sich Gleichgültigkeit gegenüber dem Unglück anderer zu untersagen und das Prinzip als selbstverständlich anzusehen, nach dem der Mensch das Maß aller Dinge und jedes Individuum eigenverantwortlich und Rechtssubjekt ist. Recht und Moral beugen sich letzten Endes weiterhin der politischen Macht, aber ihr Wirkungskreis hat sich erweitert. Die Menschheit wird sich der Notwendigkeit bewußt, die Politik nach moralischen Richtlinien zu gestalten und durch rechtliche Instanzen abzusichern. Die Intervention, welche Form sie auch annehmen mag, stellt das letzte Glied einer kurzen Kette dar, deren erstes die Information und deren zweites die Empörung ist. Die Moral ist die Quelle, von der, vermittelt durch die öffentliche Meinung, die Intervention der internationalen Gemeinschaft gegen Staaten ausgeht, die ihre Verpflichtungen nicht einhalten. Die Information ruft Empörung hervor, die auf eine Intervention drängt.

Damit jedoch Informationen über verbrecherische Handlungen als gesichert gelten können, müssen mehrere Voraussetzungen erfüllt sein. Zunächst müssen die Ermittler freien Zugang zum »Tatort« haben. Dieses Recht auf Information ist die Grundlage humanitärer Intervention. Jene, die mit den Untersuchungen beauftragt sind, können somit Verstöße gegen die Moral und das Recht aufdecken und die Täuschungsmanöver der Verbrecher entlarven, denn diese begnügen sich nicht damit zu töten, sie vertuschen ihre Tat. Informationen werden gefälscht und an den Orten der Verbrechen die Spuren getilgt, um die Unschuld zu beweisen. Andererseits fabrizieren falsche Opfer auch falsche Beweise, um die Medien irrezuführen.[10] Ob Privatperson oder Regierungsbeauftragter, Zufallszeuge oder Ermittler, der Beobachter ist manipulierbar, man versucht, seine Gutgläubigkeit zu mißbrauchen. Er kann sogar unwissentlich zum Komplizen der Mörder werden.[11] Daher die Notwendigkeit, die Beobachter und die Ermittlungsorte zu vervielfachen und dann die gesammelten Hinweise zu ordnen, zu überprüfen, ihre Wahrscheinlichkeit einzuschätzen und sich eine Meinung zu bilden, die an die Öffentlichkeit weiterzugeben ist. Die Bearbeitung des Materials ist Sache von Spezialisten, die das Land, dessen Geschichte und die beteiligten Parteien kennen und daher in der Lage sind, Übereinstimmungen und Widersprüchlichkeiten auszumachen, Desinformationen auszuscheiden und den Sachverhalt zu klären. Anschließend ist ein Gesamtbericht von Experten zu redigieren, deren moralische Autorität und deren Kompetenz Kompromisse und Irrtümer vermeiden läßt. So bearbeitet, liefern die Informationen ein klares Bild der Ereignisse.

Die Zurückweisung der Ausrede, über die Vorgänge nicht unterrichtet gewesen zu sein, stellt vielleicht den wichtigsten und anhaltendsten Fortschritt im Kampf gegen den Völkermord in unserem Jahrhundert dar. Die Öffentlichkeit ist über begangene, gegenwärtige und sich anbahnende Verbrechen informiert. Allerdings reagiert sie entsprechend den Bildern und Texten, die ihr vermittelt werden, ihr Mitgefühl wird hervorgerufen, intensiviert, unterhalten oder abgeschwächt. Die Meldungen rufen Empörung und Hilfsbereitschaft hervor, die Medien managen die Emotionen wie die Regierungen die Krisen, sie bewirken Tränen und sind genauso fähig, das Mitleid auf Abwege zu führen. Gewiß sind die Kommunikationsträger manipulierbar, aber sie dienen dem Kampf gegen kollektive Verbrechen. Es steht fest, daß genozidäre Prozesse durch weltweite Berichterstattung verlangsamt werden und daß sie dazu beitragen kann, geeignete Interventionen in die Wege zu leiten, um sie zu beenden. Doch der zeitliche und räumliche Abstand zwischen jenen, die ein normales Leben in Frieden führen, und den anderen, die verfolgt oder getötet werden, ist nicht leicht zu überbrücken. Das Mitgefühl erschöpft sich schnell, wenn die Bequemlichkeit nicht ständig durch Informationen gestört wird.

Zur Kontrolle der Herkunft, der Kanäle und der Verbreitung von Informationen über Verbrechen gegen die Menschheit und Menschenrechtsverletzungen wäre es hinreichend, sie wie wissenschaftliche Angaben zu behandeln, wie Meldungen über Naturphänomene oder Krankheiten. Es gibt keine Datenbank zur Speicherung von Informationen über Menschenrechtsverletzungen in der Welt, während doch überall Wetterwarten Regen, Wind oder Schnee vorhersagen, Seismographen Erdbeben registrieren und die Medizin Vorbeugungsmaßnahmen entwickelt, die Krankheiten eindämmen oder sogar zum Verschwinden bringen. Diese Diskrepanz zwischen einer wirksamen Warnung vor Seuchen, Unwettern und Katastrophen und der Unfähigkeit, Menschen vor Menschen zu schützen, läßt sich abbauen. Alle Konflikte, alle Verbrechen gegen die Menschheit, alle Genozide in unserem Jahrhundert waren vorhersehbar. Manche hätten sich vermeiden lassen, und von dieser Überzeugung geht der Vorschlag aus, diese Probleme in einem Internationalen Forschungszentrum über Völkermordverbrechen zu untersuchen. Die Idee ist nicht neu, denn schon 1982 regten Israel Charny und Chanan Rapaport die Schaffung eines Frühwarnsystems an (*Early Warning System – EWS*), das es ermöglichen sollte, die Risiken für Massaker abzuschätzen. Es würde wie ein medizinisches Kontrollgerät funktionieren, indem es auf eine Gesamtheit von Informationen reagierte, als »*biofeedback system*« [11, Kap. 13, S. 283–331]. Ebenfalls im Jahre 1982 forderte Gerald Knight im Namen der Baha'i-Gemeinschaft die Einrichtung eines Internationalen Zentrums für Völkermord [18, S. 156]. 1984 rieten Luis Kutner und Ernest Katin zu einem Weltgerichtshof für Völkermord, der die Einrichtung eines internationalen Frühwarnsystems ermöglichen sollte [12, S. 330–346]. Jean-Pierre Faye brachte 1984 ein europaweites Zentrum für Genozidforschung in Vorschlag (der Name stammt von Germaine Tillion), das »der Forschung und nicht allein der Dokumentation zu dienen hätte«.[12] Louis Beres [8] und Barbara Harff [28] drangen auf die Schaffung rechtlicher Voraussetzungen für eine humanitäre Intervention, wenn ein Staat darangeht, eine Zielgruppe zu töten. Seit 1989 leitet David Hawk eine Ermittlungskommission über Kambodscha.[13] Leo Kuper gründete 1985 *International Alert*, eine Organisation, die bei den Regierungen und der internationalen Staatengemeinschaft interveniert, sobald Hinweise auf genozidäre Massaker vorliegen.[14] Mit denselben Zielen registrieren das amerikanische State Department und das Europaparlament Menschenrechtsverletzungen in der ganzen Welt.

Die internationale Staatengemeinschaft hat all diese Initiativen begrüßt, denn sie ist sich bewußt, daß Informationen lebensnotwendig für den Schutz der Menschenrechte sind und daß es besser ist, die Daten zu zentralisieren, als sie fallweise aus zahlreichen und manchmal unzuverlässigen Quellen zu beschaffen. Seit über zehn Jahren arbeitet Israel Charny unermüdlich an seinem Frühwarnprojekt, das er weiterentwickelte und vervollkommnete. Auf der Grundlage dieses Projekts soll ein Zentrum für Genozidforschung geschaffen werden, das Informationen auf verschiedenen Ebenen zu sammeln hätte. Zunächst müßte es feststellen, wo in der Welt Völkermord droht, indem es Hinweise sammelt und überprüft und die Desinformation eliminiert, die jeder Mörderstaat in Umlauf setzt. Die Beleuchtung des verbrecherischen Geschehens versetzt die untätigen Zuschauer in eine unbequeme Lage, sie warnt die potentiellen Opfer, die sich der Gefahr nicht immer bewußt sind, sie bringt sie dazu, sich zu verteidigen oder zu fliehen. Schließlich prangert sie den Mörder an und kann ihn von weiteren Verbrechen abhalten. Auf einer zweiten, »infragenozidären« Ebene müßte dieses Zentrum Menschenrechtsverletzungen, das heißt Verstöße gegen die Menschenrechterklärung von 1948, aufdecken und darüber berichten. Diese Aufgabe setzt die Kenntnis der politischen Lage der jeweiligen Staaten und der gefährdeten Minderheiten voraus und ist daher Experten zu übertragen.

Doch die vielleicht wichtigste Arbeit eines solchen Zentrums würde sich auf einer dritten Ebene ansiedeln, ausgehend von den Erkenntnissen der Humanwissenschaften über Völkermord. Wenn die internationale Staatengemeinschaft wirklich beabsichtigt, Menschenleben zu schützen, wenn sie sich ein »Friedensprogramm« setzen will, wie dies UNO-Generalsekretär Boutros Boutros Ghali 1992 anregte, muß sie über eine verläßliche Informationsquelle verfügen, nicht nur über die von Staaten begangenen Verbrechen, sondern auch hinsichtlich der Verhaltensweisen von Gesellschaften, die ihre Beobachter zu überwachen hätten. In der Tat läßt sich Völkermordgefahr an einer Reihe aufschlußreicher Faktoren ablesen, mit denen sich die verschiedenen Zweige der Humanwissenschaften beschäftigten. Charny spricht von »Sozialindikatoren«, deren Skala er bestimmt. Diese Indikatoren erlauben, auf genozidäre Verhältnisse zu schließen, einen Wandel der Mentalität festzustellen, der die Mitglieder einer Gesellschaft dazu bringt, an einem Völkermord mitzuwirken, und die öffentliche Meinung von der Notwendigkeit einer – in diesem Stadium noch gewaltlosen – Intervention zu überzeugen, bevor das Unheil geschieht. Auf diese Indikatoren sind wir bereits im zweiten Teil dieses Buches, »Analyse des Völkermordbegriffs«, eingegangen, Charny hat zehn solcher Indikatoren beschrieben [18, S. 154–156]. Sie fallen in den Bereich der Geschichte wie der Soziologie, der Philosophie, Verhaltensforschung, Psychoanalyse und Politologie. Sie müßten in allen Gesellschaften erfaßbar sein, ob sie nun »gesund« oder »krank« sind, wie physiologische Daten bei einer Vorsorgeuntersuchung. Diese Indikatoren liefern Hinweise auf genozidäre Tendenzen oder auf eine akute Gefahr. So gibt es Kriterien für die Anfälligkeit eines Regimes, bevor es zu politischen Entgleisungen kommt, zum Beispiel den Wert, den eine Gesellschaft einem Menschenleben beimißt, ihre Achtung der Unantastbarkeit des menschlichen Körpers, die Art, wie der Staat die Rechte aller seiner Bürger gleichermaßen schützt (Recht auf Arbeit, auf Nahrung, auf Wohnung, auf medizinische Versorgung, auf Familiengründung, auf freie Meinungsäußerung) oder die Kontrolle der staatlichen Macht, wenn es um die Festnahme, Inhaftierung oder Bestrafung eines Beschuldigten geht. Der Umgang eines Staates mit der Gewalt ist noch aufschlußreicher: Legitimierung polizeilicher oder militärischer Gewalt, Aufruf der Bürger zur Gewalt durch die Medien, sofortiger Einsatz von Gewalt zur Lösung von Konflikten und Rechtfertigung von Aggressionen mit Selbstverteidigung, Mißverhältnis zwischen tatsächlicher Bedrohung und Maßnahmen dagegen, was zu einer weiteren Eskalation der Gewalt führt. Doch die Gefahr wird akut und Völkermord möglich, wenn ein Staat, nachdem durch die genannten Indikatoren bereits Alarm geschlagen wurde, eine Gruppe bezeichnet, die dann gezielten Gewaltmaßnahmen ausgesetzt ist. Die Symptome für die drohende Gefahr sind bekannt, die künftigen Opfer werden zunächst verbal ausgegrenzt und schließlich entmenschlicht, man stellt sie als Unmenschen, als Untermenschen hin. »Dann schreibt man den Entmenschlichten übermenschliche Kräfte zu«, was erlaubt, »sich auf Selbstverteidigung gegen sie zu berufen und danach zu trachten, ›sie zu vernichten, bevor sie vernichten‹« [18, S. 155]. Ein weiteres Zeichen ist die Eignung einer Gruppe zum Opfer, ihre Schwäche, ihre Arglosigkeit, die Leichtigkeit, mit der sie von aufgehetzten Bürgern terrorisiert oder mißhandelt werden kann. Schließlich, im Endstadium der Vorbereitung zum Völkermord, erfolgt seine Legitimation durch die Institutionen: öffentlicher Aufruf zum Massaker, Garantie der Straflosigkeit, Segen der Kirchen.

Das Projekt eines Zentrums für Völkermordforschung ist gewiß erst ein Anfang, aber bereits mehr als eine Utopie. Es würde von seinen Mitgliedern seltene Kompetenzen erfordern, absolute Unabhängigkeit und volles Verantwortungsbewußtsein. Ein falscher Alarm wäre so schädlich wie das Ausbleiben des Alarms in berechtigten Fällen, und Manipulationen des gesammelten Materials könnten die Autorität des Zentrums untergraben oder andere Gruppen gefährden. Seine Notwendigkeit ist jedoch offenkundig, denn es ist jenes Instrument, dessen die internationale Staatengemeinschaft bedarf, um das Dilemma der Interventionsproblematik zu überwinden. Der Konflikt besteht zwischen haßerfüllten Nationalismen und fanatischen Fundamentalismen einerseits und aufgeschlossenem Weltbürgertum andererseits, das über den Egoismen der Staaten steht. Aber humanitäre Utopien werden nicht immer am Granit der nationalen Souveränität zerbrechen, man darf hoffen, daß die Welt ihre Gleichgültigkeit aufgeben und jedermann einsehen wird, daß jene bereit sind, die Menschheit zu vernichten, die die Zugehörigkeit eines einzigen Menschen zum Menschengeschlecht leugnen, die von der Reinheit ihrer Gruppe besessen sind und jede Vermischung ablehnen, die sich weigern, unser kulturelles Erbe in seiner Vielfalt zu teilen, oder die Andersgeartete ächten. Nur der Aufschrei des Beobachters, dessen Schweigen ihn zum Komplizen machen würde, kann das Verbrechen aufhalten. Wie immer die internationale Staatengemeinschaft sich auch künftig gestaltet, es wird immer im Rahmen staatlicher Strukturen sein, und die Staaten können nicht zulassen, daß einer der ihren Teile seiner Bevölkerung vernichtet. Die Art ihrer Intervention wird von dem Zeitpunkt abhängen, zu dem sie der Bedrohung gewahr werden, sie können dann vorbeugende Maßnahmen treffen oder dem Verbrecher Einhalt gebieten und ihn bestrafen. Möge das 21. Jahrhundert nicht mehr die Ära verbrecherischer Staaten sein, wie es das ausgehende Jahrhundert war! Das Überleben der Menschheit hängt davon ab, ob und wie der einzelne in der Gesellschaft durch Recht und Macht unter Achtung der universellen Prinzipien und Werte geschützt wird.

Chronologie

Daten	Genozide und genozidäre Massaker	Verhütung und Bestrafung von Völkermord und Verbrechen gegen die Menschheit
1904	Südwestafrika: Herero-Massaker	
1907		Zweite Haager Konferenz
April 1915–Juli 1916	Osmanisches Reich: Jungtürken verüben Völkermord an den Armeniern	
28. Juni 1919		Versailler Vertrag (Art. 227–228)
10. August 1920		Vertrag von Sèvres (Art. 230)
1925		Pella-Bericht über Kollektivverbrechen der Staaten
1928		Briand-Kellogg-Pakt: Verurteilung des Krieges als Mittel zur Beilegung von Konflikten
1930–1932	UdSSR: »Entkulakisierung«	
1932–1933	UdSSR: Genozid durch Hungersnot in der Ukraine	
1940–1941	»Großdeutsches Reich« und besetztes Polen: Tötung von Geisteskranken	
1940–1950	UdSSR: Deportation der »bestraften Völker«	
August 1941–November 1944	»Großdeutsches Reich« und besetztes Europa: Völkermord an Juden und Zigeunern Polen, Rußland: Genozidäre Massaker an Polen und Russen Kroatien: Genozidäre Massaker an Serben	
13. Januar 1942		Konferenz im Saint-James Palace über Kriegsverbrechen und deren Verfolgung

Daten	Genozide und genozidäre Massaker	Verhütung und Bestrafung von Völkermord und Verbrechen gegen die Menschheit
20. Oktober 1943		Bildung der Kriegs-verbrechenkommission der Vereinten Nationen
30. April 1945		Entwurf von San Francisco über die Definition von Kriegs-verbrechen
8. August 1945		Londoner Abkommen: Grün-dungsakt des Internationalen Militärtribunals (IMT). Erste juristische Erwähnung des Ver-brechens gegen die Menschheit
18. Oktober 1945–1. Oktober 1946		Nürnberger Prozeß
19. Januar 1946		Statut des IMT von Tokio
11. Dezember 1946		Resolution 95 (I) bestätigt die Prinzipien des in Nürnberg ge-setzten Internationalen Rechts. Resolution 96 (I) definiert den Völkermord
1946–1947	Indien: Gegenseitige Massaker zwischen Hindus und Muslimen während der Teilung	
21. November 1947		UNO setzt Völkerrechts-kommission ein
9. Dezember 1948		Annahme der Konvention zur Verhütung und Bestrafung des Völkermords durch die UNO
10. Dezember 1948		Annahme der Allgemeinen Er-klärung der Menschenrechte durch die UNO
1955–1972	Sudan: Genozidäre Massaker im Bürgerkrieg des Nordens gegen den Süden	
1959–1966	Tibet: Massaker und Deportationen	
September 1965–1966	Indonesien: Massaker an den Kommunisten	
1965–1990	Guatemala: Massaker an indianischen Bauern	
1965–1968	Brasilien: Vernichtung der Indianerstämme des Mato Grosso	

Daten	Genozide und genozidäre Massaker	Verhütung und Bestrafung von Völkermord und Verbrechen gegen die Menschheit
26. November 1968		UNO-Konvention über Unverjährbarkeit von Kriegs-verbrechen und Verbrechen gegen die Menschheit
1968–1970	Nigeria: Krieg der Regierung gegen das Ibo-Volk in Biafra	
1968–1972	Paraguay: Vernichtung der Aché-Indianer	
1968–1979	Äquatorialguinea: Macias organisiert Massaker	
März 1971	Bangladesch: Genozidäre Mas-saker durch die pakistanische Armee	
1971–1978	Uganda: Massaker auf Befehl Idi Amin Dadas	
April–November 1972	Burundi: Genozidäre Massaker an den Hutu auf Befehl der Regierung	
25. Januar 1974		Europarat nimmt »Konvention über Unverjährbarkeit von Ver-brechen gegen die Menschheit« an
April 1975–Januar 1979	Die Roten Khmer begehen Völkermord in Kambodscha	
Dezember 1975–	Indonesien: Vernichtungskrieg der Regierung in Ost-Timor	
1977–1991	Äthiopien: Ethnische Säube-rungen und Massaker unter Mengistu	
26. August 1985		Whitaker-Bericht über Völkermord
1988–	Birma (Myanmar): Ethnische Säuberungen durch den SLORC	
1988–1991	Irak: Genozidäres Programm der Regierung gegen die Kurden	
1989–	Sudan: Ethnische Säuberung der Bevölkerung des Südens und der Nuba-Berge	
1992–1993	Bosnien-Herzegowina: Bosnische Serben nehmen ethnische Säuberungen vor	

Daten	Genozide und genozidäre Massaker	Verhütung und Bestrafung von Völkermord und Verbrechen gegen die Menschheit
22. Februar 1993		Resolution 808 des Sicherheitsrats: Einsetzung eines Internationalen Ad-hoc-Gerichts zur Verfolgung von Kriegsverbrechen in Jugoslawien
1. März 1994		Das neue französische Strafgesetzbuch stellt Genozid und Verbrechen gegen die Menschheit unter Strafe
April–Juli 1994	Ruanda: Völkermord durch Regierungstruppen und Milizen	

Anmerkungen

Erster Teil: Aspekte des Völkerrechts

1 Der Begriff »crime contre l'humanité« (»crime against mankind«) wurde als *Verbrechen gegen die Menschlichkeit* ins Deutsche übersetzt, »als hätten es die Nazis lediglich an ›Menschlichkeit‹ fehlen lassen, als sie Millionen in die Gaskammern schickten, wahrhaftig *das* Understatement des Jahrhunderts«, wie Hannah Arendt bemerkt (Richard Marienstras) [37, S. 19].

2 Claude Lombois, *Droit pénal international*, Paris: Dalloz, 1979, S. 161.

3 *Nouveau Code pénal*, zweites Buch (»Des crimes et délits contre les personnes«), erster Teil (»Des crimes contre l'humanité«). 1. Kapitel (das 2. Kapitel befaßt sich mit »anderen Verbrechen gegen die Menschheit«), S. 1761-1762.

Zweiter Teil: Analyse des Völkermordbegriffs

1 Luc Ferry, Referat auf dem Internationalen Kolloquium über Völkermord, Paris, 8.-10. Dezember 1989.

2 Philippe Burrin, Referat auf dem Internationalen Kolloquium über Völkermord, ebenda.

3 Friedrich Nietzsche, »Also sprach Zarathustra«, in: *Werke*, Sechste Abteilung Bd. 1, Berlin: de Gruyter, 1968, S. 57f.

4 Marcel Gauchet, »La dette du sens et les racines de l'Etat« in: *Libre 2*, Paris: Petite Bibliothèque Payot, 1977, S. 5-43.

5 Ebenda, S. 25.

6 Analyse des Weberschen Denkens durch François Châtelet und Evelyne Pisier-Kouchner, *Conceptions politiques du XXᵉ siècle*, Paris: PUF, 1981, S. 685.

7 Etienne de La Boétie, *Über die freiwillige Knechtschaft des Menschen*, Frankfurt am Main: Europäische Verlagsanstalt, 1968, S. 32.

8 Ebenda.

9 Paul Thibaud, Vorwort zur Nummer von *Esprit* über »La conception moderne de l'individu«, Nr. 2, Februar 1978, S. 5.

10 Louis Dumont, »La conception moderne de l'individu« in: *Esprit*, Nr. 2, Februar 1978, S. 18-54.

11 Alexander Solschenizyn, *Der Archipel Gulay*, 1918-1956. Versuch einer künstlerischen Bewältigung, 3 Bde., Reinbek bei Hamburg: Rowohlt, 1990.

12 Referat Marcel Gauchets bei einem Symposion der Zeitschrift *Esprit* im Dezember 1978.

13 Michel Maffesoli, *La Violence totalitaire*, Paris: PUF, 1979, S. 284.

14 Yves Chalas, *Vichy et l'Imaginaire totalitaire*, Arles: Actes Sud, 1985, S. 119-127.

15 Manès Sperber, *Die Achillesferse*, Frankfurt am Main: Fischer, 1969, S. 26.

16 Ebenda, S. 74.

17 Léon Poliakov, *La Causalité diabolique*. Bd. 1: *Essai sur l'origine des persécutions*, Paris: Calmann-Lévy, 1980.

18 M. Sperber, a.a.O., S. 37.

19 L. Kolakowski, zitiert nach L. Poliakov, a.a.O., S. 234f.

20 M. Maffesoli, a.a.O., S. 112.

21 Max Horkheimer und Theodor W. Adorno, *Dialektik der Aufklärung. Philosophische Fragmente*, Amsterdam: de Munter, 1968.

22 George Steiner, *In Blaubarts Burg*, Frankfurt am Main: Suhrkamp, 1972, S. 149.

23 Zitiert nach F. Châtelet und E. Pisier-Kouchner, a.a.O., S. 811f.

24 M. Horkheimer und Th. W. Adorno, a.a.O., S. 42.

25 Y. Chalas, a.a.O., S. 30f.

26 Jean-Pierre Faye, *Langages totalitaires*, Paris: Hermann, 1972.

27 Noam Chomsky, *Bains de sang*, Paris: Seghers-Laffont, 1975 (zitiert nach F. Châtelet, a.a.O., S. 770).

28 Georges Bensoussan, *L'Idéologie du rejet*, Paris: Manya, 1993.

29 M. Detienne und J.-P. Vernant, *Les Ruses de l'intelligence. La metis des Grecs*, Paris: Flammarion, 1974 (zitiert nach Eugène Enriquez, *De la horde à l'Etat. Essai de psychanalyse du lien social*, Paris: Gallimard, 1983, S. 22f.).

30 Konrad Lorenz, *Das sogenannte Böse. Zur Naturgeschichte der Aggression*, Wien: Dr. G. Borotha-Schoeler Verlag, 1963, S. 395.

31 Überlegungen Guglielmo Ferreros (in: *Pouvoir. Les génies invisibles de la Cité*, Paris: Livre de poche, 1988), dargestellt von Raymond Aron in *L'Homme contre les tyrans*, Paris: Gallimard, 1946, S. 290–296.

32 René Girard, *La Violence et le Sacré*, Paris: Grasset, 1972.

33 René Girard, *Des choses cachées depuis la fondation du monde*, Paris: Grasset, 1978.

34 Manuel de Diéguez, »Une ethnologie charismatique?«, in: *Esprit*, Nr. 4, April 1979, S. 58–71.

35 Eric Weil, *Philosophie der Politik*, Neuwied und Berlin: Luchterhand, 1964, S. 22ff.

36 Serge Moscovici, *L'Age des foules. Un traité historique de psychologie des masses*, Bruxelles: Complexe, 1985, S. 190.

37 Ebenda, S. 239.

38 Elias Canetti, *Masse und Macht*, Frankfurt am Main: Fischer, 1980, S. 371.

39 Stanley Milgram, *Das Milgram-Experiment. Zur Gehorsamsbereitschaft gegenüber Autorität*, Reinbek: Rowohlt, 1982, S. 125.

40 Pierre Legendre, *L'Amour du censeur*, Paris: Seuil, 1974, S. 76.

41 Ebenda, S. 53.

42 Ebenda, S. 223.

43 Sigmund Freud, »Das Unbehagen in der Kultur«, in: ders., Gesammelte Werke, Bd. 14, London: Lingam Press, 1983.

44 Wir können hier nicht den Übergang von der Individualpsychologie zur Massenpsychologie im Werke Freuds darstellen, von *Totem und Tabu, Psychologie der Massen* und *Das Ich und das Es* zu *Die Zukunft einer Illusion, Das Unbehagen in der Kultur* und *Der Mann Moses und die monotheistische Religion*. Ich verweise den Leser auf das Buch von E. Enriquez, a.a.O.

45 S. Moscovici, a.a.O., S. 353.

46 S. Freud, a.a.O., S. 506.

47 Franco Fornari, *Psychanalyse de la situation atomique*, Paris: Gallimard, 1969, S. 27.

48 Ebenda, S. 147.

49 Ebenda, S. 81.

50 Ebenda, S. 131f.

51 Wir übersetzen *bystander* mit »Zuschauer« und nicht mit »Zeuge«, um die Passivität desjenigen zu unterstreichen, der den Mord sieht oder von ihm hört, im Gegensatz zur Aktivität dessen, der die Tat bezeugt.

Dritter Teil: Die Genozide des 20. Jahrhunderts

1 Zitiert nach Saul Friedländer, »L'extermination des Juifs d'Europe. Pour une étude historique globale« in: *Revue des Etudes juives*, CXXXV (1–3), Jan.–Sept. 1976, S. 113–144.

2 Alain Finkielkraut auf dem Symposium »Histoire et mémoire« am 13. Dezember 1987 zum Abschluß der Tagung »Politique nazie d'extermination«.

3 Saul Friedländer, »Réflexions sur l'historisation du national-socialisme« in: *XXᵉ siècle*, Nr. 16, Okt./Nov. 1987, S. 54 (Hervorhebung des Autors).

4 Joseph Tenenbaum, *Race and Reich. The Story of an Epoch*, New York: Twayne, 1956. Zitiert nach [65, S. 19].

5 Yves Chevalier, *L'Antisémitisme. Le Juif comme bouc émissaire*, Paris: Cerf, 1988, S. 16. Zu diesem Thema vgl. auch Jean-Pierre Faye und Anne-Marie de Vilaine, *La Déraison antisémite et son langage*, Arles: Actes Sud, 1993, S. 202.

6 Fernand Rohman, *Hitler, le Juif et le Troisième Homme*, Paris: PUF, 1983, S. 107.

7 Dok. NG 2586 des IMT.

8 Die Assyro-Chaldäer, eine christliche Minderheit, die vor allem in Westpersien am Urmiasee und im Wilajet Van siedelte, erlitten 1915 dasselbe Los wie die Armenier, wenn sie in die Hand der Türken fielen.

9 Noam Chomsky und Edward S. Herman, *After the Cataclysm: Postwar Indochina and the Reconstruction of Imperial Ideology (The Political Economy of Human Rights*, Bd. 2), Boston: South End Press, 1979. Schon 1976 hatten George C. Hildebrand und Gareth Porter *Cambodia: Starvation and Revolution* veröffentlicht (New York: Monthly Review Press), in dem sie die Evakuierung der Städte mit einer neuen Agrarpolitik der Roten Khmer erklärten und die westliche Presse bezichtigten, ihre eigene Schuld dadurch verbergen zu wollen, daß sie dem neuen Regime in Kambodscha monströse Verbrechen anlastete.

10 *Esprit*, September 1980, Nr. 9, Serge Thion S. 95–111, Paul Thibaud S. 112–123. Siehe auch Serge Thion und Ben Kiernan, *Khmers rouges. Matériaux pour l'histoire du communisme au Cambodge*, Paris: Hallier-Albin Michel, 1981.

11 Trotzkistische Gruppierung, die einen Verlag dieses Namens (Der Alte Maulwurf) betreibt (A.d.Ü.).

12 Ich danke Pierre Vidal-Naquet, daß er dieses Kapitel über die Leugnung des kambodschanischen Völkermords durchgesehen hat, deren Ausmaße mir anfänglich entgangen waren. Serge Thion hat seinen Standpunkt seither nicht geändert, 1993 veröffentlichte er (in einem Pseudountergrund, wie Pierre Vidal-Naquet meint) *Une allumette sur la banquise. Ecrits de combat (1980–1992)*, o.O.

13 Pierre Vidal-Naquet wies mich auf die Arbeiten Jean-Pierre Chrétiens über Burundi hin [184], dieser wiederum riet mir, das Buch von Claudine Vidal über Ruanda zu lesen [190].

Die meisten Zitate in diesem Kapitel stammen aus diesen beiden Büchern sowie aus dem Artikel Chrétiens: »Burundi: pogromes sur les collines«, in: *Esprit*, Juli 1994, Nr. 7, S. 16-30.

14 Interview mit Jean-François Bayart in *Le Nouvel Observateur*, 2.-8. Juni 1994.

15 Bei der Überarbeitung dieses Kapitels im September 1994 konnte ich nur einige Elemente der Analysen berücksichtigen, die in der Zeitschrift *Hérodote*, Nr. 72-73, 1. und 2. Trimester 1994, erschienen sind: Françoise Imbs, François Bart und Annie Bart, »Le Rwanda: les données socio-géographiques«, S. 246-269; Gérard Prunier, »La dimension politique du génocide au Rwanda«, S. 270-277.

16 Winston Churchill, *Der Zweite Weltkrieg. Memoiren*, Bd. 4, Stuttgart und Hamburg: Scherz & Goverts, 1951, S. 103.

17 Arthur Koestler, *Der Yogi und der Kommissar*, Esslingen: Bechtle, 1950, S. 250.

18 So erwähnen die unerhörten Enthüllungen Pavel Sudoplatovs (Pavel und Anatoli Soudoplatov, *Missions spéciales*, Paris: Seuil, 1994) die Hungersnot in der Ukraine nicht, was sich zweifellos aus der administrativen Abschottung erklärt.

19 Später berichteten mehrere Autoren darüber: Koestler, der 1933 in Charkow war, in: *Der Yogi und der Kommissar*, a.a.O., S. 249-252; Viktor Kravchenko, *Ich wählte die Freiheit*, Hamburg: Drei Türme, 1949, S. 150-180; Vassili Grossman, *Alles fließt...*, München und Hamburg: Knaus, 1985, S. 132-156.

20 Boris Souvarine, *Staline. Aperçu historique du bolchevisme*, Paris: Champ libre, 1977.

21 1937 drang die Rote Armee in die Mongolei ein, zerstörte die buddhistischen Tempel und tötete die Oberschicht.

22 In diesem Kapitel habe ich zahlreiche Anleihen beim Artikel von Nicolas Werth [170] gemacht. Er stellt die Beurteilung des Gulags auf völlig neue Grundlagen und ist die jüngste Untersuchung der Frage in französischer Sprache.

Vierter Teil: Genozidäre Massaker

1 Gérard Chaliand (Hg.), *Les Minorités à l'âge de l'Etat-nation*, Paris: Fayard, 1985, S. 23.

2 Die Zitate stammen aus: Thukydides, *Geschichte des Peleponnesischen Krieges*, Zürich und München: Artemis, 1976.

3 François Hinard, Sylla, Paris: Fayard, 1985.

4 Elias Canetti, a.a.O., S. 451-461.

5 Jean Delumeau, *La Peur en Occident*, Paris: Fayard, 1978, S. 31.

6 Norman Cohn, *Démonolâtrie et Sorcellerie au Moyen Age*, Paris: Payot, 1982, S. 292. Zur Hexenjagd vgl. Robert Muchembled (Hg.), *La Sorcière au village (XVᵉ-XVIIIᵉ siècle)*, Paris: Jullard/Gallimard, 1979.

7 Zur spanischen Inquisition vgl. Henry Kamen, *Histoire de l'inquisition espagnole*, Paris: Albin Michel, 1966; und vor allem Michèle Escamilla-Colin, *Crimes et Châtiments dans l'Espagne inquisitoriale*, Paris: Berg International, 1992.

8 Bartolomé de Las Casas, *Très Brève Relation de la destruction des Indes*, Paris: La Découverte, 1983.

9 Fernand Braudel, *Sozialgeschichte des 15.-18. Jahrhunderts*, München: Kindler, 1986, S. 436-444. Beim Umgang mit den Zahlen ist Vorsicht geboten. Manche Historiker meinen, 10 Millionen Menschen seien durch den Menschenhandel vor 1810 umgekommen, während andere die Gesamtziffer der Versklavten vom 16. bis ins 18. Jahrhundert auf 11 bis 12 Millionen schätzen.

10 Eugene V. Walter, *Terror and Resistance. A Study of Political Violence*, London; New York; Oxford University Press, 1969, S. 111. Das Zitat stammt von Nathaniel Isaacs, der Tschaka zwei Jahre lang beobachtete.

11 Ebenda, S. 13.

12 Gracchus Babeuf, *La Guerre de Vendée et le système de dépopulation*, Paris: Tallandier, 1987.

13 Jean-Clément Martin, *La Vendée et la Mémoire (1800–1980)*, Paris: Seuil, 1989.

14 Vorwort Pierre Chaunus zu dem Buch von F. Gendron, *La Jeunesse de Thermidor*, Paris, 1984; Reynald Secher, *Le Génocide franco-français: la Vendée-Vengé*, Paris: PUF, 1986.

15 Zitiert nach Reynald Secher, *Juifs et Vendéens. D'un génocide à l'autre*, Paris: Olivier Orban, 1991.

16 Doch es wurde in den Jahren 1820 bis 1830 wiederbevölkert und erreichte den Stand von 1790. Jean-Clément Martin, *La Vendée et la France*, Paris: Seuil, 1987, S. 318.

17 François Lebrun, »La guerre de Vendée: massacre ou génocide?« in: *L'Histoire*, Nr. 78, Mai 1985, S. 99.

18 Artikel »Droits de l'homme«, in: *François Furet und Mona Ozouf, Dictionnaire critique de la Révolution française*, Paris: Flammarion, 1986, S. 695.

19 Peter Williams und David Wallace, *La Guerre bactériologique: les secrets des expérimentateurs japonais*, Paris: Albin Michel, 1990.

20 *Internet on the Holocaust and Genocide* (nachstehend *Internet* genannt), Nr. 23, November 1989, S. 5.

21 Das Buch von Dominique Lapierre und Larry Collins, *Cette nuit la liberté*, Paris: Laffont, 1975, bleibt die vollständigste und objektivste Darstellung dieser Ereignisse.

22 *Le Nouvel Observateur*, 15.–21. Juli 1993.

23 *Internet*, Nr. 15, April 1988, S. 6.

24 E/CN./Sub. 2/SR. 625–635 vom 29. Oktober 1971 (zitiert nach [32, S. 83]).

25 *Internet*, Nr. 30-31, Februar 1991, S. 17.

26 Das Abstimmungsergebnis wurde immer knapper, 1982 waren es 50 Stimmen gegen 46.

27 Im Mai 1991 schoß das Militär in Dili auf unbewaffnete Demonstranten und tötete über 100 Menschen.

28 *Internet*, Nr. 44-46, September 1993, S. 17.

29 E/CN. 4/1988/24, S. 21.

30 Gérard Chaliand, *L'Enjeu africain*, Bruxelles: Complexe, 1984, S. 25.

31 Nach der Abspaltung Katangas rief Ministerpräsident Lumumba den Sicherheitsrat an, der Blauhelme entsandte. Der Bürgerkrieg tobte drei Jahre lang und kam die UNO teuer zu stehen.

32 Zitiert nach *Vigilance Soudan*, Nr. 6, Dezember 1992. Rony Brauman, *Populations en danger*, Paris: Hachette, 1992. Die Informationen über die Lage im Sudan seit 1992 stammen aus *Vigilance Soudan*.

33 E/CN.4/1994/48, 1. Februar 1994.

34 Amnesty International, *Ouganda. Droits de l'homme. Les premiers pas. 1986–1989*, Paris: Ed. francophones d'Amnesty International, 1989.

35 J.-P. Faye und A. M. de Vilaine, a.a.O., S. 52f.

36 Bericht von Dr. Patrick Braun, medizinischer Berater im französischen Ministerium für überseeische Departements und Territorien, in: *Medical Tribune and Medical News*, 8. Dezember 1969. Artikel von Norman Lewis in der *Sunday Times* vom 23. Februar 1969.

37 Von 700 Mitarbeitern der SPI wurden 200 entlassen und gegen 134 Anklage wegen Korruption erhoben.

38 *Internet*, Nr. 30–31, Februar 1991, S. 19.

39 *Libération*, 23. August 1993.

Fünfter Teil: Die Problematik der Intervention

1 Nachstehende Angaben stammen aus meinen Zuhörernotizen. Es handelt sich also nicht um wörtliche Zitate, da die Akten zu diesem Forum noch nicht veröffentlicht worden sind.

2 William Eagleton Jr., *La République kurde de 1946*, Bruxelles: Complexe, 1991.

3 Das kurdische Wort *Peschmerga* bedeutet wörtlich »vor dem Tod« und wird gewöhnlich mit »die dem Tod entgegengehen« übersetzt [200, S. 291].

4 Der vom iranischen Fernsehen gedrehte Film wurde am 22. März 1988 in den Nachrichten des französischen Fernsehens gezeigt.

5 Kendal Nezan, *Le Monde*, 27. Dezember 1992.

6 Anselm L. Strauss, *Spiegel und Masken. Die Suche nach Identität*, Frankfurt am Main: Suhrkamp, 1968, S. 178.

7 Ebenda, S. 184–191.

8 Bat Ye'or, *Juifs et Chrétiens sous l'Islam. Les dhimmis face au défi intégriste*, Paris: Berg International, 1994, S. 209–211.

9 Im April 1992 gründeten Serbien und Montenegro die Föderative Republik Jugoslawien.

10 Das »Timisoara-Syndrom« zeigte die Anfälligkeit der Medien für gefälschte Informationen: Tote wurden aus einem Leichenhaus geholt und als Opfer von Folterungen »zurechtgemacht«.

11 Ein klassisches Beispiel ist die unglaubliche Naivität eines Delegierten des Internationalen Komitees vom Roten Kreuz, der im August 1938 Dachau besuchte. Vgl. Jean-Claude Favez, *Das Internationale Rote Kreuz und das Dritte Reich*, Zürich: Verlag Neue Zürcher Zeitung, 1989, S. 537–541.

12 J.-P. Faye und A.-M. de Vilaine, a.a.O., S. 244.

13 Siehe oben, S. 177.

14 Siehe oben, S. 251.

Literaturverzeichnis

Da Untersuchungen zum Thema Völkermord zahlreiche Fachbereiche einbeziehen, ist es unmöglich, die für vorliegendes Buch benutzte Literatur in ihrer Gesamtheit anzuführen. Die bibliographischen Angaben zu Werken, die sich nicht spezifisch mit Völkermord befassen, wurden daher in den Anmerkungsapparat aufgenommen.

Nachstehendes Verzeichnis enthält die wichtigsten Werke über die Genozide des 20. Jahrhunderts, wenn auch nicht auf alle im Text des Buches verwiesen wurde. Eine vollständigere Bibliographie über Völkermord und Kollektivmorde im weiteren Sinn findet sich in:

[1] Israel Charny (Hg.), *Genocide. A Critical Bibliographic Review*, Bd. 1 und 2, London: Mansell, 1988 und 1991. Bd. 3: *The Widening Circle of Genocide*, New Brunswick, NJ: Transaction Publishers, 1994.

1. Allgemeine Werke über Völkermord

[2] Amnesty International, *Les Assassinats politiques. Rapport sur la responsabilité des Etats*, Paris: Ed. du Seuil, Coll. »Points Politique«, 1983.

[3] Hannah Arendt, *Eichmann in Jerusalem. Ein Bericht von der Banalität des Bösen*, München: Piper, 1964.

[4] Hannah Arendt, *Elemente und Ursprünge totaler Herrschaft*, Frankfurt am Main: Europäische Verlagsanstalt, 1958.

[5] Eugène Aroneanu, *Le Crime contre l'humanité*, Paris: Dalloz, 1961. (Dt.: *Das Verbrechen gegen die Menschlichkeit*, Baden-Baden: Schröder, 1947, gekürzte Ausgabe.)

[6] Ronald Aronson, *The Dialectics of Disaster: A Preface to Hope*, London: Verso, 1983.

[7] Cherif M. Bassiouni und Ved P. Nanda (Hg.), *A Treatise on International Criminal Law.* Bd. 1: *Crimes and Punishment*, Bd. 2: *Jurisdiction and Cooperation*, Springfield, IL: Charles Thomas, 1973.

[8] Louis René Beres, »Genocide, State and Self«, in: *Denver Journal of International Law and Policy*, 18 (1), 1989.

[9] Centre de droit international de l'Institut de Sociologie de l'université libre de Bruxelles, *Le Procès de Nuremberg: conséquences et actualisation*, Bruxelles: Bruylant, 1988.

[10] Frank Chalk und Kurt Jonassohn, *The History and Sociology of Genocide*, New Haven und London: Yale University Press, 1990.

[11] Israel W. Charny (in Zusammenarbeit mit Chanan Rapaport), *How Can We Commit the Unthinkable? Genocide, The Human Cancer*, Boulder, CO: Westview Press, 1982.

[12] Israel W. Charny (Hg.), *Toward the Understanding and Prevention of Genocide: Proceedings of the International Conference on the Holocaust and Genocide*, Boulder, CO und London: Westview Press, 1984.

[13] Stephen L. Chorover, *Die Zurichtung des Menschen. Von der Verhaltenssteuerung durch die Wissenschaft*, Frankfurt am Main: Fischer, 1985.

[14] Pierre Clastres, *Staatsfeinde. Studien zur politischen Anthropologie*, Frankfurt am Main: Suhrkamp, 1976.

[15] Vahakn Dadrian, »A Typology of Genocide«, in: *International Review of Modern Sociology*, Nr. 5, 1975, S. 201–212.

[16] *De l'ethnocide*, Paris: Union générale d'éditions, 1972.

[17] Deuxième Congrès international de prophylaxie criminelle (Paris, 10.–13. Juli 1967). Berichte in: *Etudes internationales de psychosociologie criminelle*, Nr. 11–15, 1967.

[18] Michael N. Dobkowski und Isidor Wallimann, *Genocide in Our Time. An Annoted Bibliography with Analytical Introductions*, Ann Arbor, Michigan: Pierian Press, 1992.

[19] Pieter N. Drost, *The Crime of State*. Bd. 1: *Humanicide*, Bd. 2: *Genocide*, Leyden: Sythoff, 1959.

[20] Helen Fein, *Accounting for Genocide: National Responses and Jewish Victimization during the Holocaust*, New York: Free Press, 1979.

[21] Helen Fein, »Genocide: A Sociological Perspective«, in: *Current Sociology*, 3 (1), Frühjahr 1990.

[22] Helen Fein, »Lives at Risk: A Study of Violations of Life-Integrity in 50 States in 1987. Based on the Amnesty International 1988 Report«. A Paper of the Institute for the Study of Genocide.

[23] Alain Finkielkraut, *L'Avenir d'une négation: réflexion sur la question du génocide*, Paris: Seuil, 1982.

[24] Yvan van Garse, *A Bibliography of Genocide. Crimes against Humanity and War Crime*, Sint Niklas Waas: Studiecentrum voor Kriminologie en Gerechtelijke, 1970.

[25] »Genocide: Issues, Approaches, Ressources«, Sondernummer des *Social Science Record*, 24 (2), 1987.

[26] Stefan Glaser, *Infraction internationale: ses éléments constitutifs et ses aspects juridiques*, Paris: Librairie générale de droit et de jurisprudence, 1957.

[27] Alfred Grosser, *Verbrechen und Erinnerung. Der Genozid im Gedächtnis der Völker*, München: Dt. Taschenbuch Verlag, 1993.

[28] Barbara Harff, *Genocide and Human Rights*, Denver, CO: Graduate School of International Studies, 1984.

[29] Irving L. Horowitz, *Taking Lives: Genocide and State Power*, New Brunswick, NJ: Transaction Books, 1980.

[30] Herbert C. Kelman, »Violence without Moral Restraint: Reflections on the Deshumanization of Victims and Victimizers«, in: *Journal of Social Issues*, 29 (4), 1973, S. 25–61.

[31] Herbert C. Kelman und Lee Hamilton, *Crime of Obedience: Toward a Social Psychology of Authority and Responsibility*, New Haven und London, Yale University Press, 1989.

[32] Leo Kuper, *Genocide: Its Political Use in the Twentieth Century*, New York: Penguin Books, 1981.

[33] Leo Kuper, *International Action against Genocide*, London: Minority Rights Group, Bericht Nr. 53, 1982.

[34] Leo Kuper, *The Prevention of Genocide*, New Haven: Yale University Press, 1985.

[35] Raphael Lemkin, *Axis Rule in Occupied Europe*, Washington DC: Carnegie Endowment for World Peace, 1944.

[36] Robert J. Lifton und Eric Marcusen, *Die Psychologie des Völkermordes. Atomkrieg und Holocaust*, Stuttgart: Klett-Cotta, 1992.

[37] Richard Marienstras, »Réflexions sur le génocide«, in: *Etre un peuple en diaspora*, Paris: Maspero, 1975, S. 9–39.

[38] Pierre Mertens, *L'Imprescriptibilité des crimes de guerre et contre l'humanité*, Centre de droit international de l'université libre de Bruxelles, 1974.

[39] Henri Meyrowitz, *La Répression par les tribunaux allemands des crimes contre l'humanité et de l'appartenance à une organisation criminelle*, Paris: Librairie générale de droit et de jurisprudence, 1960.

[40] Vespasien V. Pella, *La Guerre-Crime et les Criminels de guerre*, Neuchâtel: La Bacon-nière, 1964.

[41] Jack N. Porter (Hg.), *Genocide and Human Rights: a Global Anthology*, Washington DC, University Press of America, 1982.

[42] Internationaler Militärgerichtshof (Hg.), *Der Prozeß gegen die Hauptkriegsverbrecher vor dem Internationalen Militärgerichtshof: Nürnberg, 14. November 1945 – 1. Oktober 1946*, 18 Bde., München und Zürich: Delphin, 1984.

[43] Guy Richard, *L'Histoire inhumaine. Massacres et génocides des origines à nos jours*, Paris: Armand Colin, 1992.

[44] Richard L. Rubenstein, *The Age of Triage*, Boston: Beacon Press, 1983.

[45] Nicodème Ruhashyankiko, *Study of the Question of the Prevention and Punishment of the Crime of Genocide*, Report to the UN Sub-Commission on Prevention of Discrimination and Protection of Minorities, 4. Juli 1978 (E/CN.4/Sub.2/416).

[46] Hervé Savon, *Du cannibalisme au génocide*, Paris: Hachette, 1972.

[47] Leon S. Sheleff, *The Bystander: Behavior, Law, Ethics*, Lexington, MA: Lexington Books, 1978.

[48] Erwin Staun, *The Roots of Evil: The Origins of Genocide and other Group Violence*, Cambridge, MA: Cambridge University Press, 1989.

[49] Yves Ternon, »Réflexions sur le génocide«, in: *Les Minorités à l'âge de l'Etat-nation*, Paris: Fayard, 1985.

[50] Samuel Totten, *First Person Accounts of Genocidal Acts Committed in Twentieth Century: an Annoted Bibliography*, Westport, CT: Greenwood Press, 1991.

[51] *Un tribunal pour les peuples*, Paris: Berger-Levrault, 1983.

[52] Isidor Walliman und Michael N. Dobkowski (Hg.), *Genocide and the Modern Age: Etiology and Case Studies of Mass Death*, Westport, CT, Greenwood Press, 1987.

[53] Ben Whitaker, *Revised and Updated Report on the Question of the Prevention and Punishment of the Crime of Genocide* (Bericht des Unterausschusses für Minderheiten-schutz der Menschenrechtskommission des UN-Wirtschafts- und Sozialrats), 2. Juli 1985 (E/CN.4/Sub.2/1985)

2. Werke über die nationalsozialistische Vernichtungspolitik

Tausende Bücher und Artikel sind zu diesem Thema erschienen, und es ist unmöglich, sie alle anzuführen. Ich habe mich daher auf eine Auswahlbibliographie beschränkt, mit dem Schwerpunkt »Einzigartigkeit des Völkermords an den Juden« und »Historikerstreit«.

[54] Pierre Ayçoberry, *La Question nazie*, Paris: Seuil, 1979.

[55] Yehuda Bauer, *The Holocaust in Historical Perspective*, Seattle: University of Washington Press, 1978.

[56] Yehuda Bauer, *A History of the Holocaust*, New York: Franklin Watts, 1982.

[57] Joseph Billig, *L'Allemagne et le Génocide*, Paris, Ed. du Centre, 1950.

[58] Karl Dietrich Bracher, *Die deutsche Diktatur. Entstehung, Struktur, Folgen des National-sozialismus*, Köln: Kiepenheuer und Witsch, 1976.

[59] Richard Breitman, *The Architect of Genocide: Himmler and the Final Solution*, New York: Alfred Knopf, 1991.

[60] Christopher R. Browning, *Fateful Months: Essays on the Emergence of the Final Solution*, New York: Holmes & Meier, 1985.

[61] Christopher R. Browning, *The Path to Genocide: Essays on Launching the Final Solution*, Cambridge, NY: Cambridge University Press, 1992.

[62] Christopher R. Browning, *Ganz normale Männer. Das Reserve-Polizeibataillon 101 und die »Endlösung« in Polen*, Reinbek bei Hamburg: Rowohlt, 1993.

[63] Philippe Burrin, *Hitler und die Juden. Die Entscheidung für den Völkermord*, Frankfurt am Main: S. Fischer, 1993.

[64] Colloque de l'Ecole des Hautes Etudes en sciences sociales, *L'Allemagne nazie et le Génocide juif*, Paris: Seuil/Gallimard, 1985.

[65] Colloque des intellectuels juifs de langue française (Actes du XXVe), *Mémoire et Histoire*, Paris: Denoël, 1986.

[66] Lucy S. Dawidowicz, *Der Krieg gegen die Juden, 1933–1945*, München: Kindler, 1979.

[67] Lucy S. Dawidowicz, *The Holocaust and the Historians*, Cambridge, MA: Harvard University Press, 1981.

[68] *»Historikerstreit«. Die Dokumentation der Kontroverse um die Einzigartigkeit der natio-nalsozialistischen Judenvernichtung*, München: Piper, 1987.

[69] Henry V. Dicks, *Les Meurtres collectifs*, Paris: Calmann-Lévy, 1973.

[70] Gernot Erler, Rolf Dieter Müller, Ulrich Rose, Thomas Schnabel, Gerd Ueberschär, Wolfram Wette, *Geschichtswende? Entsorgungsversuche zur deutschen Geschichte*, Freiburg im Breisgau, Dreisam-Verlag, 1987.

[71] Gerald Fleming, *Hitler und die Endlösung. »Es ist des Führers Wunsch ...«*, Frankfurt am Main und Berlin: Ullstein, 1987.

[72] Henry Friedlander und Sybil Milton (Hg.), *The Holocaust: Ideology, Bureaucracy and Genocide*, Millwood, NY: Krauss International Publishers, 1980.

[73] André Frossard, *Le Crime contre l'humanité*, Paris: Laffont, 1987.

[74] Martin Gilbert, *Endlösung. Die Vertreibung und Vernichtung der Juden. Ein Atlas*, Reinbek bei Hamburg: Rowohlt, 1982.

[75] Ian Hancok, *The Pariah-Syndrome: An Account of Gypsy Slavery and Persecution*, Ann Arbor, MI: Karoma Publishers, 1987.

[76] Gideon Hausner, *Die Vernichtung der Juden. Das größte Verbrechen der Geschichte*, München: Kindler, 1979.

[77] Raul Hilberg, *Die Vernichtung der europäischen Juden*, Frankfurt am Main: Fischer, 1990.

[78] Raul Hilberg, *Täter, Opfer, Zuschauer. Die Vernichtung der Juden 1933–1945*, Frankfurt am Main: Fischer, 1992.

[79] Gerhardt Hirschfeld (Hg.), *The Policies of Genocide: Jews and Soviet Prisoners of War in Nazi Regime*, London: Allen & Unwin, 1986.

[80] Institut d'Histoire du temps présent (unter Leitung von François Bédarida), *La Politique nazie d'extermination*, Paris: Albin Michel, 1989.

[81] Eberhard Jäckel, *Hitlers Herrschaft. Vollzug einer Weltanschauung*, Stuttgart: Dt. Verlagsanstalt, 1986.

[82] Steven L. Jacobs, *Raphael Lemkin's Thoughts on Nazi Genocide*, New York: Edwin Mellen Press, 1992.

[83] Donald Kenrick und Grattan Puxon, *Sinti und Roma – die Vernichtung eines Volkes im NS-Staat*, Göttingen: Gesellschaft für bedrohte Völker, 1981.

[84] Ian Kershaw, *Der NS-Staat. Geschichtsinterpretationen und Kontroversen im Überblick*, Reinbek bei Hamburg: Rowohlt, 1994.

[85] Ernst Klee, *Euthanasie im NS-Staat. Die »Vernichtung lebensunwerten Lebens«*, Frankfurt am Main: Fischer, 1983.

[86] Ernst Klee (Hg.), *Dokumente zur »Euthanasie«*, Frankfurt am Main: Fischer, 1985.

[87] Eugen Kogon, Hermann Langbein, Adalbert Rückerl, *Nationalsozialistische Massentötungen durch Giftgas: eine Dokumentation*, Frankfurt am Main: S. Fischer, 1983.

[88] Helmut Krausnick und Hans-Heinrich Wilhelm, *Die Truppe des Weltanschauungskrieges. Die Einsatzgruppen der Sicherheitspolizei und des SD, 1938–1942*, Stuttgart: Dt. Verlagsanstalt, 1981.

[89] Berel Lang, *Act and Idea in the Nazi Genozide*, Chicago: University of Chicago Press, 1990.

[90] Walter Laqueur, *Was niemand wissen wollte: die Unterdrückung der Nachrichten über Hitlers »Endlösung«*, Frankfurt am Main und Berlin: Ullstein, 1981.

[91] Claude Lanzmann, *Shoah*, Paris: Fayard, 1985.

[92] Richard M. Lerner, *Final Solutions. Biology, Prejudice and Genocide*, University Park: The Pennsylvania State University Press, 1992.

[93] Nora Levin, *The Holocaust: The Destruction of European Jewry, 1939–1945*, New York: Thomas Crowell Company, 1968.

[94] Robert J. Lifton, *Ärzte im Dritten Reich*, Stuttgart: Klett-Cotta, 1988.

[95] Deborah Lipstadt, *Betrifft: Leugnen des Holocaust*, Zürich: Rio-Verlag, 1994.

[96] Michael Marrus, *L'Holocauste dans l'histoire*, Paris: Eshel, 1990.

[97] Arno J. Mayer, *Der Krieg als Kreuzzug. Das Deutsche Reich, Hitlers Wehrmacht und die »Endlösung«*, Reinbek bei Hamburg: Rowohlt, 1989.

[98] Arthur D. Morse, *Die Wasser teilten sich nicht*, Bern (u.a.): Rütten und Loening, 1968.

[99] George L. Mosse, *Die Geschichte des Rassismus in Europa*, Frankfurt am Main: Fischer, 1990.

[100] Benno Müller-Hill, *Tödliche Wissenschaft. Die Aussonderung von Juden, Zigeunern und Geisteskranken 1933–1945*, Reinbek bei Hamburg: Rowohlt, 1984.

[101] *Pardes* (Hg. von Schmuel Trigano), »Penser Auschwitz«, Nr. 9–10, 1989.

[102] Léon Poliakov und Josef Wulf, *Das Dritte Reich und die Juden: Dokumente und Aufsätze*, Berlin-Grunewald: Arani, 1955.

[103] Robert N. Proctor, *Racial Hygiene: Medicine under the Nazis*, Cambridge, MA: Harvard University Press, 1988.

[104] Gerald Reitlinger, *Die Endlösung. Hitlers Versuch der Ausrottung der Juden Europas 1939–1945*, Berlin: Colloquium-Verlag, 1992.

[105] *Remembering for the Future: The Impact of the Holocaust on the Contemporary World*, Papers to be presented at an International Scholars Conference to be held in Oxford, 10–13 July 1988, Oxford: Pergamon Press, 1988.

[106] Jacob Robinson, *La Tragédie juive sous la croix gammée, à la lumière du procès de Jérusalem*, Paris: CDJC, 1968.

[107] Richard L. Rubenstein, *The Cunning of History: The Holocaust and the American Future*, New York: Harper & Row, 1975.

[108] Rudolf J. Rummel, *Democide. Nazi Genocide and Mass Murder*, New Brunswick, NJ: Transaction Publishers, 1992.

[109] *La Science sous le IIIe Reich*, hrsg. von Josiane Olff-Nathan, Paris: Seuil, 1993.

[110] Karl A. Schleunes, *The Twisted Road to Auschwitz: The Nazi Policy Toward German Jews, 1933–1939*, Urbana: University of Illinois Press, 1970.

[111] Gita Sereny, *Am Abgrund: Gespräche mit dem Henker. Franz Stangl und die Morde von Treblinka*, München und Zürich: Piper, 1995.

[112] Marlis Steinert, *L'Allemagne nationale-socialiste 1933–1945*, Paris: Richelieu, 1972.

[113] Marlis Steinert, *Hitler*, München: Beck, 1994.

[114] Yves Ternon und Socrate Helman, *Histoire de la médecine SS: le mythe du racisme biologique*, Tournai: Casterman, 1969.

[115] Yves Ternon und Socrate Helman, *Le Massacre des aliénés: des théoriciens nazis aux praticiens SS*, Tournai: Casterman, 1971.

[116] Gabrielle Tyrnauer, *Gypsies and the Holocaust: A Bibliography and Introductory Essay*, Montreal Institute for Genocide Studies, 1991 (erweiterte Auflage, enthält 576 bibliographische Angaben zum Völkermord an den Zigeunern).

[117] Pierre Vidal-Naquet, *Les Assassins de la mémoire*, Paris: La Découverte, 1987.

[118] Annette Wieworka, *Déportation et Génocide*, Paris: Plon, 1992.

[119] David S. Wyman, *Das unerwünschte Volk. Amerika und die Vernichtung der europäischen Juden*, Ismaning bei München: Hueber, 1986.

[120] Susan Zuccotti, *The Holocaust, the French and the Jews*, New York: Basic Books, 1993.

3. Werke über den Völkermord an den Armeniern

[121] Aram Andonian, *Documents officiels concernant les massacres arméniens*, Paris: Imprimerie Turabian, 1920.

[122] Viscount J. Bryce, *The Treatment of the Armenians in the Ottoman Empire*, London: HMSO, 1916.

[123] Jean-Marie Carzou, *Arménie 1915, un génocide exemplaire*, Paris: Flammarion, 1975.

[124] Gérard Chaliand und Yves Ternon, *Le Génocide des Arméniens*, Bruxelles: Complexe, 1980.

[125] Vahakn N. Dadrian, »The Naim-Andonian Documents on the World War I Destruction of Ottoman Armenians: the Anatomy of a Genocide«, in: *International Journal of Middle East Studies* (Cambridge), 18 (3), August 1986, S. 311–360.

[126] Vahakn N. Dadrian, »The Convergent Aspects of the Armenian and Jewish Cases of Genocide: A Reinterpretation of the Concept of Holocaust«, in: *Holocaust and Genocide Studies*, 3 (2), 1988, S. 151–169.

[127] Vahakn N. Dadrian, »Genocide as a problem of National and International Law: The World War I Armenian Case and its Contemporary Legal Ramifications«, in: *The Yale Journal of International Law*, 14 (2), 1989, S. 221–334.

[128] Leslie A. Davies, *The Slaughterhouse Province: An American Diplomat's Report on the Armenian Genocide, 1915–1917*, New Rochelle, NY: Aristide Caratzas, 1989.

[129] Richard G. Hovannisian, *The Armenian Genocide in Perspective*, New Brunswick, NJ: Transaction Books, 1986.

[130] Richard G. Hovannisian (Hg.), *The Armenian Genocide: History, Politics, Ethics*, London: MacMillan und New York: St. Martin's Press, 1992.

[131] Johannes Lepsius, *Der Todesgang des armenischen Volkes. Bericht über das Schicksal des armenischen Volkes in der Türkei während des Weltkrieges*, Potsdam: Tempelverlag, 1919.

[132] Robert F. Melson, *Revolution and Genocide: on the Origins of the Armenian Genocide and the Holocaust*, Chicago: University of Chicago Press, 1992.

[133] *Mémoires de l'ambassadeur Morgenthau*, Paris: Payot, 1919.

[134] Yves Ternon, *Tabu Armenien. Geschichte eines Völkermordes*, Frankfurt am Main und Berlin: Ullstein, 1981.

[135] Yves Ternon, *La Cause arménienne*, Paris: Seuil, 1983.

[136] Yves Ternon, *Enquête sur la négation d'un génocide*, Marseille: Parenthèses, 1989.

[137] Tessa Hofmann (Bearb.), *Das Verbrechen des Schweigens. Die Verhandlung des türkischen Völkermords an den Armeniern vor dem Ständigen Tribunal der Völker*, Göttingen: Gesellschaft für bedrohte Völker, 1984.

[138] Christopher J. Walker, *Armenia: The Survival of a Nation*, Croom Helm, New York: St. Martin's Press, 1980.

4. Werke über den Völkermord in Kambodscha

[139] John Barron und Anthony Paul, *Das Massaker. Der erschütternde Bericht über den kommunistischen Völkermord in Kambodscha*, Uhldingen und Seewis: Stephanus-Edition, 1979.

[140] Elisabeth Becker, *Les Larmes du Cambodge*, Paris: Presses de la Cité, 1988.

[141] David Chandler und Ben Kiernan, *Revolution and its Aftermath in Kampuchea*, New Haven, CT: Yale University Press, 1983.

[142] Jean-Noël Darde, *Le Ministère de la vérité: histoire d'un génocide dans le journal L'Humanité*, Paris: Seuil, 1984.

[143] Ben Kiernan, *Cambodia: The Eastern Zone Massacres*, New York: Columbia University, 1986.

[144] Jean Lacouture, *Survive le peuple cambodgien!*, Paris: Seuil, 1978.

[145] Marie-Alexandrine Martin, *Le Mal cambodgien: histoire d'une société traditionnelle face à ses leaders politiques 1946-1987*, Paris: Hachette, 1989.

[146] Laurence Picq, *Au-delà du ciel: cinq ans chez les Khmers rouges*, Paris: Barrault, 1984.

[147] François Ponchaud, *Cambodge, année zéro*, Paris: Julliard, 1977.

[148] William Shawcross, *Le Poids de la pitié*, Paris: Balland, 1985.

[149] Boun Sokha, *Cambodge. La massue de l'Angkar*, Paris: Atelier Marcel Jullian, 1979.

[150] Gregory Stanton, *Blue Scarves and Yellow Stars: Classification and Symbolisation in the Cambodian Genocide*, Occasional Papers of the Montreal Institute for Genocide Studies, April 1989.

[151] Molyda Szymusiak, *Les pierres crieront: une enfance cambodgienne 1975-1980*, Paris: La Découverte, 1984.

[152] U.N. Doc. E/CN.4/1335/1979: Boudhiba-Bericht vom Präsidenten des Unterausschusses für Minderheitenschutz im Auftrag der Menschenrechtskommission.

[153] Michael Vicker, *Cambodia 1975-1982*, Boston: South End Press, 1984.

[154] Pin Yathay, *»Du mußt überleben, mein Sohn!«: Bericht einer Flucht aus dem Inferno Kambodschas*, München und Zürich: Piper, 1987.

5. Werke über die Verbrechen in der Sowjetunion

[155] Hélène Carrère d'Encausse, *L'Union soviétique de Lénine à Staline, 1917–1953*, Paris: Richelieu, 1972.

[156] Robert Conquest, *Der Große Terror. Sowjetunion 1934–1938*, München: Langen-Müller, 1992.

[157] Robert Conquest, *Ernte des Todes. Stalins Holocaust in der Ukraine 1929–1933*, Frankfurt am Main und Berlin: Ullstein, 1991.

[158] Milon Dorot, *Les Affamés. L'holocauste masqué. Ukraine 1929–1933*, Paris: Ramsay, 1986.

[159] *Genocide in the USSR: Studies in Group Destruction*, Munich: Institute for the Study of the USSR, 1958.

[160] Michel Heller und Aleksandr Nekrich, *Geschichte der Sowjetunion*, 2 Bde., Königstein/Ts: Athenäum, 1981 und 1982.

[161] James Mace, *Communism and the Dilemmas of National Liberation: National Communisms in the Soviet Ukraine, 1918–1933*, Cambridge, MA, Harvard Series in Ukrainian Studies, 1983.

[162] Sergei Maksudov (Pseudonym), »Pertes subies par la population de l'URSS, 1918–1958«, in: *Cahiers du monde russe et soviétique*, 18 (3), Juli–September 1977, S. 223–266.

[163] Borys Martchenko und Olexa Woropay, *La Famine-Génocide en Ukraine (1932–1933)*, Paris: Publications de l'Est européen, 1983.

[164] Roy Medvedev, *Die Wahrheit ist unsere Stärke. Geschichte und Folgen des Stalinismus*, Frankfurt am Main: S. Fischer, 1973.

[165] Sergej P. Melgounov, *La »Terreur rouge« en Russie (1918–1924)*, Paris: Payot, 1927. (Dt.: *Der rote Terror in Rußland 1918–1923*, Berlin: Diakow, 1924.)

[166] Rudolf J. Rummel, *Lethal Politics: Soviet Genocide and Mass Murder since 1917*, New Brunswick, NJ: Transaction Publishers, 1990.

[168] Roman Serbyn und Bohdan Krawchenko (Hg.), *Famine in Ukraine 1932–1933*, Edmonton: Canadian Institute of Ukrainian Studies, University of Alberta, 1986.

[169] Alexander Solschenizyn, *Der Archipel Gulag, 1918–1956. Versuch einer künstlerischen Bewältigung*, 3 Bde., Reinbek bei Hamburg: Rowohlt, 1990.

[170] Nicolas Werth, »Goulag. Les vrais chiffres«, in: *L'Histoire*, Nr. 169, September 1993.

6. Asien

[171] Kalyan Chaudhuri, *Genocide in Bangladesh*, Bombay: Orient Longman, 1972.

[172] Commission internationale de juristes, *Le Tibet et la République populaire de Chine*, Genève: CIJ, 1960.

[173] Roger Cooper, *The Baha'is of Iran*, London: Minority Rights Group, 1985.

[174] Jean-Luc Domenach, *Der vergessene Archipel: Gefängnisse und Lager in der Volksrepublik China*, Hamburg: Hamburger Edition, 1995.

[175] *Dossier noir Birmanie. Autour d'une enquête d'Alan Clements*, Paris: Dagorno, 1994.

[176] Chris Mullin und Phuntsog Wangyal, *The Tibetans: Two Perspectives on Tibetan-Chinese Relations*, London: Minority Rights Group, 1983.

[177] Rudolf J. Rummel, *China's Bloody Century*, New Brunswick, NJ: Transaction Publishers, 1991.

[178] Walter Schwartz, *The Tamils of Sri Lanka*, London: Minority Rights Group, 1983.

[179] Keith Suter, *East Timor and West Irian*, London: Minority Rights Group, 1982.

[180] John G. Taylor, *Indonesia's Forgotten War. The Hidden History of East Timor*, London: Zed Books, 1991.

[181] Ben Whitaker und Ian Guest, *The Biharis in Bangladesh*, London: Minority Rights Group, 1977.

7. Afrika

[182] Ola Balogun, *The Tragic Years: Nigeria in Crisis, 1966–1970*, Benin City: Ethiope, 1973.

[183] Jon Bridgman, *The Revolt of the Hereros*, Berkeley: University of California Press, 1981.

[184] Jean-Pierre Chrétien, *Burundi. L'histoire retrouvée*, Paris: Karthala, 1993.

[185] Horst Drechsler, *Südwestafrika unter deutscher Kolonialherrschaft. Der Kampf der Herero und Nama gegen den deutschen Imperialismus (1884–1915)*, Berlin: Akademie-Verlag, 1966.

[186] Cecil Eprile, *War and Peace in the Sudan*, London: David & Charles, 1974.

[187] René Lemarchand und David Martin, *Génocide sélectif au Burundi*, London: Minority Rights Group, 1974.

[188] Robert Melson und Howard Wolpe, *Nigeria: Modernization and the Politics of Communalism*, East Lansing: Michigan State University Press, 1971.

[189] Edgar O'Ballance, *The Secret War in the Sudan, 1955–1972*, Hamden, Connecticut: Anchor Book, 1977.

[190] Claudine Vidal, *Sociologie des passions*, Paris: Karthala, 1993.

8. Südamerika

[191] Richard Arens (Hg.), *Genocide in Paraguay*, Philadelphia: Temple University Press, 1976.

[192] Shelton H. Davis, *Victims of the Miracle: Development and the Indians of Brazil*, Cambridge: Cambridge University Press, 1978.

[193] John Hemming, *Red Gold: The Conquest of the Brazilian Indians*, Cambridge, MA: Harvard University Press, 1978.

[194] Norman Lewis, *Genocide: A Documentary Report on the Conditions of Indian Peoples*, Berkeley: Indigena and the American Friends of Brazil, 1974.

[195] Hugh O'Shaughnessy und Stephen Corry, *Quel est l'avenir des Indiens d'Amérique du Sud?*, London: Minority Rights Group, 1977.

[196] Julian Steward (Hg.), *Handbook of South American Indians*, 7 Bde., New York: Cooper Square, 1946–1959.

9. Werke über die Kurdenfrage

[197] Gérard Chaliand, *Le Malheur kurde*, Paris: Seuil, 1992.

[198] Institut kurde de Paris, *Halabja, ville martyre*, Paris: IKP, 1988.

[199] Chris Kutschera, *Le Mouvement national kurde*, Paris: Flammarion, 1979.

[200] Christiane More, *Les Kurdes aujourd'hui. Mouvement national et partis politiques*, Paris: L'Harmattan, 1984.
[201] Elisabeth Picard (Hg.), *La Question kurde*, Bruxelles: Complexe, 1991.

10. Werke über die Tragödie in Jugoslawien

[202] Bernard Féron, *Yougoslavie. Origines d'un conflit*, Paris: Le Monde-Editions, 1993.
[203] Paul Garde, *Vie et Mort de la Yougoslavie*, Paris: Fayard, 1992.
[204] Paul Garde, »Bosnie-Herzégovine: la spirale de la capitulation«, in: *Le Messager européen*, Nr. 7, 1993, S. 71–111.
[205] *Hérodote*, »La question serbe«, Nr. 67, 4. Trimester 1992.
[206] Joseph Krulic, *Histoire de la Yougoslavie de 1945 à nos jours*, Bruxelles: Complexe, 1993.
[207] *Le Livre noir de l'ex-Yougoslavie. Purification ethnique et crimes de guerre*, Paris: Arléa, 1993.
[208] *Le Nettoyage ethnique. Documents historiques sur une idéologie serbe*, hrsg. von Mirko Grmek, Marc Gjidara und Neven Simac, Paris: Fayard, 1993.
[209] Véronique Nahoum-Grappe (Hg.), *Vukovar, Sarajevo ... La guerre en ex-Yougoslavie*, Paris: Esprit, 1993.
[210] Jacques Rupnik (Hg.), *De Sarajevo à Sarajevo. L'échec yougoslave*, Bruxelles: Complexe, 1992.

11. Organisationen, Zeitschriften, Lehrmittel, die sich mit Völkermord und Menschenrechten befassen

- Amnesty International. Internationales Sekretariat: 1 Easton St., London, WC1X 8 DJ. Sektion der Bundesrepublik Deutschland: 53108 Bonn.
- Armenian Assembly of America, 122 C St., NW, Washington DC 20001: Mikrofilmsammlung über den Völkermord an den Armeniern; *Teacher's Manual on the Armenian Genocide*, 1988.
- Armenian National Committee, 419 West Colorado Street, Glendale, CA 91204: *The Armenian Genocide. 1915–1923: A Handbook for Students and Teachers*.
- California State Board of Education, *Model Curriculum for Human Rights and Genocide*, Sacramento, CA, 1988.
- Cambodia Documentation Commission, 251 W. 87th St., New York, NY 10024.
- Connecticut State Department of Education, *Human Rights: The Struggle for Freedom, Dignity and Equality*, Hartford, CT, 1987.
- Cultural Survival, 53A Church St., Cambridge, MA 02138, USA.
- *Dimensions: A Journal of Holocaust Studies*, hg. von der Anti-Defamation League of B'nai B'rith, Braun Center for Holocaust Studies, 823 United Nations Plaza, New York, NY 10017.
- Gesellschaft für bedrohte Völker, Düsseldorfer Straße 20A, Göttingen. Veröffentlicht die Zeitschrift *Pogrom*.
- *Holocaust and Genocide Studies*, hg. von Pergamon Press seit Mai 1968, Headington Hill Hall, Oxford OX3 0BW, Großbritannien.

- Human Rights Watch, 485 Fifth Ave., New York, NY 10017-6104. Umfaßt fünf Sektionen: Africa Watch, America Watch, Asia Watch, Helsinki Watch und Middle East Watch.
- International Alert. Standing International Forum on Ethnic Conflicts, Genocide and Human Rights. 379-381 Brixton Rd., London SWD 7DE.
- International Commission of Jurists, BP 120, 109 route de Chêne, CH-1224 Genève, Schweiz.
- *Internet on the Holocaust and Genocide,* veröffentlicht seit April 1985 vom Institute of the International Conference on Holocaust and Genocide, 10311 Jerusalem 91102, Israel.
- Institute for the Study of Genocide, John Jay College of Criminal Justice, 899 Tenth Avenue, New York, NY 10019. Herausgeber von *Genocide Watch.*
- Minority Rights Group, 319 Brixton Road, London SW9 7DE, veröffentlicht Schriften über Minderheitenschutz.
- Montreal Institute for Genocide Studies, Concordia University, 1455 Maisonneuve Blvd., Ouest Montréal, Québec, Kanada, H3G 1M8.
- New York State Department of Education, *Teaching about the Holocaust and Genocide: Introduction. The Human Rights Series,* Albany, NY, 1985-1986, 3 Bde.
- Margot Stern und William S. Parsons, *Facing History and Ourselves: Holocaust and Human Behavior,* Watertown, MA: Intentional Education, 1982. Facing History and Ourselves ist eine Organisation, die Lehrer ausbildet und in den Schulen und Universitäten der Vereinigten Staaten und Kanadas über das Thema Vorurteile und Intoleranz im 20. Jahrhundert unterrichtet.
- Survival International, 310 Edgware Rd., London W2 1DY. Internationale humanitäre Organisation, die sich für den Schutz bedrohter Stämme einsetzt.
- Ukrainian Canadian Research and Documentation Centre, 620 Spadina Ave., Toronto, Kanada M5S 244.
- Zentralrat Deutscher Sinti und Roma, Bluntschlistr. 4, Heidelberg.

Personenregister